DITTRICH
É.L.E.T.-MÓDSZER
I.

Az Életed megértésének könyve
Útmutató a lelki rezgésszinted emeléséhez

1. kiadás

Felelős kiadó:	Magyar Klímavédelmi Kft.
	7630 Pécs Hegedűs János utca 8.
Szerző:	Dr. Dittrich Ernő
web:	www.justdobetterworld.com
YouTube:	https://www.youtube.com/@justdobetterworld
blog:	https://justdobetterworld.blogspot.com/
e-mail:	justdobetterworld@gmail.com
Szakmai lektorok:	Pap Judit
	pszichológus-kineziológus
Magyar nyelvi lektor:	Kis Tünde // www.hangtars.hu
Borítóterv:	Márok Attila // www.weiser.hu
Design & Layout:	Hangtárs Kft. // www.hangtars.hu

© Dr. Dittrich Ernő – Minden jog fenntartva!

ISBN 978-615-01-8542-2

„Légy te a változás,

melyet látni szeretnél

a világban."

MAHATMA GANDHI

Jelen könyv független mindennemű politikai vagy vallási szervezettől és bárminemű ideológiai vagy egyéb jellegű csoportosulástól. A könyv szellemisége minden Élőt egyenlőnek tekint, így nyilván nincs is szükség arra, hogy bármilyen csoportosuláshoz tartozzon. A könyv egyetlen és önzetlen célja, hogy kijuttassa az Emberiséget a klímaváltozás kríziséből. Ez az elv már önmagában kötelezővé teszi a könyv számára, hogy mindennemű gazdasági és egyéb érdekközösségtől mentes legyen. Ellenkező esetben elvesztené objektivitását és hasznosságát...

A szerző

Tartalomjegyzék

MENNYI ESÉLYED VAN TUDATOSSÁG NÉLKÜL A BOLDOGSÁGRA? 10

1. A LELKI REZGÉSSZINTEK 17
1.1. A tested bölcsességét a gondolkodásod takarja el 17
1.2. A számszerűsíthető boldogság – avagy a lélek rezgésszintjei 22
    Szégyen és bűntudat (értéke 20 és 30) 26
    Fásultság és bánat (értéke 50 és 75) 27
    Félelem (értéke 100) 30
    Vágyakozás (értéke 125) 31
    Harag (értéke 150) 34
    Büszkeség (értéke 175) 37
    Bátorság (értéke 200) 42
    Pártatlanság (értéke 250) 44
    Hajlandóság (értéke 310) 46
    Elfogadás (értéke 350) 50
    Észszerűség (értéke 400) 53
    Szeretet (értéke 500) 56
    Öröm és béke (értéke 550 és 600) 58
    Megvilágosultság (értéke 700) 61
1.3. A lelki rezgésszintek csoportdinamikája, avagy hogyan működnek az energiavámpírok? 64
1.4. Vajon melyik lelki rezgésszintnek van igaza? – Valóságkép és lelki rezgésszintek 67
1.5. Az alacsony és a magas lelki rezgésszintek jelei 80
1.6. Mindennapi tevékenységeink és a lelki rezgésszinek 84

2. AZ ELME REZGÉSSZINTJEI 90

2.1. Tudatállapotok és agyhullámok 91

2.2. Melatonin vagy kortizol? 94

3. A TEST REZGÉSSZINTJEI ÉS A TEST–LÉLEK–ELME REZGÉSEINEK KAPCSOLATA 101

4. AZ EGO ÉS A REZGÉSSZINTEK 105

4.1. Az ébredés szintjei 105

4.2. Mi az ego valójában, az ego 3 fő típusa 106

4.3. Az egod néhány jellemzője 121

5. A PUSZTÍTÓ EGO FŐBB ESZKÖZEI 135

5.1. Téves énkép 135

5.2. Komfortzóna 138

5.3. A kompenzálás 140

5.4. Addikciók 143

    5.4.1. Az addikciókkal kapcsolatos alapvetések 143

    5.4.2. Generációkon átívelő addikciók 149

    5.4.3. Az addikciókról való leszokás biztos receptje 154

5.5. Játszmák 158

5.6. Racionalizáló elme 163

6. AZ É.L.E.T. MÓDSZER 167

6.1. Az egofolyamatok, avagy az É.L.E.T.-módszer 3 alapszabálya 167

6.2. Optimalizáld a rezgéseidet! 172

6.3. Az É.L.E.T.-módszer eszközei és csoportosításuk 173

6.4. Az É.L.E.T.-módszer eszközeinek alkalmazási módja 176

6.5. Mindig legyen segítőd! 176

6.6. A késleltetés törvénye – a kitartás, az állhatatosság és
a türelem erényei 185

6.7. Néhány további jó tanács az induláshoz 190

7. A BOLDOGSÁGOD ESZKÖZEI (ALAPSZINT) 195

1. lépés a boldogságodhoz (lélek): A hála 195

2. lépés a boldogságodhoz (elme): Megerősítések –
hogyan sajátítsd el a pozitív gondolkodást? 200

3. lépés a boldogságodhoz (test):
Étkezés és rezgésszintek 206

4. lépés a boldogságodhoz (lélek):
Éld meg másképp az időt – énidő 209

5. lépés a boldogságodhoz (elme):
Mi a jó és mi a rossz? Hogyan válhatunk jobbá? –
Avagy a napi mérleg módszere 214

6. lépés a boldogságodhoz (test):
Szimmetria és tartás „kúra" 220

7. lépés a boldogságodhoz (lélek):
Lépj ki a fénybe! (Ventiláció) 224

8. lépés a boldogságodhoz (elme):
Rend és rendszer – szélsőségek kerülése 229

9. lépés a boldogságodhoz (test):
Fokozd a melatonintermelésedet 231

10. lépés a boldogságodhoz (lélek): Szeretetnyelvek 234

11. lépés a boldogságodhoz (elme):
Mérsékeld a stresszt I. – énhatárok 238

12. lépés a boldogságodhoz (test): Mérsékeld a stresszt II. –
két alapvető légzőgyakorlat 243

13. lépés a boldogságodhoz (lélek): Negatív érzelmek elengedése –
a lufi- és a felhőmódszer 245

14. lépés a boldogságodhoz (elme):
A félelmeid semlegesítése 248

15. lépés a boldogságodhoz (test): Sport 256

16. lépés a boldogságodhoz (lélek):
Ne színezd ki vagy szürkítsd be a valóságot! 258

17. lépés a boldogságodhoz (elme): Mérsékeld a stresszt III. –
A magunk mögött hagyott ajtó módszere az egyensúly módszerével
kombinálva 262

18. lépés a boldogságodhoz (test): Több mosoly 267

19. lépés a boldogságodhoz (lélek):
A legjobb forgatókönyv módszere 269

20. lépés a boldogságodhoz (elme): Megerősítések upgrade –
Kaleidoszkóp-videók 272

21. lépés a boldogságodhoz (test): Víz 275

ZÁRSZÓ 281

KÖSZÖNETNYILVÁNÍTÁS 285

FELHASZNÁLT (ÉS AJÁNLOTT) IRODALOM 286

MELLÉKLETEK 288

1. melléklet: Lelki rezgésszint-becslés és önismeret (táblázattal) 288

2. melléklet: A lelki rezgésszintekhez tartozó érzelmek 293

3. melléklet: Energiaközpontok (csakrák),
avagy a test mint energiarendszer 295

4. melléklet: Érdekességek a rezgésekről 306

Mennyi esélyed van tudatosság nélkül a boldogságra?

Boldog vagy most? Ha nem vagy nem igazán, akkor az okkal van így. Kérlek, nézzük meg, eddigi Életedben miknek kellett volna másképpen történniük, azaz milyen fő okok vezettek ide. Ezért most felsorolom neked a legfontosabb boldogságtényezőket:

I. Magzatkorodban nagy szeretettel hangolódhatott volna rád édesanyád és édesapád. Tervezték volna és várták volna az eljöveteledet és Életük legnagyobb szerencséjének tartották volna a fogantatásodat.

II. Olyan helyre születtél volna a Földön, ahol az Életkörülmények alkalmasak az Emberhez méltó Életre.

III. Gyermekkorodban sok önzetlen szeretetet kaptál volna a családod minden tagjától, különösen a szüleidtől.

IV. Gyermekkorodban és serdülőkorodban rengeteg önzetlen figyelmet kaptál volna a környezetedtől.

V. A szüleid addikciómentes, önmagukat szerető és elfogadó Emberek lettek volna, és ezeket a helyes mintákat adták volna át neked.

VI. A szüleid nem váltak volna el és boldog, békés, harmonikus családi és kapcsolati mintákat adtak volna át a számodra.

VII. Serdülőkorod végéig a szüleid mindent megtettek volna az elméd, a lelked és a tested megfelelő szintű fejlesztéséért.

Aki a fenti hét pontban felsoroltakat fiatal felnőtté válásáig megkapta, az biztosan boldogan él, függetlenül attól, hogy mennyi pénze van, hol dolgozik vagy éppen milyen feladatokat lát el a világban. De nézzük meg, hogy ennek mennyi az esélye!

Egy Egyesült Államokban készített felmérés szerint az ott született gyermekek 52%-a nem várt gyermek. Ma már számos pszichológiai tanulmány igazolja, hogy a gyermek magzati korban tökéletesen érzi az édesanyja lelkiállapotát. Ez velem is így volt. Onnan tudom, hogy egy speciális technikával ezt újraéltem. Az érzelmi memóriánkban benne van az egész eddigi Életünk és ez egy bizonyos lelki rezgésszint felett érzékelhetővé válik. No de ne ugorjunk ekkorát előre! A lényeg, hogy ha nem várják a gyermeket a szülei, sőt esetleg édesanya tehernek érzi a szíve alatt hordott magzatot, akkor ő már az édesanyja hasában szégyent és bűntudatot érez. Hiszen még nem tudja, hogy különálló lény. Még úgy érzi, hogy egyek az édesanyjával, és ezáltal ha gondot jelent az édesanyjának, akkor az édesanya egy selejtes része. A fő probléma az, hogy akik így jönnek a világra, azok akkor is valami belső ürességet éreznek magukban egész Életükben, ha a többi fontos kérdésben mindent megkaptak a szüleiktől. Ezt számos, születéskor azonnal örökbefogadott gyermek Életútja igazolja. No de mennyi az esélyed arra, hogy várt gyermekként jöttél a Földre? Mivel nem tudok globális felmérésről, vegyük alapul az amerikai eredményeket. Azonban a világ számos részén sokkal rosszabbak a körülmények. A nők kiszolgáltatottak a férfiak szexuális vágyainak és az anyagi helyzet sem teszi lehetővé a fogamzásgátlást. Szóval véleményem szerint a világátlag jóval rosszabb. Így a becslésem: 30% az esélye annak, hogy tiszta szívből várták a szüleid az eljöveteledet.

A II. pontban megfogalmazott Emberhez méltó Élet jelenleg a Földön kb. 3 milliárd Embernek nem adatik meg. (A szerző megjegyzése: Az Ember, az Élet és a Természet szavakat szándékosan nagybetűvel fogom írni a könyvben, kifejezve tiszteletemet e három csodálatos entitás felé.) Hiszen ennyi Ember él úgy, hogy azt sem tudja, holnap lesz-e mit ennie vagy jut-e számára egészséges ivóvíz, esetleg hontalan marad vagy valami borzalmas viskóban él nyomorúságos körülmények között. A mélyszegénység olyan szintjén élnek ezek az Emberek, ahonnan minimális a kitörés esélye. Mennyi annak a valószínűsége, hogy nem ilyen helyre születsz? Jelen sorok írásakor 8 milliárdan élünk a Földön, így 5 milliárd/8 milliárd, azaz a helyes arány: 62,5%.

A III. és IV. pontban megfogalmazott gyermekkori önzetlen figyelem és szeretet kérdéskörét az egyszerűsítés kedvéért egyben tárgyalom. A gyermeknek önzetlen figyelemre és önzetlen szeretetre van a legnagyobb szüksége. De ebből a kettőből hihetetlenül sokra. Az ideális az, ha egy gyermek ébrenléti állapotában legalább egy felnőttől folyamatosan megkapja ezt (Dittrich, 2021; Redfield, 2005). Nézzünk egy picit mélyebbre és gondoljunk bele, hogy ennek mennyi az esélye! Eleve a mai felnőttek kb. 80%-a képtelen az önzetlen figyelemre és az önzetlen szeretetre. Ha ehhez hozzátesszük, hogy mennyi szülőnek marad elég ideje a gyermekei felé rendszeresen és tartósan önzetlenül figyelni, akkor tovább csökkennek az esélyek. Ha mindezt figyelembe vesszük, akkor az én optimista becslésem szerint a gyermekek 10%-a kap megfelelő mennyiségű önzetlen szeretetet és figyelmet.

Hogy egyszerűsítsük a becslésünket, az V. és VI. pontban foglalt szülői addikciók és párkapcsolati minták témakörét is összevonva vizsgálom. Azt, hogy ezek miért fontosak egy gyermek vagy egy serdülő lelkének, úgy érzem, mindenki számára egyértelmű. Annyit fontos kiemelnem, hogy nem szabad elbagatellizálni a hiányukat, mert igen is nagy hatást gyakorolnak a későbbi Életünkre. Például ha egy gyermek elvált szülőkkel nő fel, akkor elveszti a hitét abban, hogy létezik teljes értékű lelki intimitás, így kisebb eséllyel lesz képes harmonikus kapcsolatban élni. Pedig az egység élményéhez az átlagembereknek igaz társra van szükségük. Napjainkban hazánkban a házasságok, illetve az élettársi kapcsolatok körülbelül 60%-a válással végződik. Így optimista módon 40% a valószínűsége, hogy gyermekként megkapod az ezzel kapcsolatos szükségleteket. Ez azért is erősen optimista becslés, mert nagyon sok családban attól, hogy nem válnak el, még nem feltétlenül adnak át harmonikus kapcsolati mintákat.

A VII. pontban említettek közül a test fejlesztésére és a tudás megszerzésére fókuszál a legtöbb szülő a mai nyugati világban. Így nálunk ezen a téren vannak a legnagyobb esélyek. Ugyanakkor a lelkiség a családok jelentős részében elhanyagolt téma. Sok szülő inkább önző céljaira fordítja erőforrásai nagyobb részét és kevés figyelmet szán ilyen téren is gyermekeire, ezért általában ezen a téren is részleges a gyermek fejlesztése. Ennek ellenére itt egy 70%-os valószínűséget becsülök a megtörténésére, kiemelve, hogy becslésem erősen optimista.

Most nézzük meg, mennyi a valószínűsége annak, hogy boldog fiatal felnőttként kezded az Életedet! Ehhez a fent bemutatott valószínűségek együttes megvalósulása szükséges, amit nagyon egyszerű kiszámolni. Az értéke: 0,3*0,625*0,1*0,4*0,7=0,00525 azaz 0,525% az együttes valószínűség. Ez azt jelenti, hogy 200 Emberből kb. egy fiatal felnőtt igazán boldog, anélkül, hogy bármiféle lelki vagy gondolkodásmódot érintő önfejlesztésre lenne szüksége. Ők azok a szerencsések, akik ösztönösen kiegyensúlyozottak, nincsenek bennük belső üreségek és bárhová nyúlnak, arannyá válik. Ők azok, akik ámulattal töltenek el minket, mert a racionális elme számára a szerencse kegyeltjeinek tűnnek. Igen! Ők tényleg szerencsések, de nem azért, mert bármit tesznek, az mindig jól alakul. Ez már „csak" a következménye a múltjuknak! Ők ösztönösen jól használják az intuícióikat és mivel nincs bennük Életpusztító lelki rezgésszint (vagy csak kevés van), ezért helyes döntéseket hoznak. Így azért szerencsések, mert ilyen a múltjuk.

Azonban így már érthetővé válik számodra, hogy miért olyan keveseknek adatik meg az, amire mindenki vágyik. Ugyanakkor sokaknak miért tűnik olyan igazságtalannak, hogy nekik megadatik, ami nekünk nem. Hiszen ők bármilyen önfejlesztés nélkül is simán boldogok.

De mi a helyzet a többiekkel? Nekik sajnos lelki önfejlesztés, lelki öngyógyítás nélkül csak rövid időkre van esélyük a boldogságra. Ami azonban jó hír, hogy hihetetlenül sok remek módszer van arra, hogy a múltbeli traumáinkat úgy gyógyítsuk be, hogy azok már ne legyenek káros hatással a jövőnkre. Ha a 200-ból abba a bizonyos 1-be tartozol, akkor azért örülök, hogy kezedben tartod ezt a könyvet, mert ezzel a módszerrel, remélem, még hatékonyabban tudsz segíteni másokon. Tudniillik neked az a fő dolgod, hogy másokat segíts abban, hogy lelki rezgésszintjüket emeljék. Ugyanakkor ha abba a bizonyos 199-be tartozol, akkor azért vagyok boldog, hogy jelen könyvet a kezedben tartod, mert átadhatom neked azt a módszert, ami nekem már segített, és azoknak is, akik eddig a segítségemet kérték és hallgattak is rám.

Soha nem élt még ennyi Ember a Föld nevű bolygón és soha nem volt ilyen magas az átlagos racionális értelemben vett tudás. Ha a világ nyugati, „fejlett" részét nézzük, akkor soha nem volt még ilyen magas az életszínvonal és a közbiztonság sem. Mégsem élt annyi magányos, boldogtalan és lelkileg bizonytalan Ember, mint napjainkban.

Meggyőződésem, hogy egy óriási, világméretű változás előtt állunk. Ez mindenképpen le fog zajlani! Ha ugyanígy folytatjuk az Életünket, ahogy eddig, akkor ez egy világégésszerű, sokak számára borzalmas változás lesz, ami egy durván felfokozódó klímaváltozásban vagy egy újabb világháború kirobbanásában is realizálódhat. Ha azonban egyre többen ébredünk fel, egyre többen döbbenünk rá, hogy a jelenlegi gondolkodási mintáink nem helyesek, akkor ez békés és harmonikus átmenettel is megtörténhet (Dittrich, 2021). Én az utóbbi jövőkép megvalósulásáért dolgozom nap mint nap! Ha a saját életedben teszel a lelki rezgésszinted emeléséért, azzal nemcsak magadnak teszel jót, de a világnak is a lehető legtöbbet adod. Ezt a gondolatot részletesebben is alátámasztom jelen könyv későbbi részeiben.

Azokra, akik önfejű módon az egojuk börtönében maradnak, sajnos óriási szenvedések várnak, amelynek révén vagy megtanulják a leckét, vagy tovább szenvednek. Ők legtöbbször nem értik, miért éppen velük történik mindez és mivel érdemelték ki azt a sok rosszat, amit az Élettől kaptak! Meg vannak győződve róla, hogy ez nem fair az Élettől.

Ugyanakkor másik út is választható. Ez a lelki fejlődés útja. Mivel ezt a könyvet éppen most a kezedben tartod, jó eséllyel ezt az utat választottad. Ettől a sortól kezdve minden csak rólad fog szólni. Minden mondat önzetlen célja az, hogy a te Életedet egy boldog, békés jövőbe vezesse! Ahhoz, hogy ez sikeres legyen, össze kell dolgoznunk egymással, így, kérlek, fogadj meg két fontos jó tanácsot mindjárt itt a közös utunk elején!

Az első kérésem az, hogy ne „habzsold be" rövid idő alatt ezt a könyvet! Amikor a 30-as éveim elején elkezdett érdekelni a spirituális irodalom, nagy hibát követtem el. Elkezdtem könyvek tucatjait szinte gyorsolvasással a magamévá tenni. A mennyiségre mentem. Minél több információt be akartam szerezni a lehető legrövidebb idő alatt. Meg voltam róla győződve, hogy így hatékonyabban jutok akkori céljaimhoz. De a lelki fejlődés nem így működik! A tudás kevés ide! **Attól, hogy bizonyos spirituális kérdésekről információkat szerzünk, nem fog megváltozni az Életünk! A tudás megszerzése csak az első és egyben legkönnyebb lépés.** A lelki fejlődéshez megtapasztalás és belső változás kell! A tudás be kell hogy épüljön a mindennapi gondolatrendszerünkbe, a cselekedeteinkbe, az érzelemvilágunkba. Csak így tud elindulni a hatékony változás. Emiatt arra kérlek, hogy lassan haladj ezzel a könyvvel! Ott, ahol számodra nincs semmi újdonság, természetesen haladj tempósan. Azonban ahol a lelkedre ható sorokat találsz, ott állj meg, érleld a gondolatokat, memorizáld és tedd az Életed részévé! Ha egy új gondolat a rá következő két napon belül legalább 4-5 alkalommal nem jut az eszedbe, akkor az örökre elvész a memóriádból. Ahhoz, hogy ez ne így történjen, a legjobb módszer az önmegfigyelés módszere. Ha egy számodra értékes gondolatra bukkansz, akkor a következő 1-2 napban figyeld meg saját magadat abból az aspektusból. Ez az önmegfigyelés mélyíteni fogja az önismeretedet, ugyanakkor összekapcsolja az új gondolatot a személyiségeddel. Ezáltal beépül a mindennapjaidba. Már ez az egy szabály jelentős boldogságszint-emelkedést fog hozni az életedbe, mire jelen könyv végére érsz...

A második kérésem, hogy soha ne ostorozd magadat! A lelki fejlődés nem lineárisan emelkedő folyamat. Abban mindig vannak visszaesések! Azonban ha jó úton haladsz, akkor az újabb visszaesés már sosem lesz olyan mély, mint az előtte lévők voltak! Ezek számodra jelzőfények, amelyekből meg fogod látni, hogy mennyit fejlődtél. Ha ostorozod magadat, akkor az még mélyebbre taszít! A következő fejezetben meg fogod tanulni, hogy az önostorozás a bűntudat lelki rezgésszintjéhez vezet, ami egy nagyon mély és önpusztító állapot! Ha elfogadod a fejlődésed megtörését, azzal egy magas lelki rezgésszintű cselekedetet hozol létre (elfogadás) és könnyebben, valamint rövidebb idő alatt jössz ki a lelki gödörből.

Ezzel a két jó tanáccsal felvértezve, kérlek, vegyél egy mély levegőt és állj neki Életed jobbá tételének! Hogy hogyan? Lépésről lépésre mindent meg fogsz tudni a maga idejében! De hogy tudatos éned pontosan értse, hogy mi történik veled: először megtanítom neked a lelki rezgésszintek rendszerét, amely megismerése már önmagában jelentős változásokat fog beindítani az Életedben! Ha olvastad A jövő neve Élet – Megoldás a klímaváltozásra, avagy a változás 6 programja című könyvem (Dittrich, 2021) lelki rezgésszintekről szóló mellékletét és emlékszel is rá, akkor az 1.1.-1.3. fejezeteket átugorhatod. Természetesen ha már nem emlékszel rá tisztán, akkor érdemes újra elolvasnod ebben a könyvben, annál is inkább, mert egy picit más szemszögből és bővebben tárgyalom ezt a kérdést.

1. A lelki rezgésszintek

1.1. A tested bölcsességét a gondolkodásod takarja el

Évtizedek óta gondolkodtam azon, hogyan lehet az, hogy a kutya, amelyet korán elválasztottak az anyjától és egyedül nőtt fel, pontosan tudja, hogy melyik füvet kell rágnia, ha nem jó a gyomra. Vagy honnan tudja, hogy melyik tócsából ihat és melyikből nem, akkor is, ha szagtalan szennyezők vannak benne. Vajon honnan tudja a ponty a tóban, hogy a polip ízű csali számára jó, miközben soha Életében nem kóstolt polipot, illetve miért szereti a kukoricát, amikor az nem terem meg a víz alatt? A választ a kineziológia tudománya adta meg a számomra.

Hihetetlen érdekes volt, amikor elkezdtem olvasni róla. Ezzel kapcsolatban tiszta szívből ajánlom dr. David R. Hawkins Erő kontra erő című könyvét. A lelki rezgésszintről szóló fejezetek tudományos alapjait ez a könyv igazolja.

A kineziológia tudománya abból a megfigyelésből indult el, hogy a test nem téved és nem is képes hazudni. Ez lehet, hogy elsőre furcsának vagy hihetetlennek tűnik, de tényleg így van. Erre sok ezer vizsgálatot végeztek a 70-es és a 80-as években a kineziológia hajnalán, és 99,9%-os biztonsággal igazolni tudták ezt a feltevést. Erre a tudásra épülnek többek között a hazugságvizsgáló gépek is.

A kineziológiai mérés az úgynevezett testválaszmódszerrel történik. Ebben a módszerben a test válaszreakciója csak igent vagy nemet tud jelenteni. Szóval a módszer hátránya, hogy csak olyan kérdésekre kaphatjuk meg testünk bölcsességétől a választ, amelyre vagy igent vagy nemet tud „mondani" (D. R. Hawkins, 2004).

Egy kísérletben 5 zárt borítékban egy-egy darab tabletta volt. Ezekből négy mérgező volt, az ötödik pedig egy C-vitamin-tabletta. Hogy a kísérlet teljesen korrekt legyen, annak ellenére, hogy a kísérleti alanyok nem nyithatták ki a zárt borítékot, mindegyik borítékba ugyanolyan méretű, tömegű, formájú és színű tablettát tettek. A kísérleti alanyokat megkérték, hogy válasszák ki azt a borítékot, amelyben a jó pirula van. Természetesen a statisztikai normák szerint trafáltak bele. Azaz a résztvevők kb. 20%-a találta el a jó tablettát és 80%-uk a mérgezőt. Egy másik tesztcsoportnál a testük válaszát vizsgálták meg a kineziológus szakemberek. Ez alapján több mint 99%-uk a jó tablettát választotta ki, ami racionális gondolkodással lehetetlen. Pedig igaz! Ahogy a kutya sem téved abban, hogy a sok fűféle közül melyiket eheti meg, így az Ember teste sem téved egy ilyen esetben. A kineziológia ma már bizonyított és elfogadott tudomány, melyet széles körben alkalmaznak a világban. Például élsportolók edzésprogramjának szerves részét képezik bizonyos kineziológiai módszerek. Ha ez náluk működik, akkor a te Életed megváltoztatására miért ne használhatnánk fel?!

A kutya és a hal abban különböznek az Embertől, hogy a racionális gondolkodásuk nem fedi el a testük ösztönszerű érzéseit, sugallatait. A kutya és a hal megérzi, hogy neki mi a jó és mi nem az, és ezt csak nagyon ritkán véti el. (A szerző megjegyzése: *egyszer egy előadásomon egy Ember felháborodott a fentebb leírt mondandóm hallatán. Azt mondta, hogy ez egy marhaság, mert a macskáját megmérgezték patkányméreggel, és még több macskát is az utcájukban. Abban az esetben miért nem érezte meg előre a macska a bajt? A válaszom erre az, hogy nem véletlen, hogy nem 100%-os a válaszadási biztonság, hanem 99% feletti pontosságú. Szóval megesik egy-két ellenpélda. Sajnos az ő esete is logikus a kineziológia szemszögéből. Az Univerzum első számú törvénye a szabad akarat törvénye. Szóval ha egy macska megérzi, hogy az a mérgezett étel neki nem jó, de ő kíváncsiságból mégis belekóstol, akkor sajnos a vesztébe rohan. Hányszor fordul elő velünk is, hogy a megérzéseink ellenére megteszünk olyan dolgokat, amikről érezzük, hogy nem kellene? Ez az a bizonyos 0–1% közötti eseménymennyiség, ahol másképp cselekszik egy állat, mint ahogy kellene. A macskák kíváncsi és játékos lények. Azt a bizonyos patkánymérget valószínűleg úgy tálalták nekik, hogy a kíváncsiságuk erősebb volt, mint a megérzésük.)*

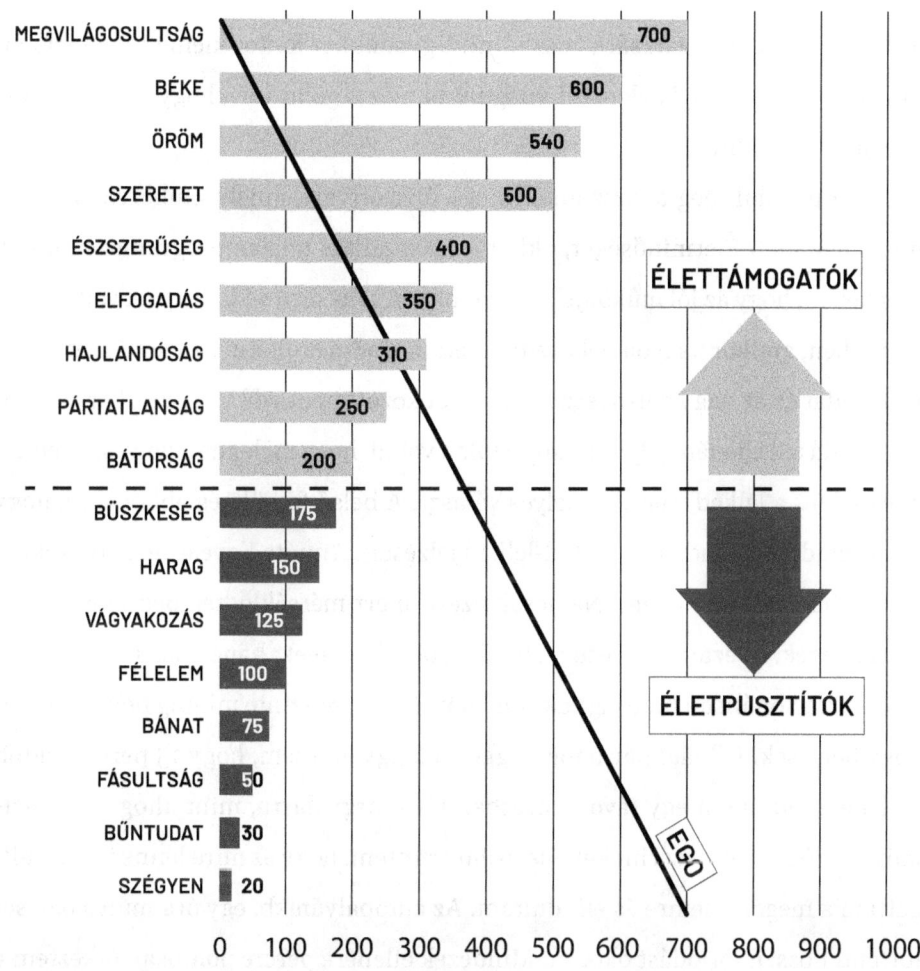

1. ábra: A lelki rezgésszintek és kapcsolatuk az egoval (Dittrich, 2021)

Az Ember racionális gondolkodása miatt elvesztette a testével való kommunikációt. Nem képes megfelelő mértékben figyelni a teste jelzéseire. Pedig nagyon sokszor kudarcot vall a racionalitás, és olyankor egy állat jóval bölcsebb, mint az Ember. Fura belegondolni, ugye? Emberi önteltségünk számára talán elsőre még elfogadhatatlan is. Hiszen úgy neveltek bennünket, hogy a gondolkodás képessége emelt ki minket az állatvilágból. Ez igaz, de a tudásért cserébe elvesztettünk egy csodás képességet, amelyet a megérzéseink világa nyújt nekünk. Mire ennek a könyvnek az útmutatásai beépülnek az Életedbe, képes leszel ezt az „eszközt" a boldogságod támogatására használni! Ugyanakkor fontos kiemelni: a racionalitás nagyon jó dolog! Jelenlegi világunkban az a gond vele, hogy mindenre ezt akarjuk használni.

Ha például meg akarsz alkotni egy új szoftvert, amely Emberek ezreinek hozza el a jobb Életminőséget, akkor a racionalitás talaján programozol annak érdekében, hogy az jól működjék. Ugyanakkor hány olyan Élethelyzet volt már az Életedben, amikor nagyon nehezedre esett magadra erőltetni a racionális gondolkodásodat és ez nagy belső feszültségeket okozott benned? Vagy amikor a racionális tudásod ellenére teljesen tanácstalan voltál, hogy mi lenne a helyes. Ilyenkor a tested (és a lelked) tudná a helyes választ! A belső feszültség abból ered, hogy elnyomtad önmagadban a tested-lelked jelzéseit. Amióta figyelek ezekre, sokkal könnyebbé vált az Életem. Nemcsak azért, mert mérséklődtek bennem a belső feszültségek, és ezáltal békésebb, boldogabb Életet élek, hanem azért is, mert az elsőre irracionálisan butaságnak tűnő döntéseimről szinte mindig beigazolódik, hogy helyesek. Például pár napja reggel volt egy érzésem, hogy 15 perccel előbb kellene elindulnom egy távoli városban lévő tárgyalásra, mint ahogy a menetidőtervező szoftver szerint kellene. Nem értettem, hogy ez mire lenne jó, de hallgattam a megérzésemre és elindultam. Az autópályán kb. egy óra múlva baleset történt, hosszú torlódást okozva. Mindezek ellenére percre pontosan érkeztem a tárgyalásra. Ha racionálisan döntök, akkor elkéstem volna. Ugyanakkor amikor a megérzésemre hallgattam, még meg sem történt a baleset. Tehát ezt nem lehetett racionális logikával helyesen megoldani. Az intuíció világa már tudományosan is igazolt dolog, melynek számos aspektusát például a kaliforniai HeartMath Intézetben is alátámasztották. A következő könyvem többek között ennek a működését is pontosan el fogja magyarázni. Bízom benne, hogy megtisztelsz majd a figyelmeddel.

Szóval nem a racionalitással van a baj, hiszen ennek köszönhetjük technikai és tudományos fejlődésünket. A gond a helyes arányok elvesztésével van. A nyugati társadalomban a racionalitás Szent Gráljában hiszünk, pedig ez valójában részleges vakságot eredményez. A jövő társadalmában ez nem így lesz! Mindent a helyén fogunk kezelni, a racionalitást is és az intuíciók világát is. Ahhoz, hogy ez így legyen, az egyén szintjén kell megváltoznunk és újra felfedeznünk belső erőinket.

Köszönöm, hogy itt vagy velem ezen az úton!

Ugyanakkor van egy jó hírem! Igaz, hogy te nem tudod (még) elérni az agyaddal a tested mély, tudatalatti szintű jelzéseit, azonban egy jó kineziológus igen. Egy egyszerű testválaszmódszerrel meg tudja nézni bármely kérdésre adott testválaszodat. Mire jó ez az egész? Rengeteg mindenre, hiszen a tested sokkal-sokkal bölcsebb, mint te (bocs!), és a tested sosem hazudik (még egyszer bocs!). Te viszont ha másoknak nem is hazudsz, önmagadnak tudattalanul biztosan, de az is lehet, hogy másoknak is. Ezt mindenki magában döntse el.

Sokszor hazudunk önmagunknak azért, mert könnyebb elhinni más igazságát, mint önmagunkba nézni. De sokszor másoknak való megfelelési vágyból is hazudunk önmagunknak. Nagyon ritka az az Ember, aki teljesen őszinte tud maradni önmagával. A testünk viszont pontosan tudja, hogy mi van benne elfojtva.

Szóval akkor mire jó a kineziológus? Mélyebb önismeretre, elfojtott lelki sebek felnyitására és feloldására. Egy jó kineziológus annyival tud többet, mint egy jó pszichológus, hogy ő mindig az igazságból dolgozik. Egy hagyományos „beszélgetős" pszichoterápiában a páciens gyakran úgy kanyarítja, szépíti a dolgokat, ahogy az ő szemszögéből az kedvezőbb. Például lehetnek a problémái mögött olyan tényezők, amelyeket még saját magának sem mer bevallani, nemhogy a terapeutájának. Ezzel szemben a kineziológusnak nem lehet hazudni, mert ő a mindig őszinte testválaszból dolgozik. Ez nagyon fontos a módszer megbízhatósága és a mérhetőség szempontjából!

De a legprofibb az, ha olyan szakemberhez mész el, aki pszichológus és kineziológus is egyben. Hiszen bizonyos kineziológusoknak nincs meg a megfelelő lelki érzékenységük vagy szakmai ismereteik nem elegendők a lélek gyógyításához. Ezt a kérdést még részletezni fogom jelen könyv későbbi részeiben.

De mire jó ez az egész? Elsőként arra, hogy számszerűsíthetővé teszi minden Ember aktuális boldogságának szintjét és ez kinyit egy kaput a számodra, hogy mérni tudd a lelki fejlődésedet!

1.2. A számszerűsíthető boldogság – avagy a lélek rezgésszintjei

Ez a fejezet egy nagyon fontos alapfogalom-csoportot mutat be. Aki ezt megérti és elsajátítja, annak jelentősen megváltozik az Emberekről és az Emberi társadalom működéséről alkotott képe. Az így nyert szélesebb látókör fontos, annak érdekében, hogy újabb mérföldköveket érj el a boldogság felé vezető saját utadon, ugyanakkor meghatározó alapot ad arra is, hogy jobban megértsd a környezetedben az Embereket és ezáltal még elfogadóbbá tudj válni. Az elfogadásunk fejlődése már önmagában is fokozza a boldogságunkat, hiszen ezáltal kevesebb feszültség lesz az Életünkben és javulnak az Emberi kapcsolataink.

A most bemutatandó rendszer alapjait dr. David R. Hawkins összegezte az Erő kontra erő című könyvében. Talán nem túlzás azt állítanom, hogy műve az Emberi lélekkel foglalkozó irodalom legjobbjai közé tehető, így minden kedves Olvasónak őszinte szívvel ajánlom.

Tudományosan bizonyított (D. R. Hawkins, 2004), hogy az Emberi léleknek van egy bizonyos rezgésszintje. A lélek egy speciális energiatípus, mely hat a környező Emberekre és saját belső lelkiállapotunk milyenségét is tükrözi. A lélek különböző rezgésszintjeit különböző definiált szintekhez lehet kötni, melyeket az 1. ábra szemléltet.

Az itt bemutatott 17-féle érzésrendszerből a legtöbbet valószínűleg érezted már. Azonban az összes érzésed átlagos értéke adja meg a lelked aktuális rezgésszintjét, amelyet a fenti felsorolás valamely fő érzése jellemez. A rezgésszinted értéke tehát legfőképpen azon múlik, hogy egy átlagos napon a fent bemutatott 17 lelki érzelem közül hol tartózkodik a legtöbbet a lelked. Minden gondolatnak, érzésnek, cselekedetnek van lelkirezgésszint-értéke. Szóval a napi léted átlaga határozza meg, hogy milyen lelki rezgésszinten élsz. Azt a tényt fontos leszögezni, mindjárt itt az elején, hogy minél magasabb lelki rezgésszintre emelkedsz, annál boldogabb, kiegyensúlyozottabb és békésebb leszel. Ez a könyv mindent a kezedbe ad ehhez! Kérlek, tarts velem és vedd kezedbe a sorsodat! Az a jó az általam bemutatandó rendszerben, hogy nem kell elhinned! Akkor is működik, ha nem hiszel benne, csak egyszerűen elfogadod, betartod a tanácsaimat, amiket adok neked.

Nyilván mindannyiunknak ingadozó a lelkiállapota, ami miatt hol lelkesebbek és boldogabbak vagyunk, hol pedig mélyebb lelkiállapotokba süllyedünk. A szégyen szintjétől a büszkeség szintjéig az Emberek olyan negatív lelki energiákat bocsátanak ki magukból, amelyek az adott személyt Életpusztítóvá teszik, azaz a környezetében lévő Emberekre és minden más élőlényre is negatív hatással vannak. Ők nap mint nap Életpusztító eredő hatású cselekedetekről hoznak ösztönösen döntéseket. A bátorságtól a megvilágosultságig jellemző szinteken az Emberi lélek Élettámogató energiákat bocsát ki, amelyekkel kedvező összhatást gyakorol a környezetére (Dittrich, 2021). Az, hogy például neked milyen a lelki rezgésszinted, a testválaszmódszerrel kb. 3 perc alatt megmérhető, ha egy jó kineziológusnak adsz erre ennyi időt. Ehhez meg kell neki mutatnod az ebben a könyvben lévő 1. ábrát és meg kell kérned, hogy eszerint mérje ki a lelked rezgésszintjét. Azért fontos magaddal vinned az 1. ábrát, mert többféle skála létezik és így tudod egyértelművé tenni a tested és a kineziológus szakember számára, hogy mire keresed a választ.

Biztos te is tapasztaltad már, hogy egy spirituálisan érett Ember környezetében békésebbnek, vidámabbnak és energikusabbnak érzed magadat. Ugyanakkor jó eséllyel felfigyeltél arra is, hogy egy panaszkodó, önsajnálatot árasztó Ember mellett rohamosan csökkentek az energiáid. Őket szokták energiavámpíroknak hívni. Ez azért van, mert az Emberi lélek energiái hatnak egymásra és mindig egyensúlyra törekszenek. Szóval ha egymáshoz közel van két vagy több Ember, akkor úgy is hatnak egymás lelki energiaszintjére, ha nem is kommunikálnak. Például ha a metrón a tömegben állsz és senkire sem figyelsz, ez akkor is megtörténik veled.

Ha egy nagyon magas spirituális szinten lévő Ember tart egy előadást, akkor általában a teremben lévő hallgatóságot magával ragadja az a pozitív hangulat, amelyet magából sugároz, anélkül, hogy ennek a nézők tudatában lennének. Egy ilyen Ember olyan magas lelki szinten is lehet, hogy akár több 10 000 Ember negatív lelki energiáját is képes ellensúlyozni. Gondoljunk Buddhára, Jézusra vagy Teréz anyára, hogy micsoda hatást gyakoroltak a környezetükben lévő Emberekre! Az én értelmezésem szerint Buddha és Jézus megvilágosodott Emberek voltak, de ezzel senkinek a hitét nem akarom megsérteni! A vallási magyarázat és a kineziológiai nem üti egymást, hanem inkább kiegészíti, érthetőbbé teszi azt.

Ha e rendszer szempontjából vizsgáljuk az Életünket, akkor megkapjuk a választ, hogy miért olyan fontos foglalkoznunk a lelkünk fejlődésével. A saját boldogságunkon túl ezzel mások boldogságára is hatást gyakorolunk anélkül, hogy annak az adott személy akár tudatában lenne. A lelki fejlődés legfontosabb lépcsője az, amikor a büszkeség szintjéről a bátorság szintjére lépünk, mert itt válunk Életpusztítókból Élettámogatókká. Ez az a lépcső, amit megtéve már támogató hatással vagy a környezetedre, ezáltal elkezdenek minőségibbé, békésebbé és harmonikusabbá válni az Emberi kapcsolataid. Ugyanakkor az ösztönös önpusztító cselekedetek, a negatív események bevonzása helyett a pozitív, önépítő folyamatok kezdenek túlsúlyba kerülni az Életedben.

Ha boldogabb Életet, békésebb családot vagy odaadóbb barátokat akarsz a környezetedben látni, akkor a saját lelked rezgésszintjét szükséges emelned. Ez a legtöbb, amit tehetsz magadért, a szeretteidért és a világért! Ezért mondják a nagy bölcsek, hogy a boldogság belülről fakad és nem külső hatások eredménye. Ha pozitív irányba megváltoztatod a lelked rezgésszintjét, akkor békésebb, harmonikusabb, szeretetteljesebb leszel és a lelked nem vonz be annyi rosszat sem. Ugye, megéri?

Én már tapasztalatból mondom neked, hogy a válasz „IGEN". Néhány éve még tudattalanul Életpusztító lelki rezgésekkel éltem. Most pedig már az Életigenlés egy magas lelki rezgésszintjén élem az Életemet. Ezt azért írom, mert ha nekem sikerült, akkor neked is fog, amennyiben nyitottan és kitartóan teszel érte! Ez a könyv ebből az egyetlen önzetlen motivációból íródott, hogy a sikerem tapasztalataival másoknak is segíthessek.

Szinte hihetetlenek a lelkirezgésszint-emelkedés Életedre kiható következményei. Az Életem minden területén minőségi változások történtek. Ha egy szóval kellene jellemezni a hét évvel ezelőtti Életemet, akkor a „szenvedés" szót választanám. Ha ugyanígy kellene jellemezni a mai Életemet, akkor a „csoda" szó lenne rá a legalkalmasabb.

Fontos tudnod, hogy minden lelki rezgésszinten másképp látod a világot, más az igazságról alkotott képed. Ha ezt megérted, akkor sokkal empatikusabb tudsz lenni az Emberekkel, hiszen érthetőbbé válik számodra, hogyan lehet az, hogy mások ennyire másképpen gondolkodnak, vélekednek dolgokról, mint te.

Életemben a begyógyított negatív érzelmek felelevenítése és újbóli megélése még közelebb hozott az Emberek megértéséhez. Hány Ember lehet a Földön, aki hasonlóan sok szenvedést fojtott el magában és ennek következtében öntudatlanul játssza őrültebbnél őrültebb játszmáit?! Lelke alacsony rezgésszinten rezeg, annak ellenére, hogy ennek tudatában lenne, pedig nem kellene így lennie! Gyerekkori traumák, a szülők válása vagy elvesztése, a testvér megjelenése miatti figyelemvesztés, a lelkét sárba tipró szülők, nélkülözés, kihasználtság, zaklatás, fenyegetettség: ilyen és ehhez hasonló mély lelki sebek terhelik Emberek milliárdjait. Ez adta a felismerést, hogy nem ítélkezhetünk senki felett, mert sosem tudhatjuk, hogy az a másik Ember milyen okból olyan, amilyen. Talán még érdekesebb és izgalmasabb gondolat annak a felismerése, hogy ha én lettem volna annak a másik Embernek az Életében, valószínűleg most én is úgy viselkednék, ahogy ő. Krisztus szavai is erre utalnak, amikor azt mondja, hogy bocsáss meg az ellenünk vétkezőknek. Hiszen tudattalanul, sérült lelke elfojtása következtében teszi azt, amit tesz. Azzal, ha visszavágok, csak mélyítem a sebét. Azonban ha megbocsátok, segítem őt lelke gyógyulásában. Nyilván egy bizonyos lelki rezgésszint alatt nem lehetséges Krisztus ezen szavai szerint élni. A legtöbb Embernek annyi lelki teher nyomja a vállát, hogy nincs ereje másokkal foglalkozni, és a legkisebb őt érő támadásra nagy ellenállással, hirtelenséggel reagál. A rendszeres megbocsátás világa a 200-as Élettámogató lelki szint felett kezd megjelenni. De ahhoz, hogy jobban elmélyülhess ennek az izgalmas rendszernek a lehetőségeiben, arra kérlek, ismerd meg velem az egyes lelki rezgésszinteket!

Szégyen és bűntudat (értéke 20 és 30)

A szégyen és bűntudat szintjein a legmélyebb, legfeketébb, legsötétebb érzésekben élünk, amit Ember átélhet. Ott annyira közel vagyunk a halál szintjéhez, hogy önmagunk értékét nullának tartjuk. Leggyakrabban ezen a szinten vágyja az egyén őszintén a halált. Idesüllyednek és tartósabban itt ragadnak az öngyilkosságot elkövetők, mielőtt végrehajtják végső tettüket. Édesapám öngyilkossága körüli ismereteim is ezt igazolják. Ezen a lelki rezgésszinten önmagunk értéktelenségének érzése sajnos megvető, gyűlölködő reakciókat vált ki a világ felé. Ezen a nyomorúságos Életérzésen keresztül nézve gonosznak látjuk a világot és a jövőt nagyon sötéten képzeljük el. Erről a rezgésszintről nézve az Emberiség gonoszsága annyira végtelen és gyógyíthatatlan, hogy az Emberiség megérdemli a kipusztulását. Nem véletlen, hogy régen a felülkerekedők az Emberek megszégyenítésével igyekeztek véglegesen sárba tiporni ellenfeleiket és ez még ma sem ritka. A megszégyenítés és a bűntudatkeltés a diktatórikus hatalmi rendszerek egyik kiváló eszköze volt a múltban és az sajnos ma is.

A családokban is gyakran megjelenik a szégyen és a bűntudatkeltés. Nagyon sok szülő így igyekszik kordában tartani a gyermekét, miközben fel sem méri, hogy ezzel micsoda pusztítást végez a lelkében, aláásva a gyermek boldog jövőjének alapjait. Természetesen a szülő ezt öntudatlanul teszi, hiszen ő is küzd lelki sárkányaival és mivel azok gyógyítatlanok, ezért mindebből mit sem felfogva átadja terhét gyermekére, aki tovább cipeli azt. Amikor a szülő mások előtt szégyenbe hozza a gyermekét vagy bűntudatkeltéssel tartja kordában, azzal szó szerint a sárba tiporja a lelkét.

A bűntudat és a szégyen szintjén élő Embert gyakran kirekeszti a társadalom, de ha a folyamat mélyére nézünk, az egyén maga rekeszti ki önmagát azzal, hogy saját magát teljesen értéktelennek éli meg, környezetét pedig gonosznak és sötétnek érzi. A szemrehányás és a megaláztatás érzése sokszor átszövi az Ember lelki Életét. Az ilyen Ember rendkívül befolyásolható és szinte bármire rávehető. Magasabb (de még Életpusztító) rezgésszinten lévő Emberek általában ilyen Embertársaikkal végeztetik el a piszkos munkát, bármi legyen is az. Így az ilyen Emberek között sok a fanatizált állapotú. Minél nagyobb hatalom van egy ilyen Ember kezében, annál pusztítóbb hatása van a környezetére. Hiszen az ilyen Ember mindent el akar pusztítani, amit gonosznak lát. Nagy valószínűséggel Napóleon, Hitler, Sztálin is ezen a lelki rezgésszinten élhettek. Náluk az alacsony lelki rezgésszint kiemelkedően magas értelmi és alacsony érzelmi intelligenciával párosult. Így tudtak olyan hatalmas negatív hatást gyakorolni a világra.

Kérlek, figyeld meg magadat néhány napig! Gondold végig, hogy hányszor és mennyi időre érzel szégyent vagy bűntudatot. Mennyi ehhez a lelki rezgésszinthez kötődő gondolatod, érzésed van, akár önmagadra irányulóan, akár a világ felé? Amíg ezt alaposan meg nem figyelted magadban, kérlek, ne haladj tovább! Az 1. számú mellékletben találsz egy táblázatot. Írd be oda, hogy egy átlagos napodon összesen kb. hány órát vagy percet tölt itt a lelked, a tested vagy az elméd. Alaposan figyeld meg magadat! Hiszen a régóta belénk ivódott érzelmi vagy gondolkodási minták annyira megszokottak, hogy fel sem tűnik számunkra, mennyire károsak az Életünkre! Minél több ilyet fedezel fel magadban, annál hatékonyabban leszel képes megváltozni. A változás első lépése mindig a felismerés.

Fontos, hogy ne keverd össze a szégyen és a szégyenlősség szavakat! A szégyenlősség egy magas lelki rezgésszintű érzelem, amely arról szól, hogy az intimitásomat csak azzal osztom meg, aki már kiérdemelte azt. A bűnbánatot se keverd össze a bűntudattal. Aki tisztában van a bűnével és azt igyekszik jóvá tenni, az a bűnbánó Ember. Ez a bátorság lelki rezgésszintjének jele, amikor elkezdünk szembenézni a valódi önmagunkkal.

Fásultság és bánat (értéke 50 és 75)

A fásultság rezgésszintjének mérőszáma 50, míg a bánaté 75. Ezek már jóval magasabbak, mint az előző részben bemutatott bűntudat és szégyen rezgésszintjei. Akármennyire meglepő, bánatosnak vagy fásultnak lenni jóval kevésbé negatív lelki rezgésszint, mint a szégyen és a bűntudat szintjei. Ezeken a szinteken is jártam hosszabb ideig és természetesen senkinek sem kívánom. De aki itt jár, annak is van kiút. Azonban ha a szégyen és a bűntudat szintje felől nézzük a világot, akkor a fásultság már egy komoly előrelépést jelent. Pont a fásultság, majd a bánat jelent kiutat a lelkileg legmélyebb szintekről. Ezért nem helyes, amikor egy fásult Embert bírálunk! Lehet, hogy épp szintet ugrott, csak mivel te a saját szűrődön keresztül ítéled meg őt (ami természetesen helytelen!), el sem tudod képzelni, hogy ez a mély állapot szintugrás is lehet. Hiszen előfordulhat, hogy az illető a bűntudat szintjéről ugrott a fásultság szintjére. Ebben az esetben ez egy óriási fejlődés, és azzal, hogy a fásultságát bíráljuk, újra visszataszíthatjuk a mélyebb rezgésszintekre. Hagyni kell őt, hogy megpihenjen egy picit a lelke ezen a szinten és egyszer csak jönni fog egy olyan inspiráló erő, amely ki fogja ebből rántani őt. Akkor kell majd segítened neki, de akkor sem bírálattal! Természetesen az is lehetséges, hogy magasabb lelki rezgésszintről zuhanunk le erre a szintre. Ilyenkor hagyni kell magunkat elidőzni a bánat szintjén.

Az is előfordulhat, hogy a bánat fájdalma annyira meggyötör minket, hogy a fásultság szintjére taszít, ahol a lelkünk megpihen, mielőtt újra fejlődni kezd. Mindkét szintnek kell elég időt hagyni! Akik menekülnek ez elől és elfojtják a bánatukat, ez sokszor vissza fog ütni az Életükben. Ám ha már túl tartós a fásultság vagy a bánat szintje, akkor itt az idő arra, hogy külső segítséget kérjünk! Ez olyan mély lelki rezgésszint, hogy ebből nehéz külső segítség nélkül kilábalni.

A fásultság szintjén élő Embert már semmi sem érdekli és már semmi sem számít neki. Úgy érzi, hogy ez a világ már semmi olyat nem adhat számára, ami értékes lehet. Ezen a szinten teljes a reménytelenség, de legalább a szégyen és a bűntudat érzései már nem gyötrik annyira a lelket. Itt is gyakran előkerül a halálvágy érzete, de már előjön a külső segítség iránti vágy is, csak nincs erőnk tenni érte. Ezért jön jól a család vagy a jó barátok, akik ilyenkor segítő kezet nyújtanak. Mivel a jövőképünket leginkább a kétségbeesés és a reménytelenség itatja át, ebben az állapotban az nagyon pesszimista, és a világ jövőjét is sötétnek látjuk. A felénk áramló pozitív dolgokat lemondással, gyakran fásult nemtörődömséggel fogadjuk. A negatív attitűd miatt, ami átitatja a lelkünk minden zugát, elítélőek vagyunk a környezetünkkel, ami természetesen képes eltaszítani magunktól a segítő szándékot.

A bánat szintje már előrelépés a fásultság szintjéhez képest. Bár ez még mindig egy nagyon mély lelki rezgésszint. Itt már megjelenik valamiféle lelki aktivitás, hiszen aktív érzelmeink vannak, még ha azok nagyon fájók is. A fásultság szintjén már fájdalmat sem érzünk, vagy ha mégis, az sem érdekel minket. A bánat szintjén megjelenik a vágy arra, hogy múljon el a lelki fájdalom. Ez segít majd hozzá ahhoz, hogy magasabb lelki rezgésszintre emelkedjünk. Természetesen ez akkor lesz egészséges és tartós, ha hagyjuk átjárni magunkon a gyász vagy bármely más ok miatti bánatot, megéljük és nem menekülünk el előle. Ez meggyógyítja, nem pedig elpalástolja a lelki problémát. A bánat szintjén még mindig nagyon tömény a jövőképünk sötétsége. Lelkileg csüggedtek vagyunk és hajlamosak az önsajnálat mély bugyraiban rekedni. Tragikusnak látjuk az Életünket és lenézően reagálunk a környezetünk segítő szándékára: *„ő úgysem tudja, min megyek keresztül..."*. Ez az az állapot, amikor a lelki sebeinket nyalogatjuk, de pont ez fogja azokat meggyógyítani, ha kellő ideig csináljuk!

Kérlek, néhány napig megint figyeld meg magadat! Gondold végig, hogy hányszor és mennyi időre érzel fásultságot, bánatot! Kísérd figyelemmel, hogy mennyi ehhez a lelki rezgésszinthez kötődő gondolatod, érzésed van, akár önmagadra irányulóan, akár a világ felé. Amíg ezt alaposan nem tanulmányoztad magadban, ne haladj tovább! Az 1. számú mellékletben találsz egy táblázatot. Írd be oda, hogy egy átlagos napodon összesen kb. hány órát tölt itt a lelked, a tested vagy az elméd. Alaposan figyeld meg magadat! Hiszen a régóta belénk ivódott érzelmi vagy gondolkodási minták annyira megszokottak, hogy fel sem tűnik számunkra, mennyire károsak az Életünkre! Minél több ilyet fedezel fel magadban, annál hatékonyabban leszel képes megváltozni. A változás első lépése mindig a felismerés.

A fásultág lelki rezgésszintjéhez kapcsolódik az erőtlenség, a céltalanság, a depresszió. Ugyanakkor ne keverd össze a pártatlansággal vagy a semlegességgel, amelyek az Élettámogató lelki rezgésszintek jelei. A bánat lelki rezgésszintjéhez tartozik a szomorúság, a mély lelki fájdalom. Ugyanakkor az együttérzésből kialakuló hasonló érzések magas lelki rezgésszintet jelentenek.

Félelem (értéke 100)

Mindannyian féltünk már, ami lelkünk természetes reakciója. Ez önmagában egészséges és helyes. Attól, hogy néha félünk, még nincs ezen a szinten a lelkünk rezgésszintje, hiszen az összes érzésünk átlagát kell tekinteni. Akkor van a félelem szintjén a lelkünk, ha a gondolataink legnagyobb részét a félelem itatja át. Én is jártam tartósan ezen a szinten és ezt sem kívánom senkinek. Ez a lelkiállapot a 100-as értéken rezeg, amiből jól látszik, hogy az előző részben tárgyalt bánat szintje felett van.

A félelem szintjén élő Ember általában nem egyetlen dologtól fél, hanem összességében hajlamos a félelemre. Számára az egész világ egy félelmetes hely és nagyon ritkán érzi magát biztonságban. Persze minden ilyen Embernek vannak kiemelt félelemtémái. Emiatt az ilyen Ember szorongó típusú. Társaságban vagy minden olyan helyen, ahol nem érzi magát biztonságban, a viselkedése visszahúzódó. De néha pont az ellenkezője igaz és ahol teheti, ott nagy hévvel ismerteti meg a környezetével félelmei okát. Az ilyen Emberek jövőképe erősen pesszimista mind saját Életüket, mind az Emberiség jövőjét illetően. Ők azok, akik a koronavírus-járvány alatt még a kihalt utcán is maszkot viseltek, illetve akik a vészjósló klímahírek miatt a világ azonnali összeomlását látják. Gyakori, hogy a nemi betegségektől vagy a terhességtől való félelem annyira átitatja a lelküket, hogy távol tartják magukat a szexualitástól, vagy ha mégis megteszik, sosem tudnak felszabadultak lenni. Ezek az Emberek szinte minden helyzetben fenyegetettnek érzik magukat. Az egojuk állandóan pásztázza a jövőt, hogy vajon honnan éri őket támadás. Emiatt a lelkük állandó készenléti állapotban van és ritkán mernek felszabadultak lenni. Ennek aztán az a következménye, hogy nagyon gyorsan kibillennek nyugalmi helyzetükből, könnyen dühbe gurulnak és gyakran tesznek olyan dolgokat, amelyeket később megbánnak. Hajlamosak a tudatmódosítók (alkohol, drog) fogyasztására, hiszen szinte csak így képesek átélni a felszabadultság állapotát. A vallásos Emberek Istent büntető lénynek képzelik el, aki minden bűnért nagyon keményen elszámol velük és másokkal is. Ez tovább fokozza a félelmüket. Ha esetleg valaki felett hatalmat tudnak gyakorolni, akkor ők maguk is büntetővé válnak. Ezen jellemzők miatt az ilyen Emberek tudattalanul rengeteg Életpusztító energiát sugároznak ki magukból, de már nem annyit, mint az alacsonyabb lelki rezgésszinten lévők.

Az eddig tárgyalt szégyen, bűntudat, bánat vagy fásultság szintjéről nézve komoly előrelépés erre a szintre lépni. Ennél a szintnél már jóval magasabb az egyén lelki aktivitása. Természetesen magasabb rezgésszintről is lesüllyedhetünk erre a szintre, ahonnan nagyon nehéz visszakapaszkodni. Nekik azt javaslom, hogy merjenek külső segítséget kérni! A legtöbb Ember szégyelli elmondani másoknak a félelmeit. Sőt, aki a félelem szintjén él, gyakran még a félelmeiről is fél beszélni.

Sajnos a félelemkeltés mind a hatalom, mind egyes egyházak komoly fegyvere volt a történelem során és ma is az. A keresztény egyház évszázadokig a pokolra jutás lehetőségével tartotta félelemben az Embereket. A félelem rezgésszintjére taszított Embert tudniillik könnyű befolyásolni és irányítani. Sajnos ma is vannak olyan politikai és egyéb hatalmi erők vagy vallási szekták, ahol komoly eszközként használják a félelemkeltést. Ezek a rendszerek tartósan nem maradhatnak fent, hiszen alapvető ösztönüknél fogva az Emberek szeretnének boldogan élni. Ez a rezgésszint nagyon messze van a boldogságtól és az Élet tiszteletétől is.

Vágyakozás (értéke 125)

A vágyakozás lelki rezgésszintjének értéke 125. Mint ahogy már említettem, a 200 alatti rezgésszintek Élet- és önpusztítók, így ez a rezgésszint még mindig nagyon negatív, degradáló hatású mind az ezt sugárzó személyre, mind a környezetére vonatkozóan. Igaz, hogy a félelem (vagy az alatt lévő) rezgésszintekhez képest már magasabb szintet ér el az az Ember, akinek a lelke stabilan ebben a magasságban rezeg. Ha a szégyentől a félelemig vizsgáljuk a lelki rezgésszinteket és onnan nézzük a vágyakozás szintjét, akkor itt végre megjelenik valamiféle hatékonyabb lelki aktivitás. Mivel ez a rezgésszint már nem olyan alacsony, ezért erőteljessé válik a remény, és a lelkünk vágyni kezd a jóra. Így ez a rezgésszint ugródeszkaként is funkcionálhat a magasabb rezgésszintek felé. A vágyakozás erőt ad ahhoz, hogy elinduljunk a céljaink felé. Ugyanakkor a vágyakozás szintje magasabb rezgésszintekről nézve nagyon negatív. Ez a szint az addikcióktól burjánzó világ. Fogalmazhatok úgy is, hogy akik tartósan ezen a lelki rezgésszinten vannak, mind függőségekben szenvednek. A függőségek alapérzete a sóvárgás (Máté Gábor, 2010) és annyira hozzászokunk a vágy keltette hormonális pezsgéshez, hogy tulajdonképpen már nem is a cél elérése a fontos, hanem a vágy fenntartása. Ez a beteges lelkiállapot okozza azt, hogy a függők jó része nem akarja belátni, hogy az addikciója gondot jelent és arról le kellene szoknia. Ezen a lelki rezgésszinten annyira kötődünk a sóvárgás érzetéhez, hogy úgy érezzük, ha ez elveszne az Életünkből, akkor az üresebbé, sivárabbá, unalmasabbá válna. Például a pornófüggők imádnak sóvárogni a filmben látott szexuális célok után, azonban ha élőben végre megélhetik azt, az élmény nem is olyan jó, mint ahogy azt elképzelték. A valós megélés során kiveszik a sóvárgás extra „íze", és így gyakran az orgazmus sem jön össze. Bár a pornóipar jó példa erre, de általában is elmondható, hogy a jelenlegi gazdasági rendszer és a társadalmi működés egyik fő motorja a sóvárgáskeltés. A reklámokon és egyéb médián keresztül ideálokat, izgalmas termékeket és szolgáltatásokat mézesmadzagként húznak el az Emberek orra előtt, amelyek után sóvároghatnak. Ez a társadalmi berendezkedés okozza azt, hogy a világon élő Emberek hihetetlenül nagy hányada él ezen a rezgésszinten. Nagyon könnyű célokat találni a sóvárgásainknak, és mivel ezen a lelki rezgésszinten erre erős a hajlamunk, ezért a társadalmi rendszer eléri célját és fogyasztásra „gerjeszt". A pornó- és szexfüggőség jellemzően a férfiaknál gyakoribb jelenség, ami a hormonális és egyéb okokból kiindulva érthető. Hány olyan nőt ismerek, akik elítélik és gusztustalannak tartják a férfiak ilyen problémáit, miközben vásárlásfüggésük és más függési formáik saját maguk előtt rejtve maradnak! A függési formák jellemzője, hogy a saját függésünk a „normális", mert az egonk elhiteti velünk, hogy az rendben van. Mások függése viszont elítélendő, visszataszító. Pedig a függés az függés, azonos lelki gyökérrel és azonosan negatív lelki rezgésszinttel. Az ilyen Embert nem bírálni vagy elítélni kell, hanem segíteni abban, hogy magasabb lelki rezgésszintre juthasson. Azzal, hogy elítéljük őt, csak ezen a szinten tartjuk, hiszen újabb csalódás éri, mely révén a függésébe menekül.

Aki ezen a lelki rezgésszinten marad és esetleg mégis leszokik valamelyik addikciójáról (pl. annak belátott káros hatásai miatt), helyette ösztönösen másik addikciókat választ. Több olyan Embert ismerek, aki egyik napról a másikra letette a dohányzást, de azóta más szenvedélyek rabja.

A vágyakozás rezgésszintjén élő Ember Életfelfogása a csalódások körül forog. Ez elég logikus, hiszen ha nem lennének csalódások az Életében, akkor előbb-utóbb elérné a célját és akkor nem lenne mi után sóvárognia. Jómagam is sok-sok évig „tartózkodtam" ezen a lelki rezgésszinten és rengeteg csalódás is ért. Mindig újult erővel estem neki a céljaim megvalósításának, majd amikor azok összeomlottak, kezdhettem mindent elölről. Nem értettem, hogy miért a nagy célok előtt történik mindig valami „pech". Ha az Életem valamely területén esetleg célba értem, akkor más területek omlottak össze. Így mindig lehetett sóvárogni, vágyakozni be nem teljesült célok iránt.

A csalódó Életfelfogást nagyon gyakran Isten létezését tagadó felfogás kíséri. Ezek az Emberek úgy gondolják, hogy ha Isten létezne, akkor nem ilyen lenne a világ. Hiszen nem látják be, hogy a sok csalódásnak ők maguk az okai. Úgy vélik, hogy az Élet összeesküszik ellenük, ők szerencsétlen csillagzat alatt születtek. Nyilvánvalóan ebből a helyzetből is a kiút kezdete lehet az a felismerés, amikor rádöbbenünk, hogy mi vagyunk minden bajnak az okai, ami velünk történik.

Ezek az Emberek óriási erővel vágnak neki elérhetetlen céljaiknak, melyek végén meg is érkezik a kudarc, a csalódás. Tudatos énjük hiába vágyik a célra, a tudatalattijuk a kudarcot keresi, lelki síkon szükségük van a csalódásra. Pont ezért választanak extra célokat, hajlamosak a maximalizmusra. Ettől olyan Életpusztító ez az energiarendszer, amelyet a lélek a környezete és önmaga felé sugároz ezen a szinten. A másik fő ok jól érzékeltethető az addikciók környezetükre és az adott személyre gyakorolt káros hatásaival.

Kérlek, megint figyeld meg magadat néhány napig! Gondold végig, hogy hányszor és mennyi időre érzel félelmet vagy vágyakozást! Nézz rá, hogy mennyi ezekhez a lelki rezgésszintekhez kötődő gondolatod, érzésed van, akár önmagadra irányulóan, akár a világ felé. Amíg ezt alaposan meg nem figyelted magadban, ne haladj tovább! Az 1. számú mellékletben találsz egy táblázatot. Írd be oda, hogy egy átlagos napodon összesen kb. hány órát tölt itt a lelked, a tested vagy az elméd. Fontos, hogy alaposan figyeld meg magadat! Hiszen a régóta belénk ivódott érzelmi vagy gondolkodási minták annyira megszokottak, hogy fel sem tűnik számunkra, mennyire károsak az Életünkre! Gyakran az egonk megidealizálja, hogy az miért jó. Nemrég egy boldogtalan Embernek magyaráztam el, hogy a maximalizmusa túl nagy terhet okoz számára, ettől boldogtalan. A válaszreakciója az volt, hogy ő imád maximalista lenni. Az ego csapdája rafinált! De minél több ilyen érzést, gondolatot fedezel fel magadban, annál hatékonyabban fogsz tudni megváltozni. A változás első lépése mindig a felismerés, amivel az egod mögé láthatsz.

A félelem lelki rezgésszintjéhez kapcsolódik az aggódás, a féltés. Ugyanakkor ne keverd össze az óvatossággal vagy a körültekintéssel, amelyek az Élettámogató lelki rezgésszintek jelei. A vágyakozás lelki rezgésszintjéhez tartozik a sóvárgás, a maximalista célok kitűzése. Ugyanakkor a céltudatosság és az igényesség a magasabb lelki rezgésszintek jelei.

Harag (értéke 150)

Az eddig bemutatott szintekről nézve itt már komoly szintű aktivitás jelenik meg. Ezen a szinten az egyén ugyan a környezetére és önmagára nézve is negatív, mégis már erőteljesen kifejezi az önvédelmét, így dinamikusan kiáramló energiák jelennek meg. A harag szintjén élő Ember egyik fő jellemzője az, hogy mindig másokat okol, és mindazt nagyon kemény kritikával fejezi ki. Ösztönösen állandóan a szembenállást keresi. A legtöbbször észre sem veszi ezt. Meg van győződve az igazáról, de nem érzékeli, hogy tudattalanul mindig olyan igazságot tart logikusnak, ami szemben áll másokkal. Az ilyen Ember mindenkit elítél a környezetében, aki nem úgy látja a világot, ahogy ő, és nem úgy reagál a dolgokra, ahogy ő azt elvárja. Az empatikus készség ezen a szinten nagyon alacsony. Haragosak mindannyian voltunk már, így bizonyára jól ismerjük ezt az érzést. Akik ezen a rezgésszinten élnek, az Életük jó részében így éreznek. E rezgésszint jó példája a Hupikék Törpikék című mesében Dulifuli, bár nyilván ott ezt szolidabban és szerethető módon mutatják be. A való Életben ez sokkal pusztítóbban működik. A fő érzés a gyűlölet és az ellenségesség, amely átitatja a lelket. Az ezen a rezgésszinten élő Ember mindig keres célt (célszemélyt) a haragjának. Gyakran keveredik kemény vitákba, verekedésekbe, egyéb agresszív jelenetek részese.

Ő a szórakozóhelyek állandó kötekedője. Ezek az Emberek szinte mindig pereskednek valakivel és rendszeresen el is veszítik azokat, hogy utána a bírót is gyűlölhessék. Így nem szűnik meg a gyűlöletláncolat. Ezen a lelki rezgésszinten van a legtöbb olyan klímaaktivista, aki erőszakkal, veszekedéssel, kemény szavakkal próbál hatni a világra annak érdekében, hogy végre változzon meg. Természetesen nekik is igazuk van egy bizonyos szinten, hiszen valahogy ki kell billentenünk a világot ebből a rossz irányba haladó helyzetből.

Az ezen a rezgésszinten élő Ember számára a lényeg maga a harag érzése, még ha kifelé legtöbbször pont az ellentétét is kommunikálja. Az egyén minden helyzetben ösztönösen a szembeállás lehetőségét keresi. Meg van róla győződve, hogy a világ tele van rossz dolgokkal és gonoszsággal, melynek zöme az ő kárára van. Amennyiben hívő, akkor ezen a rezgésszinten úgy éli meg, hogy Isten egy bosszúálló lény, aki minden rossz tettet megtorol. Az ilyen Emberek szoktak különböző csoportok élére állni és tűzzel-vassal harcolni más csoportosulások ellen.

Ha ennél alacsonyabb rezgésszinten él valaki, annak a harag lehet a fejlődés következő lépcsője. Ez az az első szint, ahol már keményen ki merünk állni magunkért. Az ennél alacsonyabb rezgésszinteken élő Emberek inkább önemésztők: nagyon ritkán tudnak kiállni az érdekeik védelmében. Általában meghunyászkodnak, visszahúzódnak, alkalmazkodnak, megalázkodnak. Ezen a rezgésszinten azonban megjelenik a szembenállás, mely révén az egyén keményen kiáll az érdekeikért.

Ugyanakkor ha egy magasabb rezgésszintről süllyedünk ide, akkor a tartós itt ragadás komoly veszélyeket rejt. Nyilván rövid ideig lehet ide süllyedni, hogy kidühöngve magunkat újult erővel induljunk valami magasabb lelki rezgésszint felé. Ha így nézzük, szükség is van arra, hogy „kiharagoskodjuk" magunkat ahhoz, hogy feljebb léphessünk. Az elfojtás semmiképpen nem lehet megoldás, hiszen az tartósan ezen a szinten tart minket, vagy még mélyebbre taszít. Tartós itt rekedés esetén javasolt szakember segítségét kérni! A világgal való szembenállás valós oka a legtöbb esetben nem külső tényezőkben keresendő, hanem önmagunkban. Legtöbbször az önmagunkkal való belső elégedetlenségünket, az önmagunkkal szemben érzett haragunkat vetítjük ki a világra. Sokkal egyszerűbb másokat okolni, másokra haragudni, mint önmagunkba nézni és ott rendet tenni. Ha már tartósan jártál itt és kijöttél ebből a szintből, akkor átérzed, mit értettem ez alatt. Ha ezen írás alapján magadra ismertél, és úgy érzed, ezen a rezgésszinten élsz, akkor lehet, hogy éppen azért olvasod ezeket a sorokat, hogy elindulj a magasabb, boldogabb rezgésszintek felé. A harag legjobban önmagunkat pusztítja és belülről éget el minket, így tartósan komoly lelki és testi betegségek forrása. Ezért is fontos fejlődni és magasabb szintre lépni!

A harag az egyik olyan alapérzés, amelyre bármikor képesek vagyunk, hiszen ez a velünk született alapérzések egyike. A harag, a szégyen, a gyűlölet, az undor, az ijedtség, a kétségbeesés, az öröm, a szeretet és a kíváncsiság Paul Ekman Leleplezett érzelmek című könyvéből vett olyan alapérzelmek, amelyeket nem relációban, másokkal való kapcsolatban, másoktól tanulnunk. Az Ember nyitott anyag- és energiarendszer, ezért folyamatosan szüksége van mindkettő utánpótlására, azok áramlására. Az energia az anyag felett áll, bármennyire is fordítva gondoljuk a jelenlegi materialista nézeteink szerint. Ha nincs energia, nincs megtestesülés, nincs anyagi reakció, aktiválási energia. A harag az az egyik, bármely esetben bevethető végső aktiválási energia, amelyhez öntudatlanul vagy épp tudatosan nyúlunk, hogy erőnk legyen valamivel szembeszállni vagy kiállni magunkért. Ez az egyik oka, hogy nagyon sokan beleragadunk a harag szintjébe.

A haragba beletespedt Ember a leggyakrabban azért nem „mer" továbblépni erről a szintről, mert attól fél, hogy kiüresedik, unalmassá válik az Élete, ha elengedi az állandó szembenállás izgalmas érzésvilágát és a haragból termelődő extra energiákat. Pedig ettől nem kell tartani! Magasabb rezgésszinten boldogabb az Élet és nem unalmasabb, továbbá sokkal több lelkierővel rendelkezünk. A haraggal élő attól is fél, hogy ha nem haragszik másokra, akkor önmagába kell néznie és azt – egyelőre – nem meri megtenni. Fél attól, hogy mit talál önmagában. Így a kifelé áramló gyűlölet nem más, mint az önmagunk elől való menekülés egy hatékony módja. Pedig amit ott bent találsz, az lesz a boldogságod kulcsa! Így elég bátornak kell lenned, hogy benézz oda!

Büszkeség (értéke 175)

A büszkeség rezgésszintjén élő Ember érzelemvilága úgy van beállítva, hogy ösztönösen igyekszik elkülöníteni saját magát a többi Embertől. Mindig úgy állítja be a helyzeteket, hogy ő különbnek, többnek, másnak tűnjék, mint a bírált vagy a viszonyításra használt célszemély, célcsoport. Az érzelem fő iránya a lekicsinyítés. Mások lekicsinyítésével igyekszünk magunkat jobb színben feltüntetni. Ehhez az érzelemvilághoz gőg, felfuvalkodottság társul. Az ezen a rezgésszinten élő személy, ha elég intelligens, általában jól álcázza végtelen önzőségét. Hiszen az önző érdeke pont az, hogy ne lássák önzőnek. Így gyakori, hogy az Életpusztító rezgésszint ellenére egy kedves és a felszínen figyelmes Embert ismerünk meg. Az önérdekből kialakított páncél mögé látni csak az egyén mélyebb megismerésével lehet. Sok párkapcsolat is ezért fullad kudarcba, mert az elején olyan kellemesnek tűnő társ egyébként alkalmatlan az önzetlenségre, ami pedig a meghitt kapcsolatok alapja.

Mivel a mai világ állandóan azt sugallja felénk, hogy legyünk önzők és csak magunkkal foglalkozzunk, ezért a legtöbb Ember ezen a rezgésszinten él. Mivel ez Életpusztító lelki rezgésszint, ezért ennek a ténynek a közvetett következménye, hogy soha nem látott környezetpusztulás és vészjósló klímaváltozási prognózisok látnak napvilágot. Erről és a klímaváltozás megoldásáról bővebben előző könyvemben írtam (Dittrich, 2021). Az internet és a média „áldásos" tevékenysége miatt a legtöbb serdülő és fiatal is ezen a rezgésszinten él. Ennek tudható be, hogy a fiatalabb generációkban szétesnek a valós közösségek, megszűnőben van a tényleges közösségi lét, továbbá 80% feletti a válások aránya. Mindenki magával foglalkozik és mindenki azt várja el, hogy mások ővele foglalkozzanak. Így elég esélytelen valós és mély Emberi kapcsolatokat építeni. Természetesen mindig a másik fél az oka annak, hogy a kapcsolat zátonyra futott. Ezen a rezgésszinten nem tűnik fel az egyénnek az a tény, hogy minél önzőbbé válik, annál inkább eltávolodik a valós és minőségi Emberi kapcsolatoktól és nem mellesleg annál jobban pusztítja a Föld Természeti erőforrásait. Hiszen az önző Ember behabzsol, megél mindent, amire vágyik! Nincs benne elég önkontroll, és nincs is szüksége erre. Ezen a lelki rezgésszinten minden élmény megélése, minden vágyott cél elérése, az anyagi javak birtoklása a lényeg, minden, amit csak el lehet érni.

A büszkeség rezgésszintjén élő Ember mindent csak önérdekből képes csinálni. Egyetlen motivációja saját maga, illetve saját céljainak elérése. Ő önzetlenül sem képes szeretni. Azért szeret valakit, mert cserébe viszonzást vár. Sőt, az ilyen Emberek meg vannak győződve arról, hogy nem létezik önzetlenség, mert az önzetlen Ember is csak azért tűnik annak, mert tudatában van, hogy önzetlenségéből előnye származik. Az ilyen Emberek szoktak azonosulni a „minden szentnek maga felé hajlik a keze" mondással. Amikor ezen a rezgésszinten éltem, én is meg voltam erről győződve és nem értettem azokat, akik a valós önzetlenségről beszéltek. Azt gondoltam, hogy nekem van igazam és ők csak idealizálják, szépítik az önzetlenség fogalmát. A valódi helyzet az, hogy a büszkeség rezgésszintjén élő Ember, ha még nem volt magasabb rezgésszinten, akkor nem képes elhinni, hogy létezik valós önzetlenség, hiszen ő még ezt sosem tapasztalta meg. Ezáltal nem ítélhető el beszűkült látásmódjáért. Ez olyan, mintha valaki egész Életében egy szűk szakadék mélyéről nézné az eget, és el akarnánk neki magyarázni, hogy milyen a napfelkelte.

Ezen a rezgésszinten nagyon sok olyan Ember él, aki sikeres a munkájában, az anyagi vagy a politikai világban. Ez a siker sokakat megtéveszt, nehéz róluk elképzelni, hogy Életpusztító energiákat sugároznak önmagukra és a környezetükre egyaránt. Pedig így van. Az Életpusztító energiák gyökere pont abban rejlik, hogy a társadalmi, ökológiai vagy egyéb közérdekeket nem képesek maguk elé helyezni és önzőségük következtében megfeledkeznek Életük valós céljairól. Azokkal csak akkor képesek azonosulni, ha a személyes céljaikkal összhangban vannak. Ezért nyilvánvaló, hogy azokat a nézeteket és ideákat fogják vallani és magukévá tenni, amelyek támogatni tudják az önérdeküket. Mindig abban hisznek, ami az önérdeküket és az énképüket erősíti és állandóan erről akarják meggyőzni a környezetüket. Bármivel kapcsolatban, ami az egoba beépül, így viselkedünk. Ennek folytán hihetetlenül beszűkül a tudat, anélkül, hogy észrevennénk. Sőt, legtöbb esetben teljes tudatossággal tudjuk és hisszük magunkról, hogy mi mennyivel okosabbak, szebbek, jobbak vagyunk, mint mások. Az ilyen Emberek teljes öntudatossággal vallják, hogy meg is érdemlik a kitűzött céljaikat. Mindent megtesznek azok elérése érdekében, gyakran még a szabályok kikerülésére is hajlandók. Az Életfelfogásuk követelőző, ami azt jelenti, hogy minden téren kikövetelik maguknak a „jussukat". Ezt egyébként jól palástolják addig, amíg jól haladnak a célok felé. Addig udvarias és a felszínen nyugodt a viselkedésük. Azonban ha kérdésessé válik a célok elérése, akkor ténylegesen is követelőzővé válnak. Úgymond kimutatják a foguk fehérjét...

Ezek között az Emberek között a leggyakoribb az ateizmus vagy az Istennel szembeni közönyösség. Hiszen az Istenkép önzetlenséget sugároz és az összes nagy világvallás arra is nevel. Ez azonban nem egyeztethető össze az önző személyiséggel és annak céljaival. A legtöbb ilyen Ember úgy véli, hogy a vallási alapelvek nem neki szólnak. Ő több annál, hogy ilyen „butaságokat" kötelező érvényűnek tartson a saját Életére nézve. Természetesen nem arról van szó, hogy nem tartja be a tízparancsolat egyik tételét sem. Csak ha mégis átlépne egy-két határt, akkor megindokolja magának, hogy az miért kivétel és miért helyes. Az ego önmagát erősítve a szabályok felett áll és még abban is segít, hogy ezért ezen a rezgésszinten általában lelkiismeret-furdalása sincs az egyénnek. Ha mégis lenne, akkor az ego kimagyarázza a problémát, és elfojtja a lelkiismeretfurdalást.

Sokat éltem ezen a rezgésszinten. Meg voltam győződve az igazamról és fel sem tűnt, hogy milyen Életpusztító módon élek. Szűklátókörűségem hihetetlenül torz volt, mégis az ellentétét gondoltam magamról.

Azt hittem, hogy a helyes úton járok, de ma már tudom, hogy az önzés nagyon messze van a helyes úttól, ha a valódi boldogságot keressük. Ezen a rezgésszinten elvakítanak minket a szakmai, a pénzügyi vagy az egyéb sikerek. Az egonk elhiteti velünk, hogy amit teszünk, az helyes, hiszen ezáltal többnek tarthatjuk magunkat másoknál, illetve kiérdemeljük mások elismeréseit. Ebből a rezgésszintből a kiút az, ha képesek vagyunk az egonk mögé nézni és át tudunk látni az egonk délibábján. Erre nagyon kevesek képesek, ezért a legtöbb Ember megreked ezen a rezgésszinten. Az igazán sikeres és boldog Emberek azonban mind túlléptek ezen és magasabb szintre kerültek.

Ha ezt a rezgésszintet egy magasabb rezgésszintről nézzük, akkor egy szűklátókörű, önző és beszűkült személyt látunk. Ha magasabb rezgésszintről ide süllyedünk vissza, akkor rövid ideig megpihen itt a lélek azzal, hogy átmenetileg csak magával foglalkozik. Hiszen amíg lelki sárkányainkkal küzdünk, nincs erőnk az önzetlenségre. Látómezőnk pont azért szűkül be, pont azért leszünk önzők, mert a belső lelki problémáink elleni küzdelem túl sok lelki energiát emészt fel.

Ha azonban feljebb lépünk erről a szintről, akkor már csak Élettámogató rezgésszintre juthatunk. Így ez az utolsó olyan rezgésszint, amely felett már valódi értékteremtés, siker, boldogság vár ránk. Ez elég motiváció ahhoz, hogy az önámítás világából kiléphessünk egy valósabb Életet kínáló, értékesebb rezgésszintre.

Ha a büszkeség rezgésszintjét a harag (vagy alsóbb) szintjéről nézzük, akkor ez komoly fejlődés és előrelépés. Hiszen itt az egyén már egy jóval kifinomultabb önkifejezési rendszert használ. Már nem a másoktól való félelem vagy a másokkal való szembenállás az ego hajtóereje, hanem „csak" a másoktól való elkülönülés. Ez már nem olyan agresszív, kevésbé ön- és környezetpusztító. Nem véletlenül ez a szint a legmagasabb az Életpusztító szintek között.

Ugyanakkor ebből a szintből a legnehezebb kilendülni és feljebb lépni, mert itt az egonk elhiteti velünk, hogy minden rendben van, hiszen különbözünk azoktól, akikhez viszonyítunk. Jobbnak, szebbnek, okosabbnak érezzük magunkat.

A tudatalattink olyan egyénekhez viszonyít, akikkel szemben ezt a fölényt érezhetjük. Ha megismerkedünk olyan egyénekkel, akik egyértelműen jobbak nálunk, általában igyekszünk a közelükbe férkőzni és a velük való ismeretségben díszelegve még jobbnak feltüntetni magunkat. A másik stratégiánk ilyenkor, hogy ürügyet keresünk rá, mi miért nem akarunk olyan jók lenni. Mivel ez a rezgésszint egy önámító délibáb, sokakat annyira becsap, hogy nem is kívánnak feljebb kerülni ennél a szintnél. Szóval az öntudatlan vesztesek tábora ez a csoport, akik eközben győztesnek képzelik magukat, miközben a valódi győztesek tudatosan élik meg saját magukat.

Fontos, hogy tudd azt is: a büszkeség rezgésszintjén élő Ember legbelül mindig magányos. Az önzés mély lelki szinten elkülönít, hiszen az egyén nem hisz az egység erejében. Az ezen a rezgésszinten élő Ember valójában legbelül fél. A félelem gyökere a másokkal való egység, a másoktól való függés félelme. Senkitől nem akarunk függeni, mert félünk, hogy megsérülünk. Senkit nem merünk szeretni annál jobban, mint ahogy viszonozza, mert félünk, hogy visszaél vele. Az egonk állandó készenlétben figyeli, hogy ki milyen mértékben viszonozza azt, amit neki adunk és a legkisebb jelre, hogy a másik nem az elvárás szerint cselekszik, visszahúzódunk elkülönült, önző világunkba. Ebből a szemszögből jól látható, hogy a büszkeség egy önvédelmi páncél, amelyet gyermekkori vagy egyéb sérelmeink miatt építettünk ki.

Mostanra már gyakorlatot szereztél saját gondolataid, érzelmeid, cselekedeteid megfigyelésében. Ez egy nagyon fontos képesség, mely elengedhetetlen a lelki fejlődéshez. Most arra kérlek, ismét figyeld meg magadat egy pár napig! Gondold végig, hogy hányszor és mennyi időre érzel szembenállást vagy büszkeséget! Figyeld meg, hogy mennyi ezekhez a lelki rezgésszintekhez kötődő gondolatod, érzésed van, akár önmagadra irányulóan, akár a világ felé. Amíg ezt alaposan nem figyelted meg magadban, ne haladj tovább! Az 1. számú mellékletben találsz egy táblázatot. Írd be oda, hogy egy átlagos napodon összesen kb. hány órát tölt ezeken a szinteken a lelked, a tested vagy az elméd. Kérlek, légy őszinte önmagaddal! Ne szépítsd a valóságot, mert azzal csak a boldogságod elérését késlelteted, nehezíted! A következő oldalak pont azt fogják elmondani számodra, hogy ez miért van így.

A szembenállás lelki rezgésszintjéhez kapcsolódik a harag, a düh, a gyűlölet, a felháborodás, az indulat. Ugyanakkor ne keverd össze az objektív önvédelemmel, mely az Élettámogató lelki rezgésszint jele. Ez utóbbit az érzelem nélküli önuralom jellemzi. A büszkeség lelki rezgésszintjéhez tartozik az egoizmus, az önzés, a sznobizmus, a prűdség, a hedonizmus. Ez nem tévesztendő össze azzal, amikor objektív tényekre alapozva állunk ki az érdekeinkért.

Bátorság (értéke 200)

A bátorság szintje az, ahol a lélek Élettámogató rezgésszintre emelkedik. Itt bár még nem szűnik meg a tudatalattiból működő önpusztítás, de már az önépítés válik erősebbé. Így a lélek és vele együtt az egyén elindul egy boldogabb jövőbe vezető változás irányába. Ennek következtében a büszkeségből a bátorság szintjére történő lépéskor jelentős minőségi változás jelenik meg az Ember Életében. Persze fokozatosan, hiszen a múlt problémáinak megoldása sok időt vesz igénybe.

Nemrég mesélt nekem egy diák egy tanáráról, aki nyíltan fel merte vállalni az osztálya előtt, hogy azt a fajta matematikai megoldási módot, amelyet a 3 legokosabb diák kitalált, nem érti. Ő egy egyszerűbb módon tanította. Meglepő módon a diákok mégis felnéznek erre a tanárra és kedvelik. Nem véletlen, hiszen ebből a gesztusból látszik, hogy ő minimum a bátorság lelki rezgésszintjén él. Felvállalta a saját tanítványai előtt, hogy butább, mint ők. Ugyanakkor mégis tekintélye van és népszerű, mert az Élettámogató rezgésszint többek között így hat a környezetében lévő Emberekre.

Ezen a lelki rezgésszinten történik meg először (az eddig tárgyalt Életpusztító rezgésszintekhez képest), hogy az egyén őszintén szembenéz önmagával. Ez a legfontosabb változás az eddig tárgyalt rezgésszintekhez képest: ő már igazi tükröt mer mutatni önmagának, reálisan kezdi látni a saját hibáit, gyengeségeit, gyarlóságait. Sőt a tudatalattijában elraktározott, elfojtott félelmek és fájdalmak felnyitására is mer vállalkozni. Ezért a bátorság az első Élettámogató rezgésszint, hiszen itt kezd reális önismeretünk és reális világképünk lenni. Fontos megjegyezni, hogy az összes Életpusztító lelki rezgésszinten élő Ember meg van győződve róla, hogy jó az önismerete. Csak magasabb lelki rezgésszinteken kezdünk el ebben kételkedni. Itt kezdünk rálépni arra az útra, ahol már nem menekülünk önmagunk elől, és elfogadjuk önmagunkat olyannak, amilyenek vagyunk. Itt kezdjük el felvállalni önmagunkat a világ felé is, minden rossz és jó tulajdonságunkkal együtt, továbbá mély fájdalmainkkal szembenézve elkezdünk megszabadulni azoktól a lelki sárkányoktól, melyek annyi rosszat vonzottak az Életünkbe. Óriási változás, hogy ezen a rezgésszinten az egyén végre teljes felelősséget vállal a tetteiért és nem mindig azzal mentegeti magát, hogy másokat hibáztat. A vesztesekkel szemben ez is a sikeres Emberek egyik alapjellemzője.

Ez okozza, hogy ezen a rezgésszinten a szerencsétlen Ember szerencsés, a sikertelen sikeres lehet, az önző nyitni kezd az önzetlenség felé és a szeretetet is elkezdjük merni úgy adni, hogy nem várunk viszonzást. Természetesen ezen a rezgésszinten ez még nem rutinszerű, de már megjelenik az Életünkben és kezdi kifejteni a pozitív hatását. Mindezek következményeként a lélek leküzdi lelki sárkányainak egy részét, és a lélek szabadabb, boldogabb irányba fordul. Itt már néha marad lelki energiánk olyan dolgokra is, amelyek építik a lelkünket, és egyre inkább igényünk lesz arra, hogy másokra is önzetlenül figyeljünk. Ilyenkor kezdünk a napi létfenntartás és a mindennapi küzdelem szenvedő világából kilépve a valódi Életfeladataink szerinti irányba ható cselekedeteket tenni. Itt természetesen nem arra gondolok, hogy sikerül venni egy jobb autót. Bár tény, hogy a siker abban is megjelenhet, hogy az anyagi Életünk kezd stabillá válni. Nekem eddig a lelki rezgésszintig mindig nagyon hullámzó volt az anyagi helyzetem.

Természetesen ha az Ember lelki fejlődése révén nemrég lépett át egy alacsonyabb lelki rezgésszintről erre a szintre, akkor még csak a boldogság kapujában jár. Ahhoz, hogy belépjen és tartósan ott is maradjon, keményen meg kell dolgoznia azokkal a szembejövő nehézségekkel, melyeket a saját önmagunkkal való szembenézés tár fel. A belső félelmeinktől, fájdalmainktól való megszabadulás nagyon kemény munka és általában sok időt is vesz igénybe. Így ezen a rezgésszinten elég sokáig szoktak időzni a fejlődni vágyó Emberek.

Aki magasabb lelki rezgésszintről esik ide vissza, az pont azért süllyed ide, mert a lelke bátorságot kell hogy gyűjtsön ahhoz, hogy újabb – valószínűleg a tudatalattiból – feltörő lelki problémáival megküzdjön annak érdekében, hogy a zuhanás előtti rezgésszintnél magasabbra ugorhasson.

A bátorság szintjén élő Ember fő érzelme a megerősítés. Bátorítja, megerősíti önmagát és másokkal is így viselkedik. Az ilyen Ember fő célja az, hogy képessé váljék céljai elérésére. Fejlődését ezen képességek elérésének szolgálatába állítja. Amennyiben ebben sikeres lesz, akkor érthető okból magasabb lelki rezgésszintre fog ugrani. Az ilyen Ember aktívan tesz azért, hogy megvalósítsa a vágyait, de mindezt már mások kára, mások negatív feltüntetése, kihasználása vagy becsapása nélkül és saját fejlesztése mellett teszi. Többek között ez az, amiben alapvetően eltér a büszkeség vagy annál is alacsonyabb rezgésszintjén élő Embertől.

Amennyiben az egyén hívő, akkor ezen a rezgésszinten Istent megbocsátó lénynek látja, aki felől annak is jár az áradó szeretet, aki néha hibázik és néha gyarló. Ezért ezekre az Emberekre már nem igazán tudnak hatni az egyházak megfélemlítő és az egyes szekták demagóg befolyásolási taktikái.

Pártatlanság (értéke 250)

Ha feljebb lépünk lelki fejlődésünk során, akkor a pártatlanság 250-es szintjére érünk. Ezen a szinten az egyén már belépett a boldogság kapuján, és stabilizálódnak az Életében a dolgok. Életének fő motívuma a pozitív történések megélése lesz. Az ezen a rezgésszinten élő Emberek már általában különösebb kínlódás nélkül érik el a sikereiket, és ami még fontosabb, itt már végképp nem jelenik meg mások megkárosítása, a másokkal szembeni túlzó önérvényesítés. Gyakran a büszkeség szintjén élő Emberek is sikeresek, azonban ott mások kihasználása, lekicsinyítése vagy más módon történő csorbítása mindig a saját sikerük része. De ezen a rezgésszinten ez már fel sem merül. Alsóbb rezgésszintekről nézve csodálni szoktuk ezeket az Embereket: vajon hogyan csinálják? Régebben én sem értettem, hogy miként lehet ilyen kevés küzdelem és kínlódás nélkül egyről a kettőre jutni. Alsóbb rezgésszinteken az Élet a mindennapok küzdelmeiről szól, ezen a rezgésszinten azonban már erőteljes kezd lenni az Élet pozitív és békés megélése. Ezen a szinten fontos a küzdelem, de a problémák miatti feszültség már kismértékben jellemző.

A pártatlanság szintje az első a rezgésszintek közül, ahol már viszonylag elégedettek vagyunk az Életünkkel és önmagunkkal, önámítás nélkül. Hiszen a büszkeség lelki rezgésszintjén ugyanez történik, de önámítások által. Ez nagyon nagy szó, mert eddig egyetlen olyan rezgésszintet sem tárgyaltunk, ahol ez igaz lett volna. Amikor ide „megérkeztem", hirtelen megváltozott a világról és a jövőről alkotott képem, az Emberekhez való hozzáállásom, elkezdtem belül valami nagyon mély és megnyugtató békét, illetve harmóniát érezni. Azelőtt ez a fajta lelki biztonságérzet teljesen ismeretlen volt a számomra. A jövőképem is átváltott, pesszimistából optimistába. Bárcsak mindenki legalább ezen a szinten élhetne! Ha így lenne, akkor biztos, hogy világbéke lenne a Földön, és nagyon alacsony szintre süllyedne a környezetszennyezés is.

A pártatlanság rezgésszintjén élő Ember, amennyiben hívő, akkor ő Istent egy olyan lénynek éli meg, aki azért adta neki egyedi képességeit, hogy azokat mások javára kamatoztassa. Ezen a rezgésszinten döbbentem rá, hogy én tanítónak születtem, és hogy ez az a képesség, amelyet kiemelten kaptam az Élettől. Amióta ezt teljes bizonyossággal tudom, azóta még nagyobb átéléssel és lelkiismeretességgel tartom az óráimat az egyetemen, és ez inspirált ennek és az előző könyvemnek a megírására is.

Ezen a rezgésszinten a lelkünk fő fejlődési folyamata a felszabadulás. Itt válunk meg lelki sárkányainktól, az addikcióktól, amelyek eddig lefelé húztak minket. Bár még nem teljes ezektől a megszabadulás, hiszen még van hova fejlődni, de nagyon sok, a mélyebb rezgésszint felé húzó szokás, játszma, addikció (ezekről később bővebben lesz szó) itt véglegesen kikerül az Életünkből. Ez egy olyan mértékű felszabadulást okoz, mely hirtelen rengeteg energiát szabadít fel bennünk. Eddig a szintig állandóan küzdöttünk a belső problémáinkkal, ami tudatosan vagy tudattalanul is rengeteg energiát vett el tőlünk, és folyamatosan viaskodtunk ösztönösen elkövetett rossz döntéseink következményeivel is. Itt a felszabadult lelkünk hirtelen könnyedebbé válik, és az Életfeladatunk szerinti fő irányok felé tör. Végre Élettámogató és önzetlen tettekre fordítódnak az energiák. E könyv írása is Élettámogató és önzetlen, mégis nagyon jólesik, mert ez a sok pozitív energia ki akar törni belőlem és tenni akar azért, hogy jobb legyen a világ.

A nagy áttörés ezen a szinten még abban is megjelenik, hogy itt válik az Élet szerves részévé a teljes mértékű bizalom. Egy büszkeség szintjén lévő cégvezető egyetlen alkalmazottjában sem bízik, és mindent kézben akar tartani. A pártatlanság szintjén lévő vezető hisz a kölcsönös függés sikerében, és ezáltal nagyobb sikereket is ér el. Hiszen ez a magas szintű csapatmunka irányításának az alapja, hogy megbízom a csapattársaim döntéseiben. Ez a siker természetesen nem profitban mérendő, hanem az általa irányított csapat társadalmi hasznosságában, vagy a csapat tagjainak lelki és szakmai fejlődésében. Ezen a rezgésszinten élő Ember párkapcsolatban sem féltékeny, és teljes mértékben képes megbízni társa döntéseiben. Fontos kiemelni, hogy ha csak úgy ráhagysz valamit a párodra vagy teljesen megbízol a döntéseiben, az messze nem ugyanaz. Ezen a rezgésszinten az egyén elkezd bízni az Emberek jóságában és a pozitív jövőben is. Ez is újdonság, mert az eddig tárgyalt rezgésszinteken sem a jövőbe vetett erős bizalom, sem az Emberi jóságba vetett hit nem volt jellemző.

Akik alacsonyabb rezgésszintről nézik az ilyen Embert, gyakran naivnak vagy idealistának látják őt, hiszen arról a rezgésszintről nézve lehetetlennek tartják, hogy az ilyen optimizmus objektív és megalapozott is lehet. Pedig lehet! Ez egy csodálatos lelki rezgésszint. A ma élő Emberek többsége sajnos soha Életében nem jut el ide. Hogy miért nem? A válasz nagyon egyszerű. Azért, mert a legtöbb Ember nem a lelki fejlődésével, hanem más külsőségekkel tölti el az Életét. A pénz, a karrier vagy a szebb külső hajszolása nem rossz dolog, de semmiképpen nem vezet a boldogsághoz. Pedig ez az állapot már tényleg a boldogság szigetére lépett Ember lelki rezgésszintje. Mivel én már beléptem ide, jó pár éve, tudom, hogy ez milyen jó, és nagyon-nagyon szeretném, hogy te is megtapasztald ezt, ha még nem jártál tartósan itt, mert a saját boldogságodon túl ezzel tudsz a legtöbbet tenni a Föld jövőjéért is!

Hajlandóság (értéke 310)

Nagyon örülök, hogy a lélek rezgésszintjeit tárgyaló fejezet olvasásában idáig jutottál velem. A jelen írásban soron következő lelki rezgésszint és az ezután jövők már mind a boldogság valós színterei. Ezeken a szinteken csak a boldogság megélési módjában és stabilitásában lesznek eltérések. A hajlandóság rezgésszintje 310-es energiaszinten működik, így már jóval a 200-as határ felett vagyunk. Amikor ezt a könyvet írom, még nincs 4 éve, hogy átléptem ezt a szintet és az Életem ezzel egy még jobb életminőségbe jutott. A hajlandóság rezgésszintjén élő Ember legfőképpen abban tér el az eddig tárgyalt rezgésszintektől, hogy alapvetően optimista. Az ilyen Embert már nagyon nehéz kibillenteni pozitív látásmódjából. Itt ösztönössé válik, hogy a pohár teli felét nézzük, és ha valami rossz történik, abból is általában a pozitív következtetést vonjuk le. Az Ember itt magában hordozza a „jó időt", ami azt jelenti, hogy a külvilág eseményeitől függetlenül egy alap derűlátás jellemzi az Életét. Természetesen ez nem azt jelenti, hogy ezen a rezgésszinten valaki nem lehet rosszkedvű vagy ideges, de azt mindenképpen, hogy ez ritkán és csak rövid ideig fordul elő.

Az egyénben ezen a szinten már kifejezett a szándék arra, hogy tovább fejlődjék a spirituális világban. Ezen a szinten már tudatosan akarunk szakítani mindennemű negatív rezgésszintet okozó belső lelki folyamatunkkal. Itt már egyértelművé válik számunkra, hogy a boldogság belülről fakad és szinte teljesen független a külső behatásoktól. Itt már megértjük, hogy miről beszélnek azok a spirituális vezetők, akik állandóan ezt mondják nekünk. Szinte egész Életemben más Emberektől habzsoltam be az elismeréseket, mert ezzel próbáltam kitömni a lelkemben elfojtott önbizalomhiányt és az önelfogadás hiányait. Sajnos ez nem volt sikeres. Bár a sok elismerés, beépülve az egoba, hozhat egyfajta önelégültséget. De ez sajnos nem hoz boldogságot, mert ez önmagunk becsapására épül. Legbelül nem fogadjuk el önmagunkat, csak mások visszajelzései által elhisszük, hogy értékesek vagyunk. Amikor belül megváltozott a lelkem, azaz az önelfogadás és a saját magam szerethetősége fejlődött, a külső világlátásom azonnal átfordult pozitív irányba, anélkül, hogy külső megerősítésekre lett volna szükség. Így ez tényleges és valós megoldás a boldogsághoz vezető úton. Ez a könyv pont arról szól, hogyan tudod ezt a belső változást előidézni! Nincs semmi más teendőd, mint az Életedbe beépíteni azt, amit ez a könyv számodra nyújtani szeretne. Én már megtettem ezt az utat és minden önzetlen energiámat azért öntöttem ebbe a könyvbe, hogy te jóval kevesebb energia- és időbefektetéssel valósíthasd meg ugyanezt. Hiszen térképpel a kezünkben sokkal könnyebben jutunk célba, mintha anélkül haladnánk.

Ezen a rezgésszinten a jövőképünk reményteli és optimista. Itt mindig a megoldáskeresés és az Életbe (hívők esetében Istenbe) vetett bizalom jellemzi az egyén jövővel szembeni látásmódját. Amennyiben az egyén istenhívő, akkor ezen a rezgésszinten Istent egy inspiráló lénynek éli meg, aki arra motiválja őt, hogy a tehetségét a világ pozitív irányú megváltoztatására fordítsa.

Ha valaki magasabb rezgésszintről érkezik ide, akkor az itt merített szándék fog erőt adni arra, hogy újra magasabb szintre emelkedjen. Jelen rezgésszinten az ezzel kapcsolatos belső munkám során olyan mély lelki elfojtások és problémák feloldásán dolgoztam, amelyek jelenlétéről előtte sejtelmem sem volt.

Így működik a lelki fejlődés. Amikor felfedünk egy réteget és megoldjuk az onnan feltörő lelki problémákat, újabb rétegek jelennek meg, amelyek addig rejtve voltak. Természetesen ez a lelki fejlődés minden szintjén igaz. Azonban ámulatba ejt az az élmény, hogy 18 év tudatos lelki fejlődés után még mindig találni újabb és újabb megoldani valókat. Ez jól mutatja az Emberi lélek végtelen sokszínűségét, melyből minél többet tapasztalsz, annál több kapu nyílik meg a számodra. A boldogság eléréséért nem kell egész Életedben dolgoznod, de a lelki fejlődés egész Életre szóló feladatod.

Ha valaki alacsonyabb rezgésszintről érkezik ide, akkor az önelfogadás egy új dimenzióját éli meg, ami egy belső egyensúlyt hoz az Életébe. Ezen a szinten érzi-érti meg a személy, hogy miért a belső béke a boldogság alapja, és miért nem a pozitív élmények hajszolása. Itt már az egyensúly számít, nem az állandó élménykeresés.

Amikor egy spirituális vezető arról ír vagy beszél, hogy például nem jó őrülten szerelmesnek lenni vagy tudatosan menekülni minden rossz elől és habzsolni a jó élményeket, akkor a legtöbb Ember ezt nem érti. Sőt a reakciójuk ellenséges, mert mindenki őrülten szerelmes akar lenni, mindenki csak a jó élményeket akarja megélni. Ezen a rezgésszinten megérti a személy ezt az üzenetet. A lélek itt egyensúlyt talál, amely egyensúly egy csodálatos belső békét eredményez. Ha akár pozitív, akár negatív irányba kibillen a lélek ebből az egyensúlyból, a lelkünk ide akar visszakerülni. Ez olyan, mint a hullámzó víz és a sima víztükör közötti különbség. Minél alacsonyabb lelki rezgésszinten él valaki, annál hullámzóbb, háborgóbb vízfelszínhez lehet hasonlítani a lelki folyamatait. Az alsó rezgésszinteken nagyok az érzelmi szélsőségek, a pozitív hullámokat mély negatív hullámok követik. Ezen a rezgésszinten a lélek már egyre gyakrabban hasonlít a sima víztükörre, amely még könnyen hullámozni kezd a külső behatásokra. Azonban itt újra gyorsan sima víztükörré szelidül a felszín, mert a lélek már ösztönösen ezt az állapotot keresi. Egy alacsonyabb lelki rezgésszinten élő Embernek ez unalmasnak, monotonnak tűnik. Ő nem a békét és a harmóniát látja ebben, sokkal inkább az eseménynélküliséget. Neki szüksége van arra, hogy szenvedélyesen szeressen, majd utána mélyre zuhanva szenvedjen. Neki pezsgés kell. Ez természetes, hiszen pont ezek a szenvedések fogják előrevinni a lelki fejlődésében. Az ő lelke csak rövid időkre hasonlít a sima víztükörhöz, csak olyankor, amikor lelkileg annyira fáradt, hogy nincs ereje kilengeni. Ez azonban a fásultság lelki rezgésszintje, ami nem Élettámogató és ezáltal nem boldog.

A mai nyugati társadalom legnagyobb hibáinak egyike, az, hogy mindenek felett megpróbálunk elhatárolódni a negatív dolgoktól, és szinte habzsolni akarjuk a sok jót, amit az Élet adhat. Eközben megfeledkezünk a lelki fejlődésünkről, és az eredmény gyakran az, hogy a szenvedés nagyon töményen és igen tartósan érkezik az Életünkbe. Miért? Mert tartós pozitív hullám után még tartósabb negatív hullám fog jönni. A lélek is egy energiarendszer, így a fizika alaptörvényei itt is működnek, de erről majd a következő könyvemben szeretnék részletesen írni neked.

Mostanra már gyakorlatot szereztél a saját gondolataid, érzelmeid, cselekedeteid megfigyelésében. Ez egy nagyon fontos képesség, amely elengedhetetlen a lelki fejlődéshez. Most arra kérlek, néhány napig megint figyeld meg magadat! Gondold végig, hogy hányszor és mennyi időre érzel szembeállást vagy büszkeséget! Figyeld meg, hogy mennyi ezekhez a lelki rezgésszintekhez kötődő gondolatod, érzésed van, akár önmagadra irányulóan, akár a világ felé. Amíg ezt alaposan fel nem térképezted magadban, ne haladj tovább! Az 1. számú mellékletben találsz egy táblázatot. Írd be oda, hogy egy átlagos napodon összesen kb. hány órát tölt ezeken a szinteken a lelked, a tested vagy az elméd. Légy önmagaddal őszinte! Ne szépítsd a valóságot, mert azzal csak a boldogságod elérését késleltetd, nehezíted! A következő oldalak pont azt fogják elmondani számodra, hogy ez miért van így.

A szembenállás lelki rezgésszintjéhez kapcsolódik a harag, a düh, a gyűlölet, a felháborodás, az indulat. Ugyanakkor ne keverd össze az objektív önvédelemmel, mely az Élettámogató lelki rezgésszint jele.

Ez utóbbit az érzelem nélküli önuralom jellemzi. A büszkeség lelki rezgésszintjéhez tartozik az egoizmus, az önzés, a sznobizmus, a prűdség, a hedonizmus. Nem keverendő össze azzal, amikor objektív tényekre alapozva állunk ki az érdekeinkért. A bátorságot nem szabad összekeverni a vakmerőséggel. A vakmerőség az Életpusztító rezgésszintek egyik tünete. A vakmerő Ember sokféle okból tűnhet bátornak (sarokba van szorítva és ezért visszatámad, vagy eltekint a lehetséges következményektől stb.). A bátorság szintjén lévő Embert így nem feltétlenül arról ismerjük meg, hogy milyen mértékben mer szembeszállni az ellenségeivel. Sőt pont fordítva. A bátorság szintjén lévő Ember fel meri vállalni mások előtt a gyengeségét, a tévedését, a hibáit.

Elfogadás (értéke 350)

Az elfogadás lelki rezgésszintje egy igazán csodálatos és boldog világ. A szégyen és bűntudat szintjéről 18 év alatt eddig a szintig jutottam, több erős visszaesési hullámot átélve. Ez a könyv azért íródik, hogy neked sokkal rövidebb lehessen ez az út! Ezt úgy értem, hogy ne kelljen felesleges vargabetűket tenned a fejlődésed útján, hanem egy kitaposott ösvényen mehess végig.

Az elfogadás rezgésszintje 350-es értéken fejti ki hatásait. Ez már messze az Élettámogató tartományon belül van. Mivel a rezgésszintek emelkedése nem lineáris (hanem logaritmikus), ezért ez már olyan magas lelki rezgésszint, hogy akár 10 000 Életpusztító Ember negatív energiáját is képes semlegesíteni. Ezért van az, hogy ha beülsz egy olyan előadásra, ahol az elfogadás rezgésszintjén élő Ember ad elő, akkor magával ragad az előadás, szinte észre sem veszed, hogy telik az idő, és furcsa mód szép lassan szertefoszlik az előadóterembe kívülről behozott belső feszültséged és ingerültséged. Ennyire komolyan működik a lelki rezgésszintek egymásra hatása.

Ezen a rezgésszinten jut el először oda az egyén, hogy önmagát olyannak fogadja el, amilyen. Ezt nem önszuggeszció vagy beletörődés miatt teszi. Az önszuggeszción amolyan bebeszélést értek, ahol bemagyarázzuk magunknak, hogy úgy vagyunk jók, ahogy vagyunk. A beletörődés alatt pedig azt értem, amikor az egyén úgy érzi, nem képes megváltozni, és ezért érdektelenné válik önmagával szemben. Ezen a rezgésszinten az önelfogadás belülről jövő őszinte érzés. Nem arról van szó, hogy beképzeltekké válunk, hiszen reálisan látjuk a pozitív és a negatív tulajdonságainkat. De itt már szeretjük a pozitív értékeinket, ugyanakkor elfogadjuk a negatív jellemzőinket. Én szinte egész Életemben önmagam elől menekültem. Ide eljutni egy csoda a számomra. Sosem gondoltam, hogy ez lehetséges. Önmagunk elfogadása belső békét és harmóniát hoz. Olyan, mintha a lélek végre hazaért volna. Itt kezdjük el megtalálni a valódi önmagunkat, és ezen a szinten már az Életfeladatunk szerint élünk. Természetesen a negatív tulajdonságaink belső elfogadása nem jelenti azt, hogy nem kívánunk jobbak lenni, és nem akarunk azokon változtatni. Itt is szeretnénk jobbá tenni önmagunkat, de már nem marcangoljuk magunkat a bennünk élő rosszért. Itt már megszűnnek a belső frusztrációk.

Önmagunk elfogadása a környezetünk elfogadását hozza el. Ha belül megváltozik a rezgésszintünk, akkor a látásmódunk is átalakul. Elnézők leszünk a környezetünkben lévő Emberekkel, és a világot is elfogadjuk olyannak, amilyen. Természetesen ez sem jelenti azt, hogy nem akarunk javítani a környezetünkön. Inkább azt, hogy a felesleges ellenállás hiányából felszabaduló energiákat ténylegesen a világ pozitív irányú megváltoztatására tudjuk fordítani. Sokan kérdezik tőlem: „Honnan van energiád ennyi teendőd mellett erre a könyvre?" A válasz egyszerű: azok az energiák, amelyeket régebben az önmagammal és a világgal való küzdelemre fordítottam, mind felszabadultak. Régen szinte állandóan lelkierőhiányban szenvedtem. Manapság egy évben kb. 1-2 alkalommal érzek ilyesmit, akkor is legfeljebb néhány óráig. Alacsonyabb lelki rezgésszinteken hihetetlen mennyiségű lelkierőt égetnek el a belső küzdelmeink... Ezen a rezgésszinten azonban a harmónia az életvitelünket átitató életfelfogás, így megszűnnek ezek a belső küzdelmek.

Ezen a lelki rezgésszinten az elfogadás mellett a fő érzelem a megbocsátás. Megbocsátjuk magunknak eddigi Életünk bűneit, rossz tetteit, és mindent megteszünk, hogy a jövőben jóvá tegyük azokat. Ezen a rezgésszinten döbbenünk rá igazán, hogy mennyi rosszat tettünk eddigi Életünk során. A büszkeség (vagy más Életpusztító) rezgésszinten észre sem vesszük, hogy mennyi ártunk, vagy ha mégis, akkor az egonk megidealizálja a tetteink helyességét. Tudattalanul pusztítjuk a környezetünket, és mindezt úgy, hogy meg vagyunk győződve a személyes igazságunkról. Az elfogadás rezgésszintjén már teljes őszinteséggel érezzük, látjuk, hogy mennyi rosszat cselekedtünk és cselekszünk. Itt már teljes mértékben vállaljuk tetteink következményeit, és mindent elkövetünk, ami csak tőlünk telik, hogy jóvá is tegyük azokat.

A megbocsátás természetesen kifelé is működik. Vagy eleve nem is haragszunk igazán az ellenünk vétkezőkre, de ha mégis, akkor az rövid ideig tart, mert pontosan értjük, hogy a másik milyen mély lelki sárkányokkal küzd, és ezért tudattalanul teszi, amit tesz. Ha az egyén hagyja, akkor még segítünk is neki, de sajnos az ellenünk vétkező általában az ellenállás lelki rezgésszintjén létezik, ezért nem fogadja el a segítő kezet, sőt legtöbbször nem is képes arra, hogy megértse a helyzetet. Mögöttes hátsó szándékot talál ki, mert nem képes elhinni, hogy egy „ellenségtől" önzetlen segítség is jöhet. Számára ez felfoghatatlan. Mindenesetre ezen a szinten nyernek először valódi értelmet Jézus elhíresült szavai: „miképpen mi is megbocsátunk az ellenünk vétkezőknek!"

Az elfogadás szintjén a lelkünk transzcendenssé kezd válni. Itt már élesen körvonalazódik a racionalitás szűklátókörűsége és a racionalitás határai. Mérnökként, kutatóként, egyetemi oktatóként nagy tisztelője vagyok a racionalitásnak. De ma már biztosan látom, hogy a racionalitás világa egy nagyon szűk világ. Attól, hogy valamit nem tudunk matematikai-fizikai összefüggésekkel leírni, attól még lehet létező. Sőt megfordítva ezt a gondolatmenetet, a létező dolgoknak csak nagyon-nagyon pici hányadát ismerjük annyira, hogy azokat matematikai-fizikai összefüggésekkel le tudjuk írni. Gondoljunk a szeretetre vagy ellenpárjára, a félelemre. (Ne lepődj meg, kérlek! Nem a gyűlölet a szeretet ellenpárja, akármennyire is furcsának tűnik elsőre...) Minden Ember tudja, hogy ezek léteznek, mégsem foghatók meg racionálisan.

Ha valaki istenhívő, akkor ezen a rezgésszinten Istent egy könyörületes lénynek látja, aki megbocsátja bűneinket és támogat minket abban, hogy jóvá tehessük azokat. Az Élettámogatás itt abban jelenik meg, hogy mindennap aktívan teszünk azért, hogy jóvá tegyünk minden rosszat, amit eddigi Életünkben elkövettünk. Mivel a belső feszültségeink helyére harmónia költözik, ezért is van szabad kapacitásunk, lelkierőnk az aktív cselekvéshez. Ha az Emberek 20%-a eljutna erre a rezgésszintre, akkor világbéke lenne a Földön, és a környezetszennyezés olyan mértékűre csökkenne, hogy megállna a természetpusztulás, és globálisan regenerálódni kezdene bolygónk. Mivel megjártam már ezt az utat, tudom, hogy lehetséges! Te is ráléphetsz erre az útra...

Mostanra már gyakorlatod kezd lenni abban, hogy a lelki rezgésszintek szemszögéből minősíthesd a gondolataidat, az érzéseidet, a tetteidet. Ez egy nagyon fontos önismereti gyakorlat. Most arra kérlek, ismét figyeld meg magadat egy pár napig! Gondold végig, hogy hányszor és mennyi időre érzel a bátorság, a pártatlanság, a hajlandóság vagy az elfogadás rezgésszintjéhez tartozó érzelmeket, végzel tetteket, vagy suhannak át rajtad ilyen gondolatok! Amíg ezt alaposan meg nem figyelted magadban, ne haladj tovább! Az 1. számú mellékletben találsz egy táblázatot. Írd be oda, hogy egy átlagos napodon összesen kb. hány órát tölt ezeken a szinteken a lelked, a tested vagy az elméd. Légy őszinte önmagaddal! Ne szépítsd a valóságot, mert azzal csak a boldogságod elérését késleltetted, nehezíted! Az önmagunkkal való teljes őszinteség nem véletlenül a bátorság lelki rezgésszintjén kezdődik. Szóval már ezzel is emeled a lelki rezgésszintedet, hogy őszinte vagy önmagadhoz!

Észszerűség (értéke 400)

Van egy közeli barátom, aki jó régóta él ezen a rezgésszinten. Mindig csodáltam érte. Ez a rezgésszint 400-as értékkel jellemezhető és már nagyon magas Élettámogató szintet jelöl. Ezen a rezgésszinten élt Einstein és Newton is. Ha ez a rezgésszint magas IQ-val párosul, akkor igen kimagasló tudományos teljesítményt hoz magával. A jó barátom is komoly szinten űzi, amit csinál, még ha nem is az előbb említett tudós hírességek minőségében. Ehhez a rezgésszinthez óhatatlanul hozzátartozik hivatásunk magas szinten történő művelése. De ez nem a munkamániás Ember szintje. Ez utóbbi mély Életpusztító energiákból táplálkozik.

A léleknek ezen a szintjén jut el a személy a tényleges objektivitás világába. De fontos kiemelni, hogy itt még csak a hagyományos érzékszervi észlelés és a logikai összefüggések tartományán belül igaz ez a kijelentés. Nagyon sokan úgy képzelik, hogy ők ezen a rezgésszinten élnek, pedig kb. egymillió Emberből egy jut el ide. Ennek az az oka, hogy a legtöbb Ember meg van győződve a saját objektivitásáról, pedig az Emberek 99,99%-a messze nem objektív. Az egyén érzékelését alacsonyabb rezgésszinteken beszűkült látásmódja és az érzelmei torzítják. A legtöbb esetben ez öntudatlanul történik. Ezeken a rezgésszinteken az Emberek inkább racionalizálók, mint racionálisak. Ez azt jelenti, hogy érzelmi vagy tapasztalati alapon a tudatalatti szinten már régen megtörtént a döntés, amit az egyén utólag racionális gondolatokkal támogat meg. Eközben a felszínen azt hiszi, hogy azt a dolgot racionálisan döntötte el. Ezt használják ki a profin elkészített, érzelmeinkre ható reklámok is. A legtöbb esetben annál jobban hatnak ezek a reklámok, minél alacsonyabb rezgésszinten él a célközönség. Én például mindig büszke voltam arra, hogy amennyire csak lehet, elhatárolódom a reklámoktól, tehát nem hatnak rám. Ami annak idején teljesen téves „objektivitás" volt. Hiszen pont azért határoltam el magamat tőlük, mert nagyon erősen hatottak rám és ez zavart. Ez a példa jól mutatja, hogyan racionalizáljuk meg a dolgokat, amelyeket utána teljes önhittséggel objektívnek gondolunk és meg is vagyunk győződve az igazunkról. A bátorság rezgésszintje az, ahol elkezdünk merni ezek mögé látni.

Az észszerűség rezgésszintjén az egyén képes az érzékelése által bejövő információkat az érzelmeitől függetlenül, teljesen objektíven értékelni és elemezni. Erre azért képes, mert el tud vonatkoztatni a hétköznapi problémáktól, gondoktól és minden mástól, ami nem az adott érzékeléshez kapcsolódik. Így ezen a rezgésszinten az egyén következtetései torzító hatásoktól mentesek. Az egyén látásmódja szerint az ok-okozat törvénye hatja át és irányítja az Univerzum alakulását. Ettől az ilyen Embert gyakran érzéketlennek ítélik meg. Mivel magas Élettámogató szinten járunk, ezért a szabad energiáit és következtetéseinek gyümölcsét a környezete jobbá tételére fordítja, tehát ez nem igaz. Einstein is végtelenül idealista és humanista volt. Hihetetlen energiákat fordított az Emberiség jobb irányba terelésére. Fiatalabb koromban elolvastam azt a szöveggyűjteményt, amely a fizika tudományán kívüli írásait szedték csokorba (Gerner–Nagy–Szécsi, 2008). Sugárzott belőle az idealizmus és a vágy arra, hogy jobb irányba fordítsa az Emberiség fejlődési tendenciáit. Ha jobban hallgatott volna rá az Emberiség, akkor rég nem itt tartanánk, de akkoriban háborúk és túlfűtött nacionalizmus szövevénye tartotta gúzsban a világot. Ennyi negatív energiával szemben Einsteinnek esélye sem volt. A mai világban lecsökkentek ezek a negatív energiák és a globális kommunikációs rendszerek segítenek abban, hogy teret nyerjenek a jó gondolatok. Szóval ma sokkal jobbak az esélyek a világ jobbá tételére, mint akkor. Jó lenne, ha Einstein most is itt lehetne velünk! Mindenesetre beindult a globális ébredés és mivel a kezedben tartod ezt a könyvet, te is az ébredők közé tartozol.

A fő érzelem ezen a szinten a megértés. Mivel ezen a rezgésszinten el tudunk vonatkoztatni a saját problémáinktól, a saját nézőpontjainktól, ezért képesek vagyunk mások teljes megértésére. Jelen könyv címében ezért a legfontosabb szó a „megértés". Hiszen ha objektíven rálátunk a belső problémáinkra vagy azok egy részére, az megnyit egy kaput a változás felé. Ennek a könyvnek pontosan ez az egyik célja. Egy magasabb és objektívebb nézőpontból láss rá önmagadra és vidd tovább az életedbe ezt a tudást. Hasonló módon következik az is, hogy az ezen a rezgésszinten élő Emberek a világ mások által megérthetetlennek tűnő folyamatait is képesek feltárni. Nem véletlenül él ezen a rezgésszinten a legtöbb Nobel-díjas kutató, feltaláló, illetve híres gondolkodók, filozófusok. Az ilyen Emberek Életfelfogása a jelentőség. Úgy érzik, hogy azért kapták képességeiket, hogy jelentőségteljes eredményekkel, példamutatással adjanak helyes irányt a társadalom részére. Amennyiben ezen a rezgésszinten élő személy istenhívő, akkor ő Istent egy végtelenül bölcs lénynek képzeli el, aki helyes és objektív döntésekkel igazgatja a világ sorsát.

Sokáig azon a véleményen voltam, hogy nincs tökéletes objektivitás, hiszen minden Ember a saját szűrőjén keresztül, torzulva értékeli ezt a világot. Ma már tudom, hogy tökéletes objektivitás ugyan létezik, de nagyon kevés Embernek adatik meg, hogy megtapasztalja. Az ezen a lelki rezgésszinten élő Emberek olyan szerencséjük van, hogy ezt mindennapi szinten is megélhetik, de ők is csak azokon a területeken, amelyekben megfelelő jártasságra, tudásra és rálátásra tesznek szert.

Szeretet (értéke 500)

Ezen a rezgésszinten az Ember megérti, hogy az önzetlen szeretet mindenen áthatol, és az az Univerzum legfőbb ereje. Az észszerűség lelki rezgésszintjén megerősödő ok-okozat törvényét átitatja a szeretet mindent átható ereje. Ez a „megértés" úgy zajlik le az egyénben, hogy mindenhol és mindenben teljes átéléssel érzi a szeretet vagy a szeretet iránti vágy jelenlétét. Itt már az egyénnek nincs szüksége társra és családra ahhoz, hogy meg tudja élni a szeretetet, hiszen ő minden élő felé érzi ezt az érzést. Aki eléri ezt a szintet, az egész Univerzum „szeretetsugárzását" képes érezni. Nincs szüksége arra, hogy egyes egyénektől szeretet-visszacsatolásokat kapjon ahhoz, hogy érezze a szerethetőségét. Ezen a rezgésszinten élt például Teréz anya is. Az ilyen Emberek olyan szintű szeretetet sugároznak ki magukból, mely átragad a környezetükre, és a közelükben bennünk is csodálatos érzések indukálódnak. Az egész személyt átitatja a harmónia, amelyet ösztönösen érzel, ha a közelébe kerülsz. Náluk egyre többször jelenik meg az összes élővel való egység érzete. Emiatt az ilyen Ember nem tud ártani még a légynek sem. Ők minden élőt végtelenül tisztelnek és szeretnek. Amikor eljutottam erre a lelki rezgésszintre, hihetetlenül kitágult a szívem és egy állandó kellemes bizsergető feszültség jelent meg a mellkasomban. A szeretetem tényleg minden élőre és élettelenre kiterjedt és ezáltal az ok-okozat törvénye önmagában már „száraz" rendszere lett a valóságnak. Hiszen a szeretet és a szeretet iránti vágy pólusai beépülnek az ok-okozat törvényébe, ezáltal egy színesebb és bővebb Univerzum-szemlélet vált bennem általános érvényűvé.

Ez már tényleg a magas minőségű spirituális vezetők szintje. A rezgésszint értéke 500. Ide nagyon kevesek jutnak el Életükben. Ismerek egy ilyen hölgyet, aki meggyőződésem, hogy ezen a rezgésszinten él. A kórházból magához vesz erős fogyatékossággal született gyerekeket, akiket a szülés után azonnal elhagynak a szüleik. A gyerekek a halálukon vannak, mert ehhez önmagában elég az elhagyatottságuk fájdalma, nem beszélve a fogyatékosságról, amelyekre az orvosok a „gyógyíthatatlan" kifejezést használják. Ő ezekből a pici, halálközeli állapotban lévő csecsemőkből az önzetlen szeretet erejével önellátó, boldog felnőtteket nevel. A szeretet erejével gyógyítja meg őket, miközben az orvostudomány mai állása szerint ez lehetetlen. A hölgy végtelenül békés, harmonikus, türelmes és önzetlen. Régebben nem értettem, hogy lehet valaki ilyen és hogy miből veszi a végtelen sok lelki energiát. Hiszen egyszerre 10–12 gyermeket nevel így egyedül, csak adományokból, 65 évesen. Ma már át tudom érezni létének érzelemvilágát, mint ahogy azt is, honnan nyeri ezt a sok-sok energiát. Minél több önzetlen szeretetet sugárzunk a világ felé, az annál több energiát sugároz nekünk vissza.

Bár ettől még nagyon messze van az átlagember, de amikor a távoli jövőben ezen a szinten lesz, az Emberiség teljes világbékében fog élni, és tökéletes harmóniában a Természettel. Nem lesz önzés, agresszió, környezetpusztítás.

Ezen a rezgésszinten a fő érzelem az áhítat, amelyet az egyén az Élet (ide vallásod szerint Isten, Mindenható stb. helyettesíthető) csodája iránt táplál.

Az egyén végtelenül jóindulatú és ezt igyekszik is kinyilatkoztatni, ahol csak értő fülekre talál. Ezen a rezgésszinten értelmet nyernek Jézus elhíresült szavai: „ha megdobnak kővel, dobj vissza kenyérrel". Itt már tökéletesen látja az Ember, hogy ha valaki másokat bánt, akkor neki valójában önmagával van a legnagyobb baja és a szeretetvágya okozza az összes problémát. A szembenállás helyett az egyetlen megoldás a szeretet, amellyel a szegény szenvedő a gyógyulás irányába fordítható. Ezen a lelki rezgésszinten teljesen megszűnik létezni az egyén lelkében a félelem. A félelem megszűnésével belépünk a teremtő-ego világába, melyről jelen könyvben később részletesen fogok írni.

Az ezen a rezgésszinten élő személy amennyiben istenhívő, akkor ő Istent végtelenül könyörületes lénynek éli meg. Az ilyen Ember lelki rezgésszintje már olyan magas, hogy egymaga akár több százezer Ember negatív lelki rezgésszintjét is képes ellensúlyozni. Ezért van az, hogy szeretünk az ilyen Emberek környezetében lenni, mert olyankor mi is emelkedettebbek, harmonikusabbak vagyunk. Ez az oka annak is, hogy az ilyen Emberek köré hamar gyűlnek követők, akik messze viszik a hírét, amennyiben nyitottak rá. Bár mivel a szerénység alapvető jellemző ezen a szinten, meggyőződésem, hogy a társadalomban sok Ember él ezen a rezgésszinten elvonultan, anélkül, hogy tudatában lennénk annak, micsoda erőt sugároznak, és amellyel drasztikusan lassítják a Föld pusztulását. Ezt úgy teszik, hogy gyógyítják az Emberiséget, emelik az átlagos lelki rezgésszintet, ezáltal közvetve is sokat tesznek a Földért. Persze ezen Emberek jó része mindezt önzetlenül és tudattalanul teszi, hiszen nincsenek az itt leírt kineziológia tudományos felfedezéseinek birtokában.

Öröm és béke (értékei 550 és 600)

Az öröm (értéke 540) és a béke (értéke 600) rezgésszintjeit egyetlen alfejezetben írom le. Nyilvánvalóan mindannyian éreztük már ezeket az érzéseket és minden reális értékrendű Ember szeret ebben a lelkiállapotban lenni. Azonban a békének és az örömnek is vannak szintjei. Gyakran előfordul, hogy békésnek érezzük magunkat, miközben rázzuk a lábunkat, vagy egy egyszerű internetes tesztből kiderül, hogy valójában enyhén ingerült állapotban vagyunk. Ez azért van, mert önmagunkhoz viszonyít az agyunk. Amikor békésnek vagy örömtelinek érezzük magunkat, akkor a megszokott ingerültségünkhöz képest érzékeljük magunkat olyannak. De a legtöbben nem is tudjuk, hogy milyen a teljes belső béke, hiszen sosem jártunk ott. Ezt hasonlóan kell elképzelni, mint az előző részben tárgyalt szeretet rezgésszintjénél. Nyilván a legtöbb Ember érzett már tiszta szívből jövő szeretetet, azonban minden létező iránt érzett átfogó és tökéletesen önzetlen szeretetet nagyon kevesen, főleg folyamatosan. Akik igen, azok a szeretet lelki rezgésszintjén élnek.

Az öröm és a béke rezgésszintjein élők aránya még kisebb, mint a szeretet rezgésszintjén élőké. Minél magasabb rezgésszintet tárgyalunk, annál kevesebb Emberről beszélünk. Akik ezen a két rezgésszinten tartózkodnak, azok több tízmillió Emberből egyetlen egyént jelentenek. Az interneten rendszeresen hallgatom Gunagriha előadásait és tiszta szívvel kapcsolódtam Spitzer Gyöngyihez (Soma Mamagésa) is elvonulásán. Őket mestereimnek tartom. Meggyőződésem, hogy ők legalább ezen a lelki rezgésszinten élnek. Az öröm rezgésszintjén élő Ember átéli a saját maga teljességének érzését. Ami azt jelenti, hogy annyira tökéletesen szereti önmagát. Ezt nem szabad összekeverni a beképzeltséggel. Ugyanakkor a belső lelki attitűd itt is kisugárzik. Hiszen az ilyen Ember az Életet a maga teljességében éli meg. Amikor ezt a lelki rezgésszintet elérő állapotba kerülök, akkor a jelen pillanat úgy tökéletes, ahogy van. Végtelen hálát érzek a végtelen szeretetért, amellyel alázat és önzetlenség párosul. Ezen érzelmek túlcsordulása egy belső öröm állapotába emel, amely független a külső környezet állapotától. A belső derű állapota ez, amely nézőpontjából nézve nincs értelme elkülöníteni a jót és a rosszat. Minden úgy van jól az Univerzumban, ahogy éppen történik.

A béke rezgésszintje még ehhez képest is egy ugrást jelent, hiszen ott az egyén az Élet tökéletességének csodáját éli meg kívül és belül egyaránt. Ezeken a rezgésszinteken élő Emberek több százezer Életpusztító rezgésszinten élő Ember negatív energiáját képesek semlegesíteni. Ha egy városban él egy ilyen Ember, akkor ott anélkül békésebbek, hogy tudatában lennének, ez azért van, mert a közelben él egy ilyen személy. Abban a városban kevesebb a baleset és a bűncselekmény is.

Az öröm rezgésszintjén élő Embert a derű érzése itatja át. Az ilyen spirituális vezetők arcán mindig ott van a mosoly, ami nem egy betanult páncél, mint sok hétköznapi egyénnél, hanem ténylegesen a benne élő állandó öröm kivetülése. Ha egy ilyen személy a szemedbe néz, magas szintű békét és harmóniát érzel, bizseregni kezd a gerinced és utána órákig a pillanat hatása alatt leszel.

A béke rezgésszintjén élő Ember az áldottság érzésében él. Önmagát és a világot áldottnak éli meg, és ebben a lelki biztonságban a lelke erős alapja az óriási béke. Ezért van az, hogy ezeken a szinteken már nem létezik idegeskedés, nincs stressz, nem tapasztalhatók meg a félelem és a lelki fájdalom egyéb formái sem. Életfelfogásuk tekintetében a végtelen jóindulat és az Élet teljességének megélése jellemzi ezeket az Embereket. Amennyiben istenhívők vannak ezen a rezgésszinten, akkor az öröm rezgésszintjén élő Ember az Istennel való egység érzését éli meg, míg a béke szintjén élő Ember Istent mint mindenben létezőt érzékeli. Az egyéni akarat beleolvad az isteni akaratba, ez a kettő már nem igazán különíthető el. Ezek az Emberek már felülemelkednek a hétköznapi vallásgyakorláson, a tiszta spiritualitás világában élnek, ami minden vallás alapja, gyökere. Ők már nem tanulják a vallást, hanem gyakran átalakítják, formálják azt. Ugyanakkor sok esetben elvonultan élnek, mert az istentudat nem teszi lehetővé a hagyományos hétköznapi életvitelt. Ők minden tettüket az Élet szolgálatába állítják, és így nagyon sokat tesznek az Emberiség és a földi Élet megmentéséért. Azonban végtelenül szerények, így a legtöbb esetben erről nem is tudunk. A béke rezgésszintjén élő Emberek közül sokakat szentté avattak a múltban, illetve új vallási-irányzatok alapítói voltak.

Az észlelés ezen a szinten olyan, mintha a világ történéseit lassított felvételben látnád valami hihetetlenül átvilágított kontextusban, ahol minden történés értelmet nyer. A tudat itt már nem próbál meg mindenhez fogalmat alkotni. Az elme itt már mindig csendes, az észlelő eggyé válik az észlelttel, ami annyit jelent, hogy nincs jelentősége az elkülönültségnek. Ezen a rezgésszinten már értelmet nyer és a mindennapi észlelés része a „minden összefügg mindennel". Az egyén folyamatosan a tökéletes jelenlét állapotában él, amelyet a meditációt gyakorlók állandóan keresnek, és néha percekre, órákra meg is találnak.

Ezek a rezgésszintek a csodák világát is jelentik. Ezen a rezgésszinten élők már olyan dolgokat képesek megtenni, amit a hétköznapi Ember racionálisan fel sem tud fogni. Ezért egyesek csodáknak élik meg, míg a szkeptikusok állandóan keresik a racionális magyarázatot arra, hogy bebizonyítsák: a látott csoda csalás vagy kuruzslás eredménye. Pedig ezen a szinten a spirituális vezetők közül is már a kimagasló személyiségek élnek, és ugyanitt találhatók az igazi spirituális gyógyítók is, akik akár kézrátétellel is képesek gyógyítani. Olyan magas szintű lelki energiákat képesek mozgósítani, amelyek a fizika ma ismert törvényei felett állnak.

Gyakori az is, hogy olyan Emberek kerülnek erre a szintre, akik halálközeli élményeket éltek át, ahonnan az élők közé visszakerülve erre a magas szintre ugranak. A legtöbb ember velük szemben is szkeptikus, mert az Emberi szűklátókörűség egyik alapköve az, hogy amit még nem tapasztaltunk, abban nem hiszünk. Úgy tudjuk, hogy az nem létezik. Ebből fakad a sokszor érzett ösztönös belső ellenállásunk az ilyen Emberek kinyilatkozásaival szemben. Én már annyi mindent megtapasztaltam eddigi Életem során, amelyekre korábban azt mondtam, hogy lehetetlen, hogy megtanultam, ez a legnagyobb butaságunk egyike. Természetesen a legtöbb Emberben ez is tudattalan és ösztönös, hiszen a saját megtapasztalásait tekinti belső kapaszkodónak és úgy érzi, hogy ha ezt elengedi, akkor csak fokozódik a bizonytalansága. Pedig a valóság az, hogy pont fordítva lesz. Amikor átmenetileg ebbe a béke állapotába kerülök, olyankor a bennem élő öröm, szeretet, hála és alázat egy gondolatmentes csenddé transzformálódik, mely csak szemlél és nincs benne semmi ellenállás a jelen pillanattal szemben. A belső csend nem más, mint a végtelen rend. Ennek az állapotnak a csúcspontja az ego teljes megszűnése, amely a végtelen csend, a rend és a béke állapotában oldódik fel. Amikor ez megérkezik és stabillá válik, akkor van esély a megvilágosodás áttörésére, ami csak külső hatásra törtéhet meg, hiszen itt már nincs önálló vágy, sem akarat, ami bármit is irányítani akarna. Éppen ez az állapot szükséges ahhoz, hogy eljuthass a megvilágosultság kapujába.

Megvilágosultság (értéke 700–1000)

Eljutottunk az Emberi lét legmagasabb fokához: a megvilágosultság lelki rezgésszintjéhez, melynek értéke 700 és 1000 közötti.

Ezen a rezgésszinten minden tökéletessé válik. A tudat egy fénylő csodának látja az Életet és az őt befoglaló világot. Igazából itt már nincs ego, sem elme, sem lélek, sem test. A tudat fényében fürdik az Univerzum. A lélek ezen a szinten tökéletesen tiszta, ezért elenyészik, a tudat nem fűz semmihez gondolatot, érzelmet, jelzőt. Az egyén a színtiszta lét érzésében él, de már nem különül el az egyén, hiszen egomentes állapotban ez az értelmét veszti. Csak létezel egy tökéletes rendszer részeként, amelyet Életnek hívunk, és amelyben te vagy maga az egység. Ez egy annyira felemelő és tökéletes érzés, amelyre nagyon nehéz szót találni. A béke, az öröm, az önzetlen szeretet, az alázat együtteséből gyúródó harmónia szinte túlcsordul és valami teljesen új fényes csodává emelkedik. Jelen könyv megírásáig csak rövid időre jártam itt és nem tudom, hogy megadatik-e még az életemben az a végtelenül nagy megtiszteltetés, hogy újra átélhetem. Amikor átmenetileg átléptem a megvilágosultság kapuját, hirtelen nagyon sok ember kezdett körém gyűlni, anélkül, hogy erre kértem volna őket. A tudat fénye vonzást gyakorol az Emberek tudatalattijára. Ezért szokott számos követője lenni a megvilágosultaknak.

Hihetetlenül ritka, több százmillió vagy akár milliárd Ember közül egy tartózkodik tartósan ezen a szinten. Ezen a rezgésszinten maga a létezés válik az Élet értelmévé. A létezés önmaga a cél, bár ez sem pontos mondat, mert valójában célok sincsenek. A megvalósultság önmaga tökéletes úgy, ahogy van. Itt már nincs szükséged semmi olyan dologra, amelyekre a hétköznapi Emberek vágynak, hiszen a lét maga úgy tökéletes, ahogy létezik. Az idő érzékelése elvész, de itt nincs is értelme az időnek. Ebből a nézőpontból minden tökéletes, ami eddig történt az Univerzumban és minden tökéletes, ami történni fog. A jó és a rossz értelmetlen fogalmak, hiszen ezt csak az ego szemszögéből lehet értelmezni. A világ tökéletes.

Azok az Emberek, akik a megvilágosultság rezgésszintjén élnek, folyamatosan ebben az érzésvilágban tartózkodnak. Semmi sem tudja őket innen „kirángatni". Az én itt már része a nagy egységnek. Nem véletlenül nem tett semmit Jézus az ellen, hogy keresztre feszítsék. Az alacsonyabb rezgésszinteken élők percekre juthatnak a megvilágosultság állapotába, általában olyankor, amikor minden tökéletes körülöttük és megfelelően elmélyült meditatív állapotba tudnak kerülni. A meditálók ezt keresik, kutatják, sokszor egész életükben eredménytelenül. Ezzel szemben az ezen a rezgésszinten élő Embert még egy keresztre feszítés sem tud kirángatni ebből az állapotból. Ez a hatalmas különbség a megvilágosultság és annak rövid idejű megtapasztalása között. Ez egy akkora „távolság" a hétköznapi Ember és a megvilágosult Ember között, amit a hétköznapi tudat szinte képtelen felfogni. Azok az Emberek, akik a múltban tartósan ezen a rezgésszinten éltek, óriási hatást gyakoroltak a világra. Egy ilyen Ember lelki rezgésszintje több millió Ember Életpusztító rezgésszintjét képes kompenzálni, semlegesíteni. Ezen a rezgésszinten hétköznapivá válnak a csodák, hiszen itt már olyan energiaszinten van a lélek, amely logikus gondolkodással lehetetlennek tűnő dolgokra teszi képessé az egyént. Amikor átéltem ezt az állapotot, földöntúli energiák birtokosa voltam. Olyan energiáké, amelyeket a hétköznapi racionális elme elképzelni sem képes. Gyakorlat híján és mivel senkitől sem kaptam útmutatásokat, nem tudtam irányítani ezeket az energiákat, ezért hihetetlen és véletlenszerű dolgokat műveltek a testemmel. De arra jó volt ez a megtapasztalás, hogy átérezzem azt: aki képes ezeket az energiákat irányítani, az uralni tudja az anyagot, a teret és az időt. Nem véletlenül vannak leírások levitáló vagy hónapokig étlen-szomjan létező, netán éppen a gránittömbbe kezüket belenyomó mesterekről. Ezen a rezgésszinten éltek a múltban a nagy világvallások alapítói és a világmegváltó bölcsek, mint Jézus, Buddha, Krisna, Lao Ce és egy rövidebb időre Mohamed is. Ők azok, akiknek fennmaradnak a mondatai, amíg világ a világ, és hatni fognak az Emberiségre. Ők azok, akiknek tettei között számos csodát tartanak nyilván. Az ő mondataikra épültek fel hatalmas világvallások, bár igaz, hogy az alacsonyabb lelki rezgésszinten élők értelmezésükkel és hozzáfűzéseikkel sokat torzítottak, romboltak ezeken a kinyilatkoztatásokon. Ezért sosem tud olyan tiszta maradni az egyház, mint a tő, amelyből kifejlődött. Az egyházak teljes tisztasága csak akkor lenne megőrizhető, ha olyan spirituális vezető állna folyamatosan az élükön, aki a megvilágosultság lelki rezgésszintjén él. De sajnos ez egyelőre nem adatott meg az Emberiségnek. Bár igaz, hogy a megvilágosodottak általában csak léteznek, nem hirdetik önmagukat. Ők nem akarnak szervezetek élére kerülni, legfeljebb követni kezdik őket az Emberek. Ha ebből az aspektusból nézzük, akkor a távoli jövőben már egyházra sem lesz szükség. Az egyház az átmeneti fejődési időszak „mankója" lehet, amennyiben meg tudja őrizni, vissza tudja nyerni a tisztaságát.

Most, hogy már látod a lelki rezgésszintek fejlődési lépcsőit, számodra is érthetővé vált, hogy melyik úton vezet az evolúciónk. Ma már tudom, hogy az Emberi evolúció célja az, hogy a lelki rezgésszint emelkedése által lelki tudatosságunkat fejlesszük. Ez az egyetlen út, mely az Emberiséget a világbéke és a Természettel való harmónia világába vezeti. Más esetben kipusztulunk, ez csak idő kérdése. Ugyanakkor ez az egyetlen út, amely fokozódó személyes boldogsághoz vezet. Ahogy generációról generációra haladva egyre tudatosabban élünk, az átlagember fokozatosan egyre magasabb lelki rezgésszintekre emelkedik és egyre gyakrabban fognak megjelenni megvilágosodott Emberek a Földön. Mindeközben az Emberiség átlagos lelki rezgésszintje egyre magasabb lesz és csökken a környezetszennyezés, növekszik a világbéke és az egyén átlagos boldogsága. Ha belegondolsz, akkor az őskortól mostanáig is ennek a folyamatnak egy része zajlott le. Erről részletesen előző könyvemben írtam, mely a klímaváltozás és az Emberi lélek kapcsolatáról szól (Dittrich, 2021). Ahogy azt igazoltam is az imént hivatkozott könyvemben, az Ember minél magasabb lelki rezgésszinten él, annál kisebb az ökológiai lábnyoma. De ezt belső indíttatásból teszi. Ez mellett egyre szeretetteljesebb és békésebb a másokra gyakorolt hatása is, amellyel minden tettével társadalmunk a világbéke felé fordulását mozdítja előre. Kívánom, hogy te is csatlakozz azok az Emberek táborába, akik ezt az utat járják. A lehetőség bármikor adott és épp a kezedben tartod hozzá a módszert...

A lelki rezgésszintek gyors áttekinthetősége érdekében készítettem a 2. mellékletben neked egy táblázatot. Ebben fel vannak sorolva az egyes lelki rezgésszintekhez tartozó érzelmek és szinonimák. Ha bizonytalan vagy, hogy egy érzés vagy cselekedet milyen lelki rezgésszinthez tartozik, akkor a táblázat alapján hamar be fogod tudni azonosítani. Így ez a táblázat abban segít téged, hogy gyorsan és objektíven építsd be az életedbe a **lelki rezgésszintek rendszerét.**

1.3. A lelki rezgésszintek csoportdinamikája, avagy hogyan működnek az energiavámpírok?

A lelki rezgésszint egy speciális rezgéstípus, mely a testen kívül is érzékelhető. A testtől távolodva ugyan mérséklődik az ereje, de az egyénen és a környezetében lévő más Embereken múlik, hogy milyen messze hat. Ez a rezgések alkotta rendszer is úgy működik, mint minden energiarendszer az Univerzumban: egyensúlyi állapotra törekszik. Gondolj bele: a tűz előbb-utóbb elalszik, a szél elcsendesül, minden víz a tenger felé folyik. Ezek mindegyike az egyensúlyi állapotra való törekvés egy-egy Természeti megnyilvánulása. Ahhoz, hogy megértsd, hogyan működik a lélek rezgésszintjének energiarendszere, először induljunk ki egy egyszerű példából. Csak ketten vagytok egy téren, senki más. A te lelki rezgésszinted 270, míg a barátodé, akivel találkoztál, 30. A téren beszélgettek. Mi lesz a következmény? A két Ember lelki rezgésszintje tudattalanul, irányíthatatlanul hat egymásra, és az így kialakult energiarendszer egyensúlyra törekszik. Azaz a beszélgetés kezdetén a te lelki energiaszinted elkezd süllyedni, míg az övé emelkedni. Ha lineáris lenne a kapcsolati függvény, akkor a (270 + 30) / 2 = 150-es értékig csökkenne a te lelki rezgésszinted, míg az övé is eddig a szintig emelkedne. (A kapcsolati függvény egyébként logaritmikus, de ilyen „durvaságokkal" senkit nem akarok elrémiszteni.) Így maradjunk abban, hogy közelítőleg 150-es értéken áll be az egyensúly (a valóságban ennél jóval magasabban). Ez nem tudatosan történik, ez egy természetesen működő automatizmus abban az esetben, ha a két Ember közül egyik sem tudja ezt befolyásolni. Ők csak a következőket érzik: a 30-as lelki rezgésszinttel érkező, akit bűntudat gyötör, alig él, egyre energikusabbnak érzi magát és egyre lelkesebben lovalja bele magát a beszélgetésbe. Hiszen a lelki energiaszintje emelkedni kezd a hatásodra. A te lelki energiaszinted viszont elkezd csökkenni, és amikor 200 alá esik a szinted, először nyugtalanabb, majd távolságtartó leszel, hiszen már a büszkeség lelki rezgésszintjén jársz. Aztán amikor egyszerre éléritek a harag lelki rezgésszintjét (150-es egyensúlyi helyzet), kirobban a két fél között a veszekedés, és mind a ketten távoztok a térről. A barátod visszaesik a bűntudat lelki rezgésszintjére, és még nagyobb bűntudata lesz, amiért veszekedést okozott. Önmagát okolja, és ezért gyűlöli önmagát. Így még mélyebbre süllyed jelen állapotába, és elkönyveli, hogy milyen rossz ez a világ. Így a világról alkotott képe önigazolást is nyer. Te, kilépve a veszekedésből, először értetlenül állsz a helyzettel szemben: hogy tudtál egy ilyen butaságon ekkorát veszekedni, amikor te alapvetően egy nagyon békés Ember vagy?! Azt meg végképp nem érted, hogy miért érezted magadat úgy, mint akinek kiszippantották az Életerejét. Szép lassan visszatér a lelki nyugalmad, és megfogadod, hogy ha legközelebb találkozol ezzel az Emberrel, megpróbálsz tőle elnézést kérni a viselkedésedért, és igyekszel tisztázni vele a problémátokat. Hiszen a pártatlanság lelki rezgésszintjén vagy, ami már a kellően reális Életfelfogás szintje.

Most már biztosan érted, hogy működnek az energiavámpírok, ugye? Ők nem tudatosan szívják el az energiádat, hanem ez az alacsony lelki rezgésszintjük következménye. Mivel jobban érzik magukat egy magasabb lelki rezgésszintű Ember mellett, ezért szeretnek ilyenekkel találkozni. Ezzel szemben akinek leesik az energiaszintje, inkább kerülni akarja őket.

Képzeld el, hogy minden Ember lelki energiája így hat a körülötte lévőkre, függetlenül attól, hogy beszélgetnek-e, avagy sem. Ha például két Ember vitázni kezd egy zajos buszon, és bár te nem érted, hogy miről beszélnek, sőt azt sem tudod, hogy vitáznak, mégis elkezd emelkedni benned a feszültség. A lelki rezgésszinted elkezdett süllyedni a harag rezgésszintje felé.

Vannak persze pozitívabb példák is. Velem is többször megesett, hogy valakivel beszélgetve lelkesebbnek és kiegyensúlyozottabbnak éreztem magamat. Olyan is előfordult, hogy az előadásaimon minden hallgatót magával ragadott a mondandóm, és szinte észre sem vették az idő múlását. Egyszer egy zen mesterrel meditálhattam együtt, és akkor éltem meg Életem legmélyebb meditációs élményét, ami nem véletlen, hiszen az ő magas lelki rezgésszintje engem is olyan magasra emelt, ahol nagyon ritkán jártam eddigi Életemben. Ebben rejlik a csoportos meditáció és a közösségi lét ereje is. Ezért ezek lelki fejlődésünk fontos elemei lehetnek!

Szóval, függetlenül attól, hogy a környezetedben lévő Emberekkel éppen beszélsz-e vagy sem, hatással vannak a lelki rezgésszintedre és te is az övékére. Az izgalmas az, hogy az extrém magas és az extrém alacsony lelki rezgésszintű Emberek nagyon-nagyon sok egyén lelki energiaszintjét tudják kompenzálni. Ezért tudott Jézus, Buddha vagy Teréz anya annyi Emberre pozitívan hatni, és ugyanezért hatott negatívan Hitler vagy Sztálin Emberek tömegeire. Ezek a szélsőségesen mély vagy magas lelki rezgésszinten lévő személyek több százezer vagy millió Ember lelki energiáját képesek lecsökkenteni. Ez a logaritmikus függvénykapcsolat miatt van. Ha például elérsz egy kb. 350-es lelki rezgésszintet, akkor már kb. 10 000, a büszkeség lelki rezgésszintjén lévő egyén negatív energiáját tudod semlegesíteni. Ezért volt túlzottan leegyszerűsített példa az előbb a barátoddal, kettesben a téren. Hiszen az egyensúlyi érték valójában nem 150 lesz.

Most jön ennek az egész legérdekesebb része. Ha emeled a lelki rezgésszintedet, azzal tehetsz a legtöbbet a saját boldogságodért, illetve a klíma védelméért vagy a világ békéjéért és boldogságáért is. Erről szólt előző könyvem, amely a lelki rezgésszintekre építve a klímaváltozás és a világbéke megoldási rendszerét mutatja be (Dittrich, 2021). Jelen könyv azonban kizárólag a személyes lelki fejlődésedre fókuszál, azonban jó érzéssel tölt el minden Embert, ha tudja, hogy a saját lelki rezgésszintjének emelése milyen komoly jótétemény az egész világnak. Ha magas a lelki rezgésszinted és egy panelházban laksz, akkor a többi lakó nem tudja, miért érzi magát békésebbnek, amikor hazaérsz. Azt hiszik, hogy az otthon melege miatt van, miközben a te lelki energiáid okozzák két emelettel lejjebbről. Így ha magas a lelki rezgésszinted, akkor akármerre jársz-kelsz, mindenhol emelsz az átlagos lelki rezgésszinten, és ezzel úgy segítesz Embertársaidon, hogy ők azt nem is tudják. Ez így van a családoddal is. Hazaérsz és békét, harmóniát hozol magaddal. Szóval hihetetlen, milyen csodálatos hatással lesz a saját és a szeretteid Életére ez az egész. És mindezt önzetlenül teszed. Nem kell, hogy tudják, hogy ez így van. Egyszerűen csak megtörténik nap mint nap... Ez az igazi önfejlesztés, amely úgy hat a környezetére, mint a sima víztükörbe dobott kavics hullámai. Mindenki összefügg mindenkivel! Legyél te az, aki segít jó irányba terelni a világ folyását!

1.4. Vajon melyik lelki rezgésszintnek van igaza? – Valóságkép és lelki rezgésszintek

Hányszor jártál már úgy, hogy megismertél egy Embert, aki mesélt neked az igazságáról, a világképéről és értetlenül álltál előtte, mert valami ilyesmire gondoltál: „hogyan gondolhatja, hogy igaza van?!" Vagy a tv-ben láttál valakit és nem értetted, hogy tudja ilyen önhittséggel hirdetni a számodra furcsa véleményét.

Hiszen te teljesen másképp látod, másképp gondolod és meg vagy győződve arról, hogy neked van igazad.

Például egy önző – a büszkeség lelki rezgésszintjén élő – Ember értetlenül áll az előtt, ha valaki minden ok nélkül önzetlen. Hiszen számára nem létezik teljes önzetlenség. Meg van győződve arról, hogy mindent az önzés irányít. Ha mégis önzetlenséget tapasztal, akkor általában valami álszent mögöttes okot keres, hiszen be akarja bizonyítani önmagának, hogy helyes a világképe. Ha mégsem talál ilyet, akkor egyszerűen túl naivnak vagy hülyének titulálja az illetőt. Ezt azért tudom, hogy így van, mert átéltem ezt a lelki rezgésszintet és ugyanígy láttam. Amíg meg nem tapasztaltam, hogy létezik tökéletes önzetlenség, addig lehetetlennek tartottam annak létezését.

A legtöbb Ember azért nem tudja eléggé átérezni mások igazságát, mert egész Életében csak egy lelki rezgésszinten él, így számára érthetetlen a többiek látásmódja. Azonban ha megértjük és elfogadjuk ezt a rendszert, akkor sokkal empatikusabbak tudunk lenni másokkal. Hiszen megértjük, hogy más például miért ellenséges egy olyan helyzetben, amit te teljesen békésen fogadsz. Vagy miért érez bűntudatot egy ismerősöd olyan dologért, ami számodra teljesen természetes dolog. Nekem abban a „szerencsében" volt részem, hogy a legmélyebb lelki rezgésszintektől a közepesen magas szintekig az összeset tartósan megéltem és rövid időkre a nagyon magas lelki rezgésszinteket is megtapasztalhattam. Csak utána ismertem meg a lelki rezgésszintekről alkotott rendszert. Így biztosan állíthatom, hogy a rendszer igaz és működik. Bár tudományosan is igazolt, így ezt nem igazán kell bizonygatnom (Dawid R. Hawkins, 2004).

Ha 100 különböző Ember bemegy egymás után egy hófehér szobába, ahol csak egy asztal van egy székkel, megnyugtató monoton zenével, stabil kellemes hőmérséklettel, és az asztalon egy darab piros rózsa áll, mind a 100 Ember mást fog érzékelni ebből az egyszerű élményegyüttesből. A 100 Ember 100-féle igazsággal fog kijönni a szobából. Ennek sok összetevője és oka van, de lássuk, mik a legfőbbek (Beau Lotto, 2017):

1. Mindenki csak egy látómezőt érzékel, hiszen nem 360°-ban látunk. Így a kapott kép sorrendje és tartóssága attól függ, hogy ki milyen sorrendben hová áll a szobában és hogyan forgatja a fejét. Azaz mindenki mást fog befogadni a látott szobából, mást fog jobban megfigyelni, mást kevésbé és más sorrendben.
2. Mindenki különböző mértékben fog figyelni a különböző érzékszerveire. Valakit jobban le fog kötni a szál virág szépsége, mint mondjuk a hallott hangok vagy az érzett illatok.
3. Mindenkinek más az egyes érzékszerveinek az „élessége". Pl. egy szinesztéziás sokkal több színárnyalatot képes megkülönböztetni, mint egy átlagember, és élesebben is látja azokat. De minden Ember hőérzete, látásélessége, hallásélessége, szaglása is eltérő.
4. Minden Ember agya az érzékelése által időegység alatt odaszállított információk kevesebb mint 1%-át dolgozza fel, mert „csak" ennyire képes. Az így kialakult információk közötti „hiányokat" emlékek alapján tölti ki, az érzékelt információk fel nem dolgozott része elvész. Magyarul a látottakhoz emlékek alapján az agyunk egyedi információkat társít. Mivel mindenkinek más az emlékanyaga, így a látottnak hitt kép sosem tökéletesen objektív!
5. Az Ember a bejövő információkat még átszűri az érzelmi „szűrőjén" is, és így tovább torzul a látottnak ítélt kép.

    A képhez érzelmeket, következtetéseket, gondolatokat csatolunk, és ezek együttese jelenti az általunk valóságnak hívott „valamit".

Az eredmény az, hogy mindenki mást tekint valóságnak, még a legegyszerűbb dolgok tekintetében is. **Nincs két Ember által érzékelt tökéletesen azonos igazság.** Hogy jönnek ide a lelki rezgésszintek? Alapvetően az éppen uralkodó lelki rezgésszintünk határozza meg azt, hogy az érzékelés által behozott információkhoz milyen érzelmeket társítunk és az így kapott valóságképünkből milyen következtetéseket vonunk le magunknak. Azaz a válaszom a címben lévő kérdésre az, **hogy mindegyik Embernek igaza van, függetlenül attól, hogy melyik lelki rezgésszinten él.** Ez a magyarázata annak, hogy a buddhisták akkor is tiszteletben tartják a másik Ember véleményét, ha az homlok egyenest ellentétes az övékével. Hiszen tudják, hogy minden Embernek más az igazsága. Most már te is tudod ezt! Azaz teljesen értelmetlenek az elfajult vitákból fakadó veszekedések! Pedig mennyiszer estem bele én is Életemben abba a hibába, hogy értelmetlen vitákba bonyolódtam.

Természetesen ez nem jelenti azt, hogy nem kell vitázni és nem kell megpróbálni meggyőzni a másikat a saját igazamról. Hiszen lehetséges, hogy fel tudom nyitni a másik szemét, vagy éppen ő tudja felnyitni az enyémet. Egy konstruktív vita még hasznos is lehet. A gond akkor jön, amikor érzelmileg belefolyunk egy vitába, mert meg vagyunk győződve az igazunkról és nem értjük, hogy ezt a számunkra egyértelmű dolgot hogyan tudja a másik nem érteni vagy homlok egyenest másképpen gondolni. Pedig simán reális, hogy az az ő igazsága. Nem kell megérteni őt! Csak tiszteletben kell tartani! Ha nem tudod észérvekkel rövid idő alatt meggyőzni, akkor abba kell hagynod azzal, hogy „ez az én igazságom, az meg a te igazságod" és nem szabad érzelmekkel belekeveredni az értelmetlen folytatásba. Mert ha azt teszed, akkor abból komoly ellentétek jönnek, mérgesebb viták, veszekedések, esetleg agresszió vagy bármi más, amit később megbánsz és mélyre sodorja a lelkedet. Gondold végig, kérlek, hogy hányszor kerültél már eddigi Életedben kellemetlen helyzetbe abból fakadóan, hogy érzelmeket tettél egy felesleges vitába úgy, hogy nem tudtad meggyőzni a másik felet!

Csak ennek az egy dolognak a megértése és Életünk részévé tétele nagymértékben fokozza a belső békét, rengeteget javít a közösségi lét színvonalán és drasztikusan csökkenti a családi és párkapcsolati veszekedések számát is. Szóval megéri beépíteni az Életedbe!

Hogy a dolgot jobban megértsük, illetve elmélyítsük, nézzük meg, hogy ez miként működik a lelki rezgésszintek rendszerén belül.

A most következő részt egyébként önismereted további mélyítésére is jól használhatod. **Tehát a világról alkotott képünk minden esetben a lelki rezgésszintünkből fakadó lelki világunk tükörképeként alakul ki.** Ez akkor is így van, ha a lelki rezgésszintet okozó problémák elfojtottak, tehát a személy nincs tudatában. Nézzük meg, hogy az egyes lelki rezgésszinteken a tudott vagy elfojtottan létező belső lelkivilág hogyan vetül ki a világképünkre. De egy kis játékra is hívlak az alábbi sorok segítségével! Az alábbiakban bemutatom neked röviden, hogy miként látják a világot és milyen az istenképük, valamint a valóságképük az egyes rezgésszinteken élő Embereknek. Ahhoz, hogy az alábbi sorok által hatékony elmélyítsd az önismeretedet, arra kérlek, hogy minden egyes lelki rezgésszintnél figyeld meg a legbelső érzéseidet, amiket a sorok generálnak benned. 3-féle érzéscsoport merülhet fel benned:

1. Huuu, nagyon rossz lehet annak, aki így él. Sajnálom. Szerencsés vagyok, hogy nem érzek ilyet.
2. Igen, ez reális. Szoktam ilyennek érezni a világot.
3. Na, ez már túlzás. Nehezen dolgozható fel vagy érthetetlen számomra ez az Életérzés.

Amelyik érzésvilág van benned, azt a számot írd az adott rezgésszint mellé. Nagyon szépen kérlek, hogy légy őszinte magadhoz és ne a racionális gondolkodásodra, hanem az egyes lelki rezgésszinteknél olvasott mondatokkal kapcsolatban előjövő érzéseidre figyelj! Ha racionálisan gondolkodva töltöd ki a tesztet, akkor hamis képet fogsz kapni önmagadról! Fontos, hogy tudd: nincs rossz válasz! Bármit érzel, az helyes! Ne engedd, hogy a racionális gondolkodásod értékelje az érzéseid helyességét! Ha szeretnéd jobbá tenni az Életedet, akkor őszintének kell lenned önmagadhoz!

Ha felkészültél, akkor vágjunk bele! Szép nyugodtan olvasd el sorban, amit az egyes rezgésszintekről írok és mindegyik olvasása közben figyeld meg, milyen érzéseket generálnak benned a mondatok. Az érzéseket osztályozd a fenti csoportok szerint, és írj a bekezdés mellé egy számot.

A **szégyen** lelki rezgésszintjén élő Ember számára a világ egy nyomorúságos, kellemetlen hely, ahol Isten egy olyan lény, aki az Embert megveti gyarlóságáért és a benne élő rengeteg rosszért. Ezen a lelki rezgésszinten élő Embernek valójában saját maga előtt van mély szégyene. Hiszen más Emberek előtt megélt szégyenei miatt elfogadhatatlannak tartja önmagát. Nyomorúságosnak, hibásnak, selejtesnek érzi önmagát (ne feledd, lehet, hogy ennek nincs tudatában az illető, mert annyira elfojtotta gyermekkorában!). Ebből következően a világról alkotott képe is ilyen lesz. Számára a világ egy nyomorúságos, kellemetlen hely. Itt az Emberek alapvetően rosszak és szeretetre képtelenek.

A **bűntudat** lelki rezgésszintjén élő Ember azért érez bűntudatot, mert önmagát okolja olyan dolgokért, amelyek elfogadhatatlanok számára, mégis megtette azokat. Az ilyen Ember alapvetően rossznak, alkalmatlannak látja önmagát. Az ő világképe szerint a világ egy sötét, gonosz, bűnös hely, ahol az Emberek alapvetően rosszak. A világ tele van bűnbeeséssel, ami visszataszító és elfogadhatatlan. Így a bűntudat lelki rezgésszintjén élő Ember gonosznak látja az Embereket és a világot, itt a szeretet egy felszínes hamis máz, ami valójában nem is létezik. Az ő istenképe egy gyűlölködő lény, aki megbosszulja az Embereket és azt a sok gonoszságot, ami bennünk rejlik.

A **fásultság** szintjén élő Ember elítéli önmagát azért, mert gyengének, erőtlennek érzi magát ahhoz, hogy bármit tegyen, bármiben változtasson. Természetes következmény az, hogy a világot és a jövőt reménytelennek éli meg. A fásultság szintjén élő Ember elítélőnek látja Istent. Ebben a világban az Emberek rossz szándékúak és elítélők. A szeretet csak a ritka kiváltságos, szerencsés Emberek osztályrésze.

A **bánat** lelki rezgésszintjén az egyén a lelki fájdalom mélységeiben él. Gyászából vagy egyéb okból eredő lelki fájdalmát még nem tudja feldolgozni, megemészteni. A lelkét ez az érzés uralja, ez járja őt át. Így a világ egy tragikus hely, ahol őt a legtöbb Ember, sőt akár még Isten sem érti meg. Az Emberek ebben a világban nem figyelnek egymásra és nem számíthatunk tőlük segítségre. A szeretet esélye a reménytelenség ködébe veszik.

A **félelem** rezgésszintjén a lelkünkben belső félelem uralkodik. Valójában önmagunktól félünk, amit sokféle hatás okozhat. Például félünk attól, hogy nem vagyunk elég szerethetők, vagy nem vagyunk képesek megfelelően teljesíteni az elvárásokat. De általában a félelem érzése összetettebb módon önmagunk számos tulajdonságához kötődik (akár tudottan, akár elfojtottan). Ebből következően a világ egy olyan hely, amelyben sok a ránk leselkedő fenyegetés. Az aggódás, mások féltése, az állandó külső váratlan támadások elleni készenlét, a szorongás mind ezen lelki rezgésszint tünetei. A félelem rezgésszintjén Isten egy büntető lény, aki minden helytelen cselekedetünkért büntetést ró ki ránk. Az Emberek alapvetően rossz szándékúak. A szeretet csak szűk körben, például családon belül képzelhető el. A szeretet azonban sajnos együtt jár az aggódással.

A **vágyakozás** lelki rezgésszintjén a személy önmagától vár el olyan dolgokat, amelyek valójában elérhetetlenek vagy nehezen elérhetők, de legtöbbször ez nem tűnik fel a számára. Ez miatt a vágyakozás itatja át a lelkét és annak csapdájába esik. Ez olyan valóságot generál, amelyben a világ tele van nehezen elérhető dolgokkal, amelyekért nagyon sokat kell küzdeni. Az Élet értelme maga a küzdés. Az elért és az el nem ért dolgokból eredő csalódások is jellemzők, melyek újabb vágyakat generálnak. Ebben a világban mindenért rengeteget kell küzdeni, gyakran értelmetlenül. A vágyakozás lelki rezgésszintje olyan világképet generál, amelyben a világ tele van igazságtalanságokkal. Isten egy olyan lény, aki fukaron osztogatja az Embereknek a boldogságot és nagyon nehézzé teszi, hogy egy kis boldogságot kaphassanak. Az Emberek alapvetően figyelmetlenek egymással, mindenki csak a saját dolgaival foglalkozik. Az Emberek közötti versengés egymás rovására megy. A szeretet bár létező, de tartósan csak nagyon kevesek képesek elérni. Általában olyan Embereket szeretünk, akik nem viszonozzák azt. A szeretet iránti vágy a domináns, a tartós megélés esélye kicsi.

A **harag** lelki rezgésszintjén élő Ember valójában legbelül önmagára haragszik, de a legtöbb esetben ezt nem hajlandó hogy emelkedjen a lelki rezgésszinted és ezáltal egyre boldogabb légy! Ha nem vagy igazán boldog, akkor a fejlődésed irányát az eggyel magasabb lelki rezgésszint adja. Kérlek, olvasd el újra annak a lelki rezgésszintnek a részletes leírását és gondolkodj el ezen.

Ha több helyen írtál 2-est, akkor annál bizonytalanabb a lelked, minél több helyen ezt jelölted meg. Ez nem baj! Hiszen nincs rossz válasz. Ez csak azt jelenti, hogy a lelked vagy éppen fejlődőben van, vagy nem igazán találja a helyét, de az is lehet, hogy egy nagy változási folyamat közepén jársz. Egyébként ez a leggyakoribb eset, hiszen a lelkünk gyakran csapong, nem tud egy helyen rögzülni.

A számok elhelyezkedése is segít az önértékelésben. Ha először 1-esek vannak egymás után, utána 2-esek, majd 3-asok, az a leggyakrabban előforduló eset. A 2-esek jelölik azt az összefüggő sávot, ahol tartózkodik a lelked. Azonban az is lehet, hogy 2-eseket 1-esek követnek, majd újra 2-esek jönnek. Ha ilyen van, akkor még az alsó kettesekre jellemző rezgésszintek okait kell meggyógyítanod magadban. A lelki fejlődésed első lépéseként erre érdemes fókuszálnod. Például egy időben nekem hiába voltak 2-esek a hajlandóság, az elfogadás és az észszerűség szintjén, mégis még mindig megjelentek enyhe érzések által keltett 2-esek a szégyen, a bűntudat és a félelem szintjeinél. Szóval ezeken a területeken még mindig nem raktam tökéletes rendet akkoriban, még mindig nem küzdöttem meg teljesen múltbeli fájdalmaim lelki sárkányaival. Bár a 2-esekhez társuló érzések gyengék, de jelen vannak, és ezek addig akadályozzák a lelki rezgésszint emelkedését, amíg 100%-osan ki nem tisztulnak.

Remélem, picit közelebb kerültél ahhoz, hogy milyen lelki rezgésszinten élsz és ezáltal ahhoz is, hogy ki is vagy valójában.

Ha szeretnéd fejleszteni az önismeretedet, akkor arra is jól tudod használni a fenti sorokat. Hiszen a büszkeségre és minden az alatti lelki rezgésszintre jellemző, hogy önismeretünk részben vagy teljesen téves! A bátorságtól a hajlandóság lelki rezgésszintjéig már egész jó az önismeretünk. Mély és reális az önismeretünk az elfogadás lelki rezgésszintjén és igazán csak az felett van. Természetesen a csapda az, hogy minden Ember meg van győződve arról, hogy jó az önismerete. Pedig az elfogadás lelki rezgésszintjén vagy az felett élő Ember kb. 100 000 –1 000 000 főből egy főt jelent. Szóval minimum az Emberek 99,99%-ának vagy teljesen vagy részlegesen rossz az önismerete. Tudom, hogy ez meglepő, pedig ez így van! **Szóval, ha azt hiszed, hogy a te önismereted jó, akkor valószínűleg az ego csapdájában élsz!**

Jelen sorok olvasása után szánj rá néhány hetet az Életedből és minden nap figyeld meg a gondolataidat és az érzéseidet. Nézd meg, hogy azok milyen gyakran tartalmaznak a világról olyan képet, mint amilyeneket az egyes lelki rezgésszinteken leírtam neked. Érdemes figyelned a külvilággal kapcsolatos gondolataidra, érzéseidre, mert a belső világunk a gyermekkori elfojtásaink révén általában rejtett. Ráadásul az ego mindig szépíti a valóságot, ha önismeretről van szó! Ha ügyes vagy, akkor ki tudod kerülni az egod sötét leplét és ezzel a módszerrel mögé tudsz nézni. Hiszen a világról alkotott képből következtethetsz arra, hogy a lelkedben milyen területeken vannak még kisebb-nagyobb elfojtások: szégyen, bűntudat, fásultság, bánat, félelem stb. Ha ez megvan, akkor már tudni fogod, merre kell tovább keresgélned, illetve a lelked gyógyítására törekedned, hogy boldogabb légy!

Remélem, ezzel a módszerrel javulni fog az önismereted! Mivel az ego egy profi elrejtő „bűvész", ezért résen kell lenned! Objektíven kell figyelned a gondolataidat! Akár egy kis noteszt is tarthatsz magadnál, hogy felírhasd: abban a fél órában, amit épp végiggondolsz, milyen lelki rezgésszinthez illő gondolatok jártak a fejedben. Én ezzel a módszerrel sokféle rejtett elfojtásra jöttem rá, főleg olyanokra, amelyekről azt hittem, hogy azokat már mind rendbe tettem. A belső kutakodást természetesen külső segítségkérés követte, melynek révén szinte hihetetlen, milyen dolgokat találtam magamban. Ez azért volt akkoriban nagyon jó, mert amikor ezeket is begyógyítottam, utána még minőségibb lett az Életem. Ha azonban ezekre nem leltem volna rá, akkor egész Életemben kísértenének a tudatalattiból és fokoznák a boldogtalanságot az Életemben. Szóval érdemes erre időt és energiát szánnod!

beismerni, belátni, ezért mindig a világban keres ellenségképeket magának. Ő Dulifuli a Hupikék törpikék meséjében. Ez a lelkiállapot a világ érzékelését egy szembenálló hellyé formálja, amely tele van ellenséges érzületű Emberekkel, nézetekkel, szervezetekkel, a személye ellen irányuló történésekkel, és Isten majd megbosszulja „balgaságukat". Ebben a világnézetben az Emberek közül sokan mást gondolnak, mint te, és ez ellenállást, ellenérzést szül benned. Csak azokat szeretjük, akiknek az igazsága párhuzamba állítható a miénkkel, így általában igyekszünk bizonyos Embercsoportokhoz tartozni és mindenki mást lenézni vagy utálni, aki nem tartozik hozzánk. Ebben a valóságképben kicsi esély van a másság tiszteletére, hiszen ő is a tőlem eltérők csoportjába tartozik. Az is jellemző ezen a lelki rezgésszinten, hogy csak a tökéletes dolgokat vagyunk képesek elfogadni, mert mindig problémának és támadható felületnek látjuk a tökéletlen részeket.

A **büszkeség** rezgésszintjén a személy belső problémáit az elkülönülés, a felsőbbrendűség, a többiektől való felfelé való eltérés érzésével palástolja el önmaga elől. Ez a büszkeség azért alakul ki benne, mert el nem fogadott gyengeségeit így rejti el önmaga és a világ előtt. A mai nyugati világban az ilyen Emberből látni a legtöbbet, különösen a sikeresnek tűnő Emberek között. Az ego maximális megerősödése jellemző rájuk. Ebből fakadóan számukra a világ egy önző és követelődző hely, ahol mindenki csak a saját érdeke szerint cselekszik. A világot mozgató alapvető erő az önzés. Ezen a rezgésszinten nem létezik önzetlenség, és még inkább elképzelhetetlen a teljesen önzetlen szeretet. Hiszen mint ahogy ők „tudják": „Minden szentnek maga felé hajlik a keze". Ebben a helyzetben az Ember egy közönyös lénynek éli meg Istent. Így nem véletlen, hogy a legtöbb ateista ezen a lelki rezgésszinten él. (Természetesen ez nem jelenti azt, hogy aki ateista, az feltétlenül a büszkeség lelki rezgésszintjén élők táborába tartozik!) Ezen a lelki rezgésszinten az Emberek önzők és az egymást eltaposó versengésben az erő, a tudás és a leleményesség segítségével lehet kiemelkedni. Ezen a lelki rezgésszinten csak azokat szeretjük, akik viszonozzák.

A **bátorság** szintjén élő Ember már szembe mer nézni a saját gyarlóságaival, a saját hibáival. Bár még nem fogadja el őket, de egyre többet lát ezekből és fel meri vállalni azokat először önmaga, majd egyre inkább a világ előtt. Ő már szembenéz vele, hogy bizonyos dolgokban rossz, hibás vagy vétkes, és ezzel rálép a boldogsághoz vezető útra. Így érthető, hogy számára a világ egy hely arra, hogy megvalósíthassa a lelki fejlődését és keményen, vért izzadva megdolgozhasson a boldogulásáért. A bátorság szintjén élő Ember Istent egy megengedő lénynek látja, aki hajlandó elnézni a gyarlóságunkat, a bennünk élő rossz egy részét. Ezen a lelki rezgésszinten a szeretet fontos része a világ fejlődésének, de az Emberek óvatosak a szeretet kinyilvánítása terén.

A **pártatlanság** lelki rezgésszintjén élő Ember még nem fogadja el a saját gyarlóságait, hibáit, de már képes azokra megvetés, önsajnálat, önutálat nélkül nézni. Így érthetően az ő számára a világ egy kielégítő hely, ahol meg tudja valósítani az alapszintű vágyait, de azért az Élet ettől még nehéz és küzdelmekkel teli. Az ő szemében Isten egy olyan lény, aki azért adta a képességeit, hogy azokat ki tudja használni a saját boldogságának és a világ jobbá tételének érdekében. Ezen a lelki rezgésszinten az Emberek inkább jó szándékúak, mint rosszak. Az önzetlen szeretet létezése itt már hihető, de csak nagyon kevesek képesek erre.

A **hajlandóság** lelki rezgésszintjén élő egyén kezdi elhinni, hogy el lehet fogadni a benne élő rosszat, illetve már el meri hinni, hogy a múltban elkövetett hibái megbocsáthatók. Ennek eredményeképp a világ egy reményteli hellyé válik a számára, ahol a jövőkép viszonylag optimista. Ezen a rezgésszinten Isten egy inspiráló lény, aki motivál arra, hogy jobbá tegyük ezt a világot. Ezen a lelki rezgésszinten az Emberek legnagyobb hányada alapvetően jó szándékú. A szeretet a világ jobbá tételének egyik fontos eszköze.

Az **elfogadás** szintjén élő személy elfogadta a benne élő rossz tulajdonságokat és megbocsátotta önmagának múltbeli „bűneit" is. Jó eséllyel már begyógyította a lelki sebei jelentős részét. Az önelfogadás kisugárzik, így a világ szerinte egy harmonikus hely, ahol jó élni. Az elfogadás szintjén élő Ember számára Isten egy végletekig könyörületes, elfogadó lény. Az Emberek jók és szeretetre vágynak. Az Emberekben élő rossz is elfogadható, mert az nem más, mint a szeretet hiánya.

Az **észszerűség** nézőpontjából a világ és az Ember is egy jelentőségteljes csoda, amelyhez végtelenül bölcs Istenkép társul. Mindent az ok és okozat törvénye irányít. Az Emberek egymás iránti szeretete átitatja a társadalmat. Isten azért adta a képességeinket, hogy azt a világ jobbá tételére kamatoztassuk. Itt már teljesen háttérbe szorulnak az önző érdekek. A társadalom, az Élet felsőbbrendű eszméi irányítják az egyént.

A **szeretet** rezgésszintjén a személy nemhogy elfogadja önmagát olyannak, amilyen, hanem még szereti is. Önmagáról teljes mélységben érzi, hogy szerethető. Így ő minden Emberben a jót és a jóindulatot látja, és szerinte a szeretet az Életet átható legfőbb erő, melynek létében nemcsak hisz, hanem egyértelműen tudja és érzi is annak valóságát. A szeretet rezgésszintjén minden Emberben a jót és a jóindulatot látja, ugyanakkor Istent a mindenkit feltétel nélkül szerető lényként éli meg. Minden Ember, sőt minden élő és Élettelen szeretetre méltó.

Az **öröm** rezgésszintjén a lélekben él egy szinte állandó belső vidámság, derű. Ezeknek az Embereknek a világ olyan hely, ahol minden a maga teljességében létezik. Az örömük független attól, hogy körülöttük milyen negatív események zajlanak. Ez nem közönyösség, hiszen itt már nagyon magas az együttérzés szintje. Az öröm rezgésszintjén élő Ember számára Isten a mindenkiben létező Egy, aki mindent és mindenkit átitat. Az Ember Isten része és így teremtő lény. A szeretet az öröm megingathatatlan alapja, amely minden mögött jelen van.

A **béke** lelki rezgésszintjén lelkünkben egy nagyon mély, belülről fakadó és szinte megingathatatlan belső béke uralkodik. Bár ezen a lelki rezgésszinten élő Emberek már nagyon-nagyon ritkák, de számukra az egész Univerzum és abban minden élő úgy tökéletes, ahogy van. A legfőbb átható érzés a belső rend, amely a csendből táplálkozik. Isten maga az Univerzum, amelyet létezése átitat. Minden úgy van rendben, ahogy van.

A **megvilágosultság** szintjén a puszta létezésünk maga a tökéletesség. Az ego itt megszűnik létezni, a tudat egyetlen hatalmas fénylő forrásként egyesül az Univerzummal. Így itt már eggyé vált az egyén és a világegyetem. Világképünk nem a lelkünk tükröződése, mint a többi lelki rezgésszintnél, mert itt már ez a két dolog el sem különíthető. A megvilágosultság szintjén a puszta létünk egyesül az Univerzummal és Istennel.

Most, hogy végigmentél a teszten, értékeljük ki közösen, és utána vonjunk le együtt az izgalmas konklúziókat. Kérlek, nézd meg, hogy hol vannak 1-esek, 2-esek és 3-asok. Nagyon sokféle variáció lehetséges, és mind helyes! Egyetlenegy helytelen megoldás létezik, az az, hogyha nem voltál őszinte az érzéseidhez. Egyébként ha az a kérdésed merül fel, hogy „hogyan legyek őszinte az érzéseimhez", az egy jel arra, hogy valójában menekülsz önmagad elől. Azért nem tudod, hogyan kell, mert nem szoktad csinálni. Azért nem szoktad csinálni, mert valamikor a múltban az érzelmeid elfojtásán keresztül váltál le valódi önmagadról, és ezt azóta is „gyakorlod".

Ha őszintén válaszoltál, akkor ahol 1-es értéket látsz, ott jelenleg nem jár a lelked. Ez vagy azt jelenti, hogy sosem járt ott vagy hogy járt, de már megoldottad. Ahol 2-es értéket látsz, jelenleg az a leginkább jellemző rád. Ahol 3-as értéket látsz, ott még nem jár a lelked, de a lelki fejlődésed során még elérheted azokat. Ez a könyv is abban segít neked, hogy emelkedjen a lelki rezgésszinted és ezáltal boldogabb legyél! De sose mondd, hogy soha! Én olyan dolgokat éltem meg a lelki fejlődésem során, amelyekről régebben meg voltam győződve, hogy lehetetlen vagy nem is létezik.

Ha csak egy helyen van 2-es értéked, akkor egy stabil lelkületű Ember vagy. Stabil a világképed és az önmagadról alkotott képed is. Ahol a 2-es van, szinte mindig azon a lelki rezgésszinten tartózkodik a lelked. Ez nagyon ritka, de előfordul. Ha ilyen Ember vagy, akkor azt döntsd el, hogy mennyire vagy boldog, mennyire érzed jól magadat a bőrödben. Ha jól, akkor minden rendben. Valószínűleg egész Életedben ezen a rezgésszinten maradsz és ez így van rendjén. Viszont akkor ez a könyv nem igazán neked íródott. Hiszen ennek a könyvnek a legfőbb célja,

Azonban egy nagyon fontos következtetést még el kell mondanom. Minden egyes rezgésszinten más a világképünk, így más az igazságról alkotott képünk is. Valójában kinek van igaza? A válasz az, hogy mindenkinek és senkinek! Csak a megvilágosodott Embereknek adatik meg a tökéletes objektivitás látásának élménye. Ezért van az, hogy a tökéletes alapigazságokat rejtő mondatok Buddha, Jézus és más nagy vallásalapítók neveihez fűződnek. Mindenki más egy torz, beszűkült világot lát és érez. Amikor két átlagEmber veszekszik az igazáról, akkor az a helyzet, hogy mindkettőjüknek igaza van, de egyik sem a valóságot képviseli. Hiszen egyikük sincs az objektív érzékelés birtokában, még akkor sem, ha a legtöbben azt hisszük magunkról, hogy a mi igazságunk objektív. Ugyanakkor mindkét félnek igaza van, hiszen az az ő igazságuk, az ő világképük, amelyben éppen akkor élnek. Ha azonban ezt megértjük, akkor megtanuljuk tiszteletben tartani mások véleményét és ez az empátia alapja. Tanuld meg azt az alapigazságot, hogy **nincs két egyforma igazság!** Ennek hatására csökken benned a békétlenség- és emelkedik a harmóniaszinted. Szóval akármilyen nehéz, tartsd tiszteletben más igazát, hiszen az ő álláspontja legalább annyira igaz, mint a tiéd! Nem kell, hogy egyetérts vele, csak tartsd tiszteletben! E módszer elsajátítása a mindennapjaidban a lelki rezgésszinted emelésének hatékony módszere lesz! Ennek részletesebb megértését és elfogadását segíti a következő alfejezet.

1.5. Az alacsony és a magas lelki rezgésszintek jelei

Ha idáig eljutottál a könyvben, akkor bizonyára már megfordult a fejedben a kérdés, hogy vajon mennyi lehet a te lelki rezgésszinted értéke. Ezt nagyon nehéz megválaszolni, mert ha önismeretről van szó, az egonk általában megszépíti a valóságot. Szóval a legtöbb esetben magasabb lelki rezgésszintet képzelünk el önmagunkról, mint amennyi az valójában. Egyszer az egyik olvasóm, aki 10 éve sóvárgott reménytelenül, de végtelen szenvedéllyel egy férfi után, elolvasva az írásaimat arra a meggyőződésre jutott, hogy ő a szeretet lelki rezgésszintjén él. Ezt azzal indokolta, hogy milyen mélyen tud szeretni. A szeretet lelki rezgésszintjén több millió Emberből egy él, szóval ez nagyon ritka. Nem tűnt fel neki, hogy 10 év reménytelen sóvárgásra csak a vágyakozás lelki rezgésszintjén élő Ember képes. A hölgy egoja hihetetlen mértékben túlképzelte az önképét, és a vágyott férfi egy rögeszmévé alakult az Életében. A rögeszmék leggyakrabban a tartós vágyakozás lelki rezgésszintjének tünetei. Ugyanakkor olyan esetet is láttam már, ahol egy mély önbizalomhiányban szenvedő férfi nagyon alacsony lelki rezgésszintet gondolt magáról, eközben kimagasló érték jött ki nála. Az ő esetében az ego domináns érzelme az önbizalomhiány volt.

A weblapunkon találsz egy ingyenes önismereti tesztet, ennek elérhetőségét a könyv elején tüntettem fel. A teszt segít a lelki rezgésszinted meghatározásában, de csak akkor fog reális képet adni, ha elég őszinte vagy önmagadhoz és képes vagy az egod mögé látni. Ez miatt az az igazi, ha egy jó kineziológus megméri a lelki rezgésszintedet, de erre még jelen könyv későbbi részében visszatérek.

Ebben az alfejezetben arra a kérdésre keresem a választ, hogy milyen viselkedési tünetek utalnak alacsony lelki rezgésszintre és milyenek magasra. Természetesen a teljesség igénye nélkül csak néhány, a mai társadalomban jellemző megjelenési formát szeretnék neked bemutatni. Fontos, hogy ha jelen írás által azon gondolkodsz, hogy vajon milyen lelki rezgésszinten élsz vagy él valaki a környezetedben, akkor a napi viselkedésének átlagát nézd és ne emeld ki egy-egy negatív vagy pozitív jellemzőjét. Ez azért fontos, hogy ne kapj torz képet önmagadról vagy másról. Ugyanakkor érdemes rászánni pár hetet az Életedből, hogy az alábbi szempontok szerint megfigyeld magadat. Tarts velem erre a kis önismeretmélyítésre!

Türelem: Ma azt sugározza felénk a világ, hogy mindent azonnal akarjunk, emiatt túlpörgetetten is élünk. Ennek következménye, hogy mindenki türelmetlen másokkal és gyakran önmagunkkal szemben is azok vagyunk. Sokan azért nem érnek el lelki fejlődést, mert mindent azonnal akarnak és nem hajlandók időt és energiát szánni a lelki fejlődésük érdekében. Pedig enélkül nem fog menni! A lelki fejlődés nem könnyű út, de ez a legjobb befektetés, amibe érdemes energiát tenni. A türelmetlenség az alacsony lelki rezgésszint jele. Minél türelmesebb valaki, annál magasabb a lelki rezgésszintje. Ez persze csak akkor igaz, ha ez ösztönös belső békéből fakadó türelem és nem önmagunkra erőltetésből származik.

Vágyak: A vágyak fokozása, hergelése is mai társadalmunk jellemzője. Állandó kísértéseknek vagyunk kitéve, amelyek szinte belénk ivódnak. A vágyaink azonban elárulják a lelki rezgésszintünket. Minél szélsőségesebbek a vágyaink, általában annál alacsonyabb a lelki rezgésszintünk. A legmagasabb lelki rezgésszinteken az Emberek vágymentesek, mert ők a jelen pillanat tökéletességét élik meg. Amíg vágyakozunk, addig a lelkünk nem képes igazán megélni a jelent. A vágyak a jövőbe húzzák a tudatunkat, az érzelmeinket, a gondolatainkat és ezáltal ellopják tőlünk a jelen pillanat örömeit. Hiszen a vágyakozás érzése ad egy belső energiát és ezért azt hisszük, hogy az helyes, mert komolyan vesszük, hogy az visz minket előre. Pedig sajnos ez egy téves délibáb. Szóval minél vágymentesebb vagy, annál magasabb a lelki rezgésszinted.

Címkézés és elfogadás: Félelmetes, hogy mennyire békétlenek a mai Emberek. Mindenkinek mindenkiről negatív véleménye van. Mindenki címkéz mindenkit, véleményez, utál. Ezt azért csináljuk ösztönösen, mert legbelül értéktelennek érezzük magunkat és így próbálunk kompenzálni önmagunk és a világ előtt, hogy másokat becsmérelve különbnek érezzük magunkat. Minél kritikusabb, minél hajlamosabb vagy a címkézésre, annál alacsonyabb a lelki rezgésszinted. Míg minél elfogadóbb vagy, annál magasabb.

Békétlenség: A békétlenségünk mértékét legfőképpen gondolataink megfigyelésével tudjuk megítélni. Hiszen nem kell feltétlenül fizikailag veszekedni nap mint nap ahhoz, hogy békétlenek legyünk. Figyeld meg, kérlek, hogy egy nap hányszor jutnak eszedbe ellenséges gondolatok! Persze az ellenséges tetteket is ide kell sorolni, de hála istennek ellenséges gondolatainknak csak egy tört részéből lesz tett. Minél békétlenebb vagy, annál alacsonyabb a lelki rezgésszinted és minél békésebb, annál magasabb.

Érzelmi ingadozások: Biztos sok Embert ismersz, aki hirtelen haragú, vagy aki az egyik pillanatban szélsőségesen vidám, míg pár óra múlva depresszióba esik. Bizonyára olyanok is vannak a látókörödben, akik nem tudják türtőztetni magukat és nincsen tudatos kontrolljuk a vágyaik felett. Ezen Emberek szélsőséges változata az infantilis Ember, aki attól gyerekes, hogy képtelen kontrollálni az érzelmi kilengéseket. Minél szélsőségesebbek az ilyen jellegű érzelmi ingadozásaink, minél könnyebben ki tud billenteni lelki egyensúlyunkból a környezetünk, minél kevesebb ideig tudunk lelki egyensúlyban létezni, annál alacsonyabb a lelki rezgésszintünk. Ahogyan emelkedik a belső egyensúly tartóssága, az a lelki rezgésszint emelkedését jelzi.

Önuralom és erő: Az erőtlenség és a tehetetlenség érzése az alacsony lelki rezgésszint jele, míg az erő őszinte belső érzése, ami valódi önuralomban manifesztálódik, a magas lelki rezgésszint jele. Azok, akik hatalommal, üvöltözéssel, testi erővel igyekeznek céljaikat érvényesíteni és másokra ráerőltetni, valójában gyengék és alacsony a lelki rezgésszintjük. Jó példa erre, amikor valaki egyre jobban felemeli a hangját a vitában, hogy érvényt szerezzen az igazának, vagy amikor egy férfi megüt egy nőt, ha vitába keverednek egymással. Ezek az alacsony lelki rezgésszint egyértelmű jelei. Szóval, kérlek, ne a hagyományos értelemben értsd az erő szót. Hanem abban, hogy milyen mértékű az önuralomra és a koncentrációra való képességed.

Gondolatok csapongása: A gondolatmentesség és a gondolatok jelenre irányultsága a magas lelki rezgésszint jele. Figyeld meg, hogy a gondolataink 99,9%-a felesleges és értelmetlen. E negatív és felesleges gondolatok Életünk megrontói. Minél alacsonyabb a lelki rezgésszintünk, annál kevésbé tudunk uralkodni a gondolatainkon és azok minőségén. Minél több a negatív gondolatunk, minél több olyan gondolatunk van, ami a képzelt jövővel vagy a múlttal, fiktív valóságokkal vagy mások Életével foglalkozik, annál alacsonyabb a lelki rezgésszintünk. Azt, hogy a gondolataink pozitívak maradjanak és a jelenre fókuszáljanak, gyakorolni kell. Sajnos minél fegyelmezetlenebb az elménk, annál alacsonyabb a lelki rezgésszintünk és annál boldogtalanabbak vagyunk.

Rend és tisztaság: A környezetünkre való igényesség is elárul minket. Természetesen a rend- és a tisztaságmánia a ló túloldala, hiszen az egy addikció. De ha ez nem áll elő, akkor minél nagyobb rend és tisztaság uralkodik az Életedben, mind a környezetedben, mind a lelkedben, mind a lelkiismereted terén, mind az Életvezetésed módjában, annál magasabb a lelki rezgésszinted. Sajnos ez az állítás fordítva is igaz. Ha nincs erőd magad körül rendet tartani, ha igénytelen vagy önmagadra vagy a környezetedre, ha nem tiszta a lelkiismereted, ha Életvezetésed rendezetlen, ha az Életedben nincs rendszer, akkor az az alacsony lelki rezgésszint jele.

Öröm, béke, hála, elfogadás: Figyeld meg, kérlek, hogy mennyi ideig vagy őszintén örömteli, békés, hálás vagy elfogadó egy átlagos napodon. Ez minél kevesebb idő, annál alacsonyabb a lelki rezgésszinted. Tudom, az ego ilyenkor azonnal bekapcsol és elkezd okokat sorolni, hogy ez miért nem megy. De ezek az ego kibúvókeresései, amely a boldogságod ellensége. Az okok nem érdekesek! A tényt nézd, kérlek! Mennyi időn keresztül vagy örömteli és békés egy átlagos napodon?

Ha idáig elolvastad ezt a könyvet, akkor egy kéréssel fordulok hozzád. Valószínűleg te is hajlamos vagy az ilyen sorok olvasása közben azokra a külső okokra fókuszálni, hogy miért vagy ilyen vagy olyan. Vagy ezzel indokolod meg azt, hogy miért nem tudsz ilyen vagy amolyan lenni. Gyakran hajlamosak vagyunk úgy is reagálni az ilyen sorokra, hogy majd akkor leszek ilyen, ha ez vagy az megtörténik. **Kérlek, ne feledd: ezek az egod önvédelmi reakciói!** Mivel a lelki rezgésszinted emeléséhez elengedhetetlen, hogy alaposan kiismerd az egodat, ezért később lesz egy főfejezet ebben a könyvben, ami csak az egoról fog szólni.

1.6. Mindennapi tevékenységeink és a lelki rezgésszintek

Mint ahogy már érintőlegesen említettem neked, lelkünk állapota nagymértékben azon múlik, hogy lelkünket romboló vagy lelkünket építő tevékenységeket végzünk. A választás lehetősége minden tettünknél adott. Azonban sokszor tudattalanul választunk és nem is vagyunk tisztában annak lelki következményeivel. A lényeg az, hogy ha alacsony rezgésszintű tevékenységeket végzel, akkor az lefelé viszi a lelki rezgésszintedet, de ha magasat, akkor az felfelé. Ugyanakkor az is jó tükre a lelki rezgésszintünknek, hogy milyen tevékenységeket végzünk szívesen. Szóval nem mindegy, hogy milyen hobbit választunk, hogyan szórakozunk vagy milyen könyveket olvasunk. Ha például valakinek a vadászat a hobbija, esetleg a meditáció, akkor elég egyértelmű, hogy ez utóbbi Embernek jóval magasabb a lelki rezgésszintje. Amennyiben valaki minden buliban leissza magát és kötekedik, annak jóval alacsonyabb a lelki rezgésszintje, mint annak, aki egy békés, harmonikus baráti vacsorán egy jót beszélget. Ha horrorregényt olvasok, az lehúz, ha például az előző könyvemet, az felemel (Dittrich, 2021), hiszen ez utóbbi lelkirezgésszint-értékét 703-ason kalibrálták, ami a megvilágosultság alsó határa. Így tiszta szívből ajánlom neked, mert már a magas lelki rezgésszintű könyvek olvasása is emeli a lelki rezgésszintedet.

A mai Ember egyik legnépszerűbb kikapcsolódási formája, hogy filmeket vagy sorozatokat néz. Ezért ezen a tevékenységen keresztül szeretném bemutatni, hogy mennyire nem mindegy, mivel töltjük az időnket. Ha a lelkünk szempontjából vizsgáljuk meg, hogy mit érdemes nézni és mit nem, akkor nem biztos, hogy ugyanazt a választ kapjuk, amit szórakozási vágyaink „súgnak" nekünk.

Évtizedek óta tömegével nézzük az amerikai típusú akciófilmeket. A film váza mindig ugyanaz. Van egy főhős, akit felherhel a legyőzhetetlen gonosz. A hős pedig elpusztít minden gonoszt és ezzel megmenti az Emberiséget. A filmben természetesen van szerelmi és erotikus szál is, és a főhős rendszeresen elveszíti a hozzátartozóit vagy a barátait, azaz jó nagy árat fizet a győzelemért. A jól bevált recept: pozitív hős – akció – harc – sok gyilkosság – szenvedés – küzdelem – szerelem – erotika – izgalmas látványvilág és végül a jó győzelme.

Nézzünk meg most egy ilyen filmet a lelki rezgésszintek szemszögéből! Engem a filmek vagy teljes hosszában vagy egyes részleteiben magukkal ragadnak. Hiszen akkor élvezzük igazán a filmet, ha érzelmileg azonosulunk a történettel. Így a lelkünk ilyenkor a film által sugárzott lelki rezgésszinten fog működni. Egy tipikus akciófilmben a film időtartamának kb. 60%-ában harcol egymással a jó és a gonosz. Megy a kemény háború, öldöklés, küzdelem. Ezeknek a jeleneteknek a lelki rezgésszintje a szembenállás (harag), melynek értéke 150. A film a jókat külsőleg és belsőleg is ideálisnak mutatja be. A főhős szerelme is általában a legcsodálatosabb külsejű nő. A főhős és az általa imádott lány közötti érzelem maga a tökéletes szerelem. Ezek az ideák, amelyeket elénk tár a film, a sóvárgás lelki rezgésszintjére taszítják a lelkünket, anélkül, hogy észrevennénk, kb. a film időtartamának 20%-ában. Ennek értéke 125. A filmben a jóval való mély azonosuláshoz az kell, hogy a gonoszt végtelen rossznak, félelmetesnek mutassa be a rendező. Ezekben a jelenetekben a lelki rezgésszintünk a félelem szintjére süllyed, melynek értéke 100. Ez kb. a film időtartamának 15%-a szokott lenni. Amikor a jó győzedelmeskedik és katarzist élünk meg, azt az érzést erősíti bennünk, hogy „igen, mi a jó oldalon állunk" és ezzel a film végén kb. 5%-nyi időtartamban a büszkeség lelki rezgésszintjére emelkedünk, melynek értéke 175. Ha az így kapott lelkirezgésszint-időtartamokhoz rendelt értékek súlyozott átlagát vesszük, akkor kerekítve 140-es átlagos lelkirezgésszint-értéket kapunk, amely erősen Életpusztító érték.

Mit jelent ez a lelkünk szempontjából? Azt, hogy elmentünk a moziba és fizettünk azért, hogy a harag és a vágyakozás közötti eléggé Életpusztító lelki rezgésszintre süllyedjünk. 1,5 órán keresztül romboltuk a lelkünket. Évtizedekig néztem ezeket a filmeket és nem értettem, hogy miért érzem azt legbelül, hogy ez nem helyes. Hiszen olyan jó szórakozás! Miért éreztem legbelül azt, hogy ezek az amerikai típusú akciófilmek helytelenek? Nem tudtam megmagyarázni, csak ezt éreztem. Így már eléggé egyértelmű a helyes válasz, ugye?

Ezeknek a filmeknek van egy másik vonulata is, amelyet a gonosz tagadásának hívunk (Bradshaw, 2015). Ez a film etikai vonulata. Ezekben a filmekben általában szinte semmi sem különbözteti meg a jót és a rosszat, ha azok cselekedetei szempontjából vizsgáljuk őket. A jó is pusztít, öl és minden Emberi és etikai szabály felett áll, mert ő a jó oldalon van a filmben és a jóért való harcban bármit be szabad vetnie a gonosszal szemben. Sajnos minden filmben ezzel a gonosszal azonosulunk, miközben tagadjuk a gonoszt. Ez a legalattomosabb lelki csapda. Észre sem vesszük, hogy a rossz oldalon állunk. Tudniillik ezekben a filmekben nincs valójában jó vagy rossz oldal. Mindkét oldal rossz, csak az egyik jónak van beállítva. Attól, hogy jó cél érdekében ölök, még gyilkos vagyok. A legtöbb akcióhős egy közönséges tömeggyilkos. Csak attól „jó fej", mert a jó oldalon áll.

Ha a lelki rezgésszintek gondolatmenetét összerakod a gonosz tagadásával, akkor már tökéletesen tisztává válik, hogy miért annyira rossz ilyen filmeket nézni. Tiszta és érthető lesz, hogy miért rombolja a lelket az ilyen időtöltés nap mint nap.

No de ne álljunk meg egy szimpla amerikai típusú akciófilmnél. Most nézzük végig, hogy mennyi rosszat okozunk a lelkünknek az átlagos médiatermékek „fogyasztásával":

- ➢ Reklámok: a vágyakozás lelki rezgésszintje, értéke 125.
- ➢ Horrorfilmek: a félelemtől a szégyenig terjedő lelki rezgésszint, értéke: kb. 50.
- ➢ Szexfilmek, softpornófilmek: a vágyakozás lelki rezgésszintje, értéke: 125.
- ➢ Thriller: a félelem lelki rezgésszintje, értéke 100.
- ➢ Perverz vágyakat bemutató pornó: a szégyen, a bűntudat és a vágyakozás lelki rezgésszintje, értéke: kb. 50.

> Túlzóan tömény romantikus film: a vágyakozás lelki rezgésszintje, értéke 125.
> Akciófilmek: a büszkeségtől a félelemig terjedő lelki rezgésszintek, értéke: kb. 140.
> Híradó: a szégyentől a haragig terjedő széles skála, átlagos becsült értéke 90.

Szóval ha végignézed, hogy a tévécsatornák mennyi reklámot és lélekromboló műsort sugároznak feléd, akkor talán megérted, hogy miért érzed magadat energiahiányosnak és lustának, amikor 1,5–2 óra után felkelsz a tv elől. Szó szerint leszívta a lelkedet a tv.

Egyszer egy hazai kedvelt tévécsatornán végignéztem, hogy az aznapi tévéműsorban mennyi Élettámogató lelkirezgésszint-emelő műsor vagy műsorrészlet van. Nagyon nagy jóindulattal keresve kevesebb, mint 1 órányit találtam a 24 órányi műsorból. Nem véletlenül szakítottam a tv-vel. Nagyon ritkán kapcsolom be. A csatornákon keresztül folyamatosan rombolják a lelkünket. Kell ez nekem? Nem kell! Ezek nélkül sem könnyű a lelki fejlődés, hát még ezekkel együtt. Szóval én több mint 15 éve szinte soha nem nézek tévét.

Az internet világa még keményebb dió. Hiszen itt a számunkra legizgalmasabb csábítások néhány gombnyomással elérhetők. Ezek általában lehúzó csábítások és nem felemelő dolgok. Mindig könnyű visszaesni, felfelé haladni viszont nehéz. Ebben az esetben sem az egyszerűbb út a helyes. Ráadásul itt elég hamar az élvezetek vagy az eszmék csapdájába kerülünk, hiszen nem szabunk gátat a vágyainknak.

A filmekkel kapcsolatosan leírt gondolatmenetre két reakciót szoktam kapni. Az egyik: „rám nem hatnak ezek a dolgok ilyen negatívan, hiszen én lelkileg erős vagyok" a másik pedig: „ha ez az egész igaz lenne, akkor az Emberek nem élveznék ennyire az ilyen filmeket, műsorokat". Mindkettő az ego reakciója, amely meg akarja védeni, hogy helyesek a szokásai. Ez ösztönös és természetes reakció, de ettől még nem feltétlenül helyes. Viszont mindkettőre adok választ, hogy miért tévesek.

Az elsőre a válasz az, hogy minden azon múlik, milyen az alap lelki rezgésszinted. Ha például valaki a bűntudat lelki rezgésszintjén él, akkor az pozitív katarzist él meg egy tipikus amerikai akciófilm hatására, hiszen az 50-es lelki rezgésszintjét 140-re emeli. Ő szárnyaló lelkesedéssel fog kijönni a moziból. Ez szuper. Így neki az akciófilmek nézése komoly segítség a lelki fejlődésre. Hajrá! Nézzen sokat belőle! Ha valaki a vágyakozás lelki rezgésszintjén él, akkor nem veheti észre, hogy a reklámok vagy a soft pornó lehúzza a lelkét, hiszen azonos szinten vannak. Tehát nem lehúzza, hanem ott tartja. Én régen szerettem az akciófilmeket és a pornót is. Ma ha megnézem valamelyiket, utána egy darabig nem érzem túl jól magamat. Kifejezetten taszít az agresszió látványa az akciófilmekben. A pornó még ha rövid időre is fokozza a szexuális vágyat és ezzel átmenetileg hoz egy kellemes állapotot, néhány órával utána mégis lelkileg rosszabb állapotba kerülök. Ma már jól érzem a különbségeket, mert kb. 300-as lelki rezgésszint feletti szintről már igenis keményen érzékehetővé válnak az eltérések. Szóval ha nem érzed, attól még létezik a probléma. Az, hogy nem érzed, az pont azt mutatja, hogy itt az idő a fejlődésre. Életpusztító lelki rezgésszinten élni nem túl boldogító dolog.

A másik reakcióra adott válasz tulajdonképpen már érthető az eddigi gondolatmenetből. Ma nagyon sok Életpusztító lelki rezgésszintű Ember él a Földön. Jóval több, mint amennyi az Élettámogató Emberek száma. A média a tömeget szolgálja ki, hiszen a médiát csak a nézettség érdekli. Sajnos nem gondolnak bele, hogy ezzel nap mint nap visszahúzzák az Embereket. A mai média az Emberiség lelki fejlődésének egyik fő gátja. Természetesen kezdenek megjelenni Élettámogatóbb műsorok, sőt egész csatornák is. Ez is jól mutatja, hogy elkezdődött a változás. Azonban ezek a csatornák kisebb nézettségűek, hiszen kisebb közönséget mozgatnak meg (egyelőre).

Az összegzett következtetés egyértelmű: rajtad múlik, hogy milyen szórakozást választasz! Ennek a könyvnek az olvasása is Élettámogató. Hiszen teljes önzetlenségből, segítő szándékkal íródott és az egyetlen célja a lelki fejlődésed által növekvő boldogságod elérése. Azzal, hogy egy ilyen könyvet olvasol, komolyan tettél a lelki rezgésszinted emelkedéséért. Szóval bőven lehet választani lélekemelő könyveket, filmeket is! Igaz, hogy ehhez céltudatosan szükséges válogatnod.

Még egy zárógondolat. Miért könnyebb egy lélekemelő könyv olvasásával szemben egy lélekromboló sorozatra vagy akciófilmre rákattintani? A válasz egyszerű: a lélek fejlesztése is ugyanúgy működik, mint a test edzése. Keményen edzeni és fitten tartani magunkat nehéz, míg a tv előtt tespedni és chipset falni könnyű. A kemény edzés után tele vagyunk jó érzésekkel. A tv és a chips után tespedtnek, energiahiányosnak, lustának érezzük magunkat. Nincs kedvünk semmihez. Szóval a lelket is edzeni kell! Ez kemény munka és odafigyelés. A hegymászás is nehéz, de minél feljebb kerülsz, annál jobban érzed magadat és annál szélesebb lesz a látómeződ. Így működik ez a lelki rezgésszintekkel, a lelki fejlődéssel is. Ez is egy hegymászás átvitt értelemben. Amilyen csodálatos a hegymászónak felérni, annyira csodálatos neked, ha a lelked emelkedettebb állapotba került. Szóval megéri a munkát és a befektetést. Hajrá! Egyetlen szabály, hogy ha ráléptél erre az útra, soha ne hagyd abba! Lesznek visszaesések, de akkor sem szabad félbehagyni, mert azok csak átmenetiek lesznek, ha kitartasz!

Ez az a fejezet nem azt akarja sugallni, hogy mostantól ne nézz lélekromboló dolgokat. Úgysem menne tartósan! Néha én is „bebűnözök", néha jólesik picit rossznak lenni vagy valami rosszal azonosulni. Ez az írás inkább azt akarja mondani neked, hogy figyelj az arányokra! Igyekezz több Élettámogató tevékenységet választani, mint lélekrombolót. Ha az arányok pozitívak, akkor jó irányba indul el a változás benned... A fokozatos változáshoz idő és türelem kell. Hiszen nem könnyű megváltoztatni a szokásaink, viszont megéri!

Még azt is fontos kiemelni, hogy a lelki rezgésszintünk nemcsak emelkedhet, hanem süllyedhet is. Ha nem foglalkozunk önmagunkkal és csupa olyan dolgot teszünk, amely lehúz, akkor sajnos süllyedni fogunk. Már az eddig ebből a könyvből tanultak is, de főleg az ezutáni fejezetek fel fognak készíteni arra, hogy tisztán lásd, mi lelkirezgésszint-emelő és mi mi húz lefelé. Az első lépés az ismeretek elsajátítása, de utána nagyon fontos a kitartó tudatosság. A boldogság keveseknek pottyan az ölébe, viszont az É.L.E.T.-módszer receptjével bárki számára elérhető. Igaz, hogy tudatosan tenni kell érte nap mint nap. Azt is fontos egyértelműsíteni, hogy a lelki rezgésszinted egy átlagérték. Az alatta és a felette lévő érzelmeink spektrumában élünk. Csak az átlagérték közeli érzelmeink a gyakoribbak, míg a távolabbiak a ritkábbak.

Végül a fejezet zárógondolatát szeretném átadni neked, ami talán a legfontosabb: tényként rögzítem, hogy ha a lelki rezgésszinted emelkedik, akkor a boldogságszinted is emelkedik! Ezt azért lényeges kiemelnem, mert az egonk mindig a jelenlegi állapotot védi, ezért hajlamos elhitetni velünk, hogy nincs is szükségünk a magasabb lelki rezgésszinthez tartozó világképre, valóságképre. De ne hagyd, hogy az egod becsapjon! A lelkirezgésszint-emelkedés által folyamatosan nő a boldogságszinted, akármit is hord össze ellenérvként az egod!

2. Az elme rezgésszintjei

2.1. Tudatállapotok és agyhullámok

Az elme regésszintjeit az agy rezgésszintjéből tudjuk megállapítani. Hiszen megfigyelték, hogy az agy különböző tudatállapotban különböző rezgésszinten működik. Ezt az orvostudomány már régebb óta ismeri és agyi EEG-méréssel méri. Míg a lelki rezgésszintek mértéke csak kineziológiai módszerrel (izomtesztelés) számszerűsíthető (Uwe Albrecht, 2012) – mert még nem vagyunk képesek olyan finom frekvenciák fizikai mérésére –, addig az elme működésére jellemző tudatállapotokhoz kapcsolódó agyi rezgésszintek fizikailag, műszerrel is mérhetők (Joe Dispenza, 2020). A fizikai frekvenciák mérési tartományának fejlődéstörténetéből (melyet a 4. mellékletben találsz) megdöbbentő látni, hogy az elmúlt 100 évben mennyire kiterjedt az Ember számára mérhető frekvenciatartomány. Szóval attól, hogy valamit nem tudunk fizikai méréssel mérni, még létezik. Ezért az izomtesztelés kineziológiai módszerét használjuk a lelki rezgésszintek meghatározására, de hiszem, hogy az emberiség a közeljövőben ezt a frekvenciatartományt is fogja tudni mérni. A 4. mellékletből azt is megtudhatod, hogyan működik a hatékony teremtés és azt is, hogy az egész Univerzum nem más, mint információhalmaz.

Későbbi tárgyalásunk szempontjából fontos, ezért arra kérlek, röviden nézzük át az agy fizikailag mérhető rezgésszintjeit és a hozzá kapcsolódó elmeállapotokat:

Delta (1–3 Hz): Ez az agy legalacsonyabb frekvenciaszintje, ez a mélyalvás állapotában jön létre. Ilyenkor álomtalanul alszunk. A meditációs mesterek amikor úgy tűnik, nincsenek maguknál, ebben az állapotban vannak. Pedig ők ilyenkor is éber állapotban vannak. Meditációban ez a mély belső csend állapota, amikor az egyetlen létező dolog a belső egomentes béke.

Théta (4–7 Hz): Ez az állapot az elalvás előtti, illetve az ébredés utáni rövid átmeneti időszakra jellemző, illetve az alvás álmokkal teli szakaszaira. Ez is nagyon mély és nyugodt állapotot jelent. A gyakorlott meditálók tartósan ebben az állapotban képesek maradni. De ezt használják fel a ThetaHealing (Vianna Stibal, 2017) elnevezésű, illetve más hipnotikus jellegű gyógyítási technikáknál is. Ebben az állapotban férünk hozzá a tudatalattinkhoz és itt erősödik fel az intuíció is. Ezért jó önismereti módszer az álomfejtés is, hiszen Théta-állapotban álmodunk, azaz az álmok nem mások, mint a tudatalattinkból felszabaduló képek, amelyek szimbolikus értelmezésen keresztül számunkra érthető módon lefordíthatók. Az álmodási fázisban jelennek meg (Théta-állapot) különböző egyetemes motívumok, amelyeknek Freud és Jung is óriási figyelmet szentelt (C. G. Jung, 2022). (Erről a témáról a következő könyvem fog részletesebben szólni.) Számos tudományos elemzés igazolja, hogy az álmodók olyan motívumokat is látnak álmaikban, amelyeket korábban soha nem láthattak Életükben (természetesen ezek a megfigyelések még az internet világa előttről valók). Ez a bizonyíték arra, hogy létezik az a sok spirituális guru által érzékelt nagy, közös univerzális tudati mező, amelyből az agyunk képes Théta-állapotban információkat kinyerni. Ez egyben annak az igazolása is, hogy az Ember agya nemcsak önálló gondolatokra képes, hanem egyben egy „adó-vevő" is. Az egyedi, kreatív gondolatok nem saját „termékeink", hanem az univerzális tudatból lehívott „jelek". Csak az egonk hiteti el velünk, hogy az saját eredményünk. Ezért jellemző annyira az alázat és a szerénység a nagy mesterekre, mert ők pontosan tudják, hogy csak közvetítenek.

Ugyanakkor a Théta- és Delta-állapotokkal tulajdonképpen el is mondtam a hatékony meditáció tudományos alapját és sikerének kulcsát is.

Alfa (8–12 Hz): Ez az ébrenlét nyugodt figyelmi állapota. Ilyenkor békések vagyunk és nem igazán agyalunk a dolgokon. Az agy szimplán befogadó állapotban van, és nem értékeli a látottakat. Irányított meditációkor gyakran vagyunk ezen a szinten, de sajnos a jól elkészített reklámok is ezt használják ki. Az Emberek rábambulnak a reklámra, amelynek közlendői értékelés nélkül jutnak el a tudatukba. Így nagyon jól és ügyesen befolyásolnak minket anélkül, hogy azt észrevennénk.

Az Alfa-állapotot használják az agykontrollban is, illetve az annyira divatos mindfullness is erre az állapotra épül.

Béta (13–40 Hz): Ez a fókuszált cselekvő ébrenlét állapota. E frekvenciatartományon belül minél feljebb kerülünk, annál magasabb a stresszszintünk. A Béta-tartományon belül vékony az a mezsgye, amikor viszonylag alacsony a stressz-szint, hiszen 18 Hz felett már a magas stressz, szorongás, ingerültség vagy a túlpörgött állapot a jellemző. Ezért van például olyan rossz hatással a gyerekekre a sok számítógépes játék, mert szinte folyamatosan 18 Hz felett tartja az elméjüket. Ezzel emelve és magasan tartva a kortizoltermelésüket.

Gamma (41–100 Hz): Ezek az agyhullámok az alvás REM-fázisában jelennek meg, illetve erős vizualizációkor és extrém módon magas szintű agyi adatfeldolgozáskor söpörnek át rajtunk. Ezek az agyhullámok átlagembereknél rövid ideig tapasztalhatók. Spirituális mesterek tartósan is képesek ebben a koncentrációs állapotban maradni. Hiszen ők valójában a koncentráció mesterei, amellyé a meditáció segítségével válnak. Az ilyen agyi tevékenységhez tűpontos koncentráció és hihetetlen módon fókuszált energiák szükségesek. A szamádhi-állapotban, amikor a tudat átveszi a teljes hatalmat és megszűnnek az elme, a test és a lélek érzetei (megvilágosultság állapota), tartósan is ebben az állapotban tudunk lenni. Ilyenkor a tudat energiái uralják az egész Embert. Ezek olyan hihetetlen magas energiák, amit a hétköznapi Ember el sem tud képzelni. Saját megtapasztalásomkor a testem egy ilyen élmény után még legalább fél óráig a kolibri szárnyának frekvenciájánál gyorsabban rázkódott, úgy, hogy még hangja is volt a rezonálásnak. Az ego világában csak pillanatokra lehetséges ilyen magas szintű energiákat aktiválni, és kizárólag egomentes tudatállapotban lehet tartósan aktiválni. A megvilágosodott nagy mesterek napokig, gyakran hetekig vannak étlen-szomjan ebben az állapotban és mégsem lesz semmilyen egészségügyi bajuk (Judyth Reichenberg–Ullman–Robert Ullman, 2016), ellentmondva ezzel az orvostudomány minden állításának.

Általánosságban rögzíthető, hogy minél tartósabban működik magas Béta-rezgésszintű tudatállapotban az elméd, annál stresszesebb vagy. Így annál gyengébb az immunrendszered. Ha ez az életmódoddá válik és minél tartósabban ér ez az állapot, akkor egyre több krónikus betegség jelenik meg az Életedben. Nem véletlen az a magyar mondás, hogy „a nyugalom a hosszú Élet titka". Ez azt jelenti, hogy kerüljük a magas Béta-állapotokat! Sajnos az egész nyugati életvitel pont az ellentétére sarkall minket. De nézzük meg, hogyan okozza a betegségeinket a tartósan stresszes tudatállapot! Az alábbi fejezet példáján keresztül az agyhullámokról is részletesebb képet fogsz kapni.

2.2. Melatonin vagy kortizol?

A szervezetünkben a melatonin legfőbb szerepe az alvási ciklusunkban mutatkozik meg. A test ébrenléti állapotban szerotonint termel. Ez az anyag felel a testünkben azért, hogy foglalkozhassunk a térrel és az idővel, illetve az Életünk ébrenléti és tudatos részét élhessük. Ebben az állapotunkban az agy Béta-hullámhosszon működik. Amikor beindul az alvási ciklusunk, a szerotonintermelés helyett a melatonin termelése kezdődik meg. A melatonintermelést normális esetben a fény csökkenése hozza el. Természetes körülmények között ezért igazodik az adott hely napfelkelte–naplemente időintervallumaihoz az alvási ciklusunk. A melatonintermelés hatására az agy először Alfa-állapotba kerül. Ez az álmosság érzetét hozza. Ilyenkor nincs kedvünk, erőnk gondolkodni, elemezgetni. Ezt követően az agyunk az Alfa-állapotból Théta- és Delta-agyhullám-állapotokat vesz fel. Alvás közben a Delta- és a Théta-állapotok váltakoznak, mely során álmodásra és mély alvási szakaszokra oszlik az alvási időnk, illetve rövid időkre REM-fázisok szabdalják meg ezeket a ciklusokat. A Delta-állapot a szervezet regenerálódási időszaka. Ez a mélyalvás állapota, amikor nemcsak az agyunk pihen, de a testünk is lelassul és minden sejtünk regenerálódik. Ezért öregszenek lassabban azok, akik elérik a meditáció belsőbéke-szintjét és ezt rendszeresen gyakorolják.

Most jön a legizgalmasabb rész! Az orvosok felfedezték, hogy a melatonintermelés és a mellékvesék által termelt kortizol egymással komplementer viszonyban állnak. Szóval ha a kortizoltermelés fokozódik, akkor a melatonintermelés mérséklődik vagy meg is áll. Ez logikus. Hiszen a kortizol a stresszhormon a testben, amit az evolúció a túlélésért vívott harcra fejlesztett ki. Ha az ősembert kergette egy oroszlán, akkor nyilván az Életébe került volna, ha másodpercekre is elálmosodik. A baj az, hogy a mai modern, „civilizált" világunkban mindent megteszünk, hogy a szervezetünk sok kortizolt termeljen. A túlpörgetett életvitelünk (magas Béta-agyhullámok állapota) folyamatos stressz alatt tartja a testünket, aminek hatására az nagy mennyiségű kortizolt termel. A kortizol termelődése pedig akadályozza a melatonin termelődését. Ezért fordul elő, hogy este nem tudunk elaludni, vagy kevés alvás után felébredünk és az elménk folyamatos kattogása miatt képtelenek vagyunk visszaaludni. Az agyunk és az egész idegrendszerünk arra van szoktatva, hogy az ébredés utáni pillanatban azonnal ugrásra kész legyen, így rögtön beindul a kortizoltermelődés. A párom orvos, aki az évtizedek óta tartó kórházi ügyeletek miatt hozzászoktatta magát ahhoz, hogy ha felébresztik, azonnal ébernek és tettre késznek kell lennie, hiszen ezen Emberek Élete múlhat. Így a szervezete megszokta, hogy az ébredés első gondolatai után azonnal beinduljon a kortizoltermelődése. Ezért könnyen ébred, de cserébe gyakran nem tud visszaaludni, még amikor jólesne neki, akkor sem.

Tulajdonképpen a legtöbb alvászavaros Embernél hasonló a fő ok: az azonnali kortizoltermelésre szoktatott test. A „vicc" az, hogy este, amikor pihenni vágyunk, a legtöbben még akkor is a kortizoltermelésünket fokozzuk. Az akciófilmek, a hírekben lévő sok agresszió, bizonyos típusú reklámok hatásai, a számítógépes játékok legnagyobb része, az internetes oldalak közül rengeteg feszültséget teremt bennünk. Azt hisszük, hogy jó kikapcsolódás megnézni egy akciófilmet, miközben káros hatással van a lelkünkre és a testünkre is (mint ahogy erről az előzőekben már olvashattál). Tudniillik ezek a tevékenységeink is a kortizoltermelésünket fokozzák vagy tartják fenn.

Ezt a tudást még érdemes kiegészíteni azzal, hogy a kortizoltermelés kikapcsol minden testregeneráló funkciót, még genetikai szinten is. Hoppá! Ezért van az, hogy a rák és számos krónikus betegség szoros összefüggésbe hozható a tartós stresszel. A szinte folyamatos kortizoltermelés nem engedi elegendő ideig a melatonin termelődését a szervezetben, amely genetikai és sejtszinten is a test regenerálódását „vezényli".

A gondolatmenet mélyebb megértéséhez olvasd el az alábbi tudományosan igazolt tényeket a melatonin jótékony hatásaival kapcsolatban (Joe Dispenza, 2020):

- Megakadályozza a stressz hatására fellépő túlzott kortizolkiválasztódást (normális esetben).
- Javítja a szénhidrát lebontását (segíti a fogyókúrát).
- Csökkenti a trigliceridek szintjét (szív- és érrendszeri problémák ellen hat).
- Gátolja az artériák megkeményedését (vérnyomásbetegség ellen hat).
- Fokozza a test immunitását.
- Gátolja egyes daganatok kialakulását.
- Kb. 25%-kal növeli az Élethosszt.
- Aktiválja az agy idegvédelmi rendszerét.
- Megnyújtja az álmodási fázist.
- Stimulálja a szabadgyökök összegyűjtését (rákellenes hatás).
- Elősegíti a DNS regenerálódását és osztódását (rák és egyéb krónikus betegségek elleni hatás).

Az így szerzett tudást fordítsuk át az Életvitelünkre! Az Emberek legtöbbje úgy reagál a stresszre, hogy extra szénhidrátot fogyaszt. De mivel a kortizol megakadályozza a megfelelő mennyiségű melatonin termelődését, ezért romlik a szénhidrátlebontás hatékonysága. Így már el is csíptük az elhízás egyik fő okát. Szóval ha több melatonint termel a szervezeted és kevesebb kortizolt, akkor kevesebb szénhidrátbevitelre vágysz, továbbá a bevitt szénhidrátok hatékonyabban bomlanak le. Így csökken a testsírképződés. Észrevetted, hogy az elhízott Emberek legnagyobb hányada rossz alvó is? (Persze ez nem minden esetben igaz.) Azt is észrevetted, hogy minél stresszesebbek vagyunk, annál gyakrabban megyünk a hűtőhöz valami nassolnivalót keresni?

Az anyukák jó része bizonyos mértékben alvászavaros. Hiszen a szoptatási időszakban, illetve amíg a gyerekek kicsik, az idegrendszerük állandóan startra kész. Ha a gyermek felsír, másodpercek alatt tettre késznek és aktívnak kell lenniük. Szóval az anyukák ráprogramozták magukat arra, hogy az első ébredéskori gondolathoz azonnali kortizoltermelődés társuljon. Azonban amikor a gyerekek nagyobbak és erre már nincs szükség, ez a sok éves program berögzült módon megmarad. A hölgyek így természetes alapjellemzőnek tekintik az alvászavarukat, pedig lehet rajta változtatni. Igaz, hogy legalább olyan nehéz az ellenprogramozás, mint amennyire nehéz volt annak idején az első gyereknél átállni a jelenlegi aktív programra. Ha az anyukák visszagondolnak, hogy milyen nehéz volt az első szoptatási időszak, akkor bizonyára még bennük van, hogy mennyi lelkierő kellett átállni egy addig ismeretlen Életvitelre. Fordítva hasonlóan nagy munka...

Az alvászavar azoknál is fennáll, akik hazaviszik a munkahelyi stresszt, vagy esetleg otthon is stressznek vannak kitéve. Így a kortizoltermelésük nem engedi a melatonin termelődését és garantált az alvászavar. A problémát tovább fokozza, hogy nap közben sok kávéval kompenzálják a fáradtságot, mely a kávé elfogyasztása után akár 8–10 órán keresztül képes akadályozni vagy mérsékelni a melatonin termelődését.

A melatonin alapvetően félhomályban, sötétben termelődik. Az Ember azonban este is lámpafényben tevékenykedik, ami ez ellen hat. Nem csoda, hogy a lámpafényes szoba vagy az ölünkben világító laptop után nehezen alszunk el a hálószobánkban. A melatonintermelődés csak akkor indul meg, amikor végre sötétbe kerültünk. Sokan eleve lámpafénynél vagy tv mellett alszanak el, ami a legtöbb esetben nyugtalanságot okoz és szintén alvászavart eredményez.

De ez még mindig csak a kezdet! Ha naponta nem elegendő hosszúságú és nem elég rendszeres a melatonintermelődésünk, akkor romlik a test regenerálódó képessége. DNS- és sejtszinten a szervezetnek nem lesz ideje a napközbeni stressz okozta károsodások helyreállítására. Így krónikus betegségek, vérnyomásproblémák, idegrendszeri gondok, végső esetben rák lehet az évtizedekig tartó helytelen Életvitel eredménye.

A melatonin az idegrendszer védelméért is felel. Szóval ha a melatonintermelésünk nem elég tartós vagy rendszeres, akkor a stressztűrő képességünk is csökken. Ha az csökken, akkor még több kortizolt termel a szervezetünk és még kevesebb melatonintermelésre lesz esélyünk. Tehát elindulunk egy lefelé húzó spirálba. Ez persze a viselkedésünkre is kihat. Hirtelenharagúak leszünk, könnyebben kijövünk a sodrunkból, illetve elhamarkodott döntéseket hozunk, sűrűbben tévedünk, dekoncentráltabbak lesznek a mozdulataink. Ezek persze még több bosszúságot okoznak vagy bűntudatot, haragot generálnak bennünk. Így a stressz tovább fokozódik. Az öngerjesztő spirál lefelé erősíti önmagát.

A melatonin áldásos hatásai között szerepel az immunválaszok erősödése is. Szóval ha a testünk nem tud eleget termelni belőle vagy nem elég rendszeresen, akkor az immunrendszerünk is gyengül. Így hajlamosabbak vagyunk elkapni mindenféle bakteriális vagy vírusos nyavalyát. Ezért kell minden nap eleget aludni. Pedig mennyi munkamániás „menőzik" azzal, hogy ő milyen keveset alszik! Ugyanezért kell sokat aludnunk, ha betegek vagyunk. És ezért olyan nagy hiba, hogy nem pihenjük ki a betegségeinket. Sajnos a mai nyugati társadalomban még betegnek lenni sincs időnk. Tüneti kezelésekkel tartjuk energikusan magunkat és betegen is hajtunk. Emlékszem, hogy munkamániás időszakomban milyen büszkén meséltem mindenkinek, hogy én még az influenzát is lábon hordom ki, mert nem tehetem meg, hogy lebetegedjek. Akkor még nem voltam tisztában azzal, hogy ez micsoda önpusztítás és hogy mennyire nem szabadna erre büszkének lennem...

Ami még fontosabb, hogy a melatonin hatására az Életünk hossza is nő. Nem véletlen, hogy általában a nyugodt Emberek élnek sokáig. A „lassan járj, tovább érsz" magyar mondás is jól illusztrálja ezt.

Most jönnek a következtetések, amelyek abban segíthetnek neked, hogy Életed bizonyos negatív tünetein fordíts. Nyilvánvalóan ezek mindegyikét nehéz bevinni az Életvitelünkbe, de amennyiben ezek bármelyikét sikeresen az Életed részévé teszed, az Életminőségedben javulást fog eredményezni:

1. Tégy rendszert az alvási ciklusodba, azaz mindig ugyanakkor feküdj le és mindig ugyanakkor kelj fel!
2. Sötétben aludj, sosem lámpa mellett és sosem tv előtt!
3. Az elalvás előtti minimum egy órában ne nézz semmiféle izgalmat generáló tartalmat és ne tegyél semmi olyat, ami stresszt, feszültséget okoz.
4. Az elalvás előtti időszakban olyan dolgokat tegyél, amik kikapcsolnak, ellazítanak. Például meditáció, nyugis könyv olvasása, egy kis kézimunka, megnyugtató zene, szerelmeskedés, masszázs vagy egy jó orgazmus stb.
5. Ügyelj arra, hogy az alvásidőd sose legyen kevesebb, mint amit a tested ténylegesen igényel. Átlagembereknél ez 6–9 óra, de egyénenként ez mindkét irányba markánsabban is eltérhet.
6. Fontosak a nyaralások! Lényeges, hogy stresszmentes kikapcsolódást jelentő nyaralást válassz és ne háromnaposat, hanem hosszabbat. A tartós stresszmentes nyaralások alkalmasak a szervezet „újraindítására". Alapvető, hogy a nyaralás ne legyen túl aktív, azaz a melatonintermelés maximálása miatt sok pihenés legyen benne.
7. Tilos hétvégén munkával foglalkozni vagy bármilyen stresszfaktorral. A hétvégéd garantáltan stresszmentes legyen! A hétvége 2 napja éppen elég arra, hogy nagyjából rendbe tegye a testedben az 5 napos pörgés okozta pusztítást. De ez csak akkor igaz, ha a hétvégéd tényleg stressz-mentes és bőséges alvással is párosul. Hétvégén ebből a szempontból nagyon hatékonyak az ebéd utáni szundik.
8. Annyi időt tölts stresszmentesen, amennyit csak bírsz. Minden stresszmentes perc meghosszabbítja az Életedet és csökkenti annak a sok negatív dolognak az esélyét, amikről fentebb olvashattál!
9. A stresszmentesség legjobb módja a meditáció. Egész Életen át gyakorolható és fejleszthető módszer. De a legkezdőbb szinten is már eleve amiatt gyógyít, hogy semmit sem teszel, lelassulsz és kortizoltermelődéstől

mentes lesz a szervezeted. Nem mellesleg meditáció közben melatonin termelődik a szervezetedben. Miközben meditálsz, fokozódik a szervezeted öngyógyító képessége is.

10. Minimalizáld a kávé- vagy energiaital-fogyasztásodat és lefekvés előtt 8 órával tilos innod ezekből!
11. Az elalvás előtti két órában tilos munkával foglalkozni, vagy bármi olyan dologgal, ami a hétköznapi stressz forrása.
12. Amennyire csak lehet, lassítsd le az Életedet!

Összegezve: kortizolmentesítsünk és melatonin-maximalizáljunk! De természetesen nem jó a ló túloldalára esni sem! Minden, ami pörget, felfokoz, idegesít, feszültséget okoz, stresszel, az sajnos kortizolt termel, ez a magas Béta-agyhullámokat generáló tevékenységek következménye. Ugyanakkor minden tevékenység, ami lenyugtat, békét teremt, egyensúlyt hoz, az segít abban, hogy az azt követő pihenési fázisod során tartósan melatonint termeljen a szervezeted és jól tudjon regenerálódni, gyógyulni. Ehhez tehát a fő cél a Béta-állapot mérséklése, amennyire csak lehetséges. Az Életmódod rajtad múlik! A változáshoz először a belső igény kialakulására van szükség... Így először őszintén nézz magadba, hogy mennyire akarod a változást. Utána vedd végig, hogy mely tevékenységeid emelnek rendszeresen és tartósan magas Béta-tartományba. Kezdd ezekkel az Életmódváltást...

A cél tehát a magas Béta-agyhullámok lehető legkisebb időtartamának elérése a hétköznapjaink során! Szóval míg a lelki rezgésszintünket emelni szükséges, addig az elménk rezgésszintjét csökkenteni. A kettő azonban együtt jár és összefügg. Az elme tartósan alacsony rezgésszintje emeli a lélek rezgésszintjét, és ez az állítás fordítva is igaz.

3. A test rezgésszintjei és a test–lélek–elme rezgéseinek kapcsolata

Az elméd és az érzelmeid (lelked) kapcsolata a testeddel a hormonháztartásodban jelenik meg. Az előző részben csak háromféle hormonról beszéltünk, melyen keresztül ez számodra is jól érthetővé vált. De a tested rengetegféle hormont termel. Minden egyes érzés más hormonok előállítását generálja a testedben. Szóval ha valaki sokat tartózkodik a szégyen lelki rezgésszintjén, akkor az érzései ezzel kapcsolatos gondolatokat generálnak, melyek révén a szégyen hormonjai termelődnek a testében. Tulajdonképpen minden Ember testében egy teljesen egyedi hormonkoktél van, hiszen a gondolatok és érzelmek egyedi kompozíciója eredményezi azt. A hormonok minden sejthez eljutnak a testben és ezáltal alakítják a test állapotát. Az előző fejezetben leírt kortizol példáját alapul véve a sejtek az állandó kortizol hatása miatt nem képesek regenerálódni. Így a helyzet tartós fennállása esetén megindul a test állapotának sejtszintű romlása. Az eddigiekből jól láthatod, hogy az elme–lélek és a test között egyértelmű kapcsolat van: a hormonok.

A hormonháztartáson keresztül a testben egyértelműen leképeződnek az érzelmeink és a gondolkodásunk. A test állapota azonban rezgésszintje által mérhető. Tehát nemcsak az elménknek és a lelkünknek vannak rezgésszintjei, hanem a testünknek is.

Einstein óta tudjuk, hogy minden energia, és minden élő vagy élettelen dolog más frekvencián rezeg. A kvantumfizika újabb felfedezései és a húrelmélet igazolása tovább erősítette ezt a nézetet. Így teljesen természetes, hogy a testünknek is van rezgése, melynek „milyensége" annak állapotától függ.

Egy egészséges Ember rezgésszintje például 62–70 MHz között van, ám ha tartósan ez alá süllyed, megjelennek a betegségek. A megfázásos tünetek például már 58 MHz-nél jelentkeznek, a daganatos sejtek pedig 42 MHz-nél kezdenek kialakulni. A halál 25 MHz-nél indul el. Jól felfogott érdekünk tehát, hogy mindent megtegyünk annak érdekében, hogy testünket magas rezgésű állapotba hozzuk. Nem véletlen, hogy az elmúlt évtizedben többféle frekvenciát használó gyógyítási eljárásokat fejlesztettek ki. A kvantumfizika eredményei révén ma már bizonyos, hogy az egészségtelenné váló szerveink eltorzult frekvenciájúvá válnak, így azok harmonizálásával a szerv is meggyógyul. Ezért egészségmegőrzésre, illetve egészségünk helyreállítására nagyon jól alkalmazhatók ezek a módszerek.

Testünk rezgései szorosan összefüggnek az érzéseinkkel, ezért a magas rezgésszintű érzelmekkel sokat tudunk tenni magunkért. A magas lelki rezgésszinthez tartozó érzelmek emelik testünk rezgésszintjét, míg az alacsony lelki rezgésszintű érzelmek csökkentik azt. Hiszen ezek révén olyan hormonok termelődnek bennünk, amelyek az egészséges testhez vagy épp az ellenkező energetikai állapothoz vezetnek. A gondolatok hasonlóan hatnak, csak pont fordítva. Az elménk magas Béta-állapotban a test rezgésszintjének csökkenését okozza, míg alacsony állapotban annak emelkedését. Szóval a megnyugtató, békés, harmonikus gondolatok az egészséges test rezgésére emelnek, míg a stresszt fokozó gondolatok lefelé húznak, de ennek működését még részletesebben is meg fogod ismerni a következő fejezetekben.

Azonban az eddig leírt dolgok fordítva is működnek. Azaz ha a testedet magasabb rezgésre emeled, akkor az a gondolataidra, az érzéseidre is pozitív hatással lesz. A test, a lélek és az elme hatnak egymásra. Ezt szemlélteti a 2. ábra.

Ezért az É.L.E.T.-módszer fontos alapelve, hogy a boldogságkeresésünk sikere érdekében a testtel, a lélekkel és az elmével egyaránt kell foglalkoznunk. A test rezgésszintjét többek között helyes táplálkozással, elegendő pihenéssel, sporttal, megfelelő mennyiségű folyadék ivásával lehet emelni. Alapvetően el lehet mondani, hogy ami a testi egészséget szolgálja, az a test rezgésszintjét emeli. Ugyanakkor az egészségtelen dolgok, mint például a dohányzás, a kávé, az alkohol, a kábítószerek, az erősen feldolgozott élelmiszerek, a túlzott cukorfogyasztás stb. csökkentik a test

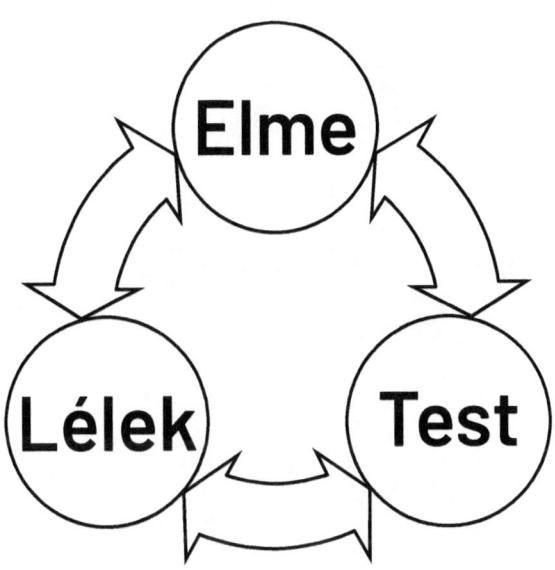

rezgésszintjét. Jelen kötet gyakorlati részében részletesebben fogok ezekről neked írni, annak érdekében, hogy testedet a lehető legjobb rezgésbe emeld és ezzel nemcsak a rezgéseidet, de az egészségedet is a helyes irányba fordítsd...

Erről a kérdéskörről egy izgalmas és részletes összefoglalót találsz a 3. számú mellékletben, mely egyben bemutatja testünk energia-, idegi és hormontermelési központjait is, illetve azok kapcsolatát az érzelmeinkkel és a gondolatainkkal.

4. Az ego és a rezgésszintek

4.1. Az ébredés szintjei

A boldogsághoz vezető út első lépése az ébredés, amelyet még a felismerés, ráeszmélés szavakkal lehetne jellemezni. Ez az a pillanat, amikor rádöbbensz, hogy **a legtöbb rosszért, ami veled történik, egyedül te vagy a felelős!** Ez az állítás természetesen csak akkor igaz, ha már önálló felnőtt vagy! Gyermekkorban azért más a helyzet. De mivel ez a könyv elsősorban a boldogságkeresésben érdekelt felnőtteknek szól, ezért még egyszer kijelentem: **te vagy a legtöbb rossznak az oka, ami veled történik!** Kérlek, ne tedd le a könyvet és olvass tovább! Én erre 26 éves koromban jöttem rá. Akkoriban még nem olvastam spirituális irodalmat és nem is igazán tudtam, mi az a spiritualitás. (Itt ennek a szónak a kapcsán teszek egy kis kitérőt. Sokan a spiritualitást egy túlmisztifikált dolognak tartják. Pedig ez a szó nem jelent mást, mint „lelki fejlődést" vagy „lelkiséget".) 26 éves korom előtt nem értettem, hogy másokkal miért történik annyi jó, miközben velem annyi rossz. Azt sem értettem, hogy én sokkal több küzdelem árán miért nem érem el azt, ami másoknak szinte az ölébe hullott. Nem jöttem rá, hogy én miért vagyok balszerencsés, míg mások olyan szerencsések... Azt gondoltam akkoriban, hogy milyen igazságtalan az Élettől, hogy én ilyen balszerencsés csillagzat alatt születtem. Jó hírem van számodra! Ennek semmi köze a csillagzatokhoz és a szerencséhez! 26 éves koromban még „csak" arra jöttem rá, hogy sok rossz dologért, ami velem történik, én vagyok a felelős. Akkor azt gondoltam, hogy mindenért nem lehetek én a felelős, hiszen sok minden rajtam kívülálló okok következménye. De már idáig eljutni is nagy előrelépés! Ez a felébredés első szintje.

Aztán ahogy mind magasabb szintű lelki fejlődésre és egyre mélyebb önismeretre tettem szert, mind jobban közeledtem a ma már egyértelmű felismeréshez, miszerint nemcsak a legtöbb, hanem minden rosszért, ami velem történik, én vagyok a felelős. Ez a felébredés második szintje. Ezen okok között vannak olyanok, amelyekért közvetett módon felelek és vannak olyanok, amelyekért közvetlenül. Nyilván a közvetlen dolgokat egyszerűbb észrevenni, hiszen azokat gyakran még az ego is képes meglátni és elfogadni. A közvetett dolgok már mélyebb önismeretet és a lelki fejlődés magasabb szintjét igénylik, és csak hosszú, fokozatos munkával érhető el. Az a lényeg, hogy a felébredés és az önismeret mélyülése által egyre csökkenni fog azoknak a dolgoknak az aránya, amelyekért másokat okolunk.

Ha alaposabban megfigyeled az Embereket, rá fogsz jönni, hogy legnagyobb részük mindig másokat hibáztat azért, amiért az életük olyan, amilyen. Ha elválnak, akkor a másik fél az oka a kapcsolat megromlásának, ha rosszak az Életkörülményeik, akkor a társadalmi rendszer, a gonosz politikusok vagy az őket kisemmiző Emberek tehetnek mindezért. Ha több rossz kapcsolaton van túl egy hölgy, akkor mindig a férfiak a hibásak (ugyanez fordított esetben is természetesen igaz). Szóval a legtöbb Ember mindig másra hárítja a felelősséget. Ezek az Emberek még nem jutottak el az ébredés első pillanatáig. Ők spirituális értelemben tudattalanok. Őket még nem vezérli tudatosság, így addikcióik, játszmáik és a pusztító egojuk (ezekről még sok szó lesz később) rabjaként tudattalan lényekként élik az Életüket. Nyilván ez nem azt jelenti, hogy nem civilizált és az elméjüket nem használó Emberek lennének. Sőt közülük rengetegen tanultak és a szakmájukat magas szinten művelő személyek. Számos tudóst és oktatót is ismerek, akik még a felébredés első szintjéig sem jutottak el. Ez csak annyit jelent, hogy még nem léptek rá a tudatosság útjára és még annak sincsenek tudatában, hogy pontosan ez a „vakság" a boldogságuk legfőbb gátja.

4.2. Mi az ego valójában, az ego 3 fő típusa

Sok évvel ezelőtt Eckhart Tolle Új Föld című könyvében „felhomályosított" róla, hogy az egom nem én vagyok, az mögött létezik egy valódi-énem. Ekkor elkezdtem kutatni-keresni, hogy mi az ego valójában és hogyan lehet elkülöníteni önmagamtól. Sok könyv elolvasása, számos mestertől tanultak és a saját tapasztalataim egyre közelebb vittek a válaszhoz, de mindig volt hiba, homályos rész vagy ellentmondás az elképzelésemben. Varga Tamás Miron (akinek YouTube-videóit és tanfolyamait tiszta szívből ajánlom minden haladó szinten lévő keresőnek) nagyot nyitott a látókörömön az ego megértésével kapcsolatban. Majd olyan hatalmas szerencsében volt részem, hogy gyakran meditálhattam Sri Chimnoy tanítványaival. Ott történt tapasztalásaim tették helyre a hiányzó részeket. Szóval lássuk, mi is az egod és ki a valódi-éned. Előbb a definíciót írom le neked, utána pedig kifejtem picit részletesebben:

Az egod a testednek, az elmédnek és a lelkednek is egy-egy része. A tested minden olyan érzése, érzete és elváltozása az egod, mely eltér a tökéletesen egészséges és ellazult test állapotától. Az elmédben minden gondolatod, mely nem tiszta intuíció vagy az Univerzum által küldött sugallat terméke, az az egod (az Univerzum szó helyére Isten vagy bármely más, hitvallásoddal egyező szó tehető). A lelked minden érzése, érzelme, amely nem az Univerzummal való tökéletes egységből vagy az önzetlen semleges érzelmi állapotból táplálkozik, az az egod.

Most, kérlek, nézzük meg, hogy ez mit is jelent az életünk gyakorlati szintjére lefordítva. Bizonyára veled is történt már olyan (ha eddig nem volt, akkor biztosan lesz a jövőben ilyen), amikor valamely megérzés minden racionális gondolatot lesöpört, és tudtad, hogy az az igazság. Vagy olyan is történhetett veled, hogy jött egy erőteljes megérzés, amelyet félretoltál, mert nem tűnt logikusnak. Miután megtetted a logikus lépéseket, utána döbbentél rá, hogy a megérzésedre kellett volna hallgatnod. Több híres egyetemen bizonyították már az intuíció létét és kiemelkedő hatékonyságát. Az a részed, amely ezekben az esetekben a megérzést küldte, az az egomentes valódi-éned volt. Ezt hívjuk tudatnak, vagy bizonyos kultúrákban a szellem szót szokták rá alkalmazni. Szóval a tudatod (vagy szellemed) a valódi, egomentes éned.

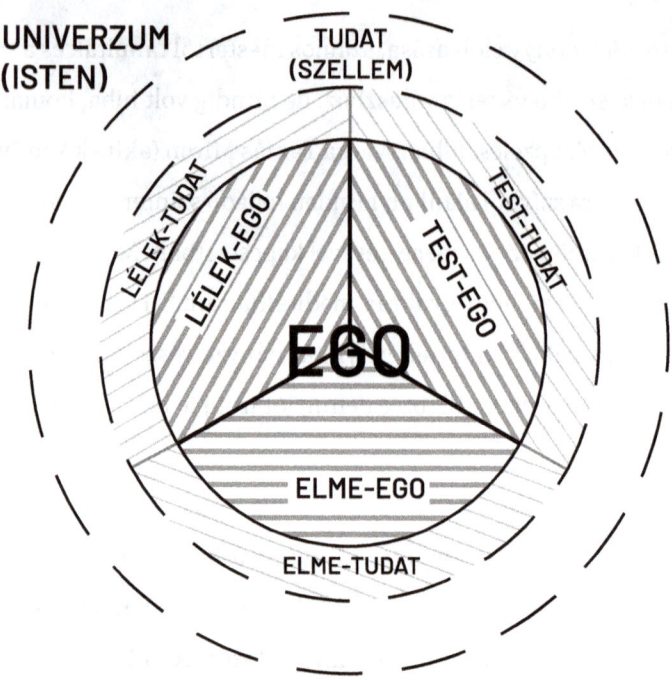

3. ára: Az ego és a tudat kapcsolata a testtel, a lélekkel és az elmével

A 3. ábra jól szemlélteti az ego és a tudat kapcsolatát. Az ábrán az ego határát a folytonos vastag fekete kör jelöli. A tested-lelked és az elméd azon részét uralja az ego, amely a vastag fekete körön belül van. A tudatod az ego határvonala és a szaggatott külső körvonal közötti rész. A folytonos kör az ego határán a tudat és az ego közötti szinte áthatolhatatlan határvonalat jelzi. Az ego határvonala erős, folytonos és nem akar tudomást venni a körülötte lévő tudatról. Ezért az egoban élő Ember meg van győződve arról, hogy ő elkülönült, önálló lényként létezik. A tudat azonban körülveszi az egot és sugallatok, intuíció révén igyekszik hatást gyakorolni rá. A tudat külső határvonala szaggatott, melyen kívül az Univerzum van. A tudat egységben él az Univerzummal (az Univerzum szó helyére Istent vagy bármely más, hitrendszerednek megfelelő szót tehetsz). Ezt jelzi a szaggatott vonal, amely mutatja az átjárható kapcsolatot a két létező között. Valaki minél inkább kapcsolatban áll a tudatával, annál gyakrabban élheti át az egység érzését, mely azt egyértelműsíti a megtapasztaló számára, hogy biztonságban van, hiszen nincs egyedül. Az ego elkülönült egyedüllétben van, ezért fél és ezért törekszik a biztonság maximalizálására az erős egoval rendelkező Ember. Hiszen ő a látásmódja szerint valójában senkire és semmire sem számíthat, csak önmagára.

Még jobban segíti a megértést, ha a valódi-ént is megérted és el tudod különíteni az egodtól. A tested tökéletesen ellazult és egészséges, önzetlen állapota a valódi-éned. A testedben minden feszültség, az ellazulttól eltérő pozitív vagy negatív állapot az ego. Az egod része az is, amikor a szexuális örömök a testi gyönyör érzését keltik benned, meg az is, amikor betegségtől szenvedsz. Mindegyik bizonyos típusú feszültség, amely eltér a tökéletesen ellazult testi állapottól. Ezért kezdjük minden esetben azzal a meditációt, hogy a figyelmünkkel tudatosan végighaladunk az összes testrészünkön és ellazítjuk azokat. Feszes testhelyzetben nem lehet egomentessé válni. Én például sokáig erőltettem a hagyományos meditációs ülést, ami nem vezetett sikerre, mert fiatalkori önbizalomhiányomból fakadóan elég görbe a tartásom. Az egyenes hát pedig nálam sajnos nagy testi feszültségekkel jár. A meditációt mindig kényelmes, laza pozícióban kell végezni, ha meg akarod találni a valódi énedet.

Az elmédben minden gondolat – legyen az pozitív vagy negatív – az egod része, ha nem egyértelműen intuícióból fakad. Akik az egoban élnek, azok ritkán tapasztalják meg az intuíció erejét és ezáltal nem is hisznek a létezésében. A valódi-én (tudat) folyamatosan küldi ezeket felénk, az erős egon csak nagyon ritkán tudnak áthatolni. Jó, ha tudod, hogy az egod semmi mással nem foglalkozik, csak önmaga megerősítésével és fenntartásával. Ez akkor is így van, ha az neked nem jó. Ezért használja fel az ego a testedet, a lelkedet és az elmédet. Ezért lesznek az erős ego birtokosai előbb-utóbb betegek és elhasznált testűek, elméjűek. Az ego csapdája egy lassú méreg, amely évtizedes léptékben szép lassan tesz tönkre minket. A legtöbb Embernél az első komoly tünetek a 40-es és 50-es éveikben jelennek meg. Addig a fiatalos szervezet regenerálóképessége az éjszakai pihenés alatt még nagyjából képes rendbe tenni az ego nappali pusztítását (de ezt a 2.2. fejezet alapján már te is érted). Tudniillik a tested vegetatív alapfolyamatait mind a valódi-éned irányítja. Azt, hogy dobog a szíved és minden sejted végzi a dolgát, nem az egod szabályozza, hanem a tudatod. A sejtjeid óránként meghalnak és újak születnek, azért, hogy az egész rendszer egészséges legyen. Ők a teljes éned érdekeit szolgálva önzetlenül dolgoznak a nagy egész jó működéséért, ami te vagy. A rák pont az az eset, amikor a sejtek egy része önzővé válik és önzetlen feladatukból kilépve burjánzani kezdenek. Ez az egod eredménye! Ha az egod folyamatosan arra tanít, hogy légy önző, akkor miért várod el, hogy a sejtjeid ezt ne vegyék át tőled? Évtizedeken át az egod folyamatosan sugározza a sejtjeid felé az önzést. Egy idő után az ego teljesen képes átvenni a hatalmat bizonyos szerveid felett, és ez sajnos rákot vagy egyéb krónikus betegséget eredményez. Minél erősebb az ego, annál nagyobb részt vesz az irányítása alá a testünkből, a lelkünkből, az elménkből. Ezt az egod először az elméden keresztül éri el. Figyeld meg az elmédet! Állandóan kattog valamin. Hol a múltban jár, hol a jövő alternatíváit elemzi, hol sajnálkozik, hol büszkélkedik, hol jövőbeni félelmeket generál. A lényeg az állandó elme zaja. Miért? Mert a valódi-én sugallatait belső zajjal lehet elnyomni és így az ego bebiztosítja a létét! A túlzottan racionális Ember büszkén szidja a lelkiségben elmélyült Embereket, hogy elment az eszük. Ezt azért teszi, mert még soha nem tapasztalt olyat, amiről ők beszélnek, és így meg van győződve róla, hogy az hülyeség. Pedig pont aki lehülyézi a többieket, az él legjobban az ego börtönébe zárva. Természetesen ő sem hülye, csak egy szűkebb látómezőn keresztül érzékeli a világot, de annál nagyobb meggyőződéssel. Olyan erős benne az elme túlracionalizált zaja, hogy nem képes meghallani a valódi-énjét. Számára az ego egyenlő önmagával és ez egy boldogtalan, lelki szempontból sikertelen Életet eredményez. Tudniillik minden Ember konkrét Életfeladatokkal születik a Földre. A valódi-én sugallatai ezen Életfeladatok megtapasztalása irányába igyekszik fordítani a testet, a lelket és az elmét. Az ego azonban csak önmaga megerősítésével akar foglalkozni. Mivel ez általában ellentmond az Életfeladatainknak, ezért az ego mindent elkövet, hogy fokozza elménk zaját és elterelje a figyelmünket attól, ami tényleg fontos. Szóval ha újra meg akarod teremteni a kapcsolatot a valódi-éneddel, akkor először ismét meg kell tanulnod az elméd zakatolása nélkül létezni. Amikor például úgy végezzük a dolgainkat, hogy közben nem gondolunk semmire, ezt ma divatosan mindfulnessnek hívják.

Végül válasszuk szét a lelkedben is a valódi-ént és az egot.

A valódi-én csak a megvilágosultság állapotában lehet teljesen egomentes. Ebben az állapotban az egyén tökéletes egységben létezik az Univerzummal. Minden más érzés, ami megjelenik benned, az az ego világa. De mégsem mindegy, hogy milyen érzések vannak benned, mert attól függően élhetsz a pusztító-ego, a semleges-ego és a teremtő-ego világában. Ezekre az egotípusokra nemsokára visszatérek.

Ha most újra megnézed az 1. ábrát és visszagondolsz a lelki rezgésszintekről tanultakra, akkor tisztává és érthetővé válik számodra is, hogy az ego hogyan gyengül az egyes lelki rezgésszintekre való emelkedés által. Azonban a lelki rezgésszint emelkedése során nemcsak gyengül, hanem át is alakul az ego, de erre még visszatérek picit később. Minél magasabb lelki rezgésszintre emelkedsz, annál gyakrabban fogsz tudni a valódi-éneddel kapcsolatba kerülni és annál nagyobb eséllyel teljesíted azokat az Életfeladatokat, amiért ide születtél. Ami még fontosabb, annál tartósabb boldogságban fogsz élni!

A spirituális fejlődésem első szakaszában komoly felismerésként éltem meg, amikor rádöbbentem, hogy a bennem élő pusztító-ego minden baj forrása. Ezek a felismerések arra sarkalltak, hogy keressem az utat, a módszereket az ego lehető legteljesebb leépítésére. Az 1. ábrából jól láthatod, hogy a helyes út nem az ego megszüntetése, hanem az ego fokozatos átalakítása-gyengítése, hiszen az ego teljesen csak a megvilágosultság állapotában szűnik meg létezni. Azonban napjainkban hihetetlenül kevés Ember éri el ezt az állapotot, körülbelül 1 milliárd Emberből 1.

Az ego nem más, mint a tested, a lelked és a gondolkodásod együttese. A fő meghajtóerő az azonosulás, azaz az ego éntudattal ruházza fel a dolgokat. Így az ego nem más, mint a tested, a lelked és az elméd éntudattal azonosult részei (Eckhart Tolle, 2022), amelyek egymással is szimbiózisba kerülnek, hogy az ego még erőteljesebben tudja strukturálni önmagát. Ez is azt mutatja, hogy a test–lélek–elme egymásra hat, hiszen az ego is mindháromra a lehető legnagyobb arányú befolyást igyekszik gyakorolni. Ha az ego módszere működik, akkor miért ne működne ugyanez fordítva? Ha magunkban a tudat „hatalmát" szeretnénk erősíteni az ego rovására, akkor az elme–lélek–test hármasával kell dolgoznunk, hiszen ezek mindegyike az ego „hatásterülete".

Hogyan működik az ego „hatásterülete"? A gondolataink érzelmeket generálnak bennünk, az érzelmek pedig különböző hormonokat és egyéb vegyi anyagokat termelnek a testben. Ezek a hormonok és egyéb kémiai anyagok a sejtjeink számára fontos anyagok, ezért a sejtmembrán érzékennyé válik rájuk, hogy jól fel tudja venni őket a vérből. A sejtek sejtfalai (sejtmembrán) mindig azokra a hormonokra lesznek érzékenyek, amelyekből sokat és tartósan kapnak. Ez a test alkalmazkodása miatt elengedhetetlen. Az érzékelésünkből fakadó gondolatok és érzések így okoznak fizikai hatást a sejtek működésére. A sejtek viszont ha hozzászoknak egy hormonkoktélhoz, amely különböző arányban keveredett érzelmek egyedi koktélja, akkor ők folyamatosan igénylik azt. Ebből következik, hogy ha a gondolkodásunk és az érzelmeink által nem keletkezik valamelyik hormonból elegendő, akkor a sejtek azt a vágyat sugározzák az idegrendszer felé, hogy nem bírjuk ki, hogy ne pótoljuk.

Ha például valaki olyan családban nőtt fel, ahol sok bűntudatkeltéssel terhelték a szülei, akkor felnőtt korában tudattalanul kiprovokálja azokat az élethelyzeteket, ahol bűntudatban lehet része. A sejtek által sugárzott vágy hatására a tudatalattinkból feltörnek azok a gondolatok, amelyek pótolják a megszokott hormonkok tél hiányzó részét. Ez az önmagába visszacsatolódó rendszer maga az ego fizikai magyarázata. Szóval az egot nem lehet csak úgy elpusztítani, hiszen a gondolkodásunk, az érzéseink és a testünk együtteséből épül fel. Azt fokozatosan lehet átalakítani-gyengíteni, formálni. Az ego fontos része a földi életnek. Tehát alapvetően nem az egoval van a baj, hanem annak a milyenségével.

Ezek alapján már azt is azonnal tisztán látod, hogy miért védi mindig az ego a jelenlegi állapotot, az eddig igaznak vélt dolgokat. A régi igazságunk a régi gondolatokat ébresztik, amelyek révén a megszokott érzelmek és hormonkoktél keletkezik. Ebben a rendszerben minden változás a test összes sejtjét érinti, hiszen a sejtfalak érzékenyége minden ilyen esetben más kémiai anyagokra kell hogy átálljon. Az ego a végletekig védi a régi megszokott hormonkoktélját, de amikor tartósan más hormonkoktélhoz jut a test és a sejtek átszoknak az újra, akkor az ego már azt fogja védeni. Ezért fordul elő, hogy ha például egy pornófüggő teljesen kigyógyul az addikciójából, utána már nem vágyik a visszaesésre, mert a teste számára már nem izgalmasak azok a hormonok. Ha viszont a pornófüggő erőből fojtja el a vágyát, akkor egy idő után áttör rajta az elfojtás és még mélyebben süllyed az addikciójába. Ez minden addikciónál így működik.

Mi a különbség a visszaeső és a leszokó között? A válasz egyszerű: a visszaeső erőből elfojtja az addikcióját, mert tisztában van annak kedvezőtlen hatásaival. De sajnos ezekben az esetekben mindig az ego nyer. Nem lehet tartósan ellenállni a test összes sejtjének hormonhiányával szemben. Ez csak akkor működik hatékonyan, ha közben valamely pozitív érzelem hormonjaira kezdi el átszoktatni az egoját. Ez egyben az addikciókról való leszokás biztos receptjét is adja, amelyet az 5.4.3. fejezetben fogok részletezni.

Most, hogy érted, mi az ego és hogy működik, tarts velem, kérlek, hogy megértsd, miért érdemes megváltoztatni az egot, azaz átszoktatni más működésre. Az egoba a különböző lelki rezgésszinteken más alapérzések épültek be. Megfordítva, amely lelki rezgésszint ránk jellemző, annak az alapérzésnek a hormonjaira szoktattuk rá leginkább a sejtjeinket. Azt már bemutattam neked, hogy a 200-as érték alatti lelki rezgésszintek (szégyen, bűntudat, fásultság, bánat, félelem, vágyakozás, harag, büszkeség) Életpusztítók, míg a 200 feletti lelki rezgésszintek (bátorság, pártatlanság, hajlandóság, elfogadás, észszerűség, szeretet, öröm, béke, megvilágosultság) Élettámogatók. De ezeket a lelki rezgésszinteket abból a szempontból is lehet csoportosítani, hogy az ego milyen hatást gyakorol a gazdatesteként szolgáló egyén személyes életére és a körülötte lévő világra, ami meghatározza az ego három fő típusát. Ezt a 4. ábra jól szemlélteti.

A 200 alatti lelki rezgésszinteken a **pusztító-ego** a jellemző, ami annyit jelent, hogy önző módon rengeteg energiát von el a környezetétől annak

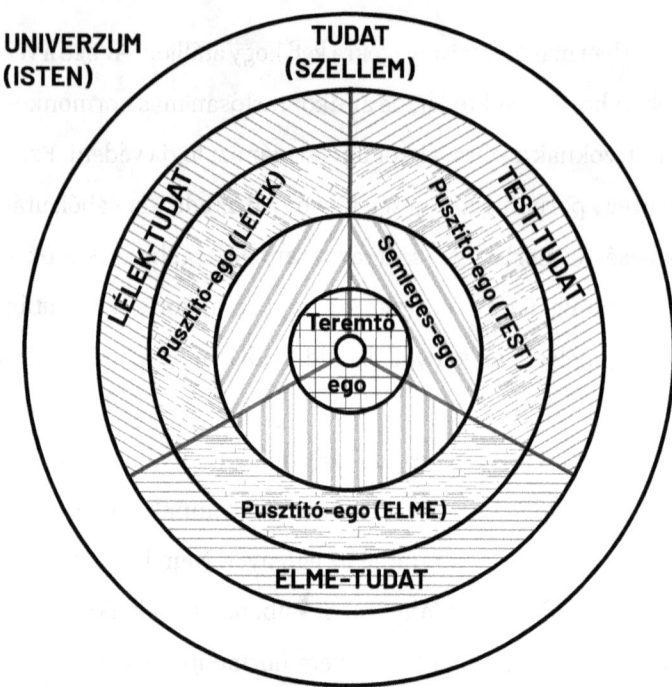

4. ábra Az ego fő típusai és rétegei

érdekében, hogy önmagát fenntartsa. Ezeken a lelki rezgésszinteken az egyénnek nincs ereje arra, hogy másokkal foglalkozzon, arra végképp nincs, hogy valami Élettámogató cselekedetet hajtson végre. Ugyan előfordul, hogy másokkal jót tesz egy ilyen Ember, de ezt is csak azért teszi, mert abból valamiféle előnyre (például viszonzásra) számít. Sajnos ezeken a lelki rezgésszinteken jellemző az önpusztítás is, ami gyakran nem tudatos, hanem „véletlen" rossz események bevonzásából ered. Az anorexiától az alkoholizmusig ebbe bármi belefér. Az ego eszköztára szinte végtelen. Ebben a tartományban a személyiség nem tiszta és nem kiforrott, ami azt jelenti, hogy játszmák, addikciók és egyéb programok irányítják. Az egyén nem a tudata által kijelölt életfeladata felé halad, ezért magányos pillanataiban a belső üresség elől menekül valamiféle aktivitásba. A 4. ábrán ez az ego külső rétege, amely a test–lélek–elme hármasának egy részét uralja.

A bátorságtól az észszerűségig a **semleges-ego** a jellemző. Ez már egy csodálatos lelki fejlettségi szint. Hiszen itt az ego már nemcsak elvon a környezetétől életerőt, hanem ad is. Ezáltal az egyén nemcsak pusztít, hanem épít-gyógyít is. Így a mérleg kiegyenlítődik az ezeken a lelki rezgésszinteken élő Emberek Életében. Az önpusztítás ezeken a lelki rezgésszinteken már kisebb mértékű. Ha mégis előfordul, akkor a személy gyorsan helyrejön belőle. A személyiség már eléggé letisztult és az egyén fokozatosan szabadul meg az addikcióitól és játszmáitól, valamint egyéb programjaitól. Az egyén az Életfeladata felé fordul. A 4. ábrán ez az ego középső rétege, amely a test–lélek–elme hármasának egy részét uralja.

A szeretet és az az feletti lelki rezgésszinteken a **teremtő-ego** a jellemző. Ezeken a lelki rezgésszinteken megjelenik a tökéletes önzetlenség belső igénye és ezáltal a személy már többet ad a környezetének, mint amennyit onnan elvesz. Az ilyen Emberek az Élet támogatói. Ők pozitív hatással vannak a környezetükben élő Emberek Életére és a Természeti erőforrásokra is. Ezeken a lelki rezgésszinteken már elenyészően épült be a pusztítás kódja az egoba. Itt már az ego a személy fejlődésének támogatója. A személyiség már teljesen kiforrott és letisztult ezen a szinten. Az egyén játszmáktól, addikcióktól és programoktól mentes, tökéletesen tisztában van az Életfeladatával és aszerint is éli az életét. A 4. ábrán ez az ego legbelső rétege, amely a test–lélek–elme hármasának egy részét uralja.

Csak a megvilágosult Ember lehet egomentes, mert ő már minden pillanatában az Univerzum egységében él. Az ő teste és lelke az Univerzum részeként létezik, mely úgy tökéletes, ahogy van. A megvilágosult Ember ezáltal egomentes, hiszen már nem létezik számára én és te, jó és rossz, csak a létezés tökéletessége. Benne már nincsenek felvett, önigazolást támogató igazságok, ő már csak az örök és általános érvényű igazságok tudója. Számára minden más csak felesleges túlbonyolítása az Életnek. Ezt a 4. ábrán a belső üres kicsi kör jelöli, amelyet belső fénymagunknak hívok, és ami mindannyiunkban ott van.

Az ego és a lelked megértése szempontjából fontos kiemelnem, hogy mindig a legkülső egoréteg az aktív. Amíg a pusztító-egot nem sikerül átformálni, addig a benned szunnyadó semleges- és teremtő-ego nem tud olyan mértékben érvényre jutni, hogy kiteljesítsd valódi önmagadat. Amikor a pusztító-egot átalakítod, akkor

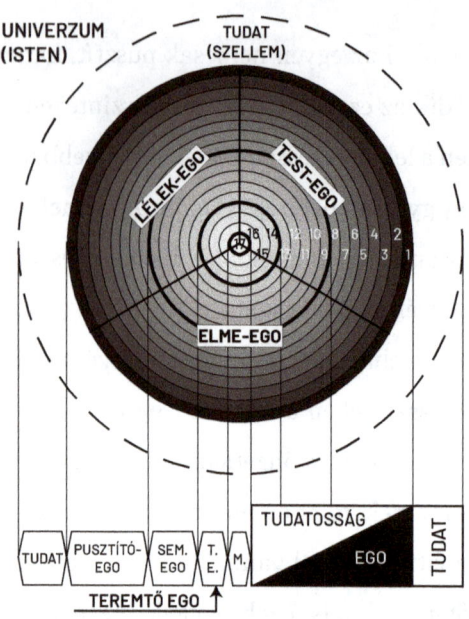

	Lelki rezgésszint	Ego	Értéke
1.	Szégyen	Pusztító-ego	20
2.	Bűntudat		30
3.	Fásultság		40
4.	Bánat		50
5.	Félelem		100
6.	Vágyakozás		125
7.	Harag		150
8.	Büszkeség		175
9.	Bátorság	Semleges-ego	200
10.	Pártatlanság		250
11.	Hajlandóság		310
12.	Elfogadás		350
13.	Észszerűség		400
14.	Szeretet	Teremtő-ego	500
15.	Öröm		540
16.	Béke		600
17.	Megvilágosultság	Egomentesség	700

5. ábra: Az ego–tudat és a lelki rezgésszintek kapcsolata

a semleges-ego rétege lesz aktív és a pusztító-ego rétegét a tudat veszi át. Amikor megszűnik a semleges-ego, akkor annak helyét is a tudat veszi át és a teremtő-ego lesz Életünk irányítója. Végül a tudat és a belső fénymagunk összeolvad. Ez akkor lép Életbe, amikor a teremtő-ego is megszűnik létezni és elérjük a megvilágosultság állapotát.

Az 5. ábra bal alsó fele szemlélteti az eddig bemutatott egorétegeket. Azonban itt már részletesebben mutatom be belső világunk felépülését. Az ábrán a lelki rezgésszinteknél tanult rétegekkel egészülnek ki az ego már ismert rétegei. Továbbra is igaz, hogy mindig a legkülső réteg az aktív, amely az összes többit eltakarja. Ezt úgy kell elképzelni, mint a kérget a fán vagy a ruhát a testen. Amíg a külső réteget nem távolítod el, az alatta lévő nem válik láthatóvá. Aki például a szégyen lelki rezgésszintjén él, annak a teljes testét–lelkét–elméjét a pusztító-ego legerőteljesebb változata uralja. Az ilyen Ember tökéletes elkülönültségben él, a lelki rezgésszintje alacsony, ennek révén a gondolatai, érzései folyamatosan igen negatívak. Az elme állandóan kattog és az idő legnagyobb részében a magas stressz-szinttel járó Béta-állapot jellemzi. A testben képződő hormonkoktél által a test beteg és fizikai rezgésszintje alacsony. Az 5. ábra tulajdonképpen egy szégyen lelki rezgésszintjén élő Ember teljes szerkezetét mutatja be.

Amikor valaki annyira begyógyítja a lelkét, hogy kilép a szégyen lelki rezgésszintjéből, akkor ez a legkülső réteg felszabadul a tudat számára. A pusztító-ego gyengül és a tudat kismértékben nagyobb hatást tud gyakorolni a testre–lélekre–elmére, bár ez még csekély. A bűntudat lelki rezgésszintje révén az elme bár még nagyon zajos, mégis kevésbé terhelt, mint előtte, és a test hormonkoktélja is eszerint alakul. A test picit fellélegzik, rezgése kismértékben emelkedik.

A folyamat így változik tovább a lelki rezgésszintünk emelkedésével a fásultság, a bánat, a félelem, a vágyakozás, a harag, majd a büszkeség lelki rezgésszintjének átlépésével. Az alábbi ábra például egy bánat lelki rezgésszintjén élő Embert mutat:

A 6. ábra bal alsó felén láthatod, hogy a szégyen, a bűntudat és a fásultág leküzdése által a szégyen lelki rezgésszintjéhez képest csökkent a pusztító-ego sávja. Az így felszabaduló „terület" a tudat hatásköre alá kerül. Így a tudat már nagyobb

	Lelki rezgésszint	Ego	Értéke
1.	Szégyen	Pusztító-ego	20
2.	Bűntudat		30
3.	Fásultság		40
4.	Bánat		50
5.	Félelem		100
6.	Vágyakozás		125
7.	Harag		150
8.	Büszkeség		175
9.	Bátorság	Semleges-ego	200
10.	Pártatlanság		250
11.	Hajlandóság		310
12.	Elfogadás		350
13.	Észszerűség		400
14.	Szeretet	Teremtő-ego	500
15.	Öröm		540
16.	Béke		600
17.	Megvilágosultság	Egomentesség	700

6. ábra: Az ego–tudat és a lelki rezgésszintek kapcsolata
a bánat lelki rezgésszintjén

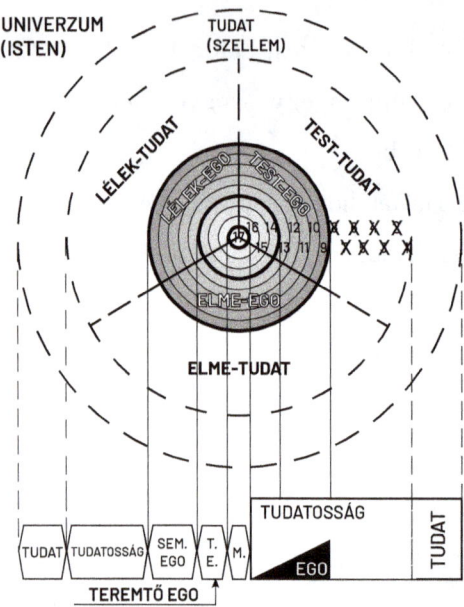

	Lelki rezgésszint	Ego	Értéke
1.	Szégyen	Pusztító-ego	20
2.	Bűntudat		30
3.	Fásultság		40
4.	Bánat		50
5.	Félelem		100
6.	Vágyakozás		125
7.	Harag		150
8.	Büszkeség		175
9.	Bátorság	Semleges-ego	200
10.	Pártatlanság		250
11.	Hajlandóság		310
12.	Elfogadás		350
13.	Észszerűség		400
14.	Szeretet	Teremtő-ego	500
15.	Öröm		540
16.	Béke		600
17.	Megvilágosultság	Egomentesség	700

7. ábra Az ego–tudat és a lelki rezgésszintek kapcsolata a bátorság lelki rezgésszintjén (a semleges-ego kezdő szintje)

hatást tud gyakorolni a testre (test-tudat), lélekre (lélek-tudat) és elmére (elme-tudat) egyaránt.

Ahogy a lelki rezgésszintünk tovább emelkedik, a bátorság lelki rezgésszintjére érve megszűnik létezni a pusztító-ego. Testünk egész komoly hányadára tud már hatással lenni a tudat. Az elménk kevésbé kattog, néha már megjelennek csendesebb időszakok. Az elme munkája során a magas Béta-tartomány időszakai már jóval rövidebbek. Ezt az állapotot mutatja a 6. ábra.

Ha a 7. ábra jobb alsó felét összehasonlítod az előző két ábrával, akkor jól láthatod, hogy már milyen sokat csökkent az ego hatalma és már milyen nagy mértékű a tudatosság az egyén Életében. Fontos kiemelni, hogy a tudatosság szót tévesen értelmezik a racionalitásban élő Emberek. Ők azt hiszik, hogy a tudatosság azt jelenti: az egyén logikusan végiggondolja az adott problémát és aszerint cselekszik. Pedig a magyar nyelv ezt logikus gondolkodásnak hívja. A tudatosság azt jelenti, amit szó szerinti értelmezésben jelent, mégpedig azt, hogy a tudatnak teret engedve létezünk. A tudatos Ember nem a racionális gondolkodásának, hanem a megérzéseinek, intuícióinak enged és a jelenben él, azaz agyalás nélkül csak teszi, amit tennie kell.

A lelki fejlődés további folytatásával a pártatlanság, a hajlandóság, az elfogadás és az észszerűség lelki rezgésszintjeiről való elrugaszkodással gyengül, megszűnik a semleges-ego és a teremtő-ego válik aktívvá, melynek első aktív rétege a szeretet lelki rezgésszintje. Ezt az állapotot az alábbi ábra tükrözi:

Itt már az elme csendes és ritkán tartózkodik Béta-állapotban, még ébrenléti állapotban is. A lelkünkben a pozitív érzelmek dominálnak. A testünkből eltűnnek a feszültségek és a test sejtszintű regenerációja által visszanyeri a teljes egészségét. Ha a 8. ábra jobb alsó részét viszonyítod az előzőekhez, akkor láthatod, hogy az ego már milyen kis hatást gyakorol az ilyen Ember Életére. Itt már szinte teljesen a tudat az irányító. Az ego „szennyezése" már szinte elhanyagolható.

Ha tovább emeljük lelki rezgésszintünket és lépésről lépésre elhagyjuk az egyes rétegeket (szeretet, öröm, béke), akkor a megvilágosultság állapotába kerülünk. A tudat átveszi a teljes hatalmat a lélek–elme–test felett és az ego megszűnik létezni.

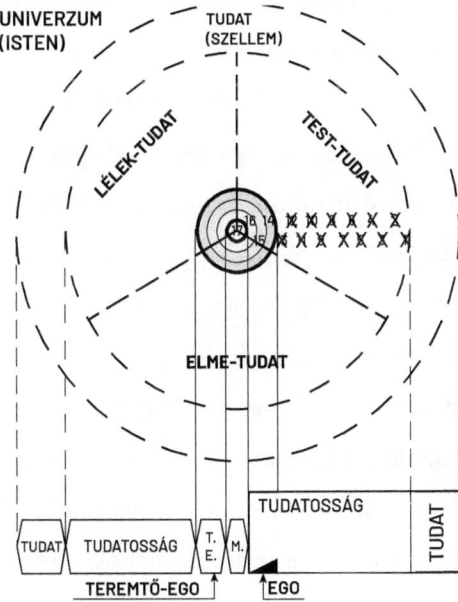

Lelki rezgésszint	Ego	Értéke
1. Szégyen		20
2. Bűntudat		30
3. Fásultság		40
4. Bánat	Pusztító-ego	50
5. Félelem		100
6. Vágyakozás		125
7. Harag		150
8. Büszkeség		175
9. Bátorság		200
10. Pártatlanság		250
11. Hajlandóság	Semleges-ego	310
12. Elfogadás		350
13. Észszerűség		400
14. Szeretet		500
15. Öröm	Teremtő-ego	540
16. Béke		600
17. Megvilágosultság	Egomentesség	700

8. ábra: Az ego–tudat és a lelki rezgésszintek kapcsolata a szeretet lelki rezgésszintjén (a teremtő-ego kezdőszintje)

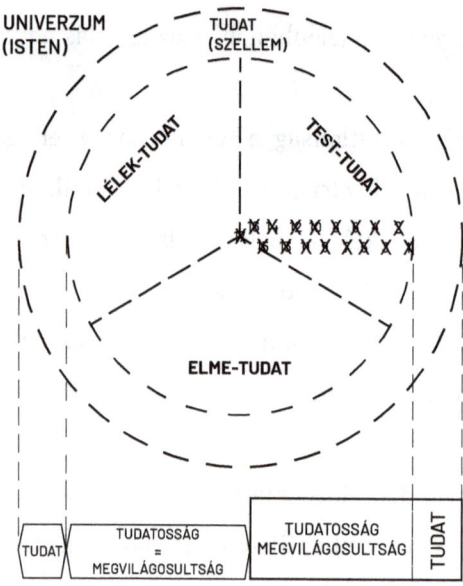

	Lelki rezgésszint	Ego	Értéke
1.	Szégyen	Pusztító-ego	20
2.	Bűntudat		30
3.	Fásultság		40
4.	Bánat		50
5.	Félelem		100
6.	Vágyakozás		125
7.	Harag		150
8.	Büszkeség		175
9.	Bátorság	Semleges-ego	200
10.	Pártatlanság		250
11.	Hajlandóság		310
12.	Elfogadás		350
13.	Észszerűség		400
14.	Szeretet	Teremtő-ego	500
15.	Öröm		540
16.	Béke		600
17.	Megvilágosultság	Egomentesség	700

9. ábra: Az ego–tudat és a lelki rezgésszintek kapcsolata a megvilágosultság lelki rezgésszintjén (az egomentes állapot)

Nincsenek már érzelmi kilengései a léleknek, kötöttségei az elmének és a testnek problémái. Az egyén az Univerzum egységében tiszta tudatként létezik és nem látja szükségességét önálló identitásnak. Ezt az állapotot láthatod az alábbi ábrán:

Ha a 9. ábrát összehasonlítod a szégyen lelki rezgésszintjén lévővel, akkor hatalmas egyszerűsödést tapasztalsz. A lelkirezgésszint-emelkedéssel egyre egyszerűbben gondolkodunk, egyre kevésbé cikázó-ingadozó az érzelmi életünk és a testünk is mind stabilabb, ellazult állapotba kerül. Összegzésképp jól láthatod, hogy érdemes a lelki fejlődés útját választani és emelni a lelki rezgésszintedet! Az ego ezáltal átalakul és Életed egyre békésebbé, harmonikusabbá és boldogabbá válik.

Amíg nem vagy megvilágosult, mint amilyen Buddha, Jézus vagy Krisna volt, addig nem lehetsz egomentes. Ezáltal a fejlődésed útja nem az, hogy elpusztítsd az egodat, hanem az, hogy átalakítsd, amelyet a lelki rezgésszinted emelésével tudsz megtenni. Eközben az egod egyre gyengül és egyre kevésbé lesz irányítója a lényednek. Ha olyan szerencsés vagy, hogy megvilágosulsz, akkor az egod egyszer csak semmivé válik majd, de mivel ez keveseknek adatik meg, addig is érdemes dolgoznod az egod átalakításán. A pusztító-egot formáld először semlegessé, majd utána teremtővé! Hogy hogyan? Ehhez is minden információt meg fogok adni. Ebből egyes részleteket ez a kötet tartalmaz. Azonban ez az út hosszú, ezért a ráépülő következő könyvben is fogok szolgálni izgalmas információkkal.

4.3. Az egod néhány jellemzője

Most leírok neked egy mondatot, amelyet ha elolvasol, kérlek, figyeld meg, milyen érzéseket kelt benned. Fontos, hogy a mondat elolvasása után állj meg pár percre és csak az érzéseidre, a lelki-gondolati reakcióidra figyelj:

„Érzem, hogy tökéletesen egyenlő vagyok minden Emberrel, se nem vagyok több senkinél, sem pedig kevesebb."

Köszönöm, hogy megfigyelted magadat! Milyen érzéseket keltett benned ez a mondat? Azt, hogy ez az állítás tökéletesen igaz? Vagy inkább azt, hogy ez abszolút nem igaz? Amikor jött az érzés, hogy ez nem igaz, akkor esetleg olyan gondolataid támadtak, hogy mennyi mindenben különb, több vagy, mint mások? Vagy esetleg olyan gondolataid támadtak, hogy mennyivel gyengébb, kevesebb vagy, mint egyes Emberek?

Aki a tökéletes egyetértéssel tudta megélni ezt a mondatot, abban nagyon gyenge ego van, vagy egyáltalán nincs is. Gratulálok hozzá! Ilyen Ember nagyon kevés él a Földön. Valószínűsítem, hogy ha te ezek közé tartozol, akkor boldog, békés és kiegyensúlyozott Ember vagy! De, kérlek, ezt ne keverd össze azzal, hogy én-involváltság nélkül olvastad a mondatot. Mert akkor tévútra vezet a következtetés, mely az önmagát védő ego reakciója! Az én-involváltság hiánya azt jelenti, hogy nem viszem bele az érzéseimet az adott folyamatba, hanem ösztönös belső önvédelemből érzelmileg elhatárolódom tőle. Alacsonyabb lelkirezgésszint-tartományokban sok Emberre jellemző ez az önvédelem, ami természetes dolog. Hiszen ha sok a belső problémánk, akkor igyekszünk menekülni ez elől a teher elől, és bármi, ami ebből valamit felszakíthat, az veszélyes vagy felesleges gondot okoz. Ezért szoktak nagyon sokan olyan önvédelmi stratégiát kialakítani, amelynél elhatárolódnak a saját érzelmeik nehezen emészthető részeitől és elfojtják azokat.

Az Emberek általában a különbözőségre fókuszálnak és belső ellenérzést, feszültséget éreznek a mondat olvasása kapcsán. Ez az ellenérzés az ego jelenlétének igazolása benned.

Az életünknek két fő szakasza van. Amíg középkorúvá nem válunk, az addig tartó időszakban keressük a helyünket a világban és nyomot akarunk hagyni. Ebben az életszakaszban kevés Ember számára tűnik fel az egojuk számos káros hatása. Hiszen az erős önérvényesítési vágy stabilizálja, erősíti az egot, és ezzel az adott személy könnyen szimbiózisba tud kerülni. Azonban életünk második felében nagyon sokan rádöbbenünk, hogy helytelen úton jártunk. A lelki fejlődés a legtöbbünk Életében fő témává válik és ekkor ráébredünk, hogy mennyire buta és szűklátókörű létforma az ego mögé bújva élni.

Az ego állandóan másokhoz viszonyít minket. Mindig azt keresi, hogy miben vagyunk különbek, eltérők. A különbözőség lehet negatív és pozitív is. Ha például valaki szebb, mint te, akkor az egod irigységet kapcsol be benned és ezzel sóvárgást kelt. Vagy az is lehet, hogy megidealizálja, hogy az ő szépsége már miért „too much" és ezzel erősíti meg a különbözőségedet tőle. Az is lehet, hogy az ego alárendelő érzeteket kelt benned mások „nagyságával" kapcsolatban, ami hamis énképünkbe a negatív különbség beépülését eredményezi. Én például mivel erősen önbizalomhiányos voltam, hajlamos voltam szinte istenségkét tekinteni másokra, míg magamat egy semmitérő valakinek tartottam. Ugyanakkor amikor valami siker ért, akkor másokhoz viszonyítva hajlamos voltam túlzottan sokat gondolni magamról (átestem a ló túloldalára). Az önbizalomhiányom miatt ezek persze rövid időszakok voltak, amelyeket erős pofára esések követtek. Az ego ilyenkor ügyesen „belépett" és jelezte, hogy ő majd legközelebb megvéd az ilyenektől, és ezzel tovább erősítette bennem önmagát. Mindenkivel ezt teszi... Minden lelki sérülést felhasznál arra, hogy önnön létének fontosságát igazolja és engedélyt szerezzen arra, hogy még tovább erősödjék a lelkedben, az elmédben, a testedben.

Vannak Emberek, akik ez miatt harácsolják a pénzt, szereznek maguknak hatalmat vagy hírnevet, esetleg extra külsőt és még sorolhatnánk. Az ego (különösen a pusztító-ego) ezektől érzi magát biztonságban. A fokozatosan erősödő ego azonban nagy árat kér ezért cserébe. Egyre inkább elhisszük, hogy különbözünk másoktól és eközben mind felszínesebbé válnak az Emberi kapcsolataink. Így legbelül egyre magányosabbá válunk. Ha önmagunkhoz nem vagyunk őszinték, mitől lennének az Emberi kapcsolataink azok? De hogy is lehetnénk önmagunkhoz őszinték, amikor már régen elveszítettük valódi önmagunkat és az egonkat tekintjük annak? Például a sznobizmus és a beképzeltség a kérges, kemény ego egy-egy erős megjelenési formájának jó példája. Itt már teljesen leváltunk a valódi önmagunkról, már semmi ismeretünk nincs arról, hogy valójában kik vagyunk. Ez már az a szint, amikor az ego tökéletesen leválasztott minket a valódi személyiségünkről és elhittük, hogy valami külső megfelelési igényrendszerhez igazodott énünk a valós. A sznob Emberek mindegyike elhiszi magáról, hogy ő különleges, különb. Miközben legtöbbjük pont ettől tipikus és sablonszerű. De ezt természetesen nem képesek belátni, amíg nem mernek az egojuk mögé nézni. De ezek a tulajdonságok csak szemléltető példák voltak, hiszen a különböző lelki rezgésszintek rétegeiben eltérő jellemzőkkel domborít az ego.

Tehát minél erősebb az egonk, annál kevésbé tudjuk, hogy valójában kik vagyunk. Az ár pedig a belső lelki elmagányosodás. Hány Ember él párkapcsolatban úgy, hogy belül magányos? Hány Ember él munkahelyi vagy iskolai közösségekben úgy, hogy legbelül magányos? Hány Ember jár baráti társaságokba, szórakozóhelyekre úgy, hogy legbelül magányos? Ez a belső, gyötrő magány az ego megerősödésének az ára! Ez lelki eltávolodás önmagunktól és ezzel együtt másoktól is. Ez lelki távolságtartás... Az erős ego következménye Istentől (Isten helyére bármely, hited szerinti szót tehetsz) való eltávolodás is. Hiszen az ego elhiteti, hogy csak egymaga létezik. Ez tovább fokozza a belső bizonytalanságunkat, hiszen az egonk eredményeképpen nem létezik semmiféle olyan erő, amelyre számíthatunk, az egonk az egyetlen, aki megvéd minket. Ebbe a belső bizonytalanságba kapaszkodik az ego, amit létének szükségessége tart fenn. Ez a fő ok, amiért az erős ego létezésével nincs valós boldogság, csak rövid idejű örömök. Így egyre gyorsabban váltakoznak felszínessé váló Emberi kapcsolataink. Hiszen csak az újdonság hozhat megfelelő menekülést a belső magánytól. Ez az állandó újdonság iránti vágy okozza a sok extra élvhajhászást, amely a nyugati társadalomra jellemző. Teljesen mindegy, hogy a vásárlás-, az utazás-, a játék-, a szex-, a drog-, az alkohol-, a kapcsolatfüggők vagy a munkamániások jutnak eszedbe ennek kapcsán. Ezt a listát még nagyon sokáig lehetne sorolni, de a valódi ok minden esetben ugyanaz.

Az ego persze gyakran a boldogságot is elhiteti velünk. Amikor még jobb autót veszel vagy még nagyobb házat, vagy még nagyobb hatalomra teszel szert, esetleg elutazol egy még távolabbi helyre, az ego elhiteti veled, hogy ez a boldogság. Átmenetileg örömet is érzel, de aztán jön az újabb vágy, mert belül valami mégiscsak üres maradt. Az elfojtott belső magány elől újabb birtoklásba vagy egyéb egot erősítő vágy teljesítésébe menekülsz. A rossz hírem az, hogy ennek a folyamatnak előbb-utóbb szörnyű vége lesz!

A végtelen hataloméhséggel bíró politikusok öngyilkossággal, börtönnel, kivégzés általi halállal, esetleg elmegyógyintézetben végezték, amikor váratlanul összeomlott a hatalmuk. Ez a hihetetlen mértékben megkérgesedett pusztító-ego összeomlásának egy tipikus megjelenési formája. Gondolj bele például Nicolae Ceaușescu kivégzésébe 1989-ben...

Az egotól, ha túlkérgesedett, már csak óriási munka vagy kemény kudarcok árán lehet megszabadulni, mert hihetetlen szenvedések árán a legváratlanabb módon fog összetörni. Nekem 3-szor tört össze teljesen az egom. Sajnos az első két esetben még erősebb, még ügyesebb, még körültekintőbb egot növesztettem. Elhitette velem, hogy ezentúl majd minden jobb lesz! A harmadik teljes összeomlás után már nem akartam újra összerakni egy még erősebb egot! Ekkor már tisztán láttam az ego pusztító működését, lelki parazitarendszerét. Az egom erős volt és önhitt. Meg voltam győződve arról, hogy minden úgy a legjobb, a leghelyesebb és a leghatékonyabb, ahogy én kitalálom, ahogy én akarom véghezvinni. Hihetetlenül önfejű voltam és mindig pontosan tudtam, hogy mi a helyes út. Arról is meg voltam győződve, hogy nekem nincs szükségem külső segítségre, akárhogy is hívjuk azt: Isten, Mindenható, Univerzum, szerencse stb. Azt gondoltam, hogy az csak a gyengéknek való. Én erős vagyok és külső segítség nélkül is a saját erőmből átverekedem magamat az Élet kihívásain. Senkire sem számíthatok, de nincs is szükségem senkire... Ebből érthető, hogy az Életem egy állandó küzdelem volt, sok gyötrelemmel és mély hullámmal. A lelki mély hullámok pedig sok-sok szenvedéssel jártak. Az ego világában élni olyan, mintha egy csövön keresztül néznél ki a világba. A cső végén lévő kör alakú nyílás beszűkíti a látómezőt. Az ego révén hihetetlenül céltudatossá és fókuszálttá válunk a valóság egy nagyon pici részletére. Meg vagyunk róla győződve, hogy amit ott tapasztalunk, csak az létezik, és mindenki más, aki mást érez vagy érzékel, az hülye, az nem normális. Hiszen amit én tapasztalok, csak az a valódi igazság. Az ego révén beszűkült és önhitt világba zárjuk magunkat, ami nemcsak az Életünket teszi tönkre, hanem a hatékonyságunkat is alacsony szintre sodorja. Hogyan lehetséges ez, miközben az erős egoval rendelkező Ember pont ennek az ellentétéről van meggyőződve?

Dr. Joe Dispenzától (akinek nagy tisztelője vagyok és minden könyvét tiszta szívből ajánlom neked) egyik előadásában megkérdezték, hogy lehet ilyen szerény, amikor ilyen híres Ember? (Ő jelenleg a világ egyik leghíresebb spirituális vezetője a nyugati világban.) Erre ezt válaszolta, hogy „hihetetlen sok munkát fektettem abba, hogy legyengítsem magamban az egomat. Semmi kedvem újra és újra ezt a munkát elvégezni". Az ego mindig vissza akar épülni a lelkünkbe. Ő egy olyan lelki parazita, amelynek gazdatestre van szüksége. Az ego nem tud létezni nélküled, viszont te tudsz létezni az egod nélkül. Képzelj el egy élőlényt, amiben paraziták élnek. Szerinted ő hatékonyabb, egészségesebb, boldogabb lehet, mint az a társa, amely parazita nélkül létezik? A fagyönggyel fertőzött fa és a mellette élő fagyöngymentes, egészséges fa közül szerinted melyik növekszik, melyik üdébb, életerősebb?

De az ego-parazita hogyan tesz minket bénábbá, kevésbé hatékonnyá, miközben pont az ellentétét hiteti el velünk? Erre több pontban szeretnék válaszolni neked:

A. Csőlátás

Erről már írtam fentebb. De a hátrányát azért rögzítsük le. Ha egy szűk részét látom a világnak és meg vagyok róla győződve, hogy az az egyetlen létező valóság, akkor nagyon sok lehetőség megy el úgy mellettem, hogy azt észre sem veszem. Ha kevesebb lehetőség közül választhatok, akkor drasztikusan csökken a hatékonyságom, hiszen lehet, hogy épp a legbonyolultabb úton jutok el a célba, miközben nem is sejtem, hogy sokkal rövidebb utak is vannak. Régebben ezt úgy éltem meg, hogy nem értettem: nekem miért kell tízszer annyit dolgoznom ugyanannak a célnak az eléréséért, ami másnak szinte az ölébe potytyan? Igazságtalannak éreztem az Élettől. Pedig csak a kérges, kikeményített pusztító-egomnak köszönhettem, hogy állandóan így jártam. Pechesnek és szerencsétlennek éreztem magamat, és ennek hatására még erősebb pusztító-egot növesztettem. Az ego mindig elhiteti velünk, hogy azért van, hogy megvédjen és azért van, hogy hatékonyabbá tegyen minket. Valójában az ego csak önmagával foglalkozik, és te csak egy gazdatest vagy, akit kihasználhat.

B. Felesleges gondolatok negatív visszacsatolása

Az ego állandó félelemben tart, hiszen így tudja elhitetni veled, hogy ő az, aki megvéd téged. Ezért az agyad állandóan pásztázza a jövő lehetséges alternatíváit és gondolkodással próbálod kiszűrni a számodra legkedvezőbb irányt. Ugyanakkor a jövőt elemző gondolataid 99,999%-a soha nem történik meg! Így a jövővel kapcsolatos gondolataid 99,999%-a teljesen felesleges. Ez azt jelenti, hogy kb. 100 000 db gondolatból mindössze 1 db-nak van értelme. Akiknek gyenge az egojuk, azok bíznak a jövőben, ezáltal nem pásztázzák azt állandóan. Így ők ezt a 99 999 db gondolatot sokkal értelmesebb dolgokra tudják használni. Az agymunka több energiát éget el, mint a futás. Nem véletlen, hogy a sok gondolkodást igénylő kreatív alkotómunka után olyan éhesek vagyunk. Ezt még erősen tetézi, hogy az ego (különösen a pusztító-ego) sokszor arra sarkall, hogy a múltról agyalj. Ha valamit rosszul csináltál, akkor ezerszer átgondoltatja veled, nehogy megint olyat tegyél a jövőben. Ez megint az egot erősíti benned, de a lényeg az, hogy a múltban járó gondolataid 99,999%-a szintén felesleges. Ez hihetetlenül sok belső energia elpocsékolását jelenti... Képzeld el, kérlek, ha ezt mind életed jobbá tételére használnád fel, hogyan alakulna az életed?!

Anno, amíg erős pusztító-egom volt, állandóan energiahiánnyal küzdöttem, de nem értettem, miért. Ma már egyértelmű... Bárcsak valaki így elmagyarázta volna nekem ezt, mint ahogy most én próbálok segíteni neked. Szinte folyamatosan úgy éreztem, hogy nincs elég életerőm ahhoz, hogy véghezvigyem a céljaimat. Csak azért is megerőszakoltam magamat és önpusztítás árán is haladtam a céljaim felé. Ez természetesen egy lefelé húzó energetikai spirálba sodort. Minden reggeli kelés egy kínlódás volt. Minden éjszakai meló, hogy még többet bírjak dolgozni, külön szenvedés volt. De csináltam... Az erőmet elszívta a sok-sok felesleges gondolat, anélkül, hogy ezt észrevettem volna. Ma a teremtő-ego világában élve 8 órában többet csinálok meg, mint azelőtt 16 órában és nem mellesleg nagyon ritkán vagyok fáradt. Energikusan ébredek reggel. Jól érzem magamat szinte egész nap. Mindig arra a feladatra fókuszálok, amit épp elém hoz az Élet. Annak ellenére, hogy nagyon sokat dolgozom, szinte sosem vagyok feszült, és az eredményességem a sokszorosa a réginek. Szóval visszanézve nagyon is megérte a pusztító-egot teremtő-egová transzformálni az elmúlt éveim során.

Régebben precízen megterveztem a napomat. Ha bárki vagy bármi el akart téríteni az eredeti időtervemtől, akkor dühös, haragos voltam, és csak azért is az eredeti elképzeléseim szerint haladtam tovább. Ez a sok harag, düh és erőltetett ütemezés is rengeteg energiát szívott el. Mindezt miért? Mert meg voltam róla győződve, hogy ahogy én kitaláltam a jövőt, az csak úgy helyes. Hú, de nagy balek voltam... Az Élet (ide a hited szerinti bármely szót teheted) mindenkire vigyáz, aki nyitott rá! Ez egy mindent átható energiarendszer, ami az Élet minden mozzanatát szervezi. Csak az ego vak rá, de te és bárki más is nyitott lehet erre! Csak az ego és a túlzott racionalitás az, ami kitaszít ebből. A Bibliában nem véletlenül a kígyó és az alma vetette ki Ádámot és Évát a paradicsomból. Az alma a túlzott racionalitás, a tudásba vetett túlzott hit, míg a kígyó a csábítás és az ego jelképei.

C. Helytelen gondolatok egészségi hatásai

Mint ahogy azt már jól tudod az eddigi fejezetekből, a betegségek helytelen gondolatmintázatokból keletkeznek. Ha tartósan sok negatív gondolattal élünk és ennek következtében rengeteg negatív érzelmet élünk meg, akkor előbb-utóbb megbetegszik a testünk. A pusztító-ego egyik kedvenc eszköze a negatív érzelmek keltése. Hiszen ha például félünk, akkor még jobban be tudja adni neked, hogy majd megvéd. Ez minden negatív érzelemmel így van. A pusztító-egonkba épült be a szégyen, a bűntudat, a fásultság, a bánat, a félelem, a vágyakozás, a harag és legfőképpen a büszkeség. Az ego ezekből a negatív érzelmekből erősödik. Ezeket pedig olyan gondolatokkal éri el, amelyek ilyen érzelmekhez vezetnek (ez fordítva is igaz).

Emlékszem régen állandóan olyan jövőalternatívákon kattogtam (feleslegesen), amelyekben meg kellett védenem magamat, vagy el kellett kerülnöm mások bírálatát, kritikáját. Ugyanakkor állandóan dühös voltam, ha valami nem úgy alakult, ahogy én elképzeltem. Ha pedig valami mégis úgy alakult, akkor fenemód büszke voltam magamra. Az egom állandóan címkézett másokat és összehasonlításokat tett, kritizált. Ezzel is vagy szégyenbe, bűntudatba sodort vagy büszkévé tett. Ha jobbnak éreztem magamat valakinél, akkor az a büszkeségemet erősítette. Ha valaki valamit jobban csinált, mint én, akkor szégyent vagy bűntudatot éreztem. Szerinted ez a sok negatív érzés el tud múlni nyomtalanul? Kérlek, nézz végig a 40 év feletti Embereken! Nézd meg a testük állapotát! Nézd meg, mi sugárzik az arcukból! Legtöbbjük fiatalon szép és egészséges volt, tele voltak reménnyel és célokkal. Fiatalon lehet, hogy még nem érzed, de az évtizedek alatt ez a folyamat lassú méregként feléli az egészségedet. A 20-as éveidben fittyet hánysz ezekre, a 30-as éveidben még nem foglalkozol az enyhe tüneteiddel. Aztán a 40-es éveidben elkezded megbánni, hogy miért éltél ilyen helytelenül. Jönnek az egészségügyi gondok. Mindenkinél más, többek között attól függően, hogy milyen arányban és töménységben élt meg negatív érzelmeket a fent leírt kombinációból.

D. Helytelen gondolatok negatív érzelmi hatásai és az elfojtások ára

A helytelen gondolatok negatív érzelmeket generálnak, ahogy az előző pontban már leírtam neked. De abba is gondolj bele, kérlek, hogy ennyi negatív érzelem mellett mennyi esélyed van a boldogságra. Amíg erős volt az egom, nem értettem, hogy miért nem vagyok boldog, miközben mindent megteszek érte. Szorgalmas, céltudatos, munkabíró voltam. Önmagamat is feláldozó módon küzdöttem a céljaimért. Mégsem voltam igazán boldog. Hogy is lehettem volna az? Észre sem vettem, hogy mennyi negatív érzés volt bennem, amelyeket jobbára elfojtottam. Hiszen ez volt a megszokott. Ráadásul az egom állandóan megidealizálta, hogy ezekről nem én tehetek, hanem az a fránya világ. Az ego ezzel is csak önmagát erősítette bennem és valójában pusztított engem. Ugye, milyen becsapós? És itt átadok neked még egy kiemelten fontos tudást! Minden elfojtott érzelem minimum 1 000-szer fog visszaütni később az életedben! Ezért a legnagyobb rossz, amit tehetünk, ha elfojtjuk az érzelmeinket, ahelyett, hogy megélnénk, feldolgoznánk azokat!

E. Önhittség

Ez az egyik legtrükkösebb része az egonak. Elhiteti velünk, hogy mi mennyire klasszak, szépek, okosak stb. vagyunk. Példaként vegyünk egy a testével kapcsolatban perfekcionista hölgyet, meg egy gazdag és nagy hatalmú férfit. A közös bennük az önhittség. Mind a kettő egoja elhiteti önmagával, hogy ő sokkal különb a többi Embernél. Ez a különbség pedig „joggal" érezteti vele, hogy ő különleges. A különlegesség hite egy hamis boldogságérzetet generál. A perfekcionista hölgy a külső megjelenése által felhizlalt hiúságában és a sok más Embertől érkező elismerések bájában díszeleg. A hatalom és a pénz kényelmet és biztonságérzetet ad, ami a példaként felhozott férfinek boldogságérzetet nyújt. Kívülről nézve én mást látok. Én is voltam perfekcionista és én is vállalkozó vagyok. A valóság az, hogy kifelé a világ felé a legtöbb ilyen Ember boldognak tűnik, de legbelül rendszeresen előtör valami belső üresség. Ezeket ilyenkor lesöpörjük, még mélyebben menekülünk bele a perfekcionizmusunkba vagy a hatalomvágyunkba, vagy egyéb más addiktív tevékenységünkbe. Csak ne kelljen szembenézni azzal a bizonyos ürességgel. Az önhittség, a boldogág felszínes délibábját adja, amit más nézőpontból kompenzálásnak is hívhatunk. Az ego ezzel hiteti el velünk, hogy helyes úton járunk. Ez a legnagyobb csapda és az egész társadalmi berendezkedésünk erre épül. A legtöbb Ember ezeket a mintákat igyekszik követni, ilyen Emberekre szeretne hasonlítani. De képzeld el, hogy mi lenne, ha az ego önhittsége helyett a belülről feltörő ürességeket gyógyítanánk be. Micsoda béke és harmónia jutna úgy az Életünkbe... Ez az egomentes (megvilágosult) irányba történő fejlődéssel érhető el, melynek módszere a lelki rezgésszinted emelése.

F. Az eltorzult igények

Az ego tipikus jellemzője, hogy mindig mindent megtervez. Ha te megtervezed még a nyaralásodon is, hogy hány órától hány óráig mit fogtok csinálni, akkor erős és jó eséllyel pusztító egod van. Az ego másik jellemzője, hogy ha valami nem úgy alakul ahogy te eltervezted, akkor azt óriási gondként éled meg. Néha ámulok azon, hogy egyesek mekkora gondot csinálnak abból, hogy éppen nem lehet olyan kávét kapni a boltban, mint amit szeretnének vagy nincs a kedvenc ízű fagyijuk a fagyizóban. Micsoda problémák, miközben a világban jelenleg 1 milliárd Ember nem jut egészséges ivóvízhez és 3 milliárd Ember nem tudja, hogy holnap lesz-e mit ennie. Az ego túlértékeli önmagát és elhiteti a gazdateste elméjével, hogy igenis fontosak az igényei. Nem állítom, hogy nem fontosak az igényeid. Azt állítom, hogy az ego torz képet ad a valós igényeidről. Az ego elhiteti, hogy az érzelmek világa nem fontos, vagy csak maximum az én pozitív érzelmeim kielégítése a fontos. Ugyanakkor az anyagi világ minden java kell az egonak. És csak ÉN számítok. Nehogy már ne érdemeljek meg egy 600 m^2-es házat és egy akkora városi terepjárót, amiben akkora motor van, mint egy teherautóban! Nehogy már ne utazhassak el repülővel a világ másik felére, ha úgy tarja kedvem! Az legyen, amit én akarok, bármi legyen is az... Észre sem vesszük, hogy mennyire eltorzítja az egonk az igényeinket. Egy ismerősöm, aki nagyon hirtelen lett gazdag, azt mondta nekem, hogy az a vágya, hogy bármit megvehessen, amit csak akar. Ha például az 1 200. aranyóra tetszik meg neki, akkor azt is megvehesse. Na, ennél a mondatnál lett vége a barátságunknak. Igaz, akkor még én is mélyen voltam lelkileg, ezért ítélkeztem. Sajnáltam őt, de nem tehettem érte semmit. Elvakult volt. Vakká tette az egoja. Persze ilyenkor jön a mi egonk reakciója, hogy a mi igényeink sokkal szerényebbek, tehát mennyivel normálisabbak vagyunk. De vigyázz, ez is csak az ego különbségekre fókuszáló eszköze, amit annak idején én is helytelenül éltem meg.

Az ego mindig a következő célt adja neked. Ha azt elérted, akkor picit örülsz, de már elkezd motoszkálni benned az újabb. Így szép lassan, évtizedről évtizedre nőnek az igényeid. Észre sem veszed, hogy megváltoztál, mert ez lassan és fokozatosan épül be a személyiségedbe. A parazita is óvatosan, fokozatosan nő meg a gazdatestben, nehogy az letaszítsa magáról. Kérlek, gondolatban kövesd végig az életutadat és figyeld meg, hogy milyen igényeid voltak gyermekkorodban, serdülőkorodban, fiatalfelnőtt-korodban és utána kb. 10 évente. Ugye, mekkorát nőttek az igényeid?

G. Megérzések hiánya, kreativitásunk csökkenése

Az ego az örökös, akaratos tervező. Ennek a másik aspektusa az, hogy vakká válunk a megérzéseinkre, az intuícióinkra. Pedig azok sokkal bölcsebbek, mint az ego tanácsai. Az ego elhiteti velünk, hogy azok baromságok. Pedig fordítva van: az ego léte maga a baromság. Nem állítom, hogy nincs szükség az egora akkor, amikor valós halálfenyegetettségben védem meg magamat. De szerencsére az Életünkben ez minimális esetben fordul elő, hiszen béke van és jelen sorok írásakor jó a közbiztonság a környezetünkben. Bár sajnos a III. világháború kirobbanásának nem kicsi az esélye. De ha az Emberiség bölcsen alakítja a jövőjét, akkor sok-sok Ember úgy fogja tudni leélni az Életét, hogy sosem kerül ilyen fenyegetés közelébe. Szóval nagyon ritkán van szükség az egora, mégis minden tettünket, gondolatunkat, érzésünket ez a negatív energiarendszer irányítja. Eközben az állandó tervezés következményeként elveszítjük két legnagyobb kincsünket: az intuíciónkat és a kreativitásunkat.

H. Stresszgenerátor

Az ego gondolati síkon állandóan képzelt veszélyforrásokat kreál a jövőben. Ezzel állandó veszélyérzetben tart téged. Így a tested folyamatosan túlélő üzemmódban van. Ez fokozza a stresszt és a tested folyamatosan kortizolt termel. Ennek következtében sosem érzed magadat igazán biztonságban. Így hogyan lehetnél egészséges, boldog és hatékony? Ugyanakkor az egod pont azt hiteti el veled, hogy attól vagy hatékony, hogy ez a belső bizonytalanság állandóan éberen tart téged. Ez is egy parazita-taktika. Ha biztonságban érzem magamat, akkor sokkal körültekintőbben tudok döntéseket hozni. Ezáltal eleve kevesebb bajba sodrom magamat, továbbá kevesebb energiabefektetéssel érem el a céljaimat.

Képzeld el, ha ezen negatív hatások nélkül élsz, akkor mennyivel békésebb, harmonikusabb, egészségesebb, hatékonyabb és boldogabb az Életed! Vigyázz, kérlek! Az egod millió okot ki fog találni, hogy ez az írás miért butaság. Pedig nem az! Én már átformáltam, legyengítettem az egom egy részét, így biztosan tudom, hogy minden sor igaz, amit olvastál. Amikor viszont még erős egom volt, ezt az írást simán lesöpörtem volna valami kreált indokkal. Nyilván most felmerül benned a kérdés: hogyan lehet az egot gyengíteni, átformálni teremtő-egová? Erre nem könnyű a válasz. Hiszen egy olyan parazitával kell ezt tenned, amely valószínűleg már 3–15 éves korod között valamikor beléd került és szép lassan beléd ivódott. Az ego átformálásához az első lépés, hogy felismerd a létét és azt is, hogy az életed hány helyén van erősen negatív hatása rád. Ehhez mély önismeret szükséges, hiszen az egod miatt valószínűleg azt sem tudod, ki vagy valójában. Ez a könyv azonban minden eszközt meg fog adni neked arra, hogy emeld a lelki rezgésszintedet és a pusztító-ego átalakuljon benned semleges-, majd teremtő-egová. Fontos, hogy tudd! Nem az ego maga a probléma, hanem annak a milyensége! A Föld nevű bolygón csak a megvilágosodottak képesek ego nélkül élni. Minden más Ember Életének fontos és egyben elengedhetetlen része az ego. Azonban a boldogságod mértéke és az Emberi kapcsolataid milyensége azon múlik, milyen ego él benned.

5. A pusztító-ego főbb eszközei

Mint ahogy azt már az előző fejezetből jól tudod: az ego egyetlen célja önmaga fenntartása és erősítése. Ehhez az egonak számos kiforrott és rafinált eszköze van, ezek közül a legfontosabbakat vesszük át ebben a fejezetben. Mint ahogy már szintén említettem, nagyon nehéz az ego mögé látnunk. Pedig a boldogságunk elérése szempontjából ez kiemelt fontosságú! Ezért olyan fontos ez a fejezet. Hiszen ha megérted az ego által használt eszközöket, amelyekkel elfedi előled a valódi énedet, akkor sokkal könnyebben fogod tudni rajtakapni.

5.1. Téves énkép

Ha bárkit megkérdezel, hogy jól ismeri-e önmagát, szinte mindenki határozott igenel válaszol. Vigyázz! Ez a válasz legtöbbször sajnos nem igaz! Ez nem más, mint az egod válasza, aminek az a „dolga", hogy elrejtse előled a valós belső énedet, ami elől való menekülésed révén építetted ki „őt". Tudom, hogy ez így elsőre furcsán hangzik. Az egod sértésnek érzi azt, hogy hogyan feltételezheti bárki, hogy nem ismered önmagadat. Nyilván ismered önmagadat egy bizonyos szinten. De a mély önismeret szintje pont azt jelenti, hogy a személyiségednek azzal a részével is tisztában vagy, amelyet az egod eltakar előled! Ez az a részed, amelyet nem akartál valamikor elfogadni magadban és ez miatt az egod mögé rejtetted, hogy más se láthassa meg. Ugye, milyen érdekes? Jogosan teheted fel a kérdést, hogy miért kell benézned oda újra. Hiszen pont azért rejtetted el, mert nem tudtad elfogadni. A válasz egyszerű: azért, mert amíg meg nem ismered megfelelő mélységben a saját lelkedet, addig nem lehetsz boldog! Bocs, ha ilyen kemény voltam, de szándékos volt... Továbbá nem azért nem fogadtad el a valódi belső énedet, mert azzal bármi baj volt, hanem azért, mert más pusztító-egoban élő – számodra fontos – személyeknek (pl. szülők) nem tetszettek. Te pedig

A „C" csoport egyébként egy idealizált cél! Ez az, amit 100%-ban sohasem lehet elérni, hiszen a keleti kultúrák egyik alapkérdése, a „ki vagyok én?" nem véletlenül a legnehezebben megválaszolható kérdés. Amikor egy réteget megismerünk önmagunkból, alatta újabb réteg dereng fel, amely mélyebb önmegismerést igényel. De a boldogságkeresés egyik fontos szabálya az, hogy folyamatosan törekedni kell rá! Hogy miért? Mert minél mélyebb az önismereted, annál nagyobb az esélyed a boldogságra! Ugyanakkor az egod érdeke az, hogy téves legyen az önismereted, hiszen minél inkább ez az igaz, annál jobban be tudja bizonyítani, hogy szükséged van rá.

Ezért amikor csak teheted, mélyítsd az önismeretedet önismereti könyvekkel, önismereti tesztekkel, tanfolyamokkal, vagy egy jó pszichológust is megkérhetsz arra, hogy segítsen ebben téged. Az önismeret mélyítése mindig hasznos befektetés! Ebből sosem elég!

5.2. Komfortzóna

Néhány éve egy régi jó ismerősömmel találkoztam, akivel együtt ebédeltünk és megjegyeztem, hogy milyen jó ránézni, mennyire sugárzó a kiegyensúlyozottsága és a boldogsága. Mire ő a legnagyobb meglepetésemre megköszönte, hogy 3 évvel azelőtt kimozdítottam az akkori rossz állapotából és ezáltal elindult egy helyesebb irányba az élete. Mára egy igazán boldog Ember ült velem szemben. Jólesett a köszönete, bár mivel teljes önzetlenségből és segítő szándékkal adtam neki anno tanácsokat, nem vártam, hogy valaha is köszönetet kapok érte. No, de térjünk rá a lényegre. A kulcsmondat, amit neki mondtam, így szólt: **„Az igazán jó dolgok az Életedben a jelenlegi komfortzónádon kívül vannak!"**

A komfortzóna azon tevékenységek, helyek, szokások összessége, ahol lelkileg biztonságban érezzük magunkat. Úgy tudunk a komfortzónán kívülre kerülni, ha valami olyasmit csinálunk, ami izgalommal vagy némi stresszel, esetleg félelemérzettel jár, amikor bele akarunk fogni. Érdemes rászánnod az Életedből egy-két hetet és megvizsgálni magadat, hogy mennyire vagy komfortzónában maradó típus. Ez fontos eleme az önismeretednek! Általában a kalandozók, akik bátran nekivágnak az újnak, az ismeretlennek, azok nem ilyenek. Akik viszont jól elvannak a saját megszokott rendszerükben, azok a komfortzónájukon belül élő Emberek. Ez utóbbiakat két csoportra lehet osztani. Az egyik csoport tökéletesen elégedett az Életével. Nekik nem érdemes továbbolvasni ezt az alfejezetet. Hiszen ők boldogok, vagy azt hitetik el magukkal (utóbbi eset az ego álságos csapdája!). A másik csoport azokból áll, akik ugyan állandóan a komfortzóna térfelén játszanak, de nem igazán boldogok ebben az „élettér"-ben. Rájuk legfőképp az jellemző, hogy vannak vágyaik, amikről álmodoznak, de mégsem lépnek ki a komfortzónájukból, hogy elérjék azt. Emlékszel, mit tanultunk az egoról? Azt, hogy mindig a jelenlegi állapotot védi! A komfortzóna tehát nem más, mint az életednek az ego által uralt „területe".

A komfortzónában rekedt Emberek között találhatók a tipikus halogatók, meg azok is, akik mindig meg tudják magyarázni, hogy miért ne lépjék meg azt a bizonyos dolgot. Idetartoznak azok is, akik mindig a legrosszabb jövőképet prognosztizálják maguknak abban az esetben, ha valami szokatlan jut az eszükbe. Amennyiben te ebbe a „klubba" tartozol, akkor nagyon egyszerű kérdésem van a számodra: Ha nem igazán jó a komfortzónád térfelén az Élet, akkor biztos érdemes ott maradnod? Szóval a válasz egyszerű: Lépj ki a komfortzónádból! Igen ám, de a komfortzónádon kívül nemcsak a klassz dolgok várhatnak, hanem a komoly szenvedések, a nagy orra bukások is. Ez így van! Ha kilépsz a komfortzónádból és jól orra buksz, az nagyon jó lesz úgy! Fejlődni nagyon ritkán lehet úgy, hogy előtte nem botlunk el párszor. A legtöbbször lelki mélységekbe zuhanunk, majd amikor feldolgozzuk azt, akkor leszünk többek és jobbak, mint amilyenek a zuhanás előtt voltunk. A lelki mélységek szokták hozni az ego összetörését. A jelen írás elején említett úriemberrel is ez történt és persze velem is, ki tudja, hányszor. Az attól való félelem, hogy bajba kerülsz, csak konzerválja a jelenlegi kedvezőtlen helyzetedet! Ez nem azt jelenti, hogy bármit megtehetsz teljesen felelőtlenül és fejjel rohanhatsz a falnak. A komfortzónán kívül légy körültekintő! Annyira nem érdemes orra bukni, hogy végleg úgy maradj! De lépj ki, tedd meg, menj át a másik térfélre játszani! Ha elbuksz, állj fel, és közben tanulj belőle. Ha felálltál, gondold újra, hogy merre van a helyes irány és légy elég bátor, menj tovább. Nem véletlenül az első életigenlő lelki rezgésszint a bátorság és nem véletlenül a legutolsó Életellenző lelki energiaszint a büszkeség. Az ego a komfortzónád védőőre. A bátorság az a szint, ahol ki merünk lépni az ego önvédelmi reflexei mögül és merünk tenni azért, hogy boldogabbak legyünk! Ehhez tényleg nem kell semmi más, mint bátorság! Tehát légy bátor, és ezáltal légy szabadabb és boldogabb! De sose keverd össze a bátorságot a vakmerőséggel, mert ez az utóbbi a harag lelki rezgésszintjéhez tartozik és nem szolgálja a boldogságodat.

5.3. A kompenzálás

A kompenzálás azt jelenti, hogy mást mutatunk a világ felé magunkról, mint amit legbelül érzünk. Ha ezt pontosabban szeretném leírni, akkor a legtöbb esetben az is kijelenthető, hogy pont az ellentétét mutatjuk kifelé, mint ami a lelkünkben munkál. Jómagam is sok ilyen kompenzálási rendszert építettem ki a múltban, amelyek legnagyobb részét mára már sikerült levetkőzni.

A kompenzálás a legtöbb esetben arról szól, hogy bizonyos tulajdonságunkat el akarjuk rejteni a világ elől, mert félünk, hogy gyengébbnek, butábbnak, ügyetlenebbnek stb. gondolnak minket az Emberek, ha az a bizonyos jellemző kiderül rólunk. Így a kompenzálás legfőképpen az önmagunk elfogadásának hiányáról szól. Minél kevésbé fogadjuk el a valódi önmagunkat, annál inkább kompenzálunk a világ felé. Ha ezt önismeretre akarjuk átfordítani, akkor a kijelentés fordítva is érvényes: **minél inkább kompenzálunk a világ felé, annál kevésbé fogadjuk el a valódi önmagunkat.** Ez persze az egonak nagyon jó. Amíg nem fogadod el magadat, addig az ego nagyon sok „segítséget" tud neked adni, hogy „megóvjon" a világtól. Persze ez álságos, mert ez valójában nem neked jó, hanem az egodnak hívott benned élő negatív energiarendszernek. Nézzünk pár gyakorlati példát:

Fiatalkoromban annyira nem fogadtam el önmagamat, hogy szó szerint menekültem a valódi énem elől. Ez nyilván abból fakadt, hogy kb. a nullával volt egyenlő az önbecsülésem. Azt gondoltam magamról, hogy buta, ügyetlen Ember vagyok, aki teljesen értéktelen. Mégis a külvilág azt gondolta rólam, hogy egy magabiztos, határozott, okos, rátermett Ember vagyok. (Nyilván külvilágon azokat az Embereket értem, akiknek nem mertem megmutatni a valódi önmagamat.) Mivel legbelül butának éreztem magamat, ezért egyetemi oktató, vezető tervező, szakértő, kutató lettem, és egy csomó olyan pozíciót vállaltam, amelyekkel jól hangzó titulusokat tudok a nevem mellé tenni. Kifelé a világ felé így kompenzáltam a belső félelmemet, hogy buta vagyok. Azóta helyreállt az önismeretem, tudom is és érzem is, hogy nincs semmi gond az agyi képeségeimmel, de akkoriban még őszintén butának éreztem magamat. Emlékszem, hogy amikor egyetemista koromban csináltattak velünk IQ-tesztet, mennyire rettegtem, hogy mennyire buta vagyok. Biztos voltam benne, hogy az IQ-teszten 80-as értéket fogok kapni (az általános iskola elvégzéséhez 85 kell). Jól emlékszem az óriási megdöbbenésre, hogy az eredmény 142 lett. Természetesen az egomba annyira beépült a butaság érzete, hogy a magyarázat az volt: az IQ-teszt egy baromság és biztos jelentős hibával működik.

Amióta jól átlátom a kompenzálás lelki természetét, másképp nézem az Embereket. Megdöbbentő, hogy mennyi orvos, mérnök, egyetemi oktató kompenzál nap mint nap a hallgatók, a betegek vagy az ügyfelek előtt. Az értelmiségi osztályt átitatja a kompenzálás, ez az egyik oka, amiért sokszor olyan elítélően néznek más osztálybeliek az értelmiségiekre. Nyilván ők anno azért mentek egyetemre és azért tanultak olyan keményen, mert bizonyítani akarták a világ előtt (és leginkább önmaguknak), hogy hamis a félelmük, vagy többnek szerettek volna látszani, mint amennyinek legbelül érezték magukat. Ezért az értelmiségi munkakörökben dolgozók között ez a fajta kompenzáció nagyon gyakori. Természetesen ez nem jelenti azt, hogy minden értelmiségi kompenzálásból fakadóan az, aki!

Sokszor látható kompenzálási forma (főleg férfiaknál) az is, hogy kifelé nagyon erősnek akarunk mutatkozni. De sajnos ez mind gyakoribb manapság a nőknél is. Több olyan nagyon keményen kigyúrt Embert ismertem meg Életemben, akik egyébként legbelül kifejezetten nyuszi lélekkel rendelkeznek. A nők is szeretnek keménynek mutatkozni, miközben alig várják, hogy végre annyira megbízhassanak egy férfiben, aki mellett gyenge nőnek érezhetik magukat. Ismerek olyan Embereket is, akik nagyhangúak és szeretnek a társaság középpontjában díszelegni, ezáltal kifelé nagy önbizalommal rendelkező Embereknek tűnnek. Eközben legbelül mély önbecsüléshiányuk van. Aztán vannak olyanok is, akik nagy hatalmat növesztettek, miközben legbelül félnek és bizonytalanok. Nagyon gyakori példa (főleg nőknél), hogy állandóan önmagukról tesznek ki szebbnél szebb képeket a Facebookra. Ezek a nők általában legbelül nem tartják magukat elég dögösnek vagy elég szerethetőnek, ezért rengeteg like begyűjtésével próbálják betömni ezt a hiányérzetet a lelkükben.

A kompenzálás természetesen nem bírálható és nem szabad elítélni a kompenzáló Embert. Ha felismered valakiben, akkor ne ítéld el, kérlek, és önmagaddal se tedd ugyanezt! A kompenzálás arról szól, hogy szükségünk van arra, hogy rengeteg elismerést szerezzünk be a külvilágtól, ahhoz, hogy elhiggyük magunkról: többek vagyunk, mint amit legbelül érzünk. A kompenzáló Embernek valójában sok segítségre van szüksége, függetlenül attól, hogy ezt belátja-e önmagával kapcsolatban vagy sem. Ha valaki butának érzi magát és elmegy egyetemi oktatónak, akkor neki arra van szüksége, hogy rengeteg hallgatótól kapjon visszajelzést arra, hogy milyen okos. Így fokozatosan be tudnak épülni az egonkba a racionálisan feldolgozott tapasztalatok, így elvileg mérséklődik a belső hiányérzetünk.

Ezzel a stratégiával azonban komoly gondok vannak! A probléma legfőbb gyökere az, hogy **a változás csak akkor sikeres, ha belülről fakad.** Én anno sok ezer diáktól szereztem be az elismerést, hogy milyen okos Ember vagyok. Azonban a sok ezer elismerés csak a racionális gondolkodásomat változtatta meg. Azaz racionálisan tudtam, hogy okos Ember vagyok, ugyanakkor legbelül a lelkemben nem szűnt meg a butaság érzése. Tovább és tovább akartam bizonyítani a világ előtt, ami egy végtelen folyamat, kevés sikerrel. Ez mikor változott meg? Akkor, amikor a sok éves lelki önfejlesztés hatására lelki síkon a helyére került az önbecsülésem. Ezáltal reálissá vált az énképem és ma azt gondolom magamról, ami a realitás. Nem gondolok magamról se többet, se kevesebbet, mint amennyi ezen a téren vagyok. Ami még jobb hír, hogy ezt így is érzem! Szóval ki merem jelenteni, hogy az Emberektől való elismerések millióinak beszerzése sem okoz valódi lelki gyógyulást! Ez a közösségi oldalak nagy csapdája. Azzal csak önmagunkat tudjuk becsapni, az egonk előtt tudunk díszelegni. A belső változás azonban mindent helyes irányba változtat meg. Ez a folyamat reális énképet és reális vágyakat eredményez. Ehhez először mély önismeret kell! Milyen területeken kompenzálsz? Ezeket a kompenzációkat milyen érzések okozzák? Ezeknek az érzéseknek melyek a családból vagy más tapasztalatokból hozott okai? Ha ezek megvannak, akkor túl vagy az első lépésen! Tudod, hogy mi a probléma. Aki idáig eljut, az már különleges Ember. Az Emberek legnagyobb része egész Életében nem éri el ezt az önismereti szintet! Ezután jön az, hogy megfelelő lelki fejlesztési módszerekkel (a könyv második fele ilyenekről szól) elkezded megvalósítani azt a csodát, amikor őszintén olyannak fogod érezni magadat, amilyen vagy, és mindezt a teljes belső önelfogadás érzése fogja átitatni. Nagyon kívánom, hogy eljuss ide, mert csodálatos így élni! Tudom, hogy a reakciód most az, hogy ez lehetetlen. Évtizedekig én is így gondoltam. De jelenleg egy olyan Ember szól hozzád, akinek ez sikerült. Igaz, kitartó munka és odaadás kell hozzá. Ez a könyv azonban azzal az önzetlen céllal született, hogy segítsen téged abban, hogy ide eljuthass.

5.4. Addikciók

5.4.1. Az addikciókkal kapcsolatos alapvetések

Azoknak, akik el szeretnének indulni a lelki fejlődés útján, tisztában kell lenniük az addikcióikkal. Senkit sem kívánok tudományos definíciókkal untatni. Azt azonban tudom, hogy a múltamban sokféle addikció tette tönkre az Életemet, amelyek mindegyikéből véglegesen kijöttem. Tudom a helyes utat és tudom, hogy lehet ezekből kikeveredni. Ez a könyv teljesen önzetlenül ebben is segíteni fog neked, amelyhez semmi mást nem kell tenned, mint hogy követed a benne foglaltakat! Az É.L.E.T.-módszer egy erős, hatékony rendszer. Bízom benne, hogy ezt te is meg fogod tapasztalni.

Az addikciók megértése, majd önmagadban való felismerésük fontos lépése a gyógyulásnak. A legtöbb Ember vagy nincs tisztában az addikcióival, vagy pedig elhiszi, hogy azok rendben vannak. Ezért van az, hogy az alkoholisták jó része nem is akar leszokni az alkoholról. Én például amikor bulialkoholista voltam (ez az alkoholizmusnak az a formája, amikor valaki szórakozóhelyen csak alkohol hatására tudja jól érezni magát), biztos voltam benne, hogy milyen menő és klassz dolog, hogy minden buliban jól leiszom magamat. Meg voltam róla győződve, hogy ezzel kapcsolatban minden rendben van. Ahhoz, hogy jól tudjuk azonosítani az addikcióinkat, először értsük meg, hogy valójában mi is az addikció.

Az addikciókat szokták szenvedélybetegségnek vagy függőségnek is „becézni". Az én megélésem szerint az addikciók olyan lelki gyökerű folyamatok, tevékenységek, amelyekben rövidtávú örömért cserébe hosszabb távú veszteségek érnek minket. Az addikciók másik jellemzője az, hogy nem tudjuk kordában tartani, vagy csak rövid időszakokra, azaz uralkodik rajtunk. A rövidtávú örömforráshoz egyre nagyobb dózisban kell hozzájutni, különben feszültség, ingerültség, fáradtság vagy más negatív tünetegyüttes indul be a szervezetünkben. Az addikciókat, ha lelki síkon vizsgáljuk, akkor a közös gyökerük a sóvárgás érzése. Az addikciókban élők mindig sóvárognak valami után. Ugyanakkor nagyon ritka, hogy valakinek csak egy addikciója van. Általában több addikcióval élünk együtt, melyek közül valamelyik felerősödik, a másik csillapodik, így ezek hullámzóan terhelik az életszakaszainkat. Az addikciók másik jellemzője, hogy a sóvárgási cél elérése után (pl. jól leissza magát valaki) mindig energiahiányos és általában szégyennel, bűntudattal, fásultsággal, bánattal vagy félelemmel átitatott szakasz következik. Ezért a rövid boldogságérzésért hihetetlen nagy árat fizetünk.

Számos addikció létezik. Felsorolok párat közülük, hogy megértsd, miről is van szó: evésfüggőség, alkoholizmus, drogfüggőség, munkamánia, vásárlásfüggőség, sorozatfüggőség, játékfüggőség, szexfüggőség, pornófüggőség, sebességfüggőség, internetfüggőség, rendmánia, testi perfekcionizmus stb. Az addikció ezeknek az ellentétje is lehet, amikor kórosan elhatárolódunk valamitől, erre jó példa az anorexia vagy a szexuális anorexia. Úgy érzem, felsoroltam azokat, amelyeket leggyakrabban látok a környezetemben. Ezek közül többtől én is évtizedekig szenvedtem.

Az önismeret első szintje az, hogy meghatározod, milyen addikciók jellemzők rád! Vigyázz, mert az addikcióknak szintjei vannak és az egod mindig megszépíti a valóságot. Az alkoholista példáját folytatva ő nagyon ritkán látja reálisan, hogy mekkora gond, amit művel. Az egoja megindokolja, hogy miért van szüksége az ivásra és miért nem probléma, ha iszik. Ez ugyanígy működik minden más addikció esetében.

Fontos megérteni azt is, hogy annak ellenére, hogy a munkamánia vagy a testi perfekcionizmus egy-egy pozitív megítélésű dolog a társadalomban, a lelki gyökerét tekintve semmiben nem különbözik a drogfüggőségtől. Mindegyik Ember szenved az addikciója következményeitől, annyi az eltérés, hogy a drogfüggőt mindenki elítéli, míg egy testi perfekcionista azáltal, hogy sok pozitív visszacsatolást kap, még el is hiszi, hogy helyes úton jár. A perfekcionizmus az egoja kikristályosodott része lesz és ezáltal nem veszi észre, hogy mennyire rossz irányba halad az Élete. Egy hamis délibábot kerget, teljes elköteleződéssel, amelynek sajnos nagyon durva ára lesz.

Térjünk rá a sóvárgás érzésére, amely minden addikciót átitat. Nem véletlen, hogy a legtöbb addikciótól szenvedő Ember a vágyakozás lelki rezgésszintjén vagy annál alacsonyabban él. A drogfüggő sóvárog az anyagért és az anyag okozta felszabadult állapotért. Az alkoholista állandóan benyomott állapotban szeretne lenni, hogy ne kelljen foglalkoznia az Élet nehéz dolgaival. A munkamániás egyre nagyobb célokat tűz ki maga elé, amelyek eléréséért sóvárog. A testi perfekcionista szinte bármire hajlandó az egyre szebb és tökéletesebb testkép eléréséért.

Fontos kiemelni, hogy a pozitív célok kitűzése (pl. szebbek szeretnénk lenni) egy teljesen egészséges dolog. Az addikció és a pozitív célok elérésére való törekvés közötti különbség az, hogy az egyik már kóros mértékű és hosszú távú negatív következményei vannak, míg a másik esetben a valós boldogságszintet fokozza. Ezt úgy lehet megkülönböztetni, hogy mire a munkamániás eléri a célját, addigra már újabb célokat tűz ki és ez miatt nem is örül igazán a régebbi céljai elérésének, vagy jobb esetben csak rövid ideig örül neki. Itt abból látszik a kóros állapot, hogy mindig szükség van arra, hogy valami célért küzdhessünk. Maga a sóvárgás a motor. A kóros állapot másik fő jellemzője, hogy önpusztítás vagy mások kihasználása árán is haladunk a céljaink felé. A munkamániás például éjszaka és hétvégén is dolgozik, és még büszke is erre. Pedig ezzel valójában a testét-lelkét szipolyozza ki, azaz önpusztító cselekedetekkel halad előre. Az egészséges célkitűzés és annak egészséges elérése esetén az elért célnak tartósan örülünk és szinte az egész Életünkben hálát érzünk azért, hogy elérhettük. Ugyanakkor a cél eléréséhez vezető út is örömteli, izgalmas és tele van életigenléssel.

Miért kell kigyógyulnunk az addikcióinkból? A válasz roppant egyszerű. Az addikciók ugyan rövid távon rövid idejű jó érzetet adnak (például a szexfüggő egy jó aktus után pár percig, esetleg néhány óráig boldogságot érez), azonban közép- és hosszú távon egyre mélyebbre süllyed az élete (például a szexfüggő nem lesz képes normális, lelki alapon működő emberi kapcsolatokra, így magány és szenvedés lesz az osztályrésze. Továbbá egyre vadabb perverziók megélésére fog vágyni.). Az addikcióid ismerete azért fontos, hogy az egod mögé láthass, mert mindig becsap az álságos szépítésekkel.

Ha valakit mélyebben érdekel ez a téma, akkor kiemelten ajánlom Máté Gábor A sóvárgás démona című könyvét. Elég sok könyvet olvastam a témában, de ezt a könyvet rendkívül jónak tartom.

Régebben a bakancslistám eléggé más volt, mint ma. Anno volt benne számos tiltott és jó pár perverz dolog is. A lelki békém fokozódásával ezek maguktól eltűntek belőle, mert ami alacsony lelki rezgésszinten vágyott, az magasabbakon már nem az. Ami alacsonyabb lelki rezgésszinteken kevésbé vágyott vagy irreálisnak tűnik, az magasabb lelki rezgésszinteken vágyott lesz. Emlékszem, hogy anno unalmas, szürke „nyárspolgárnak" gondoltam minden olyan Embert, akik szabálykövetők és semmi tiltott vagy rossz dolgot nem csinálnak. Akkoriban szüksége volt a lelkemnek szélsőségekre. Nyilván aki jólneveltségből követi a szabályokat és közben állandó elfojtásokkal él, az tényleg „nyárspolgár". Azonban a lelki fejlődés egyenes ági következménye, hogy egyre kevésbé lesz szélsőséges a gondolkodásunk és mind kevésbé lesznek szélsőségesek a vágyaink. Például egy sóvárgás lelki rezgésszintjén tartózkodó Ember szemében ez természetesen unalmasnak tűnik és nem érti, hogy mi benne a jó. (Ez a gondolatmenet a legtöbb Életpusztító lelki rezgésszintre vonatkozóan ugyanígy levezethető.) Hiszen az ő lelkét az erős vágyakozás és sóvárgás fűti. Ez egy tüzes, erős, hatalmas lelki „motor". Az ő egoja azonnal úgy reagálja le ezt az egészet, hogy egy kiegyensúlyozott Élet, ahol nincsenek szélsőségek, az unalmas lenne számára. Pedig nem az! Mert a szélsőséges gondolkodás és a szélsőséges vágyak helyére más lép. A helyébe békésebb erők kerülnek, amelyek egyébként erőteljesebbek és Élettámogatóbbak is. Ezek a sóvárgásnál sokkal jelentősebb csodák megélésére adnak módot. Míg a sóvárgás kifacsarja a testet és a lelket, és ezáltal önpusztítóvá teszi az egyént, addig a belső béke fokozódása lehetővé teszi az Élet mélyebb szintű megélését, így pedig egy teljesebb Életet. Pont ez az életpusztító sóvárgás az, ami a szélsőségeket generálja. Hiszen a sóvárgás feltüzel, amely által pozitív szélsőséget gerjeszt, majd kifacsar és negatív szélsőségbe taszít. Ezután a test és a lélek rövid időre megpihen, általában a fásultság lelki rezgésszintjén vagy még mélyebben erőt gyűjt, és kezdődik elölről a szélsőségciklus. Ez minden addikció működési folyamata.

A bakancslistámra a lelki rezgésszintem emelkedésének következtében főleg kulturális, illetve Természet- vagy Embertámogató dolgok kerültek. A régi egom szemszögéből szürke, unalmas Ember lettem, ami egy akkori torz és téves szűrő következménye. Még magasabb lelki rezgésszint elérésekor pedig már a bakancslista is megszűnt az életemben. Ma már tisztán átérzem, hogy az Élet mindig azt hozza felém, amire a tudatom fejlődése szempontjából a legnagyobb szükségem van. Így egyszerűen rábízom magamat az Élet csodájára és hagyom, hogy áramoljon rajtam keresztül. Ez a bakancslista nélküli Élet a teremtő-ego világában érhető el, és ez egy csodálatos testi-lelki és gondolkodásbeli szabadság érzésével itatja át az Életem minden percét.

A Gyűrűk Ura című könyvben (amelynek elolvasását tiszta szívből ajánlom mindenkinek) a gyűrű az addikció, a függés egy csodálatos szimbóluma, amely az egész történetet végigkíséri. A szélsőségesen függőségre hajlamos lény Gollam. A gyűrű az ő „drágasága", amelytől soha nem akar megválni. Pedig a gyűrű kifacsarja a testét, kiszívja a lelkét és ezáltal rabszolgává teszi. Szürke Gandalf, a bölcs mágus mondta Bilbónak, az öreg hobbitnak ezt a történet elején: „aztán elmehetsz és szabad lehetsz", miután arra kérte, hogy végleg tegye le a gyűrűt. Csodálatos ez a fél mondat, amiben minden benne van, ami az addikciók mély megértéséhez szükséges. A gyűrű magához köt és természetellenes dolgokra sarkall. A gyűrű=addikció analógia hihetetlen jól szemléltet. Az addikció tárgya (alkohol, kábítószer, pornó, munka, evés, cigaretta, sebesség, játék stb.) lelki rabszolgává tesz és Életpusztító dolgokra sarkall. Pont ez az addikciók óriási problémája: a lelki rabszolgaság.

Gollam szemében a gyűrű annyira csodálatos „drágaság" lett, hogy az Élete többi motívuma már nem számított. Csak ő létezett és a drágasága. A jelképi világ tökéletesen tükrözi az addikció működését. Nemrég láttam egy dokumentumfilmet nagyon kövér Emberekről. Egyetlen közös volt bennük: mindegyikük elmondta, hogy az ízérzékelés akkora örömet okoz neki, hogy ezért bármit képes feláldozni. Nekik az evés a gyűrű, ami „csodálatos drágasággá" torzult a lelkükben. Az Élet minden más öröme eltörpül az evés öröme mellett. Az imént említett dokumentumfilmben több riportalany is megemlítette: a szexualitását is feláldozza azért, hogy még több ízt érezhessen. Már nem érdekli, hogy a túlzott kövérsége miatt nem lesz kívánatos más Ember számára. A trilógiában Gollamot is elcsúfította a „drágaság"-ával töltött Életvitele.

Gandalf, az öreg mágus mondata tökéletes: ha leteszed a gyűrűt, szabad leszel. A párhuzam itt is igaz: ha leteszed az addikciód tárgyát, szabadabb és teljesebb Életet élhetsz. Ezért amikor időszakosan lerakják az Emberek azt, amitől előtte függtek, lelkesnek, felszabadultnak érzik magukat. De valójában a legtöbben nem akarják kiiktatni az Életükből, mert annyira kötődnek hozzá, mint Gollam a gyűrűhöz.

Ha azonban mégis rászánja magát az Ember, hogy letegye az addikciójának a tárgyát, sajnos Bilbóval ellentétben a legtöbb Ember vagy visszaesik, vagy az addikcióját egy másikra cseréli. Mi ennek az oka? Az, hogy minden addikció mögött lelki okok vannak. A legtöbb esetben szeretethiány, az önelfogadás hiánya, elfojtott bűntudat, szégyen, félelmek, feldolgozatlan bánat a leggyakoribb lelki ok. Ha valaki erőből leteszi a függését és közben nem gyógyítja annak a lelki okát, az előbb-utóbb vissza fog esni. A tudatalatti hihetetlenül erős. Mindig legyőzi a tudatos-ént! Azt azonban fontos kiemelni, hogy a visszaesés nem más, mint a lélek erőgyűjtése az újabb próbálkozás előtt. Így a visszaesőnek nem a kudarcot kell benne látnia és ezáltal újabb bűntudatba kerülnie, hanem az új esélyt! Az egész Életedre vonatkozóan nagyon fontos ennek a nézőpontnak a tudatosítása. Ha ezt az egy dolgot meg tudod tenni, már elindul egy csodálatos változás az Életedben.

Nekem anno az a gondolat segítette a számítógépfüggésemtől való megszabadulást, hogy megkérdeztem magamtól: Mennyire lennék boldogtalanabb, ha egyáltalán nem játszanék a kedvenc játékommal? A válaszom az volt, hogy egyáltalán nem, sőt boldogabb lennék nélküle. De ezzel csak mérsékelni tudtam a játékmennyiséget, mert az agyból történő „megoldás" sosem elég. Mindig a lelki okot kell gyógyítani és utána az addikció magától tűnik el az Életünkből. Már jó pár éve fel sem merül bennem, hogy bármilyen számítógépes játékkal játsszak. Életpusztító, értéktelen és feleleges időtöltésnek érzem, miközben pár éve napi több órát is teljes átéléssel ültem a számítógép előtt.

5.4.2. Generációkon átívelő addikciók

Eric Berne-től (2009) olvastam először azt a mondatot, hogy: *„Aki felold önmagában egy addikciót, az az utána lévő generációkat is megmenti ettől"*. Azóta elég sok könyv jelent meg ebben a témában, mely ezt a kérdést boncolgatja, nem alaptalanul. Az addikciók és egyéb lelki betegségek továbbadódnak a gyermekeinknek és ezáltal ők viszik tovább a terheinket. Sajnos ez akkor is így van, ha tudatában vagyunk az addikciónknak és tudatosan úgy neveljük gyermekeinket, hogy ne olyanok legyenek, mint mi. Én például fiatalfelnőtt-koromban túlzott mértékben maximalista, perfekcionista voltam. Ez egy nagyon nagy lelki teher. Nem akartam, hogy az első lányom ettől szenvedjen felnőtt korában, ezért nagyon komoly erőket fektettem a nevelése során abba, hogy ő ne legyen ilyen. Csak mérsékelni tudtam nála ezt a dolgot. Ő is maximalista lett, még ha nem is annyira túlzó mértékben, mint én voltam. A maximalizmusa akkor enyhült igazán, amikor begyógyultak az én lelki sebeim, megváltoztam és ez őrá is átsugárzott.

A gyermek Istennek tekinti a szülőt. Nem válogat a szülő tulajdonságai között. Ahogy a szülő csinálja, az úgy tökéletes. Ha a gyermekben az rossz érzéseket kelt vagy nem tetszik neki, akkor inkább a saját személyiségét kérdőjelezi meg és akár még a saját személyiségével is képes szakítani, de akkor is olyan akar lenni, mint a szülő. Szóval a gyermekek olyanok, mint a tökéletes „másológépek". Minden viselkedésmintát lemásolnak és reprodukálnak. A jót is és a rosszat is. Mivel elképesztően nagy a lelki érzékenységük, ezért azokat a tulajdonságokat is lemásolják, amelyeket tudatosan próbálsz előlük elrejteni! Én például mindig elfogadó voltam a kislányommal, hogy a szülői elvárások tengere miatt ne legyen maximalista. Ugyanakkor önmagammal akkor még abszolút nem voltam elfogadó, ennek pedig az lett az eredménye, hogy ő is ilyenné vált. Hiába takargattam előle. Lemásolt, annak ellenére, hogy nem voltam erre érdemes. A legtöbb szülő tudattalanul éli a szülői attitűdjeit és nincs tisztában azzal, hogy mekkora felelősség szülőnek lenni. Pedig hatalmas felelősség! Ugyanakkor nagyon nagy lehetőség arra, hogy magunknál boldogabb, kiegyensúlyozottabb gyermekeket neveljünk. De ez csak akkor lehetséges, ha a saját – legtöbbször transzgenerációs – programjainkat megoldjuk és emeljük a lelki rezgésszintünket. Tapasztalatból tudom, hogy amikor elkezdtem dinamikusan emelkedni, a gyermekeim azonnal követtek ezen az úton. Szóval sosem késő változtatni! A jót ugyanolyan „profin" átveszik tőlünk a gyermekeink, mint a roszszat. Ezért nem mindegy, melyik utat választjuk.

Nyilván nincs tökéletes Ember és így nincs tökéletes szülő sem. De a lelkünk tudatos fejlesztésével megtehetjük, hogy ne csak a saját Életünket tegyük jobbá, hanem a leendő vagy a már meglévő gyermekeink jövőjét is. A saját Életemben is számos példát látok, amik egyértelműen igazolják ezt. Amikor a komplex lelki fejlődés révén a lelkem hihetetlen nagy gyógyulási folyamaton ment át, rengeteget változott a gyermekeimmel való kapcsolatom is. Előtte is jó volt, de még jobb lett. Ugyanakkor a gyermekeimre is kihatott a lelki fejlődésem, mert ők sokkal kiegyensúlyozottabbak lettel lelkileg, mint amilyenek előtte voltak. A párom ugyanígy járt. A „mintámat" látva ő is végigjárta ezt az utat. A gyermekei lelki fejlődése pedig rövid időn belül követte a szülő pozitív átalakulását. Számos más példát is tudnék írni a környezetemből, de már ennyiből is jól látszik a lényeg. Ha a szülő szakít az addikcióival, fejleszti a lelkét, akkor azzal rendkívül sokat tesz annak érdekében, hogy a gyermeke boldogabban élhessen, mint ő.

A generációkon átívelő addikciókat nem úgy kell érteni, hogy ha például apa alkoholista volt, akkor a fia is alkoholista lesz. Bár természetesen ez is bőven benne van a pakliban. A mi családunkban például így történt. Apám családjában a bor alapvető „fogyasztási cikk" volt, alapszintű alkoholizmus itatta át a családot. Apám is alkoholista lett. De a családjából hozott szégyenei miatt ez még a szülőktől hozott szintnél is erősebbé vált. Alkoholizmusa az öngyilkosságának egyik fő alappillére volt. Természetesen az édesanyja mindenki mást okolt a fia haláláért. Fel sem merült benne, hogy pont ő volt az, aki a gyermekére tolt szégyenei által a fia halálának az egyik okozója. Pedig ennyire egyértelműek az ok-okozati összefüggések, akár menekülünk ez elől, akár szembe merünk velük nézni. Igaz, hogy egy anya hogyan bírná feldolgozni azt a bűntudatot, hogy ő a fia halálának a közvetett okozója?

Így érthető a mindenki mást okoló önvédelmi reflexe. Az őszinte tükörbe nézés fájdalmas dolog tud lenni, de hasznos... Persze azt is meg kell említeni, hogy a sorsunk a kezünkben van, tehát édesapámnak megvolt az esélye, hogy változtasson, és ez ne történjen meg vele. A gyermek felnőtté válva már cipeli a terhet. Ott már nem lehet a szülőt okolni! A saját utunkat járjuk és amit magunkra vettünk, azt csak mi tudjuk lerakni! Mindannyiunkban ott van a potenciál a boldog Életre, hiszen én már nem követtem apám példáját. Életem jobbá tételébe sok erőt, energiát és kitartást beletéve ma már nemcsak boldog vagyok, de önzetlen szeretettel gyógyítom mások lelkét, aminek minden percéért hálás vagyok az Életnek. A gyógyításom ereje pont abból táplálkozik, hogy mélyről jöttem, és ezeket a mélységeket magas érzelmekre transzformáltam. Így nem könyvekből tanult dolgokat tudok átadni neked, hanem gyakorlati, jól működő tapasztalatokat.

Nemrég egy szállodában pihentünk a párommal all-inclusive ellátással. A mellettünk lévő asztalnál volt egy nagyon kövér házaspár a két gyermekükkel. Sokszor összefutottunk velük, így ösztönösen „megfigyeltük" őket. Teljesen látszott, hogy a két felnőtt evésfüggő. 5 alkalommal kaptunk ételt egy nap (reggeli, tízórai, ebéd, uzsonna, vacsora) korlátlan mennyiségben, de ők még a medencébe is kértek 10 óra és dél között egy pár nagy kupac sült krumplit, uzsonna és vacsora között süteményt, vacsora után jégkrémet. Állandóan tömték a gyermekeket: „egyél még, kisfiam", „kóstold meg, ugye milyen finom?" A gyermekeken látszott, hogy a hátuk közepére sem kívánnak megint egy újabb adagot, de mégis megették, mert látták, hogy ezzel tudják kiérdemelni a szüleik szeretetét. A gyermekek kiskoruk ellenére már nagyon elhízottak voltak. Kialakulóban volt bennük a szülők által beléjük égetett evésaddikció. Hiszen a gyermekekben az ízérzékelés összekapcsolódott a szülői szeretettel. Akkor kap simogatást, mosolyt és elismerő szavakat a gyermek, amikor megeszik egy újabb adag kaját. Ezáltal egész Életében ez lesz a legnagyobb örömet okozó tényező. Szegény gyermekeknek nem sok esélyük van a boldog jövőre... Kivéve, ha a kezükbe veszik a sorsukat és levetkőzik a szülők által beléjük égetett addiktív programot. Ez ugyanígy működik minden addikcióval.

Továbbadódik a gyermeknek, mert ő azt hiszi, hogy így tudja kiérdemelni a szülője szeretetét. Azonban nagyon fontos, hogy tudd: minden addikcióban, traumában ott van a változás és ezáltal a boldog Élet esélye! Te vagy a kormányos, ez a könyv pedig a térkép...

Ugyanakkor jóval gyakoribb, hogy egy szülő addikciója más „álruhában" jelenik meg a gyermekben. Nemrég egy üzletemberrel tárgyaltam, aki éppen olyan hangulatban volt, hogy kiöntötte nekem a lelkét. Elmondta, hogy ő egész Életében keményen dolgozott, mindig szorgalmas volt, és nemrég mérgében megütötte a felnőtt fiát, mert az egy semmirekellő, munkakerülő, lusta Ember, és ez elviselhetetlen haragot szül benne. Nem érti, hogy hol rontotta el, hogyan lehetett ez a gyerek ennyire más, mint ő. Ez egy olyan példa, ami amellett, hogy elég gyakori, elég tipikus is. A szülő egy önmagával szigorú, a saját személyiségét elfojtó, a világnak megfelelni vágyó munkamániás Ember. Neki a társadalom szemében pozitív addikciója van, hiszen munkamániás. Ő a kapitalista világ „hőse". Ettől ez még egy nagyon komoly addikció. A fia „semmirekellő" lett. Őt nem érdeklik a kihívások és nem képes semmilyen elvárásnak megfelelni. A munkamánia helyett a számítógépes játékfüggőség lett az ő „választása". A társadalmi megítélés szemszögéből nyilván az apuka a „jó Ember" a fia, pedig a „tékozló fiú". Pedig valójában az apuka addikcióját lemásolta a fia. Sérült a lelke, az elfojtásai továbbadódtak. Csak mivel a maximalista apukával nem tudott versenyre kelni a munka világában, ezért más addikciók útjára tévedt a lelke. Apa és fia semmiben sem térnek el egymástól. Az addikció mélysége, mértéke hasonló. Csak az „álruha" más. Igaz, jó eséllyel a fiú nem tud megfelelni apja maximalista elvárásainak, így szégyene tovább rombolja a lelkét. Jó esélye van arra, hogy boldogtalanabb Élete lesz, mint az édesapjának. De mint ahogy mondtam, ő is kap nap mint nap esélyt arra, hogy a kezébe vegyen egy ehhez hasonló könyvet és elinduljon a változás útján!

Még rengeteg példát lehetne bemutatni, de te is találhatsz ilyet a közvetlen környezetedben. Minden családot átitat az addikciók öröklésének láncolata. Generációról generációra adódnak át mint negatív energiahullámok. Az én nagyszüleim megélték a két világháborút, rendszeresen éheztek. A nagypapám egyike volt azon kevés katonáknak, akik a Don-kanyar szörnyűségeit átélve onnan élve hazajutott. A dédnagymamámat 6 orosz katona erőszakolta meg, aki azért hagyta ezt, hogy ne vegyék észre, hogy a 16 éves lánya is a házban rejtőzködik. A világháború okozta hatalmas lelki sérülések generálta fájdalmak addikciókban realizálódtak, majd továbbadódtak a következő generációknak. Azonban ha tudatosan dolgozunk a lelki rezgésszintünk emelkedésén, akkor a generációkon átívelő negatív energiahullámok egyre jobban csillapodnak, ugyanúgy, ahogy a tenger hullámai, amikor eláll a szél. A mi generációnk egyik fő feladata, hogy végre elcsendesítsük ezt a háborgó tengert és a jövő generációkat a belső béke és a boldogság felé fordítsuk.

Amikor ezeket a sorokat írom, szerencsére béke van Európában, bár keményen tombol az orosz–ukrán háború. De ha megérted ezt a generációkon átívelő láncolatot, akkor azonnal világossá válik, hogy miért van ennyi lelki beteg Ember körülöttünk. A világháború óta felnőtt 4-5 generáció csak kismértékben tudta tompítani a mai gyermekeink felé átadott lelki betegségeket. Igaz, hogy ennek az a legfőbb oka, hogy társadalmunk eltávolodott a lelkiségtől. Technokrata, túlracionalizált fejlődésünk nem segítette, sőt tovább rombolta az Emberi lelkek gyógyulásának esélyeit. De itt az ideje változtatnunk ezen, közös erővel, példamutatással, a saját Életünk fő irányának módosításával...

Ha megértjük és tisztán látjuk, hogy addikcióink mint negatív energiahullámok terjednek tovább generációról generációra és átérezzük ennek a felelősségét, az erőt ad nekünk arra, hogy több energiát fektessünk a lelkünk gyógyításába. Hiszen ezzel nemcsak magunkat, hanem a jövő generációit is megóvjuk a múlt által generált negatív jövőtől...

5.4.3. Az addikciókról való leszokás biztos receptje

Az addikciók mindegyike egy vagy több Életpusztító lelki rezgésszinthez kapcsolódik. Ez azt jelenti, hogy minden addikció mögött egy vagy több negatív érzés a fő meghajtóerő. Például az alkoholista vagy a drogos általában a szégyen vagy a bűntudat érzéséből táplálkozik, hiszen a felszínen a cél a bódult állapot elérése, míg a valódi tudatalatti cél az, hogy szégyenteljessé válhasson az Emberek előtt, vagy bűntudatot érezhessen a tettéért. Ez a gondolatmenet minden addikcióra igaz! A felszínen, a racionálisan tudott vágy és a valódi tudatalatti cél között óriási a különbség. Például a számítógépesjáték- vagy a pornófüggő általában azt gondolja, hogy azért csinálja ezeket, mert élvezi a játék vagy a pornófilm örömét. A testét izgalom árasztja el és ezáltal rövidtávon jobban érzi magát. Ugyanakkor a pornófilm a vágyakozás Életpusztító lelki rezgésszintjére süllyeszt, de ha a neveltetés és a vallási dogmák erősen hatottak rá gyermekkorban, akkor emögött a szégyen és a bűntudat vegyes érzelmei is el vannak rejtve. A számítógépesjáték-függő szintén vágyakozást generál, amely haraggal párosul, hiszen állandóan arra érez vágyat, hogy legyőzze az ellenfeleit vagy a számítógépet, de valójában szégyen, bűntudat vagy félelem dolgozik a háttérben, amelyek elől menekülés a játékszenvedély.

Az addikciókhoz kötődő érzelmek által termelt hormonok hosszú távon testi betegségeket is okoznak, ezért egészségünk megóvása vagy helyreállítása szempontjából is nagyon fontos, hogy mérsékeljük a függésünket. A leszokás második lépése az, hogy megértsd, hogyan működik ebből a szempontból a tested-lelked. Vegyük alapul például a bűntudat érzését, de az alábbiakban ennek a szónak a helyére bármely negatív érzést behelyettesíthetsz. Minden érzés bizonyos hormonok termelődését generálja a testedben. Ha például sokszor érzel bűntudatot, akkor a testedben sokszor termelődik az ehhez kapcsolódó hormon. Ennek az a következménye, hogy a sejtjeid sok bűntudat által generált hormont kapnak. A sejtek tökéletesen alkalmazkodó gépezetek. Azaz amelyik hormonokból tartósan több jut hozzájuk, leginkább azokra adaptálódik a sejtmembránjuk. A sejtek nem tesznek különbséget jó vagy rossz között. Ők csak végzik a dolgukat, azaz amire szoktatják őket, ahhoz alkalmazkodnak. Ez evolúciós szempontból így helyes, hiszen a test dolga a környezethez való lehető legnagyobb mértékű alkalmazkodás. Ha gyermekkorban sokszor éreztettek veled a szüleid bűntudatot, akkor felnőtt korodban is mindent megtesz a tudatalattid, hogy bűntudat érzését okozó helyzetbe keverd magadat, még akkor is, ha agyból tudod, hogy ez neked nem jó. Gondolj bele, kérlek, hányszor sodródtál bele „véletlenül" váratlan bűntudathelyzetekbe, miközben nem akartad azt. Ez azért van, mert a sejtjeid függőségben vannak a bűntudat által termelődő hormonoktól. Ezért törnek ránk akkor is bűntudatérzések, ha nem akarjuk. A tudatalatti elérte, hogy a sejtjeid megkapják, amire vágynak. Ezért alakul ki maga az addikció is, hiszen ez annak a pótlására az eszköz, amit a szülők már nem végeznek el az Életünkben. A sejtjeink állandóan vágynak ezekre a hormonokra, így az egész tested tudatalatti síkon sugározza feléd, hogy végre érezz bűntudatot, mert szükségük van a függőségüket okozó hormonkoktélra.

A jó hírem az, hogy a sejtjeid átszoktathatók pozitív lelki rezgésszintek (bátorság, pártatlanság, hajlandóság, elfogadás, észszerűség, szeretet, derű, béke, megvilágosultság) által generált hormonkoktélra is! De ez csak fokozatosan tud megvalósulni! Hiszen a sejtek membránjainak át kell alakulniuk arra, hogy ezekre a hormonokra legyenek érzékenyebbek. Szóval ha elkezdesz tudatosan, rendszeresen pozitív érzésekre fókuszálni, akkor egyre többször kapják a sejtek ezeket a hormonokat és egy idő után már elkezdenek vágyni rájuk. A sejtmembrán elkezd érzékennyé válni ezekre a hormonokra, hiszen ezekből is egyre többször kap. Ez az a pont, amikor a bűntudat vagy más Életpusztító lelki rezgésszint hormonjai már kevésbé lesznek érdekesek a testednek, így alig fogsz csábítást érezni rájuk. Tulajdonképpen ezzel le is írtam neked az addikciókról való leszokás biztos receptjét. Ez a harmadik lépés: pozitív érzelmek és gondolatok gyakorlásával a pozitív érzések hormonjaira kell szoktatnod a testedet!

De fontos tudnod, hogy minden kezdet nehéz! Először unalmasnak fogod találni az ilyen gyakorlatokat. Az is lehet, hogy az egod lesöpri azzal, hogy ez baromság, vagy azzal, hogy úgysem használ. Azt tudnod kell, hogy az egod nem más, mint a hormonháztartásod jelenlegi állapotát védő lelki mechanizmus. Az egod az összes sejted tudatalatti felől áradó sugallata! Szóval ő semmi mást nem tesz, minthogy mindig a jelenlegi helyzetet akarja konzerválni, azt a hormonkoktélt akarja kapni, amihez eddigi Életed során a testedet szoktattad. Ez miatt nem szabad a saját egodnak hinned! Persze, hogy az egod nem akarja hagyni, hogy megváltozz... Ami jó hír, hogy az ego is átszokik szép lassan az újra, és akkor már azt az újat fogja mindenáron védelmezni. Amikor nagyobb lélekgyógyulásokon átestem, már nem értettem, hogyan tudtam úgy élni, ahogy előtte éltem és a lelkem már nagyon nem kívánta, hogy visszaessek oda. Egy idő után megszűnt a tudatalatti szintű vágy is erre, hiszen a sejtjeim átszoktak. Ezt a folyamatot már sokszor átéltem, így amiről ebben az írásban írok, az mögött mély megélések, tapasztalatok vannak és mély, önzetlen energiák igyekeznek neked is segíteni ezen a nehéz úton!

Miért megy keveseknek az addikciókról való leszokás? A fenti sorok hatására már biztosan benned is körvonalazódott a válasz. Az ego mindent megtesz, hogy a régi állapotot konzerválja! Ezért az **első tipikus hiba** az, hogy a legtöbb Ember fel sem ismeri az addikcióját! Ha mások tükröt mutatnak neki, akkor is lesöpri azzal, hogy nem érti, miért olyan nagy gond ez. Az addikció „tulajdonosa" mindig jóval enyhébbnek látja a problémát, hiszen az egoja minden érvrendszerrel azt védi. Szóval az első buktató az, hogy fel sem ismered vagy elbagatellizálod az addikciót és ezáltal esélyed sincs, hogy tegyél ellene.

A **második tipikus hiba** az, ha valaki végre felismeri és rádöbben, hogy az adott addikció a boldogságának vagy akár az egészségének a gátja, akkor azt hiszi, ezzel már mindent megoldott. Igyekszik tudatosan, agyból elkerülni az addiktív helyzeteket. Ez az a tipikus eset, amikor például a dohányos elhatározza, hogy leteszi a cigit. Az elhatározás lelkesedése és a tudatos odafigyelés révén ki is bírja 2–3 hétig. Aztán „váratlanul" történik valami, ami miatt rá kell gyújtania. Az ego és a tudatalatti mindent megtesz, hogy a test megkapja a hormonjait, amikre ráfüggött. De itt is csak a felszín a nikotinfüggőség. A valódi függőség valami önpusztító érzelem a mély lelki rétegekben. Szóval 2–3 hét alatt már mély sóvárgást, hiányt érez iránta minden sejt. Ezt a hatalmas belső hatást agyból nem lehet leküzdeni! Nincs olyan erős akaratú Ember, akinek ez menne! Szóval nagy hiba azzal bántani egy alkoholistát, hogy: nem igaz, hogy nincs elég akaratereje, hogy letegye végleg az alkoholt. Ehhez senkinek sincs elég akarata! A saját sejtjeid ellen nem tudsz tartósan tenni! (Vannak azért olyanok, akiknek ez sikerült, de ők közben általában más addikcióra álltak át.) Hol van tehát a hiba? Ott, hogy a leszokni vágyó tudatosan elvonta a sejtjeitől a negatív érzelem hormonjait, de nem adott nekik cserébe mást. Szóval attól lesz hatékonyabb a leszokás, ha pozitív érzelmeket keltő tevékenységeket végzünk, hogy a sejtjeink elkezdjenek ezekre a hormonokra ráfüggeni. Az egyik oldalon a mély lelki sebeket kell begyógyítani, a másik oldalon pedig pozitív érzelmekkel és gondolatokkal kell „táplálni" a sejtjeidet.

Az addikcióktól való megszabadulásban a **harmadik tipikus hiba** a kitartás hiánya. Minden leszokási folyamatban vannak visszaesések. Ilyenkor óriási hiba bűntudatot érezni és ostorozni magunkat! Hiszen ezzel pont azt a célt érik el az ego segítségével a sejtjeink, hogy megkapják azokat a bizonyos hormonokat. Ilyenkor elveszítjük az erőnket, a lelkesedésünket és visszaesünk az eredeti állapotunkba. Pedig itt kellene kitartani! A legfontosabb, hogy a visszaeséskor éld meg nyugodtan a visszaesés okozta örömet, de ne érezz bűntudatot vagy egyéb negatív érzelmet! Fogadd el, hogy ez most így alakult! Az elfogadás már pozitív hormonokat termel. Közben tudatosítsd magadban, hogy ha kidagonyázták magukat a sejtjeid, akkor újra nekiállsz és a pozitív érzelmek gyakorlásával folytatod a tudatos fejlődést. A leszokási folyamatot a visszaesések szemszögéből kell nézni. Ha jó irányba fejlődsz, akkor a visszaesések egyre kisebb mélységűek és egyre rövidebb ideig tartanak, vagy mélyek maradnak, de egyre ritkulnak.

Fontos segítséget kérni az addikciókról való leszokáshoz! Ez a **negyedik tipikus hiba**, hogy nem kérünk segítséget, illetve letaszítjuk magunkról a segítő szándékot! Ez nem véletlen, hiszen az egonk ezzel is az eredeti állapot fenntartását szolgálja. A család, a barátok segíthetnek, hiszen velük tudsz pozitív érzelmeket megélni. Segíthet egy pszichológus, kineziológus, egy terapeuta vagy egy spirituális vezető. De erre részletesebben még vissza fogok térni.

Az **ötödik tipikus hiba**, hogy nem változtatsz a szabadidőd eltöltési módjában. Az időtöltéseidet is cseréld olyanokra, amelyek magasabb lelki rezgésszintre emelnek. Például nem mindegy, mit olvasol, milyen filmeket nézel vagy milyen tartalmakat fogyasztasz az interneten. Ez a könyv is magas lelki rezgésszintű, így már ennek az olvasásával is aktívan teszel azért, hogy boldogabb és addikciómentesebb életet élhess...

E kérdéskör mélyebb megértését szolgálja a 3. számú melléklet izgalmas összefoglalója, amelyből megértheted, hogy egyes addikciók melyik hormontermelő és melyik idegi központodhoz kapcsolódnak.

5.5. Játszmák

Biztos vagyok abban, hogy a legtöbb Olvasó tisztában van a „játszma" szó pszichológiai értelemben vett jelentésével. Azonban lehet, hogy egyesek mégsem tudják pontosan, mit jelent ez. Ugyanakkor igyekszem nem untatni téged itt definíciókkal. Így remélem, akkor is érdekes lesz ez az alfejezet a számodra, ha tisztában vagy ezzel a kérdéskörrel.

A játszmaelmélet megalkotója Eric Berne volt, a könyveit mindenkinek ajánlom, akik szeretnék jobban megérteni az Emberi lélek működését. Egyébként a szerző írásmódjánál jóval egyszerűbb nyelvezettel ír erről a Nyerni születtünk című könyv (Muriel James–Dorothy Jongeward), amelyet szintén tiszta szívből javaslok mindenkinek, aki az Emberi lélek működésének megértéséhez és saját önismeretének fejlesztéséhez szeretné elsajátítani az alapokat.

Amikor kb. 32 éves koromban elolvastam Eric Berne hivatkozott könyvét, bár nagyon érdekesnek találtam, meg voltam róla győződve, hogy nekem nincsenek játszmáim. Ugye, milyen trükkös a pusztító-ego? Kb. 2 évig érett bennem a könyv tartalma, amikor elkezdtem rádöbbenni, hogy jé, nekem is van 1-2 játszmám?! Ekkor újra elolvastam ezt a könyvet, és az imént ajánlott Nyerni születtünk címűt is. 36 éves koromra már teljes értékű játszmatérképem volt önmagamról és ki kell jelentenem, hogy nagyon sokféle játszmát játszottam akkoriban. Ekkorra már pontos képem volt erről, és azt is értettem, hogy melyik játszmatípusnak mi a lelki gyökere, mi a múltbeli okozója. Ezek a felismerések fontos mérföldkövei voltak az önismeretem fejlődésének.

Rengeteg olyan Embert ismertem meg azóta, akik ugyan tisztában vannak azzal, hogy mit jelentenek a játszmák és jól látják más Emberek játszmáit, azonban a saját játszmáikról semminemű ismeretük, tudomásuk sincs. Ez általában is igaz, hogy önmagunk mélyebb megismerésével szemben van egy alapvető vakságunk. Ez tulajdonképpen nem vakság, hanem az ego játszmája velünk szemben. Nem véletlen, hogy ez is a pusztító-ego egy kiváló eszköze a saját létének fenntartására.

Az egyszerűbb megfogalmazhatóság érdekénen Eric Berne mintájára minden két vagy több Ember közötti kommunikációs módot, vagy másik Ember vagy Emberek felé irányuló tettet tranzakciónak fogok hívni. Az Emberi játszmák létrejöttéhez tranzakciók kellenek. Vagyis a játszmákat a tranzakcióink során hozzuk létre. A játszma azt jelenti, hogy a tranzakció során a felszínen látszó cél eltér a valós céltól. Nincs arról szó, hogy szándékosan hazudunk, hanem hogy valójában mást szeretnénk elérni, mint amit a tranzakció során közlünk. Szóval létrejön például egy beszélgetés két Ember között, amelynek a felszínen van egy célja, de valójában a felszín alatt egy más lelki cél adja a valódi motivációt. Lehet, hogy ez így elsőre bonyolultan hangzik, de mindjárt letisztul.

Ahhoz, hogy alaposan megértsük a játszmákat, először a valódi lelki célt kell jól megérteni. Például tipikusan a magyarokra jellemző a panaszkodás játszmarendszere. Amikor az USA-ban éltem, akkor döbbentem rá a magyarok és az amerikaiak közötti óriási különbségre. A magyarok mindig panaszkodnak és legtöbbször szomorúan vagy semleges arccal mennek az utcán. Az amerikaiak szinte mindig igyekeznek mosolyogni és szinte sosem panaszkodnak. Ha egy amerikai Ember elkezd panaszkodni egy másik Embernek, akkor azt azért teszi, mert szüksége van segítségre. Ez egy teljesen egyenes, azaz játszmamentes tranzakció. Hiszen azért panaszkodom, mert vágyom arra, hogy a másik fél segítsen. Szóval ha a másik fél erre felajánlja a segítségét, akkor a panaszkodó örömmel elfogadja azt és hálás, amiért a másik fél egy átlagos amerikai Ember esetében segítő kezet kíván adni. Ezzel szemben Magyarországon a legtöbb esetben a panaszkodás egy játszma. Elkezdjük megfogalmazni a sérelmeinket, majd amikor a másik együttérzően elkezd tanácsokat adni vagy felajánlja a segítségét, akkor lerázzuk valami ilyesmivel: „á, hagyd csak, majd csak lesz valahogy...". Ez egy játszma, mert a felszínen lévő tranzakció egy segítségkérés, de a valós lelki cél az, hogy megerősítést kapjak arról a világképemről, hogy pocsék az Élet. Mi, magyarok a sok generáción átívelő vesztes történelmünk révén szeretjük elhinni, hogy az Élet nehéz, szomorú és ragaszkodunk ehhez a világképünkhöz. Bár igaz, hogy az elmúlt 1-2 évtizedben ez elkezdett megváltozni...

Nézzünk egy másik példát. Nekem a sok közül az egyik játszmám az volt, hogy mindig sokkal többet kellett szenvednem egy kis sikerért, mint másoknak. Nekem mindig minden sokkal nehezebben ment. Ez a kommunikációban úgy jelent meg (természetesen tudattalanul), hogy úgy alakítottam a beszélgetéseket, hogy erre a világnézetemre vonatkozóan megerősítést kapjak. Ha valaki rá akart világítani, hogy lehetne egyszerűbben vagy könnyebben is élni, akkor ezeket az „indítványokat" elengedtem a fülem mellett vagy arról győztem meg őket, hogy „tényleg az én esetem speciális". A tudatalatti célom az volt, hogy önigazolást nyerjek és „kiérdemeljem" mások sajnálatát „speciálisan" nehéz helyzetem miatt. Pedig nem volt speciális az esetem, csak nem akartam eltérni a kialakult világnézetemtől. A játszmarendszer lényege az, hogy szeretünk olyan Emberekkel beszélgetni, akiktől megkapjuk ezt a lelki „nyereséget". Ha valaki nem vesz részt a játszmánkban, akkor azt legközelebb elkerüljük, sőt általában azok az Emberek nem szimpatikusak a számunkra.

Egy harmadik példával is szeretnék élni, hogy lássuk, mennyire összetett és sokszínű a játszmák világa. Nemrég egy családnak segítettem a gyermekükkel kapcsolatos probléma megoldásában. Az anyuka és a serdülő lányuk eléggé sokat veszekedtek, ami megmételyezte a családi idillt. Beszélgettem az anyukával, aki elmondta, hogy szerinte a lányuknak a nullához közelít az empátiás készsége, ami őt megőrjíti, hiszen a szülők nem ilyen Emberek és nem is így nevelték a gyermeküket. A mélyebb beszélgetések után azonban kiderült, hogy az anyukának minden alkalommal, amikor leteremti a lányát, napokig bűntudata van. Ugyanakkor a lányának meg azért van bűntudata, mert megint nem tudott eléggé teljesíteni az édesanyja felé. Szóval a felszínen az empátia hiánya a veszekedések oka, de a valós cél a bűntudat rendszeres megélése. Az anyuka sok elfojtott bűntudatot hordoz a gyermekkorából, melyet a szülei terheltek rá. Ezeknek a veszekedéseknek a tudatalatti oka az, hogy az anyuka meg tudja kapni azokat a bűntudatcsomagokat, amelyeket gyermekkorában a szüleitől kapott. Az Élet fintora, hogy ezzel a játszmával pont azt a bűntudathalmazt adja át a gyermekének, amitől ő is szenvedett gyermekkorában. Az előző fejezet pont erről szólt. Hogyan adódnak át szülőről gyermekre a káros szokások, az addikciók. Tulajdonképpen az is egy addikció, hogy tudatalatti szinten bűntudatfüggés alakul ki, hiába szenved tőle az adott személy. A játszmák pedig tökéletes eszközök e negatív érzelmek kiprovokálására.

Szóval a játszmák valódi célja egyrészt mindig az, hogy önmegerősítést kapjunk! Másrészt pedig hozzá akarunk jutni a tudatalattink által sugárzott „jutalomhoz". Akármennyire is helytelen, téves vagy önpusztító az a világnézet, amit érzel, akkor is a cél az önmegerősítés lelki „nyereségének" begyűjtése. Ugye, így már érthetővé válik, hogy az alkoholistának vagy a munkamániásnak miért nem lehet megmagyarázni, hogy amit tesznek, az helytelen? A játszmáik segítségével rendszeres önmegerősítéshez jutnak.

Ismertem egyszer egy hölgyet, aki egy nagyon tisztességes beállítottságú Ember volt. Ezt olyan értelemben értem, hogy tényleg csak igaz szerelem, bizalom kialakulása esetén tudna bárkivel ágyba bújni. Ennek ellenére a férfiak iránti viselkedése erősen kacér és kirívó volt. A felszínen lévő tranzakciói egy szexuálisan könnyed nő képét keltették. Azok a férfiak, akik erre rá sem hederítettek, az ő szemében gonosz Emberek voltak, mert nem figyeltek rá. Azokat a férfiakat, akiket bevonzott a kacér viselkedése és előbb-utóbb beindította a férfiúi fantáziájukat, elég durva módon letaszította magáról és gusztustalan lényeknek titulálta őket. A felszínen a tranzakció lényege az volt, hogy „gyere, udvarolj körbe és csodás jutalmat kapsz cserébe". A tranzakciók valódi célja azonban az, hogy a hölgy megkapja a megerősítést arról a világképéről, hogy „minden férfi csak ugyanazt akarja és ezért nem lehet megbízni bennük", és tovább erősítse a mély emberi kapcsolatoktól való félelmét, amit lelkiintimitás-gátlásnak is szoktam hívni.

Mind a négy példa ugyanazt mutatja. Lelki síkon a valóságképünkre vonatkozó megerősítéseket akarunk beszerezni másokról. Ugyanakkor ha kívülről nézed ezeket a példákat, valószínűleg lenne tipped, hogy milyen gyermekkori sérelmek okozhatták a szereplőkben a jelenlegi játszmarendszerüket. Szóval a játszmáid megismerése egy csomó mélyebb önismereti kaput is ki fog nyitni benned, amitől ez az egész egy izgalmas folyamat kezdete. Az mindenesetre kijelenthető, hogy valaki minél mélyebb lelki rezgésszinten van, annál több játszmarendszerrel „lavíroz" az Életben. Hiszen a valósnak hitt, ámde téves világképe megerősítésébe annál több energiát kell befektetnie.

Rengeteg játszmatípusról és példáról tudnék még írni, de jelen írás terjedelme ezt nem teszi lehetővé. Ezzel az írással az volt a célom, hogy kedvet csináljak arra, hogy mélyedj el az ezzel kapcsolatos irodalmakban és ezáltal szélesítsd a látókörödet, az Ember- és önismeretedet. Bízom benne, hogy felkeltettem az érdeklődésedet ez az érdekes út iránt, amit minden Ember Életében fontosnak és hasznosnak gondolok.

Képzeld el, hogy a legtöbb kapcsolatomat – mielőtt végleg megszabadultam tőlük – a játszmáim tették tönkre! Mindez úgy történt, hogy nem is tudtam a játszmáimról. Ma már a legtöbb Emberi kapcsolatom játszmamentes. Persze tisztában vagyok azzal, hogy sosem lesz tökéletesen az, hiszen akkor egy teljesen megvilágosult Ember lennék. Azonban a játszmáim csökkenésével békés, harmonikus és őszinte lett az Emberi kapcsolataim jó része. Ezáltal fokozódott a boldogságom. Az első lépés mindenkinek az, hogy az önismereti rendszerébe beépíti a saját játszmarendszereinek teljes feltérképezését! Sok sikert kívánok neked ezen az úton. Ne feledd! Az egod úgyis azzal fogja kezdeni, hogy neked nincsenek játszmáid, vagy csak kevés van, vagy ami van, az miért helyes... De kérlek, ne hagyd magadat becsapni!

5.6. Racionalizáló elme

Az észszerűség lelki rezgésszintjének elérésig soha nem képesek a tökéletes objektivitásra az Emberek. Pedig ahhoz nem kell más, mint színtiszta racionális gondolkodás. Az Emberek nagy része azt képzeli magáról, hogy alapvetően objektív és racionális. Ez különösen igaz azokra az Emberekre, akik a lelkiség világából kilépve csak a tudományos tények racionális világában hajlandók élni, kizárólag azt tekintik egyetlen igazságnak. Ennek velejáró következménye az ateizmus is, hiszen Isten vagy más vallási ikonba vetett hit nem fér össze az objektív gondolkodással. Mindezek ellenére, hogy ebből az embertípusból ilyen sok van, sajnos közülük nagyon kevesen objektívek, racionálisak. Az észszerűség lelki rezgésszintje olyan magas érték, hogy a mai Emberi populációban több millió Emberből csak egy jut el ide életében. Mégis milyen sokan gondolják ezt magukról...

Ez azért van, mert az Emberek 99,999%-a valójában nem racionális, hanem racionalizáló. Ez azt jelenti, hogy az egyén a tudatalatti síkon érzelmi alapon eldöntött dolgot utólag „racionális" gondolatokkal támaszt alá annak érdekében, hogy megerősítse a valóságképét. De hogy is működik ez a folyamat? Tegyük fel, hogy egy üzletben sokféle konkurens termék közül választhatunk. Kiválasztunk egy adott terméket. Általában a tudatalattinkban már el van raktározva az adott márkával kapcsolatban valamilyen pozitív érzelem, amelyet például a kisgyermekkorban a tv-ben látott reklám vagy a szülő elégedettsége stb. okozhatott. Szóval a tudatalattinkban a másodperc tört része alatt eldőlt, hogy melyiket választjuk. Ezt észre sem vesszük, mert annyira gyors a folyamat. Amikor a tudatalatti síkján megtörtént a választás, az egy érzést sugároz. Erre reakcióként az agyunk elkezd olyan gondolatokat „alkotni", amelyek az adott termék mellett érvelnek. A racionalizálás célja az, hogy érvényt szerezzünk a tudatalatti szinten beégett kód jogosságára. Szóval addig soroljuk a kedvező érveket a termék mellett és a kedvezőtleneket a konkurens termékekkel szemben, míg meg nem vesszük. A helyzet az, hogy ugyanezt csináljuk a párválasztástól kezdve a viselkedési döntéseinken át az önkifejezésünkkel is. Minden döntésünket utólag racionalizáljuk gondolatokkal! Jó önismereti feladat, hogy figyeld meg magadat ezen a téren! Az érzelem a másodperc tört része alatt „elintézi" a kötődést egy döntési irány felé, de pont a gyorsasága miatt nehéz rajtakapni. Azonban minél jobban kötődünk érzelmileg a döntésünkhöz, annál inkább igaz ránk, hogy racionalizálók vagyunk és nem racionálisak. Csodálatos önismereti út ez, de nem könnyű! Ez az ego játszmáknál is kifinomultabb eszköze arra, hogy rögzítse a jelenlegi valóságképedet. Neki az az érdeke, hogy ez fennmaradjon, mert így biztosítja benned a saját létét. Nézzünk erre egy másik példát. Egy hölgy kb. 10 éve őrülten vágyik egy férfire, akit a hölgy abszolúte nem érdekel. Ez a hölgy minden elutasítás ellenére tisztán tudja, hogy ő a lelkének a másik fele, csak a férfi erre még nem döbbent rá. Ez a valóságról alkotott „tudás" egy racionalizálás, amelynek óriási hátránya, hogy a hölgy nem képes rádöbbenni, hogy pont ez a rögeszme boldogtalanságának a legfőbb oka. Ő a vágyakozás lelki rezgésszintjén rekedt, és amíg nem ébred rá, hogy valóságképe teljesen hamis, addig esélye sincs arra, hogy boldog Ember legyen. De miért nem képes rádöbbenni a valóságra? A válasz egyszerű: mert érzelmileg kötődik a saját maga alkotta valósághoz. Meg van róla győződve, hogy a lelke neki csak igazat sugallhat és ő 100%-os bizonyossággal „tudja", hogy a vágyott férfi tényleg az ő másik fele. Valójában ennek semmilyen racionális alapja sincs, mégis az egoja racionalizáló gondolatokkal „foggal-körömmel" védi a jelenlegi valóságképet. Így a pusztító-ego fenntartja magát a nőben mint gazdatestben, amely annak hiszékenysége és befolyásolhatósága miatt ideális egy ego-parazitának. A hölgy a saját egoja hipnotikus hatása alatt áll, mint mindenki, aki 200 alatti lelki rezgésszinten él. A baj az, hogy bár 10 Emberből jelenleg tudattalanul legalább 8 ezen a lelki rezgésszinten él, pont az ellentétéről vannak meggyőződve. Nem véletlenül a bátorság az első Élettámogató lelki rezgésszint, hiszen nagy bátorság kell ahhoz, hogy szembe merjünk nézni a ténnyel: a valóságképünk hamis délibáb, amelyet mélyen beégett gyermekkori fájdalmakból kialakult programok irányítanak, és nem mi magunk.

Ez a példa jól mutatja, hogy a racionalizálás mennyire veszélyes dolog is lehet és a pusztító-ego tökéletes eszköze Életünk tönkretételére. Aki képes mögé látni, az a szabadabb és boldogabb Élet irányába fog elmozdulni. Lehet, hogy előtte szenvedés vár rá, hiszen az érzelmileg kötődött valóságképektől legtöbbször csak szenvedés árán lehet megszabadulni. Ez az ego összetörésének a folyamata. A fontos azonban az, hogy **utána nehogy még erősebb egot építs!** Ez a legnagyobb hiba, amit az Emberek elkövetnek. Amikor „végre" összetörik az egojuk egy részét, akkor összeszedik, hogy hol és miket hibáztak, és ösztönösen egy még erősebb önvédelmi képességű egot építenek ki. Sajnos ez átmeneti boldogságérzés után még nagyobb szenvedéseket fog okozni. Ehelyett, ha egyszer összetört az egod, akkor örülj neki, hogy részlegesen megszabadultál tőle és óvd magadat attól, hogy újra erősödjék!

Kérlek, szánj elég időt arra, hogy tetten érhesd a racionalizáló gondolataidat és az azok horgonyát képező érzéseket! Így rá fogsz jönni, mely valóságképeid tévesek. Minden ilyennel objektívebbé, racionálisabbá válsz és gyengíted az egodat! Nem mellesleg egyre közelebb lépsz a boldog Élet kapujához...

6. Az É.L.E.T.-módszer

6.1. Az egofolyamok, avagy az É.L.E.T.-módszer 3 alapszabálya

Gratulálok, hogy idáig eljutottál a könyvben! Ugye, betartottad, amit kértem? Ugye, nem faltad be rövid idő alatt a könyvet, hanem folyamatosan elvégezted azokat az önismereti elemzéseket, amelyeket eddig a sorig kértem tőled?! Ez nagyon fontos annak érdekében, hogy eredményes legyen a közös munkánk! Ha esetleg nem így tettél volna, akkor, kérlek, addig ne haladj tovább, amíg az eddig feléd leírt kéréseimet nem teljesítetted! Ha ezeket megtetted, akkor nagy örömmel és szeretettel nyújtom át neked az É.L.E.T.-módszer alapjait, amely eszközöket ad a kezedbe az életed boldogabbá tételére...

Mint ahogy az addigi fejezetekből már te is tisztán látod, az egot három helyen lehet fellelni: test, elme, lélek. Nézzük meg, hogyan tudsz rájönni, hogy milyen erőteljes benned az ego jelenléte.

Kezdjük a testtel. **Az egod annál erősebb, minél több tünetet produkál a tested** és ezáltal minél többet foglalkozol vele. Az egomentes test tökéletesen egészséges és semleges, tehát **annál erősebb az egod, minél jobban eltér a tested az egészséges és feszültségmentes állapotától.** Magyarul az egomentes test végzi a dolgát anélkül, hogy különösebben tudomást vennél a létezéséről. A test azért van, hogy a tudatod (szellemed) számára eszköz legyen az Életfeladatod szerinti dolgok megélésére. Ez egy csodálatos és tökéletes eszköz erre, de nem több ennél. Kicsit a vízellátó hálózathoz szeretném hasonlítani az eddig leírtakat. Az Emberek számára természetes, hogy amikor megnyitják otthon a csapot, akkor folyik a víz. Nem gondolnak bele abba, hogy ez mögött micsoda hatalmas infrastruktúra van (több 10 km csőhálózat, víztisztító művek, kutak, sok-sok munkavállaló odaadó munkája stb.). Az Emberek csak akkor gondolkodnak el azon, hogy a csapon túl is van valami rendszer, ami a vizet biztosítja, ha nem folyik a csapból a víz és ezért reklamálnak a közműszolgáltatónál. A test is egy ilyen eszköz. A feszültségmentes és egészséges test mindenféle tünet nélkül végzi a dolgát, anélkül, hogy bele kellene gondolnunk, hogyan is működik, vagy hány millió sejt teszi a dolgát azért, hogy ez úgy lehessen, ahogy szeretnénk. Amikor a test elkezd másképp működni, mint ahogy elvárjuk, akkor gondolkodunk el sok mindenről a testünkkel kapcsolatban. Megjelennek a test figyelmeztető tünetei, hogy valami nincs rendben. Szóval minden tünet, ami arra késztet, hogy a testeddel foglalkozz, az ego része. Idetartoznak a fájdalmak, a feszültségek, a gyulladások, a betegségek, de az anorexia vagy az elhízás is, illetve a ma olyan divatos testi perfekcionizmus. Ezek mind a semleges és egészséges testállapotból való kilengések.

Most foglalkozzunk az **elmével**. Az **elme egomentes állapota az elme csendjének állapota. Ekkor az elménkben nincsenek gondolatok, csak intuíciónk van, semmi más.** Echart Tolle mondta, hogy akkor mozgatjuk meg a kezünket vagy a lábunkat, amikor akarjuk. Az agyunk az egyetlen szervünk, aminek nem tudunk parancsolni! Akkor is agyalunk felesleges dolgok millióin, amikor nem lenne szükséges gondolkodnunk. Ezért olyan hatékony technika évezredek óta a meditáció, mert az elme gondolatmentes állapotára törekszik. Azaz bevezet az egomentes állapotba. Varga Tamás Miron mesterem mondta, hogy csak az lehet a jövőjének ura, aki az elméjének ura. Az elméjének pedig az az ura, aki legalább 4–5 percig képes tökéletes gondolatmentességben létezni. Akármennyire is könnyűnek tűnik első hallásra, nekem az első egy év gyakorlás után eddig ez összesen 2 alkalommal sikerült. De térjünk vissza az alapkérdésre: milyen erős az elmédben az ego? **Az ego annál erősebb, minél több gondolat zakatol benne adott időegység alatt! Szóval minél zabolátlanabb az elméd, minél kevésbé tudod lelassítani, annál erősebb az egod.** Sokan például még aludni sem tudnak, mert állandóan agyalnak és az agyalásuk még az alvási idejüket is rombolja. Ez a nagyon erős ego jele. De az is az, amikor egy csodálatos pillanat megélését mérsékli, hogy közben felesleges gondolatok törnek ránk. Az is gyakori eset, amikor szex közben – hogy könnyebben jussunk el az orgazmushoz – más dolgokon jár az eszünk vagy valami szexuális perverzióra gondolunk, amit akkor éppen nem kaphatunk meg. Ezek mind-mind az elmén uralkodó erős ego jelei. Persze a példákat a végtelenségig lehetne sorolni...

Most térjünk rá a **lélekre**! A lélekben keletkeznek az érzelmeink. A spirituális Emberek gyakran esnek abba a csapdába, hogy az érzelmeik irányítják őket. Pedig a lélek is az ego „játszótere". Meg vannak győződve arról, hogy amit a lelkük mond, az a helyes. Sajnos ez is egocsapda. **A lélek egomentes állapota a semleges érzelmű állapot.** Hangsúlyozni szeretném, hogy ez nem egyenlő az érzéketlenséggel vagy a fásultsággal. Ez utóbbiak az erős Életpusztító lelkiállapot jelei. A semlegesség állapotában például mélyen együttérzünk Embertársainkkal, de semleges nézőpontból tesszük. A valódi önzetlen szeretet is valójában semleges, hiszen mindenkit és mindent irány nélkül szeret. Az önző szeretet például aggódó és birtokló, amellyel negatív energiákat sugároz a szeretett személy felé. Az önzetlen szeretet nem aggódik és nem birtokol, csak együttérez és támogat. A semleges lélek végtelenül önzetlen. A semlegességtől való kilengést mindig önző érdek okozza. Szóval **minden negatív vagy pozitív érzelem, ami nem semleges és önzetlen állapotból fakad, az egod eredménye.** Hogyan tudod megállapítani, milyen erős a lelkedben az egod? A válasz nagyon egyszerű: minél több és minél erőteljesebb pozitív vagy negatív, semlegestől eltérő érzelem jelenik meg benned és minél kevésbé tudsz azokon uralkodni, annál erősebb benned az ego. Szóval ha minél könnyebben kihoznak a sodrodból vagy minél többet aggódsz, minél hajlamosabb vagy egyik szerelemből a másikba esni, vagy minél inkább érzelmek alapján hozod meg a döntéseidet, annál erősebb a lelkedben az egod.

De mire jó mindez a tudás? Kifejlesztettem egy módszert a lelki rezgésszintünk emelésére és az ego fokozatos átformálására, melyet „É.L.E.T.-módszer"-nek neveztem el. A módszer neve az „Élettámogató–Lélek–Elme–Test" = É.L.E.T. rövidítésből származik. Az eddig átadott tudásból ered az É.L.E.T.-módszer 3 alapszabálya:

I. szabály: Nem lehet kizárólag a test vagy az elme vagy a lélek csiszolásával megváltozni. Mind a 3 „ego-játszóteret" fejleszteni kell ahhoz, hogy tartós sikert érj el!

II. szabály: Minden olyan tevékenység, aktivitás, módszer, amely a test–lélek–elme kilengéseit mérsékli, az helyes az Életedben és a lelki rezgésszintedet emeli, azaz az egodat gyengíti.

III. szabály: Az érzelmek ereje 100-szorosa az elme erejének, a test ereje 10-szerese az elme erejének. Szóval a 3 „ego-játszótér" erejének aránya egymáshoz képest: lélek : test : elme = 100 : 10: 1.

Az első szabály megértésére nézzünk egy példát. Hány Ember próbál lefogyni sikertelenül? Szinte hetente jönnek ki az újabbnál újabb fogyasztóeljárások, az Emberek 98%-ának mégsem megy tartósan a sikeres fogyás. Miért van ez így? A legtöbben belelkesednek egy újabb módszer iránt és elméből megértik, hogy ez hogyan működik. Ekkor a lelkesedés és a megértés erejével rövidtávon hatalmas eredményeket érnek el. Aztán pár hónap múlva azon kapják magukat, hogy visszaszedték az összes súlyt, amit előtte kínkeserves munkával leadtak. Mi történt? Az elmét megtanították arra, hogy mi a helyes út, de a lelket és a testet nem tanították meg ugyanerre. Rövidtávon győzhet az elme a lélek és a test felett, de középtávon az elmének esélye sincs. Az ego alapjellemzője pedig az, hogy mindig önmagát védi. Szóval középtávon az ego eredeti állapota marad, ami nem más, mint az elhízott állapot és az azzal járó kellemetlen érzések, illetve gondolatok (legtöbbször szégyen), valamint testi tünetek. Mivel a gondolatok ereje gyenge, hiszen 1:10:100 arányban állnak a test és a lélek erejével, ezért az elméből való változni akarás sikerének esélye a leggyengébb. Ugyanakkor meg kell változtatnunk a gondolkodásunkat, ha változni akarunk, mert a gondolatok érzelmeink és testi reakcióink gyújtópontjai is egyben.

Test–elme–lélek egymásra ható körforgása miatt mindhárom részeddel foglalkoznod kell a siker érdekében!

A második szabály érzékeltetésére is nézzünk néhány példát. A test esetében minden, ami az egészségedet fokozza, emeli a lelki rezgésszintedet és gyengíti az egodat. Ugyanakkor minden, ami egészségtelen, az lefelé visz az egod erősítése által. Például ha sok édességet eszel, sokat kávézol, alkoholt iszol, dohányzol, sokat tespedsz chipset fogyasztva a tv előtt, az mind-mind az egodat erősíti és csökkenti a testi, majd közvetve a lelki rezgésszintedet. Ha rendszeresen sportolsz, friss zöldségeket eszel, vitaminokat szedsz, gyógyteákat és kristálytiszta forrásvizet iszol, az emeli a lelkirezgésszintedet és gyengíti az egodat. Ha megnézel egy romantikus vagy egy akciófilmet, akkor az az elmédben és a lelkedben az egodat erősíti. Ha ez helyett meditálsz egyet vagy egy erdei sétán gyakorlod, hogy gondolatmentesség nélkül légy jelen, az emeli a lelki rezgésszintedet és gyengíti az egodat.

A harmadik szabály megértéséhez gondolj bele, kérlek, a következőkbe! Amikor el akarsz fojtani egy érzelmet, az mennyi gondolattal jár?! Minimum százszor, de gyakran akár ezerszer kell valamit átgondolnod, mire a lelkedben el tudod nyomni azt az érzést, ami a problémát okozza. Szóval egyetlen érzelemmel minimum 100 gondolatot semlegesítesz. Ezért nem működnek a megerősítések vagy más néven mantrák akkor, ha mást érzünk, mint amit mondunk vele kapcsolatban. Vagy csak akkor működnek, ha minden érzés megjelenése után legalább 100-szor elismételjük őket. Szóval hiába mondogatod magadnak, hogy gazdag vagy, ha legbelül úgy érzed, hogy nem érdemled meg a gazdagságot vagy gusztustalannak tartod a pénzt, akkor sosem leszel gazdag. Az érzelmeid ellene mennek az elméd által generált elvárásnak. Hiába mondogatod a testednek, hogy egészséges vagy, ha közben legbelül elfojtott bűntudat gyötör és nem érzed úgy, hogy megérdemled a szenvedés nélküli Életet. Az egészségről minimum 10-szer elmondott megerősítés egyetlen testi érzettől szertefoszlik. A 3. szabályból az a következtetés, hogy a gyógyulás vagy az elérni kívánt változás akkor a legeredményesebb, ha a lélektől kezdődik, mert ott egyetlen érzelem megváltoztatásával minimum 100 gondolati és minimum 10 testi kivetülési alkalmat tudsz semlegesíteni. Ezért foglalkoztam a legtöbbet a lelki rezgésszintekkel ebben a könyvben. A legnagyobb erőt az érzelmeink magasabb érzelemmé történő belső transzformálásával lehet elérni.

6.2. Optimalizáld a rezgéseidet!

Az előző fejezet három alapszabályát kombináljuk össze azzal a ténnyel, hogy az elménk–testünk és a lelkünk is rezgésekből áll, és ahogy azt már olvashattad, az állapotuk a rezgéseinek szintjétől függ. Az eddig megismert alapokból számodra is már biztosan következik, hogy a boldogságod, a sikerességed és az egészséged fokozásához az alábbiakra van szükséged:

I. Emeld a lelked rezgésszintjét!
II. Mérsékeld az elméd rezgésszintjét!
III. Emeld a tested rezgésszintjét!

Ezekkel kapcsolatban sok izgalmas ismeretre tehettél szert az eddigi fejezetekben és külön ajánlom a 3. melléklet érdekes és hasznos összefoglalóját.

Így már érted, hogy a lelkirezgésszint-emelés célja az, hogy a jelenlegi lelki rezgésszintedről a megvilágosultság felé haladj. Nem a megvilágosultság elérése a cél, hiszen az nagyon ritka a mai emberi populációban. De minél előrébb haladsz ezen az úton, annál boldogabb, békésebb és harmonikusabb Életet fogsz élni.

Azt is jól érted már, hogy az elméd minél több időt tölt magas Béta-tartományban, annál boldogtalanabb vagy. Így fontos az elméd tudatos lassítása. Minél kevésbé zajos az elménk, minél kevésbé kattog, annál boldogabbak leszünk. Tudom, hogy pont a fordítottját sugallja ez a világ és az egod is. De a már elolvasott fejezetekből érthetővé vált számodra, hogy miért van igazam. Most végezz el egy rövid önismereti feladatot: Ülj le, lazulj el, vegyél pár mély lélegzetet, majd parancsolj rá az elmédre, hogy maradjon csendben. Miközben kiadod ezt a parancsot, egy órán nézd meg, mennyi az idő. Csukd be a szemedet és akkor nyisd ki, amikor az első gondolat átsuhan az agyadon. A mai nyugati átlagember csak másodpercekig tud gondolatmentes lenni. Nem véletlenül sodródik mások irányítása, hatásai által. Nincs uralma a saját elméje felett, így képtelen a boldog jelent és jövőt megvalósítani önmaga számára. Nagyon sok gyakorlásra van szükség ahhoz, hogy parancsolni tudjunk az elménknek. A nyugati Ember infantilis. Ami azt jelenti, hogy a gondolatait és az érzelmeit a vágyak sodorják össze-vissza. Egy átlagos nyugati Embernek szinte nincs semmi önuralma, ezért mindent azonnal akar. Az egész társadalmunk és életvitelünk ezt sugározza. Az önuralom fejlesztése az elme feletti uralmunkon keresztül érhető el. Szóval tudatosan lassítsd le az elmédet, amikor nincs rá szükség! Nyilván ha gyorsan meg kell oldani egy racionális problémát, akkor helyes az elméd gyors működése. De minden más esetben értelmetlen és felesleges zajként jelennek meg az elménk által generált gondolatok milliói a fejünkben. Szóval amikor nincs szükséged agyi pörgésre, akkor lassítsd le az agyadat. Végezz olyan tevékenységeket, amelyek ebben segítenek. Az ideális tartományok a Béta-agyhullámokon kívüliek. Minél tartósabban minél mélyebb agyhullámok állapotába kerülsz, annál közelebb jutsz a boldogsághoz.

A tested rezgésszintjét csökkenti a stressz, a helytelen táplálkozási és életviteli szokások. Tudatosan tenned kell azért nap mint nap, hogy a tested visszanyerje az egészségét, a vitalitását, azaz rezgésszintje az egészséges 60 MHz értékre emelkedjen.

6.3. Az É.L.E.T.-módszer eszközei és csoportosításuk

Most már érted a módszerem lényegét, ugye?! Nyilván a következő kérdés, ami felmerül benned: oké, de hogyan? A könyv hátralévő részében csak erre a kérdésre fogok válaszokat adni. Az eddigi önfejlesztési munkám és mások segítése során összegyűjtöttem kb. 100 olyan módszert, amelyek ebben segítenek neked. Ebből 21-et adok át jelen kötetben. Azokat, amelyeket könnyebb elsajátíthatóságuk miatt kezdőknek ajánlok. Vannak módszerek, amelyek a test rezgésszintjét emelik, mások a lélekét, és olyanok is vannak, amelyek csökkentik az elme rezgésszintjét.

E módszerek legnagyobb részét kipróbáltam vagy számomra hiteles Emberek értek el velük hathatós sikereket.

Azonban azt is megfigyeltem, hogy a boldogságkeresés különböző szintjén lévő Emberek különböző dolgokra képesek. Például hiába mondják a nagy spirituális mesterek, hogy bárki képes meditációra, saját tapasztalatomból tudom, hogy egy bizonyos lelki rezgésszint eléréséig és egy bizonyos elme feletti kontrollképességig esélytelen a meditációval való próbálkozás. Olyat is láttam, hogy a meditáció rögeszmévé vagy depresszióssá tett valakit, mert azt nem alkalmas időben kezdte meg, amikor már a személyisége ezt helyesen tudta volna kezelni. Ezért a boldogságkeresési módszereket több csoportba osztottam. Ennek a könyvnek a hátralévő részében csak a kezdő szinthez tartozó módszereket mutatom be neked. Nyilvánvalóan lesznek közöttük olyanok, amelyek már Életed szerves részei. Ezekre légy büszke és tartsd meg őket! Azokra fókuszálj, kérlek, amelyeket nem alkalmazol rutinszerűen! Itt nagy hangsúly van ezen a szón. Nem elég tudni, hogy mi a helyes! A változás csak akkor lesz sikeres, ha az Életed szerves részét képezi az adott módszer. Vagyis addig kell gyakorolnod, amíg ösztönössé nem válik. Amikor egy módszernél már eljutsz oda, hogy rossz érzésed van, ha elhanyagolod vagy kihagyod, akkor vált igazán az Életed részévé.

Más szempontból 3 fő csoportra osztottam a módszereket:
1. Lélekrezgésszint-emelő módszerek (továbbiakban: Lélek-módszerek)
2. Az elme átlagos rezgésszintjét csökkentő módszerek (továbbiakban: Elme-módszerek)
3. A tested rezgésszintjét emelő módszerek (továbbiakban: Test-módszerek)

Jelen kötetben összesen 3 * 7 = 21 db bevált módszert gyűjtöttem össze számodra, hogy hatékonyan haladj a boldogabb Élet felé.

Az alábbi táblázatban azokat a gyakorlatokat, módszereket, eszközöket foglaltam össze, amelyeket kezdőknek ajánlok és jelen kötet hátralévő részében részletesen be is mutatok. Kérlek, szaladj végig ezen a táblázaton:

MÓDSZEREK (ALAPSZINT)		Hála	Enidő	Ventiláció	Szeretetnyelvek	Lufi- és felhő-módszer	Ne színezz!	Legjobb forgatókönyv	Megerősítések	Napi mérleg módszer	Rend és rendszer	Enhatárok	Félelmeid semlegesítése	Egyensúly módszer	Kaleidoszkóp	Étkezés (alapszint)	Szimmetria és tartás	Melatonin-termelés	Légzés (alapszint)	Sport (alapszint)	Mosoly	Víz (alapszint)
1.	Szégyen																					
2.	Bűntudat																					
3.	Fásultság																					
4.	Bánat (Pusztító-ego)																					
5.	Félelem																					
6.	Vágyakozás																					
7.	Harag																					
8.	Büszkeség																					
9.	Bátorság																					
10.	Pártatlanság																					
11.	Hajlandóság (Semleges-ego)																					
12.	Elfogadás																					
13.	Észszerűség																					
14.	Szeretet																					
15.	Öröm (Teremtő-ego)																					
16.	Béke																					
17.	Megvilágosultság (Ego-mentesség)																					

6.4. Az É.L.E.T.-módszer eszközeinek alkalmazási módja

Az eszközök alkalmazása terén az alábbi módon haladj: Az 1. Lélek-módszerrel kezdj, utána folytasd a 1. Elme-módszerrel, majd fordulj rá az 1. Test-módszerre. Ezt kövesse a 2. Lélek-módszer, majd a 2. Elme-módszer és a 2. Test-módszer. Ezt folytasd egészen addig, amíg mindegyik módszercsoportból túl nem jutsz a 7.-en. Ha ezeket Életed részévé tetted, utána nézz vissza arra az énedre, aki ezt a rendszert elkezdte alkalmazni. Ha egyértelmű változást, javulást látsz az Életedben és szeretnéd még tovább fokozni a boldogságodat, akkor örömmel látlak a középhaladó szintet bemutató könyvem olvasói között vagy a tanfolyamaimon. Ha esetleg nem érnél el sikereket, akkor, kérlek, keress meg, hogy közös erővel megtaláljuk a gyökérokokat, amelyek továbbra is lent tartanak téged.

6.5. Mindig legyen segítőd!

A változást nem tudjuk önállóan elérni! Ennek oka az ego működésében és a tudatalatti óriási erejében rejlik. Sajnos a legtöbb Ember túlértékeli a saját képességeit abban a tekintetben, hogy mennyire tud önmaga megváltoztatni bizonyos rossz berögződéseket vagy begyógyítani a lelki problémáit. Általában bele szoktunk esni abba a hibába, hogy amikor felismerjünk önmagunkban a lelki probléma okait, gyökereit és megértjük, hogy mit hogyan kellene csinálnunk, akkor már azt hisszük, hogy innen egyszerű dolgunk lesz.

A valóság az, hogy ez még csak az út kezdete. Úgy is fogalmazhatnék, hogy a probléma felismerése és részletes feltárása csak az út 1–3%-a. A változtatás sokkal nehezebb, mint maga a felismerés. A változtatáshoz legtöbbször azért nem kérünk külső segítséget, mert az egonk elhiteti velünk, hogy meg tudjuk csinálni. Ez az esetek legnagyobb részében csak délibáb, amit az egonk az önmaga fontosságának fenntartása érdekében hazudik nekünk, így becsapva minket visszahúz a régi keréknyomba.

A másik fő probléma az szokott lenni, hogy elbagatellizáljuk a problémát és ezzel elhitetjük magunkkal, hogy nincs is szükségünk segítségre. Ugyanakkor az is gyakori, hogy félünk segítséget kérni. Félünk, hogy nevetség tárgya leszünk, vagy szégyellünk beszélni a valódi problémáinkról. Sokszor úgy érezzük, hogy a problémánk csak teher lenne mások számára. A lelki segítők legnagyobb részét átitatja az önzetlenség. Őket az tölti fel, ha segíthetnek valakinek. Én is ezért írom ezt a könyvet, mert olyan jó érzés ez az Embereket támogatni kívánó önzetlen belső erő, ami jelen sorok írásakor is munkál bennem. Ugyanakkor a lelki segítők a te problémádnál sokkal „rosszabbakat" is láttak már, így nem fogod tudni őket meglepni. Mivel minden nap ilyen Emberekkel foglalkoznak, mint te, ezért nem fognak téged megítélni. Sőt, a lelki segítők pontosan tudják, amit Krisztus is hirdetett, hogy nincs megbocsáthatatlan bűn, nincs semmi, amit ne lehetne jóvá tenni.

Gyakran ez a hozzáállás is hallható: „nem megyek pszichológushoz, mert nem vagyok elmebeteg". Erre az a válaszom, hogy a megvilágosultakon kívül (akik száma jelenleg kb. 10 fő alatti az egész Földön) mindenkinek vannak lelki sebei, fájdalmai, problémái. Szóval szinte mindenkinek szüksége van lelki segítségre. A lelki segítők ezt pontosan tudják, ezért bármilyen mértékű problémával fordulnak hozzájuk, azzal kapcsolatban mindig elfogadók és nyitottak lesznek. Szóval segítséget kérni nem bűn és nem is szégyen. Segítséggel általában sokkal hatékonyabban és rövidebb idő alatt tudsz eredményeket elérni a boldogságkereső utadon. Ezért minden kedves fejlődni-változni vágyó Embert bátorítok arra, hogy: **kérjen segítséget!**

A lelki segítségnyújtók között sokféle választási lehetőséged van. Nekem az alábbiak jutnak eszembe, akik alapszinten ajánlhatók:

- Lelki társad
- Igaz barátod
- Papod, vallási vezetőd
- Spirituális vezetőd
- Pszichológus

- Integratív pszichoterapeuta (ő is pszichológus, csak speciális módszerekre is ki van képezve)
- Kineziológus
- Léleksegítő csoport
- Edző
- Közösség

Azzal kapcsolatban szeretnék néhány önzetlen gondolatot leírni, hogy mikor melyik lelki segítőt válaszd, hátha a saját tapasztalataim a segítségedre lesznek.

A lelki társad (ha éppen van) akkor alkalmas arra, hogy segítsen, ha maximálisan őszinte a kapcsolatotok és teljes nyíltsággal és szeretettel segítitek egymást a lelki fejlődés útján. Tapasztalataim szerint a kapcsolatok kevesebb mint 1%-a ilyen. A leggyakrabban túl racionálisak a férfiak és abszolút nem nyitottak a lelki kérdésekre, de láttam már olyan esetet is, ahol a hölgy volt ilyen a kapcsolaton belül. Mi férfiak sajnos kevesen vagyunk nyitottak és ezáltal komolyabb fejlődésre képesek a lelkiség terén. Ennek oka a neveltetésünkben rejlik. Az egész társadalom azt várja el tőlünk, hogy kemény macsók legyünk, akik fittyet hánynak holmi lelki problémákra. Ez belénk ég már elég kis korban és igyekszünk ennek a teljesen helytelen társadalmi beidegződésnek megfelelni.

De visszatérve az írás fő vonalára, a lelki társad, ha megfelel a fenti „elvárásoknak", akkor is csak abban az esetben alkalmas arra, hogy segítsen téged az utadon, ha megfelelő szintű pszichológiai érzékenysége és egy bizonyos mértékű szakmai ismerete is van. Akkor tud a legjobban segíteni, ha ő már átment azon a változáson, amiben te éppen most vagy. Így megértő és sok tanácsot adó társad képes lenni ezen az úton. Ugyanakkor az is kell hozzá, hogy félre tudd tenni a büszkeségedet, és el tudd fogadni, hogy a társad támogat. A legtöbb Ember ezt kioktatásnak érzi és bántja a büszkeségét. Így a társ akkor sem tud segíteni, ha egyébként alkalmas lenne rá. Szóval az ideális „felállás", ahol ennyi minden egybevág, nagyon ritka. Ezért szokták azt mondani, hogy családon belül nem megy az ilyesmi. Fontos szempont még, hogy a segítő fél és a segített között ne alakuljon ki felnőtt–gyermek tranzakció. A jó kapcsolat alapja, hogy egyenrangú felnőtt félként kezeljék egymást. Ehhez az kell, hogy aki segít, az ne rendelődjön a másik fölé, azaz alázattal tegye. Aki pedig segítséget kap, az ne rendelődjön alá a másiknak, hanem egyenes gerinccel és önbecsüléssel lépegessen a fejlődés útján.

A jó barátok arra „valók", hogy kiventiláljuk nekik a problémáinkat. Azonban nagyon ritkák azok a barátok, akik azon túl, hogy meghallgatnak, elfogulatlan tanácsot tudnának adni. Szóval, ha „csak" olyan mértékű segítséget szeretnél kapni, hogy valaki meghallgasson és megértsen, vagy úgy érzed, hogy ha valakinek el tudnád mondani az egész problémádat, hogy benned is jobban letisztuljon, akkor erre egy barát kiválóan alkalmas.

A papod (vallási vezetőd) leginkább bűntudatod, szégyened mérséklésére alkalmas, amennyiben igaz hívő Ember vagy. A szégyen és a bűntudat a két legmélyebb és legpusztítóbb érzés, számos lelki betegség gyökere. Szóval nagyon fontos, hogy a lehető legnagyobb mértékben mérsékeljük önmagunkban ezeket az érzéseket. Az isteni megbocsátás érzése egy igen komoly gyógyír lehet a lelkünknek. Én ugyan nem tartozom egyetlen vallási felekezethez sem, de egy időben próbálkoztam pap általi lelki segítséggel. Sajnos a tapasztalatom abban a tekintetben negatív volt, hogy egy pap képtelen kihagyni a lelki segítségnyújtásból (tisztelet a kivételnek!) a vallási dogmatizmust. A vallási dogmatizmust sajnos a társadalmi fejlődést torzító problémának látom, de erről az egyik következő kötetben írok majd részletesen is, illetve A jövő neve Élet – Megoldás a klímaváltozásra című könyvemben részletesen kifejtettem a véleményemet ennek káros társadalmi hatásairól. Ne értsen félre senki! Nagy tisztelője vagyok az összes világvallásnak! A világvallások alapjait csodálatos megvilágosult emberek örök időkre érvényes mondatai alkotják. A dogmatizmus azonban alacsony lelki rezgésszintű valláskövetők torzító hatásai révén rakódott rá a vallásokra az évszázadok-évezredek alatt. Szóval nagy tisztelője vagyok minden világvallásnak, mert alapjaikban csodálatos életigenlést sugároznak. Szóval ha a hited köt egy valláshoz, akkor annak a dogmatizmusa is elfogadható számodra vagy legalább nem okoz benned negatív felhangokat. Ebben az esetben egy jó, lelki érzékenységgel megáldott pap hatékony segítőd lehet.

Egyes Emberek spirituális vezetőkhöz fordulnak segítségért. Egyszer egy zen-mesterrel tudtam találkozni (sajnos csak egy alkalommal) és ez csodálatos élmény volt. Azt gondolom, hogy az igazán magas szinten lévő spirituális vezetőknek már pusztán a közelsége is lelkirezgésszint-emelő, ennek okát már az eddigi fejezetekből te is tisztán érted. Sajnos a „spirituális vezetők" világában rengeteg a kuruzsló és sokan visszaélnek az Emberi hiszékenységgel. Szóval kellő körültekintéssel és objektivitással javasolt választani. A spirituális vezetők azonban gyakran tudnak olyan meglátásokat, üzeneteket, segítségeket adni, amelyek messze felülmúlják a hagyományos pszichológus képességeit. Ez leginkább azon múlik, hogy az a bizonyos spirituális vezető milyen lelki rezgésszinten van. A szeretet lelki rezgésszintjén és felette – mint ahogy arról olvashattál – már valódi csodákra is képesek az Emberek. Amelyek valójában nem csodák, csak a hétköznapi Emberek szűrőjén át nézve azok. Egy ilyen mester hatalmas hatást tud gyakorolni lelki fejlődési utunkra, lelki rezgésszintünk emelkedésére. Ilyen erős mester például Spitzer Gyöngyi, Soma Mamagésa (akinek összes könyvét és tanfolyamát tiszta szívből ajánlom minden keresőnek) is, akivel való 6 órás találkozás úgy kinyitotta a szívemet, hogy az észszerűség lelki rezgésszintjéről a szeretet lelki rezgésszintjére emelt! Egész életemben hálás leszek neki ezért. Azóta hatalma erejét és magas lelki rezgésszintjét már többször megtapasztaltam, és sokan mások is. A közelében töltött idő is már önmagában transzformáló erejű, még akkor is, ha nem is szól hozzád. Nagy megtiszteltetés számomra, hogy elolvasta ezt a könyvet és tiszta szívből írt hozzá könyvajánlót.

A „hagyományos" kibeszélő típusú terápiát folytató pszichológusokat azoknak ajánlom, akik vagy az önismeretüket szeretnék fejleszteni, vagy nem látják a fától az erdőt, vagyis belezavarodtak a problémáik örvényeibe. Azoknak, akik most kezdenek nyitni a lelki fejlődés útja felé, az elinduláshoz talán ez a legjobb választás. A valódi és mély lélekgyógyítás nem az ő asztaluk. Ők inkább amolyan jó lelki tanácsadók, diagnoszták, akik segítenek kibogozni a szálakat, megtalálni a helyes irányokat és olyan Életmódbeli, illetve viselkedési tanácsokat adnak, amelyekkel mérsékelhetők a gondok. A módszer nagyon jó és roppant hasznos. Az egyetlen gond az vele, hogy a lelki probléma valódi okát, magát a lelki sebet nem gyógyítja be. Azt az időre és a páciensre bízza. Én is jártam kétszer ilyen segítőhöz, mind a két időszakot hasznosnak és értékesnek éltem meg. Azonban van egy bizonyos fejlődési szint, ami felett ez a módszer már nem segít, de „kezdőknek" kiemelten ajánlott!

Az integratív pszichoterápia nagyon komoly és hatékony módszer. A pszichológusok között találhatsz olyat, aki integratív terápiára specializálódott. Ezen a terápián jómagam is részt vettem, két szakaszban. Összesen kb. 2,5 évet jártam egy a saját szakmáján belül is magas szintűnek tartott terapeutához. Nagyon hálás vagyok neki, hiszen hihetetlen mértékű fejlődést ért el nálam a módszerével. Ezzel a módszerrel többet értem el 2,5 év alatt, mint előtte 14 éven át egyéb módokon. Tehát bátran kijelentem, hogy a módszer működik! Egyébként nemcsak nálam működik, hanem azok közül, akiknek ajánlottam a módszert és kitartóan alkalmazták is, mindenkinél jelentős lelki fejlődést és ezáltal Életminőség-javulást eredményezett. Azt is fontos elmondanom, hogy az Életemben próbált számos módszer közül messze ez volt az egyik leghatékonyabb! 22 éve foglalkozom önismerettel és lelki önfejlesztéssel, de a legnagyobb mértékű fejlődést az integratív terápiában eltöltött 2,5 évem jelentette. Ma már ismerek még hatékonyabb módszereket is, de azok alkalmazásához ez egy kiváló ugródeszka. Ezekről a későbbi kötetekben lesz szó.

A módszerben az a kiváló dolog, hogy Életem egyik legnagyobb felismerésére épül: Lelki problémát nem lehet racionális gondolkodással meggyógyítani vagy felülírni! (Legalábbis akkor, ha kisgyermekkorban értek olyan hatások, amelyeket máig sem gyógyított be a lelkedben senki.) A lelki problémáink a tudatalattinkban gyökereznek, ezért az olyan módszerek a leghatékonyabbak, amelyek a tudatalatti síkon tudnak segítséget nyújtani. A módszer lényegének megértéséhez képzeld el, hogy az összes elfojtott negatív érzés, amit tapasztaltál, egy mély kutat képezett a lelkedben. Ha az önismereted megfelelő szinten van már, akkor ezt a mély kutat valószínűleg te is érzékelted már. Ez a mély kút az, ami ürességérzéseket, félelmeket kelt benned, amikor egyedül vagy és semmit sem csinálsz. Ez az az érzés, ami elől tudattalanul menekülnek az Emberek. Ezért kell, hogy mindig csináljunk valamit. Hol a telefonunkon pötyögünk, hol netezünk, hol dolgozunk, de mindig történjen valami! Mert ha nem történik semmi, akkor ránk tör az a furcsa ürességérzés, ami félelmetes. Valakinek minél mélyebb ez a „kútja", általában annál pörgősebben, hangosabban, zizegősebben, bonyolultabban él. Hiszen neki jobban kell menekülnie, mint annak, akinek ez a „kútja" nem olyan mély.

Az integratív pszichoterápia lényege az, hogy a lelkedben lévő „kutat" hétről hétre pozitív érzéscsomagokkal tölti fel. Képzeld el, hogy minden egyes pozitív érzés, amit megélsz, egy kavics, amit beledobsz ebbe a kútba. Ha kitartóan jársz a terápiára és minden héten beleteszel a terapeutád segítségével egy ilyen kavicsot, akkor hétről hétre feltöltődik ez a kút. Ahogy csökken a kutad mélysége, egyre békésebb leszel belül, egyre jobban elfogadod önmagadat és mindezek következtében egyre kevesebb konfliktusod lesz a világgal, illetve önmagaddal. A módszer attól hatékony, hogy a pozitív érzések megélését a tudatalatti síkon hajtja végre, így biztosan töltődni fog a lelked kútja. Az alkalmazott módszerek közül a Katathym Imaginatív Pszichoterápia (KIP) volt számomra a leghatékonyabb eszköz, mert itt tényleg tudatalatti szinten dolgoztunk. Ilyen eredményeket önálló munkával soha nem lehet elérni, mint itt! Ezért én minden gyermekkori sérültséggel bíró Ember számára kihagyhatatlannak tartom ennek a módszernek az alkalmazását.

Ha a jelenlegi Életedben sok a szenvedés és szeretnél békésebb, boldogabb Életet, vagy szeretnél lelki síkon fejlődni, akkor válassz egy ilyen terapeutát, aki segíteni fog neked. Kitartóan járj el hozzá! A fejlődésed nem lesz folyamatos. A lelki fejlődés sosem lineáris. A folyamatban lesznek visszaesések, de ez nem szabad hogy elvegye a kedvedet! A visszaesések már sosem lesznek olyan mélyek, mint ahonnan elindultál!

A módszerben az is nagyon jó, hogy akkor is működik, ha nem hiszel benne! Én sem hittem benne, mégis bevált. Továbbá a módszerhez nem kell mély önismeret sem, anélkül is működik. Egyetlen dolog szükséges hozzá: el kell kezdeni, és járni kell kitartóan, hétről hétre!

A terápiáról és a terapeutákról bővebben ezen a weboldalon tudsz tájékozódni:
https://www.makomp.hu/

A kineziológus is egy hatékony segítő lehet. A kineziológusok nagyon jók a tudatalattiban elrejtett, elfojtott dolgok feltárásában, amely által hihetetlen mélységekig lehet fejleszteni az önismeretünket. Ugyanakkor léteznek hatékony módszereik a lelki problémákból eredő rossz berögződések megváltoztatására is. Jómagam 1,5 évet jártam egy kineziológushoz és nagyon élveztem a közös munkát. A kineziológia működéséről és létjogosultságáról jelen könyv elején már részletesen olvashattál. Annyi ebből a lényeg, hogy ugyan te nem tudod kinyerni az agyaddal a tested mély tudatalatti szintű jelzéseit, azonban a kineziológus igen. Egy egyszerű testválasz-módszerrel meg tudja nézni bármely kérdésre adott testválaszodat. Mire jó ez a módszer? Rengeteg mindenre, hiszen a tested sokkal-sokkal bölcsebb, mint te (bocs!) és sosem hazudik. Te viszont ha másoknak nem is hazudsz, önmagadnak biztosan (bocs!). Sokszor hazudunk önmagunknak azért, mert könnyebb elhinni más igazságát, mint önmagunkba nézni. De sokszor a másoknak való megfelelési vágyból is hazudunk önmagunknak. Nagyon ritka az az Ember, aki teljesen őszinte tud lenni önmagával, még ha általában mindenki ezt is hiszi magáról. (Ez a téves hit természetesen az ego délibábja, amiről már bőven olvashattál ebben a könyvben.) Aztán ott vannak a lelki elfojtásaink, ahová nagyon-nagyon nehezen tudunk benézni. A testünk viszont pontosan tudja, hogy mi van benne elfojtva. Nem véletlenül jelez egy idő után olyan keményen már pszichoszomatikus betegségekkel is.

Szóval akkor mire jó a kineziológus? Mélyebb önismeretre, elfojtott lelki sebek felnyitására és feloldására. A kineziológus annyival tud többet, mint a pszichológus, hogy ő mindig az igazságból dolgozik. Tudniillik egy hagyományos „beszélgetős" pszichoterápiában a páciens gyakran úgy kanyarítja, szépíti a dolgokat, ahogy az ő szemszögéből az kedvezőbb. Például a problémái mögött lehetnek olyan tényezők, amiket még saját magának sem mer bevallani, nemhogy a terapeutájának. Ezzel szemben a kineziológusnak nem lehet hazudni, mert ő mindig az őszinte testválaszból dolgozik.

A módszert nehezíti, hogy a test csak igennel vagy nemmel tud válaszolni. Azaz csak eldöntendő kérdést lehet feltenni a testednek. De egy jó kineziológus így is képes pár perc alatt bármit kihámozni, amivel szembe szeretnél nézni. Szóval a kineziológus olyan, mint egy kíméletlenül őszinte tükör. Így jól gondold meg, hogy mit kérdezel! Csak olyan dolgot kérdezz, amire felkészültél a kapott válaszra! Én például kb. 44 éves fejjel tudtam meg, hogy nem várt gyermek voltam, sőt... De nem viselt meg, mert akkor már 18 év önfejlesztés után jól tudtam kezelni az ilyen lelki terheket is.

Ha kineziológust választasz, akkor javaslom, hogy keress olyat, aki nemcsak kineziológus, hanem egyben pszichológus is. Ennek az az oka, hogy ha olyan Ember kezébe kerül a kineziológia eszköze, aki lelki síkon nem elég felkészült, nem elég érzékeny, akkor sajnos nagyobb bajt is csinálhat, mint hasznot. Hallottam már olyan Emberekről, akiket kineziológus tett tönkre. A túlzott őszinteség nem mindig helyes! Lehetnek olyan helyzetek, hogy csak fokozatosan tudja feldolgozni az igazságot a páciens. Ilyenkor a kineziológus részéről pszichológusi szakismeretre, érzékenységre is szükség van, hogy tudja, kit milyen mértékben lehet lelkileg terhelni az adott állapotában.

A lelkisegítő-csoportok is hatékonyak lehetnek. Arra biztosan nagyon jók, hogy mások tapasztalataiból tanuljunk, illetve arra is, hogy lássuk, mások is járnak a mi cipőnkben. Ez segíthet abban, hogy ne essünk túlzott önsajnálatba vagy önutálatba. Ugyanakkor ott egymást tudjuk segíteni, amikor nehéz helyzetbe kerülünk. Az együttérző támogatásban hatalmas erő lakozik!

Bármilyen lelki támaszt is választasz, arra ügyelj, hogy a segítőd lelki rezgésszintje magasabb legyen, mint a tiéd! Nyilván ezt nem tudod kimérni, de ha a közelében vagy, érezheted. Hiszen ha békésebbnek, energikusabbnak érzed magad mellette, mint amikor egyedül vagy, akkor jó eséllyel magasabb a lelki rezgésszintje, mint a tiéd. Fontos továbbá, hogy tapasztalt és mély pszichológiai ismeretekkel és érzékenységgel rendelkező legyen az a személy, akit segítődként választasz.

Akármennyire meglepő, jó segítőd lehet egy edző is. Hiszen jelen könyvben látni fogod, hogy a sportnak fontos szerepe van a rezgésszintünk emelésében. Ha nem tudod önmagadat rávenni a rendszeres sportolásra, akkor ebben segítségedre lehet egy edző, illetve az edzésen összejövő közösség.

Ezzel rá is tértünk az utolsó segítőre, amit alapszinten javasolok neked. Ez pedig a közösség. A közösségi Élet sokat segít abban, hogy lelkileg emelkedjünk. Szóval ügyelj arra, hogy amikor csak lehetőség adódik rá, menj közösségbe! A kifogásokat, amelyeket az egod kreál, tedd félre! Az Emberi kapcsolatok nagyon fontosak a rezgésszintünk helyreállítása szempontjából. Nyilván olyan közösségbe menj, ahol az átlagos lelki rezgésszint magasabb, mint a tiéd, vagy legalább hasonló. A fejlődés egy bizonyos szakaszában már megfordul a helyzet, mert egyre nehezebb emelő és le nem húzó közösségeket találni. Aztán a fejlődés következő szintje már az, amikor semmi sem tud igazán lehúzni.

Összegezve: mindig válassz egy vagy több segítőt! Amíg a fejlődésed fontos a számodra, mindig legyen legalább egy segítőd, kivéve azokban az időszakokban, amikor időre van szükséged valami új dolog Életedbe való beépítésére.

6.6. A késleltetés törvénye – a kitartás, az állhatatosság és a türelem erényei

Amikor megnyitom a zuhanyzóban a meleg víz csapját, akkor nem azonnal jön a meleg víz. Várnom kell 1-2 percet, mire beáll optimálisra a hőmérséklete. Ennek egyszerű fizikai oka van. A falban lehűlt a víz és annak ki kell folynia a csapon, hogy a bojler felől ide tudjon érni a meleg. A mai világunkban ahhoz vagyunk szokva, hogy mindent azonnal megkapunk. Ha fáj a fejünk, bekapunk egy gyógyszert és az 15 perc múlva hat. Ha kell valami, megrendeljük a neten és 1 héten belül itt van. Ha esetleg csak 3 hét múlva érkezik meg, akkor már dühösek vagyunk, amiért ennyit kell várnunk. Felfokozott a türelmetlenségünk, ami egy komoly oka a boldogtalanságunknak, hiszen ez a fegyelmezetlen elme jele.

Ha gyógyulni vagy változni akarunk és ezért valamilyen módszerhez folyamodunk, akkor a legtöbben elkövetünk egy nagy hibát. Azt várjuk el, hogy az adott lelki vagy testi rezgésszintemelő módszer vagy a választott természetgyógyászati eljárás azonnal hasson úgy, mint a tabletta, amit beveszünk fejfájásra. Sajnos azonban ezek a módszerek nem így működnek, cserébe viszont nem csak tünetet kezelnek. A hatás gyakran nagy időbeni késéssel érkezik és a változás fokozatos. Mivel rövid időn belül azonnal nem történik semmi, ezért rengeteg Ember eldob magától egyébként jól működő módszereket. Mennyiszer hallottam már: „nem hiszek benne, mert nálam semmiféle változást nem hozott". Pedig nem kellett volna mást tenni, csak tovább csinálni, kitartóbbnak lenni. Ha például gyógyteákat iszunk egy betegségre, akkor csak a kúraszerű, kitartó és rendszeres fogyasztás hozhat sikert. Ha meditálunk, akkor ott is csak a kitartó és rendszeres lelki munka vezethet eredményre. Ha a vonzás törvényét használjuk megerősítésekkel, akkor is előfordul, hogy még hetekig vagy hónapokig tovább romlik a helyzetünk, mielőtt megérkezik a fordulópont. Ennek ugyanaz az oka, mint a csapvíznél, csak energetikai alapon.

Képzeld el, hogy az elméd tudatalatti szinten egy rossz program szerint vezérel téged, ez miatt rossz szokásaid vannak. A rossz szokásaid következtében az Életed tele van problémákkal. Képzeld el, hogy az elméd elkezd átprogramozódni jó irányba. Azonban az eddigi Életedben hozott döntéseid következményei és hatásai még mindig működnek. Azoknak le kell csillapodniuk, el kell múlniuk, meg kell valósulniuk. Az új program miatt a helyes döntéseid hatásainak pedig szépen lassan be kell épülniük az Életedbe. Ráadásul az elméd átprogramozása csak lassan, fokozatosan működik, ezáltal az átmeneti időszakban hol a régi, hol az új tudatalatti programod fog futni. Azaz vegyes döntéseket fogsz hozni. Eleinte a régi program szerinti döntések lesznek túlsúlyban, majd változni kezdenek az arányok. Ez miatt fokozatos lesz a változás, ahogy a hideg vízből először langyos lesz, majd fokról fokra egyre melegebb. Először a lejtő meredeksége csökken, majd jön a mélypont és szép lassan elindulsz felfelé. Szóval a változás lassú és az eddigi rossz döntéseid miatt nagyon gyakran egy módszer elkezdése után is átmenetileg tovább romolhat a helyzet. Itt nem szabad abbahagyni... A gödör mélyéről már csak felfelé vezethet az út.

Az állhatatosságot és a kitartást nem véletlenül tartja a legfontosabb Emberi tulajdonságok egyikének az összes világvallás. Ha változtatni akarsz az Életeden, állhatatosság és kitartás nélkül nem lehet sikert elérni. Ha belekezdesz a változtatásba, az csodálatos dolog! A legfontosabb, amit ezután tehetsz, az az, hogy kitartasz és nem hagyod abba! Amikor úgy érzed, megfeneklettél, elfogyott az erőd, akkor ne ostorozd magadat. Tedd félre a dolgot, pihenj rá és amikor újra erőre kapsz, folytasd az utadat!

Fiatalabb koromban sokszor és sokan mondták nekem, hogy legyek türelmesebb. De soha senki nem magyarázta el nekem, hogy miért. Mivel nem értettem, hogy ez mire jó, úgy gondoltam, hogy ez egy butaság. Nagyon türelmetlen Ember voltam. Mindent azonnal akartam. Ha valami nem sikerült rögtön, akkor dacos lettem, dühös, feszült, ingerült és gyakran önpusztítás mértékű energiákat mozgósítottam a céljaimért. Mivel sosem értem el azonnal a céljaimat, a vágyaimat, ezért mindig elégedetlen voltam. Amikorra elértem azokat, addigra már más céljaim lettek és így sosem tudtam semminek sem örülni. Ezért a türelmetlenségem volt a boldogtalanságom egyik oka, hiszen sosem éltem át örömöt, az Életem egy állandó küzdelem volt. Az ember tragédiája című csodálatos műben is olvasható, hogy az „Élet értelme a küzdés maga". Akkoriban ez a következtetés nagyon értékes volt a számomra. Persze ma már tudom, hogy ez nem igaz. Ez csak egy szűkebb látómezőből lehet logikus következtetés.

Szóval a boldogtalanság egyik fő oka a türelmetlenség. De ahhoz, hogy ezt megértsük, kérlek, nézz velem együtt picit a türelmetlenség mögé, a türelmetlenség mélyére! Mi valójában a türelmetlenség? A türelmetlen Ember állandóan sietni akar, állandóan versenyez az idővel (általában az ilyen Ember nem csak az idővel versenyez...). Úgy érzi, hogy mindent azonnal vagy a lehető legrövidebb idő alatt kell elérnie. Ez egy nagyon kérges, erősen önző pusztító-ego jelenlétére utal. Csak az egonk tud ennyire akaratos lenni. Szóval a türelmetlenség az erős önzés, akaratosság tünete. Miért tombol bennünk az állandó időprés? Miért akarunk mindent siettetni? A választ a kérges egoban kell keresni! Annál kérgesebb, önzőbb és erősebb egot növeszt a lelkünk, minél nagyobb lelki sérülések értek minket a múltunkban. Azért építettük ki ezt a kemény páncélt, hogy azok a lelki fájdalmak, amiket akkor megéltünk, soha többé ne fordulhassanak elő, soha többé ne kelljen olyan érzéseket átélnünk. Szóval a türelmetlenség az önmagunk előli menekülés jele. Nem akarunk többet mélyen önmagunkba nézni, ezért őrült tempóban akarunk előrehaladni. Amíg rohanunk előre, addig biztosan nem tudunk és nem is akarunk hátranézni. A legtöbb Ember már nem tudja, hogy mi volt az, ami elől valójában menekül. Annyira mélyen elfojtotta, hogy képtelen előkeresni. Ennek a legmélyebb gyökere az elkülönültség. Ezen keresztül megérted, hogy miért menekülünk annyira önmagunk elől. A következtetés tehát egyértelmű, még akkor is, ha első olvasásra nem fogsz neki örülni:

> Minél türelmetlenebb vagy, annál nagyobb sérültségeket rejtegetsz a lelkedben.
> Minél türelmetlenebb vagy, annál jobban menekülsz valódi önmagad elől.

Most nézzünk egy picit a türelem mögé. A lelki önfejlesztésem hatására egyre ritkábban és egyre rövidebb időkre lettem türelmetlen. Ez egy csodálatos dolog. Míg régen rövid időkre sem bírtam magamra erőltetni a türelmet, addig ma jólesik a türelem és élvezem a létét. Ez egy óriási változás, amely szintén belülről fakad (ezért nem tudtam magamra erőltetni anno!). A türelem mögött önelfogadás él, semleges- vagy teremtő-ego és lelki béke. Minél inkább elfogadod a valódi önmagadat, annál békésebb vagy belül és annál kevésbé akarsz sietni. Ez is mutatja, hogy a türelem vagy a türelmetlenség az következmény, nem pedig alapjellemző! Ha egy alapvetően türelmetlen Ember magára erőlteti a türelmet, akkor úgy érzi, felrobban. Ez természetes, hiszen ez olyan, mintha egy szörny elől menekülő Ember rákényszerítené magát arra, hogy megálljon és várja, hogy a szörny utolérje. Az önelfogadás fejlesztésével szép lassan rá fogsz jönni, hogy a szörny, aki elől menekülsz, az tulajdonképpen egy csodálatos, békés, szeretetre méltó lény. Nemrég éltem át egy sétáló meditáció áttörő pillanatában azt a mély érzésegyüttest, amelyben megéreztem, hogy a Földön élő összes élőlény tökéletes és szeretetre méltó. Ezt a maga teljes tisztaságában éltem át. Így biztosan tudom, hogy te is az vagy!

Azok tudják hatékonyan gyakorolni a türelmet, akik már csak megszokásból olyan türelmetlenek. Aki átesett lelki fejlődésen, de még a régi programok szerint él, az gyakran megszokásból türelmetlen. Hiszen ma türelmetlennek lenni trendi. Az egész világ azt sugallja, hogy légy türelmetlen, azonnal akarj mindent. Ez persze egy világot elpusztító délibáb, ami teljesen rossz irányba viszi az Emberiséget. Minél türelmetlenebb vagy, annál pögősebben, gyorsabban élsz. Minél gyorsabban élsz, annál több külső erőforrást használsz fel, annál többet fogyasztasz. Minél inkább ilyen vagy, annál Életpusztítóbb vagy, pedig az Élettámogatás lenne az egyik legfőbb életcélod! Képzeld el, hogy 8 milliárd türelmetlen Ember milyen pusztításra képes! Ugye, nem is olyan meglepő, hogy miért van klímaváltozás (Dittrich, 2021)?

Szóval a türelmetlenség valódi jelentése az önmagunk előli menekülés és egyben Életpusztítás-fokozás is. A türelem jelentése önelfogadás és Élettámogatás. Ezért lehetetlen türelmetlen Emberként boldogan élni. Lehet, hogy elhiteti veled az egod, hogy türelmetlennek lenni trendi és hogy a te Életed így jó. De a türelmetlenség csak fokozza a belső ürességedet és az elkülönültség érzését, így fenntartása zsákutca.

Szóval a boldogságod fokozásáért, kérlek, az alábbiakat tedd meg önmagaddal:

> ➤ Először vizsgáld meg önmagadat, elég időt rászánva erre: mennyire vagy türelmetlen? Melyek azok a területek az Életedben, amelyeken türelmetlen vagy?

valódi gyökere Életed melyik korszakából származik. Ehhez már mély önismeret kell! Vannak olyan lelki problémák, melyeket már a születés előtti várandósság időszakából vagy kisgyermekkorból hoztunk magunkkal. Ebben az időszakban még nincs memóriánk (de érzelmi memóriánk van) és az Ember teljesen tudatalatti szinten működik. A gyermekkor későbbi szakaszától egyre erősödik a racionális gondolkodás bennünk, és már a tudatos memóriánk is fejlett. Minél közelebb van a 3 év előtti korhoz a lelki probléma gyökere, annál kisebb valószínűséggel lehet megoldani a problémát olyan módszerekkel, amelyek racionális módon közelítik meg a kérdést! A racionális gondolkodáson keresztül működtetett módszerek annál sikeresebbek, minél idősebb korban történt a lelki probléma gyökerét okozó esemény.

Azt is fontosnak érzem kiemelni, hogy minél mélyebb a lelki probléma, minél rombolóbbak voltak azok a múltbeli események, amelyek ezeket okozták benned, annál nagyobb valószínűséggel van szükség külső segítő bevonására. Szóval ha a teljesen racionális korban ért egy nem túl mély trauma, akkor valószínűleg külső segítség nélkül is ki tudsz belőle lábalni néhány helyes, önmagad által alkalmazható módszer kiválasztásával. Ha azonban erős traumák értek 3 éves korod előtt, akkor biztos, hogy nem fog menni önállóan. A két szélső értéket mutató példa között végtelen számú átmenet lehet.

Nagyon fontos tudatosítanod még azt, hogy a lelki fejlődés sosem lineárisan emelkedő. Ami azt jelenti, hogy a most kezdődő közös munkánk során lesznek kemény visszaeséseid! Ez azért van, mert mielőtt megváltozik az ego, mindig bekeményít és minden eszközt bevet annak érdekében, hogy fennmaradjon eredeti állapotában. A visszaesésekkor ne ostorozd magadat, mert az is az egodat erősíti! Ugyanakkor nagy lesz a kísértés, hogy abbahagyd az elkezdett munkát! Ilyenkor szívd fel magadat és folytasd! A legnagyobb hiba épp ekkor abbahagyni. A valódi fejlődés abban látszik, hogy ezek a bizonyos visszaesések fokozatosan egyre kisebb mélységekbe sodornak vagy mind rövidebb ideig tartanak majd. A fejlődésedet tehát mindig a mélypontjaid tartóssága és mélysége alapján ítéld meg!

Most pedig kezdjünk bele ebbe a csodálatos közös útba! Kérlek, tarts velem és légy kitartó!

Indulásképpen válaszolj az alábbi kérdésekre úgy, hogy 1 ... 10 között válaszd ki a legmegfelelőbb számot és karikázd be. A 10 jelenti azt, hogy teljes mértékben egyetértek, az 1 pedig azt, hogy abszolúte nem értek egyet.

> Reggel ébredés után kíváncsian és vágyakozással várom, hogy milyen csodákat hoz számomra ez a nap:

   1 - 2 - 3 - 4 - 5 - 6 - 7 - 8 - 9 - 10

> A kapcsolataim harmonikusak, békések és lelki intimitás, őszinteség, önzetlenség jellemzi őket. Nem vagyok kritikus sem önmagammal, sem másokkal:

   1 - 2 - 3 - 4 - 5 - 6 - 7 - 8 - 9 - 10

> Annyi teendőm van, amennyit tempós, de nyugodt tevékenységgel harmonikusan el tudok végezni. Rend és harmónia uralja az Életemet:

   1 - 2 - 3 - 4 - 5 - 6 - 7 - 8 - 9 - 10

> Sokat mosolygok, amelyet nem önvédelmi páncélnak használok, hanem a boldogságom ösztönös megjelenése:

   1 - 2 - 3 - 4 - 5 - 6 - 7 - 8 - 9 - 10

> Ritkán vagyok szomorú, békétlen vagy türelmetlen, de akkor is nagyon rövid időkre:

   1 - 2 - 3 - 4 - 5 - 6 - 7 - 8 - 9 - 10

> Szeretem az Életemet és szeretem önmagamat:

   1 - 2 - 3 - 4 - 5 - 6 - 7 - 8 - 9 - 10

> Tiszta odafigyeléssel, nyílt szívvel, gondolatok nélkül vagyok képes megélni az értékes pillanatokat:

  1 - 2 - 3 - 4 - 5 - 6 - 7 - 8 - 9 - 10

> Bízom a jövőmben és hiszem, hogy az Élet jó irányba egyengeti a sorsomat (az Élet helyére bármely, hitrendszered szerinti szót tehetsz, pl. Isten, Mindenható stb.):

  1 - 2 - 3 - 4 - 5 - 6 - 7 - 8 - 9 - 10

> Mélyen és jól alszom nap mint nap:

  1 - 2 - 3 - 4 - 5 - 6 - 7 - 8 - 9 - 10

> Testi egészségem tökéletes állapotban van:

  1 - 2 - 3 - 4 - 5 - 6 - 7 - 8 - 9 - 10

Kérlek, most add össze a kérdésekre adott számokat és oszd el 10-zel! A kapott értékedet írd ide:.......

Köszönöm!

Most pedig vágjunk bele Életed legértékesebb munkájába: a boldogságod fokozatos felépítésébe!

7. A boldogságod eszközei (alapszint)

1. lépés a boldogságodhoz (lélek): A hála

A hála az egyik legfontosabb, legerőteljesebb és lekönnyebben elsajátítható lelkirezgésszint-emelő érzés. Ez az egyik ok, amiért erre az első kihívásra invitállak. A nyugati jóléti társadalmakban a legnagyobb önmagunkkal szemben elkövetett hibánk az, hogy elfelejtettünk hálásak lenni. A jólét és az ego elhiteti velünk, hogy mindaz, amit megkapunk, megjár nekünk. Közben állandóan újabb és újabb célok lebegnek előttünk, az ezekért vívott küzdelem során a lelkünk a vágyakozás lelki rezgésszintjére süllyed. De más Életpusztító lelki rezgésszinten sem érezzük a hálát. Nézzük végig, hogy miért: a szégyen és a bűntudat lelki rezgésszintjein nem érezzük magunkat érdemesnek semmire, így eszünkbe sem jut hálásnak lenni. A fásultság és a bánat lelki rezgésszintjén még a hálára sincs erőnk. A félelem lelki rezgésszintjén minden pozitív érzést elnyom a lelkünket markolászó félelem. A vágyakozás lelki rezgésszintjén a sóvárgás vakká tesz minket a hála szemszögéből. A harag lelki rezgésszintén a düh vakká tesz minket a hálára, míg a büszkeség lelki regésszintjén elhisszük, hogy nekünk minden, amit megkapunk, alapvetően jár.

A hála érzése az egyik kapu a magasabb lelki rezgésszintek felé. Ha boldogabbak akarunk lenni, mint most, akkor a legfontosabb teendőnk, hogy tegyük vissza a hálát az Életünkbe, váljon a mindennapjaink részévé, vagy fokozzuk a mennyiségét. Az a jó hírem a számodra, hogy a hála érzése nagyon könnyen tanulható!

A harmincas éveim végéig nagyon-nagyon ritkán voltam hálás. Ha például megúsztam egy váratlan autóbalesetet, akkor nyilván azonnal és ösztönösen hálát éreztem. Azonban a hétköznapok szintjén soha nem jött elő bennem ez az érzés. Csak nagy dolgok esetén éreztem ilyet, amik ritkán történnek. Igaz, soha senki nem tanította nekem, hogy ez milyen fontos. A családunk nem volt nyitott a lelkiségre, és eleve soha nem is beszéltünk ilyenekről. Annyira el voltam foglalva a céljaim elérésével, hogy ha elértem valamit, akkor sem volt „időm" hálát érezni, mert már a következő célok elérése kattogott a fejemben. Ez a vágyakozás lelki rezgésszintjének egy tipikus tünete. Pedig nap mint nap rengeteg dologért lehettem volna hálás, és ma már bánom, hogy akkor nem voltam az.

Gondolj bele, mennyi Ember él a Földön, aki valamiért nem egészséges. Ha egészséges vagy, akkor ez egy csodálatos dolog. Hálás vagy érte nap mint nap? Kérlek, gondolj bele, hogy 3 milliárd Ember nem tudja, hogy holnap jut-e élelem a saját maga és a családja számára. Ha nap mint nap van mit enned, sőt még válogathatsz is, hogy mit eszel, akkor az egy csodálatos dolog. Hálás vagy érte minden nap? Képzeld el, hogy több tízmillió Ember él olyan szennyezett levegőjű városokban és iparterületeken, ahol szó szerint borzalmas érzés minden levegővétel. Kellemes a levegővétel, ahol épp most vagy? Ha igen, akkor ez egy csodálatos dolog. Hálás vagy érte nap mint nap? Ugyanígy bele lehet gondolni abba, hogy egymilliárd Ember él ma úgy a Földön, hogy nem jut vízhez, vagy nagyon sok millió Ember él hontalanul olyan otthonoknak nevezett tákolmányokban, ahol fagyhalál fenyegeti őket.

Nyilvánvaló, hogy legtöbbünk nem érez hálát ezekért a dolgokért. Miért nem? Mert az egonk elhiteti velünk, hogy ezek alapvető dolgok, ezért nem is foglalkozunk ezzel. Ennek az az eredménye, hogy naponta megéljük az ízek érzésének csodáját vagy a mezítláb járás csodáját, esetleg azt a hihetetlen érzést, amikor a zuhanyzóban végigfolyik a testünkön a meleg víz. Mégsem vagyunk érte hálásak. Ezzel érzelmileg elhatároljuk magunkat a mindennapok apró örömeitől, amely olyan, mintha bezárnánk magunk előtt a boldogság csapját. Az, hogy hálás vagy-e ezekért vagy pedig a pusztító-egodnak eleget téve nem foglalkozol velük, csak hozzáállás kérdése. Minél többet leszel hálás, annál boldogabb leszel! Ezt az összes világvallás állítja, és mára már tudományosan is bizonyított tény!

Fiatalabb koromban nem értettem, hogy miért látni sokkal több boldog Embert a szegényebb világokban, mint a jóléti társadalmakban. Nyilván ennek többrétű az oka, de a legfőbb ok a hálában keresendő. A szegény világokban, ahol kevés jut az Embereknek, minden apróságért hálásak. Így ott hálával telibb a lelkük, mint a jólét világában. Ők nap mint nap építik a boldogságuk házát. A „fejlett", jóléti társadalmakban ezzel szemben elkényelmesedik a lelkünk, és elfelejtünk hálásak lenni. Pedig minimális energiát és időt vesz igénybe és csodálatos életünk miatt ezerszer több dologért lehetünk hálásak. Egyszerűen csak újra fel kell fedeznünk magunkban ezt az érzést.

Ennek a módszere a hála-áramlat, amit két híres pszichológus dolgozott ki. Barry Michels és Phil Stutz Énerő című könyvében található ez a módszer. A hála-áramlat módszere arra tanít meg, hogy bármikor aktiválhassuk magunkban a hála érzését. Hiszen a probléma gyökere pont az, hogy elfelejtettünk hálásak lenni, azaz a hála érzése ösztönösen csak nagyon ritkán kapcsol be bennünk. Viszont jó hír, hogy kevés gyakorlással bárki újra működésbe hozhatja magában ezt a lelki csatornát.

A módszer: Lazítsd el a testedet! Vegyél pár mély lélegzetet! Csukd be a szemedet. Válassz ki olyan dolgokat, amelyekért hálás lehetsz az elmúlt 24 órában. Ez bármilyen apróság vagy bármilyen természetesnek tűnő dolog lehet. Például mondd el magadban: „Hálás vagyok, amiért friss levegő éri a tüdőmet, hálás vagyok, amiért besüt a nap az ablakomon, hálás vagyok, hogy puha, tiszta ágyban ébredtem, hálás vagyok, amiért meleg zuhannyal kezdhettem a napot, hálás vagyok a reggeli étel ezernyi finom ízéért stb.". Minimum 5 db ilyen dologra gondolj! Először enyhe feszültségeket érezhetsz, amikor megtalálod ezeket a „hála-tételeket". Utána érezni fogod a hála érzését, ahogy közvetlenül felfelé száll a szívedből. Amikor befejezed a felsorolást, hagyd, hogy a hála érzése szavak nélkül folytatódjék. Amit ekkor érzel, az a hálaáramlat. Ahogy az energia felfelé áramlik a szívedből, a mellkasod könnyebb lesz, és átérzed a végtelen adás erejét. Engedd és érezd át, ahogy a hála fokozatosan átjárja az egész testedet, minden sejtedet. Élvezd, hogy a sejtjeid mind a hála érzésében létezhetnek! Ekkor mindegyikük öngyógyító állapotba kapcsol. Ezután áramoltasd a háládat teljesen önzetlenül a világ felé. Az önzetlenségből adott hála sokkal hatékonyabban tölti fel a lelkedet. Ebben a pillanatban kapcsolatba kerülsz az Univerzummal (az Univerzum szó helyére bármely vallásod, hited szerinti szót tehetsz, pl. Isten, Mindenség Teremtője stb.).

Ha szeretnél mélyebben elmélyülni a hála kérdésében, akkor tiszta szívből ajánlom neked Rhonda Byrne A varázslat című könyvét. Ebben a könyvben van például az a módszer, amelyet leginkább hálalistának lehetne elnevezni. Minden este írj le minimum 10 dolgot, amiért aznap hálás lehettél, és közben éld át újra ezeket az élményeket, nyisd meg magadat a hála felé. A legmélyebben lévő Ember is képes okokat találni a hálára az Életében. Nem kell nagy dolgokra gondolni. Egy apró virág, egy finom illat, a szellő simogatása, vagy ahogy fényt hoz az Életedbe a nap melege mind olyan dolgok, amelyekért hálásak lehetünk. A hála hozza be a fényt a lelkedbe, ez a lelkirezgésszint-emelés legerőteljesebb motorja. Így, kérlek, ne hagyd, hogy az egod elbagatellizálja ezt a csodálatos eszközt!

A hála érzését képzeld el úgy, mint egy kavicsot. A lelked elfojtott fájdalmait, félelmeit és szeretethiányait pedig képzeld el úgy, mint egy mély kutat. Ez a kút a boldogtalanságod okozója. Minden egyes hálaáramlattal egy apró kavicsot dobsz ebbe a kútba. Így hónapok vagy évek alatt a boldogtalanságod kútja egyre jobban feltöltődik és így egyre boldogabb leszel. Szóval a hálaáramlat segítségével tedd a hála érzését a mindennapjaid részéve! Hálásnak lenni sosem elég! Mindig lehet okot találni arra, hogy miért vagy hálás! Ennek következtében nemcsak a lelked kútja telítődik, de a világnézeted is fokozatosan átalakul. Szép lassan a pohár üres fele helyett egyre inkább a teli felét fogod nézni, amelynek révén a gondolkodásod optimistább, az érzelmeid pozitívabb irányba alakulnak át. Ugye, számodra is egyértelmű, hogy aki mindig a pohár üres felét nézi, az nem lehet igazán boldog?

Összegezzük, hogy mi a teendőd a boldogságodhoz vezető első lépés teljesítéséhez:

Feladat: Mindennap végezz legalább egy hála-áramlatot. Legcélszerűbb elalvás előtt végezned, mert ez egyben megalapoz egy békésebb és öngyógyítóbb alvást is. De az ébredés utáni hála-áramlat is szuper dolog, mert ezzel egy boldogabb napot alapozol meg.

Melyik részedre hat leginkább: Lélek

Meddig kell végezned ezt a feladatot: Ez Életre szóló feladat, hiszen a hála a boldogság alapja. Gyakori hiba, hogy az Emberek lelkesen belevágnak, majd egy idő után kikopik az Életükből. Így szép lassan, észrevétlenül visszahúzza őket a pusztító-ego a régi keréknyomba. Ezért fontos, hogy olyan kitartóan gyakorolj, hogy már szerves, ösztönszerű részévé váljék az Életednek, mert ebben az esetben már az egod része lesz, ami ezáltal elkezd semleges- vagy teremtő-egová átalakulni.

Néhány jó tanács: Eleinte valószínűleg nehezedre fog esni elkezdeni. Az is reális, hogy a hála-áramlat első jó pár próbálkozásánál alig fogsz érezni valamit. De tiszta szívből arra kérlek, hogy ennek ellenére folytasd! A pusztító-ego minden érvet fel fog hozni, hogy ez miért hülyeség vagy miért nem működik. Kérlek, ne hallgass rá! Tudasd vele, hogy ezt akarod és véghez fogod vinni, úgyhogy jobb, ha befogadja. Amikor nehéz az Életed, akkor a legnehezebb érezni a hálát. De ha ilyenkor nem érezzük, akkor ebben a rossz Életben ragadunk. A hála az, ami kihúz innen minket. Az érzelmeink kihatnak az elménk döntéseire és a testünk állapotára is. Szóval nagyon fontos, hogy akármennyire is nehéz, akkor is gyakorolj! Gondolj bele, kérlek, hogy ha az Emberek a legnagyobb nyomornegyedekben képesek hálát érezni, akkor neked miért ne lenne rá elég erőd?! Kérlek, tarts ki és gyakorolj! A legfontosabb szabály az, hogy ha elkezded, utána soha ne hagy abba!

Most arra kérlek, hogy ne olvasd tovább ezt a könyvet, amíg a boldogságodhoz vezető út első lépését meg nem tetted! Utána visszavárlak, hogy folytassuk a megkezdett közös munkát.

Mikor teheted meg a 2. lépést: Amikor már az Életed szerves része lett a hála-áramlat és a hála érzése. Ezt abból veszed észre, hogyha egyik nap véletlenül kimaradt, akkor már hiányzik. A másik tünet pedig az, hogy nap közben egyre többször leszel hálás egyre apróbb dolgokért.

2. lépés a boldogságodhoz (elme): Megerősítések – hogyan sajátítsd el a pozitív gondolkodást

Ebben a módszerben az a jó, hogy az Életed bármely területének jobbá tételére használhatod. Szóval ez egy elég sok mindenre kiváló módszer. Természetesen ennek is vannak korlátai, de ettől még egy klassz és hatékony módszerről van szó.

A sikeres Embereket alapvetően az különbözteti meg a sikertelenektől, hogy a sikeres Emberek csoportja pozitív gondolkodású, míg a sikertelen Emberek általában negatív gondolkodásúak. Ha például egy sikeres Emberrel valami rossz történik, akkor általában igyekszik tanulni belőle és a megfelelő következtetéseket levonni, annak érdekében, hogy ez a jövőben ne forduljon elő vele, illetve hogy a tanulságok által többé váljék. A spirituális értelemben is sikeres Emberek az ilyen eseteket az Élet figyelmeztetésének tekintik és ezek segítségével egojuk mögé látnak, hogy rájöjjenek, miben kell másképp élniük, mit üzen nekik ezzel az Univerzum (az Univerzum szó helyére Isten vagy bármely más, hitvallásodnak megfelelő szó helyettesíthető). A sikertelen Emberek azonban ilyenkor másokat hibáztatnak és ha nincs kit, akkor Istent vagy a szerencsétlen csillagzatukat okolják, sajnáltatják magukat stb.

A sikeres Embereket azért teszi sikeressé a pozitív gondolkodás és a sikerteleneket balszerencsésekké a negatív, mert:

Minden gondolat vagy kimondott mondat egy megerősítés.

Azaz minden gondolatunk és mondatunk hatással van a jövőnkre. A gondolt vagy kimondott szavaknak tényleg van erejük! A megerősítés más szóval olyan gondolatokat jelent, amelyek hatással vannak a jövőnkre. De pont az a lényeg, hogy az összes gondolatunk hatással van a jövőnkre. Például régebben állandóan azt mondtam a környezetemben lévő Embereknek, hogy soha sincs elég időm és tényleg állandóan durván el voltam havazva. Egy haverom állandóan azt hajtogatja, hogy „szar az Élet", és tényleg elég szar az Élete. Amikor végre elkezdene jobbra fordulni az Élete, mindig beüt neki valami „váratlan balszerencse". Ez természetesen azért van így, mert:

Minden jelen pillanatban tett kijelentés vagy gondolat a jövőnket formálja.

Ennek oka egyébként a vonzás törvénye, amit a következő kötet fog részletesen bemutatni. A lényeg az, ha azt mondod nap mint nap, hogy „engem senki sem szeret", akkor téged senki sem fog szeretni, vagy ha rövid ideig mégis megszeret valaki, akkor tuti elszúrod valahol. Erre szokta a legtöbb Ember azt reagálni, hogy ez butaság. Hiszen ő azért gondolja magáról, hogy „őt senki sem szereti" (vagy bármi más negatív dolgot), mert az eddigi élettapasztalata ez volt. Ebben igaza van annak, aki így reagál. Legalábbis abban, hogy az eddigi tapasztalata tényleg ez volt. De az eddigi élettapasztalatot kisgyermekkorban tévesen magunkra vett programok okozták, nem a valódi énünk. Szóval a változáshoz pont az kell, hogy megváltoztassuk az eddigi gondolkodásmintákat. Hiszen legtöbbször a szüleink rossz programjai szerint élünk. Ezek átalakítására valók a megerősítések. Ha meg akarjuk változtatni az Életünket, akkor először a gondolkodásunkat kell átformálnunk, illetve a beszédünket. Gondolj úgy minden gondolatodra és kimondott mondatra, mint egy-egy magra. Az Életed ezen magok talaja. Egyes magok ki sem kelnek, egyesek csemetekorukban elhalnak, mások viszont fává nőnek.

Most ezzel a hasonlattal élve, kérlek, gondold végig egy átlagos napodat. Vagy még jobb lenne, ha ebből a szempontból megfigyelnéd magadat pár napig! A következő kérdésre keresd a választ: **A gondolataid és a kimondott mondataid hány %-a negatív?** Minél nagyobb ez az arány, annál rosszabb az Életed! Ha ezzel az állítással már egyetértesz az önvizsgálatod során, akkor, kérlek, megint szánj önmagadra pár napot és figyeld meg, hogy milyen Életterületeiden vagy negatív.

Van, aki a testével, valaki a munkahelyével, van, aki a tudásával, van, aki a szerethetőségével stb. kapcsolatban elégedetlen, ezekkel összefüggésben gondol sok negatív dologra vagy mond ki számos negatív mondatot. Általában amivel kapcsolatban sok a negatív kijelentésünk, azzal az Életterülettel vagyunk elégedetlenek. Van, aki több területen is elégedetlen. Érdemes most letenned néhány napra ezt a könyvet és önvizsgálatot tartanod. Ha túl vagy rajta, kérlek, akkor folytasd! Most válassz ki egy Életterületet, amin leginkább szeretnél változtatni. Persze többet is választhatsz, vagy akár az összeset is, de valószínű, hogy fokozatosan eredményesebben tudsz változtatni.

Attól a naptól kezdve minden negatív gondolat, mondat után gondolatban mondj el 5 pozitív mondatot! Így minden negatív mondatot 5 pozitív mondattal fogsz „semlegesíteni". Emellett válassz ki néhány pozitív megerősítést, amelyet naponta többször mondj el magadban!

Eleinte hülyeségnek fogod érezni ezt az egészet. Hiszen a negatív gondolataidat átérzed, azokat hiszed el, míg a pozitív megerősítések távolinak, idegennek fognak tűnni. Néhány pozitív kijelentés annyira fura lesz, hogy hülyének fogod érezni magadat, már azért is, mert egyáltalán ilyeneket jelentesz ki a fejedben. De nem a pozitív gondolat a „hülye", hanem a rossz berögződéseid, amik a sok rosszat hozzák az Életedbe. A pusztító-egod eszközei ezek, de ezt már jól érted! Ugyanakkor minden kezdet nehéz! Kerékpározni sem úgy tanulunk meg, hogy egyből dalolva és könnyedén tekerünk a bringán. Szóval tarts ki és csináld!

Ha majd hülyeségnek érzed ezt az egészet, akkor segíthet az alábbi vizualizációs technika, ami egyébként jól közelíti a valóságot. Képzeld el, hogy rengeteg pozitív energia vesz körül, amelyet az Élet folyamatosan feléd sugároz. Azonban minden negatív gondolat, minden negatív mondat egy pajzs, ami nem engedi, hogy kapcsolatba kerülj a pozitív energiákkal. Ez a pajzs elhatárol ezektől az energiáktól. Minden esetben, amikor 5 pozitív gondolattal kompenzálsz egy negatívat, egy-egy rövid időre eltünteted ezt a sok év alatt kiépített pajzsodat. Ennek az lesz a következménye, hogy fokozatosan egyre jobb lesz az Életed, hiszen mind többször nyílsz meg a körülötted lévő pozitív energiák felé. Egyre könnyebben fognak menni a dolgok és egyre szerencsésebbnek fogod érezni magadat! Fontos, hogy tudd: nem lesz minden tökéletes, lehetnek a jövőben is negatív események az Életedben! De egyre kevesebb lesz a számuk, és gyorsabban fogsz kijönni a gödrökből, mint előtte.

Összegezzük, hogy mi a teendőd a boldogságodhoz vezető 2. lépés teljesítéséhez:

Feladat: Minden negatív mondatot vagy gondolatot válts ki ugyanazzal kapcsolatos 5 pozitív mondattal vagy gondolattal. Naponta minimum egyszer használj kiválasztott pozitív megerősítéseket! A legcélszerűbb az, amikor a hála-áramlat módszerét csinálod, akkor annak az elejére vagy a végére ezeket is beteszed. Így még hatékonyabb lesz az önfejlesztő rituáléd.

Melyik részedre hat leginkább: Elme

Meddig kell végezned ezt a feladatot: Ezt a feladatot legalább addig végezd, amíg a gondolkodásod alapvetően pozitívvá nem válik. Ez az átalakulás pár héttől akár hónapokig is tarthat. De fontos, hogy tarts ki és gyakorolj! Az előző lépéssel együtt ezek egymást erősítik benned.

Néhány jó tanács és szabály:
1. A megerősítéseid ne tartalmazzanak tagadószót és negatív szót sem! Pl. helytelen megerősítés: Nem akarom, hogy ilyen bunkó főnököm legyen! Helyes megerősítés: Korrekt, rendes főnököm van!
2. Lehet, hogy az előző pontban olvasott pozitív megerősítés első olvasásra furcsa, hiszen jelen időben van, miközben egy vágyott dologról kell szólnia. Pont ez a második szabály. Minden megerősítésedet jelen időben és kijelentő módban fogalmazd meg! Pl. helytelen megerősítés:

Azt szeretném, ha nemsokára megismerkedhetnék egy csodálatos férfivel, aki majd elfogad olyannak, amilyen vagyok. Ezzel mindig a jövőbe tolod ezt az eseményt, így sosem fog megtörténni. Az Univerzum mindent szó szerint ért (az Univerzum szó helyére Istent vagy bármely más hitrendszered szerinti szót tehetsz)! Ezért a helyes megerősítés: Megismerkedem egy csodálatos férfivel, aki elfogad olyannak, amilyen vagyok.

3. Soha ne hagyd abba! A fejlődés nem folyamatos. Mindig vannak visszaesések. A legtöbb Ember ilyenkor abbahagyja a megerősítéseket. Pedig nem szabad abbahagyni! A legjobb, amit tehetsz magaddal, hogy pozitívan gondolkodsz és ezt a megerősítések által sajátítod el.

4. Ne légy türelmetlen magaddal! A változás fokozatos és lassú. A gyermekkorból hozott, szülőktől másolt helytelen gondolkodásminták nagyon nehezen változnak meg bennünk. Ehhez idő kell. Van, akinek évekbe telik, mire elsajátítja a pozitív gondolkodást. Én egy nagyon negatív gondolkodású és pesszimista Ember voltam. Kb. 5 évembe telt, mire ösztönösen pozitív gondolkodású Ember lettem. De ezért nap mint nap meg kellett dolgoznom, sok kitartással és gyakorlással. Ugyanakkor valószínűleg számodra gyorsabb lesz ez a folyamat, mert az előző lépés ezt a változást gyorsítja, támogatja.

5. Ne ostorozd magadat! Az esetleges nehézségek, ügyetlenségek, lassúságok miatt ne bántsd önmagadat. Az önmagunk elfogadásának hiánya is negatív megerősítés! Legyünk önmagunkkal elfogadók és elnézők, ez segíti a sikeredet!

6. Ne panaszkodj és ne hibáztass másokat! Minden panasz és mások hibáztatása is negatív megerősítés! Szóval nem panaszkodni kell, hanem a panaszkodási energiákat is a megerősítésekre fordítani. Már a panaszkodásról és mások hibáztatásáról való leszokás is óriási minőségi változást fog hozni az Életedbe, hiszen erős negatív megerősítésekről

fogsz leszokni.

7. Végül a legfontosabb tanács: Vizualizálj és csatolj hozzá pozitív érzéseket! A tudatalatti nehezen ért racionális módon elhangzott mondatokból. A tudatalattid képekből és érzelmekből ért a leginkább. Szóval igyekezz a pozitív megerősítéseidet vizualizálni és pozitív érzéseket csatolni melléjük. A legideálisabb a hála. Ezek nélkül is működik a módszer, de sokkal tovább tart és kevésbé hatékony. Nekem ezért kellett kb. 5 év, mert sajnos nem tudtam ezt a szabályt. Nézzük meg egy példán keresztül, hogy hogyan végzendő el a gyakorlat: a „van elég pénzem" megerősítéshez csatold hozzá azt az érzést, amit éreznél, ha így lenne, illetve képzeld el, hogy a bankszámládon egy 7 jegyű szám látható, esetleg egy köteg 20 000-es van a kezedben.

Ha ezeket a szabályokat betartod és kitartóan gyakorolsz, akkor szép fokozatosan egyre jobb Életed lesz! Fontos azonban, hogy tudd, ez a módszer sem mindenható! A tudatalattidban minél mélyebben van elfojtva az ok, ami a negatív dolgokat bevonzza az Életedbe, annál nehezebb azt felülírni. Ha 3 éves kor előtti a lelki probléma gyökere, akkor mindenképpen javasolt profi segítőt választanod. Ha 3–14 éves kor között alakult ki a probléma gyökere, akkor azon múlik, hogy mennyire mély és mennyire elfojtott problémáról van szó. Ilyenkor is segít a pozitív megerősítés, de kell a külső segítség. A tudatalatti nagyon erős, nem szabad lebecsülni az erejét! A megerősítések azoknál az Embereknél a leghatékonyabbak, ahol nincsenek elfojtott lelki sérelmek, csak rossz szokásokat lestek el a szüleiktől vagy a környezetüktől. Illetve azoknál is roppant eredményes, akiknél a 14 éves kor után történt, nem túlzottan mély események a lelki okok.

A megerősítések egyik legnevesebb képviselője Louise L. Hay. Az összes könyvét és videóját nagy szeretettel ajánlom neked, különös tekintettel az Éld jól az Életed most! című könyvét. **Szuper megerősítéseket tartalmazó videókat a YouTube-on „Louise L. Hay, megerősítések" címszavakkal keresve tudsz** találni. Tudom, hogy ez a lépés is segítséget nyújt abban, hogy Életed napja még fényesebben ragyoghasson. Tiszta szívből szurkolok neked!

Most arra kérlek, hogy ne olvasd tovább ezt a könyvet, amíg meg nem tetted a boldogságodhoz vezető út 2. lépését! Utána visszavárlak, hogy folytassuk a közös munkát!

Mikor teheted meg a 3. lépést: Amikor a negatív gondolatok és mondatok felbukkanásakor már megjelenik egy ösztönös belső fék és automatikusan korrigálod azokat. Kérlek, ne feledd! Sosem gondolhatsz negatív dolgot magadról vagy az Életedről! Ha mégis megtörténik, akkor automatikusan korrigáld pozitívra!

3. lépés a boldogságodhoz (test): Étkezés és rezgésszintek

Már szinte elcsépelt az a buddhista mondás, hogy az vagy, amit megeszel. De talán ez a fejezet új megvilágításba helyezi ezt számodra. Minden ételnek (mint mindennek) vannak rezgései. Általában amikor ételre gondolunk, annak a kalóriatartalmát, az összetevőit szoktuk vizsgálni. Pedig nemcsak ezek fontosak, hanem az élelmek rezgésszintje is. Ha tartósan egészséges akarsz maradni, vagy vissza akarod nyerni az egészségedet, akkor célszerű olyan élelmiszereket fogyasztanod, amelyek rezgései legalább az egészséges test rezgéseivel egyeznek meg vagy annál magasabbak. A friss nyers zöldségek, gyümölcsök, olajos magvak, termések és egyes fűszer- és gyógynövényekből előállított illóolajok (pl. levendula) ilyenek. Minden másnak alacsonyabb rezgési értéke van, mint az egészséges test rezgési értéke. A döglött állat húsa például 1 MHz körül mozog, miközben a rákos sejtek már 42 MHz környékén elkezdenek kialakulni.

Ha a kalóriák és a fehérjék szempontjából vizsgáljuk az ételeket, akkor jó dolog sok húst enni, azonban ezzel alacsony rezgésű anyagokat viszünk be a szervezetünkbe.

Ezért fontos sok friss nyers zöldséget enni a húshoz annak, aki nem akar vegetáriánus lenni. Tehát itt is az egyensúly a lényeg. A kávé is nagyon alacsony rezgésszintű. Itt a koffeinfogyasztással próbáljuk magasan tartani az energiaszintünket. Azonban a koffein a testünk tartalékait éli fel, így ez hosszú távon tönkreteszi a szervezetünket. Aki átáll a vegetáriánus étrendre és a sok friss zöldséget, illetve gyümölcsöt tartalmazó étkezésre, általában simán le tud szokni a kávéról, mert energikusabb és életerősebb lesz, mint valaha. Sajnos az alkohol és a dohányzás még rosszabb a rezgésszintünk szempontjából. (A szerző megjegyzése: *A dohánnyal kapcsolatos spirituális rituálék nem tartoznak ide. A dohányzás mint hétköznapi tevékenység húzza le a lelki rezgésszintet.*) Ami a legtöbb Embernek rossz hír, hogy az édességek szintén kiemelten alacsony rezgésszintet képviselnek. A tejtermékek is alacsony rezgésszintű ételek. Képzeld el, hogy a fogságban élő tehén, amelytől elvették a borjúját és utána fejőgépre tették, milyen lelkiállapotban él és ezáltal milyen hormonok kerülnek a tejébe. Te a tejtermékek fogyasztásával ezt az alacsony rezgésszinthez tartozó hormonkoktélt fogyasztod. Nyilvánvalóan ha az a tej legeltetéses gazdálkodásból származó, az állat anyaságát tiszteletben tartó módon keletkezik, akkor fogyasztása nem probléma, de ez sajnos manapság nagyon ritka. Végül a szénhidrátokról néhány mondat. A szénhidrátok annál kedvezőtlenebbek, minél töményebbek. A tömény szénhidrátokat könnyű emészhetőségük és magas kalóriatartalmuk miatt fogyasztjuk. A legtökéletesebb példa rá a csokoládé, az édes péksütemények, a cukros üdítők. Ezek azonban egy hirtelen inzulinlöketet generálnak a szervezetben, amely így jelentős kilengésbe kerül, ez pedig lehúzza a rezgésszintet. Gyakran a gyomorszáj-hastájéki fájdalom is jelzi, hogy nem az igazi, amit a testünkkel teszünk. Ez a vérben csúcsszerűen magasra viszi a vércukorszintet, amelyet a szervezet nem tud teljesen felhasználni. Így a vércukorlöket egy része zsírként fog lerakódni. Minél több tömény szénhidrátot fogyasztasz, annál nagyobb lesz a migrén és az egyéb fejfájásos tünetek valószínűsége az Életedben. Ez azért van, mert így reagál az igerendszer a tested kilengéseire.

Amikről a fenti sorokban beszélek, azok saját tapasztalatok, így biztosan működnek. Szóval az a cél, hogy az elfogyasztott ételeknek a lehető legnagyobb átlagos rezgésszintje legyen. Ennek érdekében tartsd be az alábbi étkezési szabályokat:

I. Ne egyél húst! Ha nem bírsz hús nélkül élni, akkor minimalizáld az elfogyasztott hús mennyiségét! A hal is húsnak számít.

II. Ne igyál alkoholt (vagy más tudatmódosítót)! Ha nem bírsz alkohol nélkül élni, akkor minimalizáld az elfogyasztandó mennyiséget!

III. Ne dohányozz! Ha nem bírod ki nélküle, akkor minimalizáld a mennyiségét!

IV. Ne igyál kávét! Ha nem bírod ki nélküle, akkor mérsékeld a mennyiségét!

V. Mérsékeld a cukor- és édességfogyasztásodat! Kerüld a tömény szénhidrátok fogyasztását!

VI. Ne fogyassz tejterméket, kivéve, ha az legeltetéses és állatbarát gazdálkodásból származik.

VII. A lehető legtöbb friss zöldséget és gyümölcsöt edd.

Ennyi étkezési szabályt nem lehet egyik napról a másikra elsajátítani. A lényeg a fokozatosság, illetve hogy törekedj rá. Nekem kb. 3 év kellett, mire ezek közül az összes szabály már ösztönszerűen működött. Bár néha az édesség, illetve a tejtermékek terén jelen sorok írásakor is enyhén „szabálysértő" vagyok. A fokozatosság néha visszaesésekkel jár. De szép lassan egyre tisztábbá lehet tenni az étkezésünket. Gondolj bele, kérlek, hogy jelenleg a Földön élő állatok 93%-a haszonállat, amely az Emberiség mértéktelen hús- és tejtermékfogyasztása miatt van. Ez hihetetlen mértékű környezetszennyezés és a klímaváltozás egyik komoly okozója. Ráadásul ha az Emberiség vegetáriánus lenne, akkor akár 20 milliárd Ember is élhetne éhezés nélkül a Földön. 1 kalóriányi hús előállításához átlagosan 10 kalóriányi növényi táplálékot kell megetetni az állattal. Szóval ökológiai értelemben a hústermelés egy pocsékoló ágazat. A többi fent bemutatott szokás is védi a Föld ökoszisztémáját és klímáját. Ahogy előző könyvemben is írtam (Dittrich, 2021), ami a lelkednek jó, az a Föld klímájának is jó. Régen azért alakult ki a húsevés, mert nem volt hűtő. Így az Emberek az élő állat segítségével biztosították, hogy rendelkezésre álljon a friss táplálék. A mai technikailag fejlett világban már nincs ez a kényszer. Csak a neveltetés és a megszokás miatt eszünk húst.

Fontos kiemelnem még, hogy jelen fejezet célja nem a teljes önmegvonás, az aszkétizmus elérése. Ahogy Buddha is megtapasztalta a megvilágosodása előtt, az a ló túloldala, és az sem jó! Az Életet élvezni kell és az örömöket bűntudat nélkül, tiszta szeretettel kell fogadnunk! Azonban a mai nyugati világ az élvezetek mértéktelen hajszolására épül, ami tönkreteszi a boldogságunkat, annak ellenére, hogy pont az ellentétét hisszük. A mértékletesség hozza a tisztulást, amelynek révén erőteljesen javulnak a rezgéseink és boldogabbak leszünk. Szóval fokozatosan tedd le azt a fenti listából, ami önsanyargatás, önpusztítás nélkül megy. Ezért apró lépésekben haladj és meg fogod látni, hogy megéri a befektetett energia!

Most arra kérlek, hogy ne olvasd tovább ezt a könyvet, amíg a boldogságodhoz vezető út 3. lépését meg nem tetted! Utána visszavárlak, hogy folytassuk a közös munkát!

Mikor teheted meg a 4. lépést: Amikor a fenti étkezési szokások már ösztönszerűen a figyelmed középpontjában vannak. Nem kell, hogy ezek részei legyenek az Életednek, csak az, hogy már ösztönszerűen törekedj rájuk. Adj magadnak időt a fokozatos változáshoz, hiszen az csak akkor lesz hatékony, ha lépésről lépésre történik!

4. lépés a boldogságodhoz (lélek): Éld meg másképp az időt – énidő

A nagymamám sokat mesélt a fiatalkori életükről. Akkoriban gyalog, néha busszal jártak az Emberek. Több órát vett igénybe gyalog bemenni a városba. Nem volt autójuk, amivel ugyanez 15 perc. Mosófával mostak, nem mosógéppel. Mosogatógép helyett kézzel mosogattak. Az Emberek mégsem siettek és volt idejük egymásra. Fiatalabb koromban sokat gondolkodtam azon, hogyan lehetséges az, hogy ennyiféle eszköz segíti az Életünket annak érdekében, hogy időt takarítsunk meg, mégsem élt eddig a Földön olyan társadalom, amelyik ennyire nem ért rá semmire és legfőképpen senkire. Ha körülnézel, az Embereknek időből van a legkevesebb. Állandóan rohannak, hajtanak, túl vannak pörögve. Az időprés és az ebből fakadó stressz pedig egyre fokozódik. Én is így éltem évtizedekig. A boldogságkeresési utam egyik következménye a tudatos és ösztönös lassítás-lassulás. Régen büszke voltam arra, hogy hétfőtől vasárnapig dolgozom. Büszke voltam arra is, hogy soha semmire sincs időm, állandóan el vagyok havazva. Azzal, hogy ennyien keresnek, ennyi Embernek van szüksége a szakmai segítségemre, magam és a világ előtt kompenzáltam a súlyos önbecsüléshiányomat. Attól, hogy ilyen sok Embernek volt szüksége a szakmai segítségemre, fontosabbnak, többnek éreztem magamat. Sajnos ez egy felszínes délibáb, ami sosem tömte volna be a lelkemben tátongó ürességet. A változás csak belülről kifelé lehet sikeres! A másoktól érkező megerősítések csupán a felszínes mázat, az egot teszik kérgesebbé, keményebbé, csillogóbbá, amely ugyan segít a belső problémák elfojtásában, de csak még jobban megnehezíti a megoldásukat. Ez az a csapda, amibe a mai Emberek többsége beleesik. Mindenki arra halad, amerre a társadalom sugallja neki. Pedig a társadalom a pusztulásába rohan (Dittrich, 2021). Ebből a borzalmas jövőből csak az lehet a kiút, ha egyénenként döbbenünk rá a társadalom helytelen működésére és a saját életünkre vonatkozóan irányt váltunk. Nem azért, hogy megmentsük a társadalmat (bár ez az önzetlen cél csodálatos), hanem azért, hogy sikeresebben találjuk meg a saját boldogságunkat.

Ennek az egyik fő területe az időgazdálkodás. Az időhiány nem más, mint sebességfüggés, illetve az önmagunk elől menekülés egy becsapós eszköze. Ha mindig sietünk, akkor sosem kell csendben lennünk kizárólag önmagunkkal. Mert olyankor egyből valami fura ürességérzés tör ránk és az annyira kellemetlen, hogy azonnal elhessegetjük valami tevékenységgel. Pedig az az üresség az, amivel ha nem nézel szembe, akkor sosem lehetsz boldog! Ebben a könyvben lépésről lépésre haladva egyre több feladatot kapsz, amelyeket csak úgy tudsz sikeresen megvalósítani, ha kellő időt fordítasz önmagadra. Enélkül nem fogsz tudni előrelépni a boldogságkeresésed során. Itt lép be az énidő fogalma! Az Emberek legnagyobb hibái közé sorolható, hogy nincs idejük magukra! De ha nincs önmagadra időd, akkor hogy akarsz megváltozni? Ha nem szánsz önmagadra elég időt, akkor miként akarsz boldogabb Életet? Az énidő hihetetlenül fontos! Az énidődet pedig használd önmagad fejlesztésére vagy minőségi kikapcsolódásra! De a leglényegesebb szabály, hogy minden napra legyen énidőd!

A munkamánia, a sebességmánia, az időfüggés, az állandó többet akarás mind ugyanarról a lelki gyökérről nőnek. Ezek Életed végéig egy délibábot kergettetnek veled, miközben észre sem veszed, hogy valójában elfecséreled az Életedet. Az egod állandóan azt sugallja, hogy ha majd ezt vagy azt eléred, akkor boldog leszel. De ez sajnos nem igaz! A tudatos lassítás azt jelenti, hogy kilépsz a mókuskerékből és elkezdesz fokozatosan egyre lassabban élni. Ez nem bambaság, hanem megfontoltság és Életed tudatos egyszerűsítése, továbbá egyre nagyobb mértékű énidők beiktatása.

Régebben rengeteg teendőm volt és ezeket egyre gyorsabban és hatékonyabban akartam megoldani, hogy utolérjem magamat. Azonban ebben a gondolatmenetben van egy óriási csapda, amire éveken keresztül nem jöttem rá. Ha gyorsabban végzem el a teendőimet, akkor egy nap alatt sokkal többet pipálhatok ki. Azonban minden elvégzett feladat újabb feladatokat fog generálni, így az még több teendőt teremt adott idő alatt. Így fokozódik az elhavazott állapot, hiszen minden gyorsul. Ha tudatosan lassítok, azaz csak azt végzem el, ami tényleg fontos és azt is csak akkor, amikor már tényleg muszáj, és a felszabadult időt nem teendők elvégzésére fordítom, hanem önmagamra, akkor adott időegység alatt kevesebb teendő elvégzése kevesebb új dolog beérkezését fogja manifesztálni a jövőmben. Ez a tudatos lassítás alapja. Ettől még szorgalmas Ember maradsz! A kérdés azonban az, hogy képes vagy-e ezt megtenni. Hiszen ha lesz szabadidőd, akkor mit kezdesz majd vele? Újabb önmagad elöli menekülési módokat választasz? Ha filmet nézel vagy a netet bambulod, akkor csak annyit ért ez az egész, hogy némileg csökkent a stressz-szinted. Bár ez is attól függ, milyen médiatartalmat nézel. De ha a felszabadult időt önfejlesztésre fordítod, akkor minden ilyen időszakasszal boldogabb irányba tereled az Életedet, amelyet magadnak teremtettél. Így egy sokkal minőségibb valóság felé fokozatosan megváltozik az Életed. Szóval a tudatos lassítás kiemelten fontos szabálya, hogy **a felszabaduló időt önmagad fejlődésére vagy minőségi kikapcsolódásra kell fordítanod!**

Összegezzük, hogy mi a teendőd a boldogságodhoz vezető 4. lépésed teljesítéséhez:

Feladat: Osztályozd a teendőidet az alábbiak szerint:

➤ Fontos és sürgős

➤ Fontos, nem sürgős

➤ Nem fontos, sürgős

➤ Nem fontos, nem sürgős

Ezt minden nap tedd meg! Mindig csak a fontos és sürgős feladatokat végezd el! A többivel ne foglalkozz! A feladataidat csak akkor végezd el, amikor már nagyon közel van a határideje! Az így felszabaduló időt fordítsd önfejlesztésre, boldogságot vagy pihenést eredményező minőségi időre és a szeretteiddel töltött minőségi időre. Ezekben az időszakokban a pozitív érzelmeid megélésére fókuszálj.

Melyik részedre hat leginkább: Lélek

Meddig kell végezned ezt a feladatot: Ezt a feladatot addig kell végezned, amíg ösztönszerűvé válik és automatikusan bekapcsolnak az önvédelmi reflexek, amikor nem fontos vagy nem sürgős teendőkkel foglalkozol. A másik fontos szempont, hogy váljon belső igényeddé, hogy minden napra legyen énidőd. Ha az egyik nap kimarad, akkor duplázd meg a következőn! Magadtól nem veheted el, amit már végre kiharcoltál.

Néhány jó tanács: Ha minden teendődet a sürgős és fontos teendők közé sorolod és alig van olyan, ami nem ebbe a csoportba tartozik, akkor túlzottan meg akarsz felelni a világnak! Ebben az esetben minden teendődnél gondold végig, hogy mennyire függ össze az életfeladatoddal, illetve a saját boldogságoddal. Csak ezek a teendők fontosak. Ez nem önzés! Mert minél boldogabb leszel, annál több jó hatást fogsz gyakorolni a környezetedre. Viszont amíg ezen elvek szerint nem rangsorolod a teendőidet, akkor soha nem leszel boldog.

Ha először inkább a nem fontos teendőket szereted elvégezni és halogatod a fontos és sürgős teendőket, akkor a tudatalatti programod szerint szükséged van arra, hogy más Emberek megdorgáljanak, elmarasztaljanak és érezhesd, hogy nem vagy elég jó. Valószínűleg gyermekkorodból hoztad ezt a téves kódot. A későbbi feladatok között lesz olyan, ami ezt majd mérsékli benned. De addig is légy fegyelmezett és keményen törekedj arra, hogy ne aprózd el magadat és tényleg a fontos és sürgős dolgokkal foglalkozz. Ha a felszabaduló időt önfejlesztésre fordítod, az elkezd majd kihúzni ebből a játszmarendszerből.

Ha semelyik teendőt nem érzed fontosnak, csak azért csinálod őket, mert kell, vagy nincs jobb ötleted, akkor a fásultság lelki rezgésszintje szerves része az életednek. Meg kell tanulnod az Életfeladataid szempontjából fontos teendőket kiválogatni és azokra fókuszálni a kevés energiádat. A maradék időben pedig végezd az ebben a könyvben lévő lépések szerinti önfejlesztést! Ez fokozatosan egyre több lelkierőt fog adni az Életed menedzseléséhez.

Még egy fontos tanácsot adok neked: A sikeres és a sikertelen Embereket az különbözteti meg egymástól, hogy a sikeres Emberek csak arra fókuszálnak, amire hatást tudnak gyakorolni. Ugyanakkor a sikertelen Emberek az energiáik nagyobb részét olyan dolgokra pazarolják, amelyre nem lehet jelentős hatásuk. Például a sikertelen Emberek rengeteget rágódnak a politikán, miközben semmi hatást nem tudnak gyakorolni annak alakulására, a választás egyetlen napjától eltekintve. A sikeres Emberek általában nem foglalkoznak a politikával, csak akkor, amikor elmehetnek szavazni. Ilyenkor objektíven megnézik, melyik párt programja a leghasznosabb, a legkedvezőbb számukra és arra szavaznak. Utána félreteszik a politikát és élik az Életüket tovább. Szóval sokszor olyan dolgokat is fontosnak érzünk, amik nem azok, hiszen ha nem tudod befolyásolni, akkor számodra az nem lehet igazán fontos! Ha azokra fókuszálsz, amely dolgokra hatást tudsz gyakorolni, sikeresebb leszel és ezáltal boldogabb.

Most arra kérlek, hogy ne olvasd tovább ezt a könyvet, amíg a boldogságodhoz vezető út 4. lépését meg nem tetted! Utána visszavárlak, hogy folytassuk a közös munkát!

Mikor teheted meg az 5. lépést: Amikor már automatikusan csoportosítod a teendőket és ösztönösen a legfontosabbakra és a legsürgősebbekre fókuszálsz. Ekkor, kérlek, kezdj neki a folytatásnak!

5. lépés a boldogságodhoz (elme):
Mi a jó és mi a rossz? Hogyan válhatunk jobbá? –
Avagy a napi mérleg módszere

Az emberi lét és az emberi kapcsolatok terén nem létezik színtiszta jó vagy rossz. A jó és a rossz egyaránt ott él bennünk. Az életünk és a körülöttünk zajló Élet is a jó és a rossz állandó küzdelméről szól, ugyanúgy, ahogy a sötétség és a fény is szakadatlan harcban állnak. A hideg és a meleg, a sötét és a fény, a jó és a rossz a változás hajtóerői. Ezek azok az ellenétek, amelyek az Univerzumot felépítik és annak változási folyamatait generálják. Így ezek életünk természetes részei. Ezért van az, hogy egy bizonyos megvilágosultsági szint felett már nincs jó és nincs rossz, csak a létezés csodája van. Azon a szinten már értelmet nyer, hogy ezek egymás létét megalapozó alrendszerek.

No de térjünk vissza a mi „átlagemberi" életünkre! Mi a jó és mi a rossz a mi szintünkön? Először ezzel kell tisztába kerülnünk! Hiszen manapság nagyon divatos rossznak tűnni, még divatosabb a rossz tagadása (John Bradshaw, 2015). Sokan azt hiszik, hogy ha jó ügyért tesznek valami rosszat, akkor az jó. Ezt sugallja az elhíresült mondás is, miszerint „a cél szentesíti az eszközt". De lássuk be, hogy ez a büszkeség vagy ennél alacsonyabb lelki rezgésszinteken domináns mondás, és ez nem más, mint a pusztító-ego ügyes fogása a tetteink elfogadására. A Harry Potter-filmek sorozatát bizonyára a legtöbb Olvasó látta, vagy esetleg olvasta is. Ennek a filmnek gyönyörű a jelképi világa, ahogy bemutatja a jó és a rossz küzdelmét. A Harry Potterben élő rossz és jó állandóan harcol. A főhős is gyakran megkérdőjelezi saját jóságát, néha úgy érzi, hogy ő sem különb a gonosztól. De a filmben egyértelmű az üzenet, amit Harry Potter a nagybátyjától kapott: a bennünk élő jó az, ami megkülönböztet minket a rossztól. Harry Potter is úgy tudta leválasztani a lelkéről a gonoszságot, ha a jó dolgokra, mint a szülei emlékére vagy a barátaival megélt csodás élményekre koncentrált a lelkében. Harry Potter belső harca semmiben sem tér el a miénktől! A mi életünket is a jó és a rossz belső harca itatja át. A film másik jelképi vonulata az, ahogyan a mágusok és a boszorkányok a jó és a rossz oldalra állnak a végső nagy összecsapás előtt. A film gyönyörűen mutatja, hogy a rossz oldalán milyen negatív érzelmek dominálnak, míg a jó oldalán milyen pozitívak. A félelem, a bűntudat, a szégyen, a harag, a vágyakozás mind megjelenik a filmben a sötét oldalon. A szeretet, az összetartozás, az önzetlenség motívumai itatják át a jó oldalon állókat. Pont ugyanúgy, ahogy a mi Életünkben is történik és ahogy a Hawkins-skálán az Élettámogató és Életpusztító rezgésszinteket bemutattam.

Ugyanakkor manapság nagyon divatos a „dark side" a fiatalok körében, bár ez sem újkeletű. Gondoljunk a régebben annyira elterjedt sátánistákra, és az emosokat se felejtsük el. Csak a jelenség sajnos egyre tömegesebbé vált. Mind több fiatal gondolja úgy, hogy jó rossznak lenni, bár szerencsére legtöbbjük csak rossznak akar tűnni, de valójában nem az. Ez egy komoly társadalmi értékvesztés erőteljes tünete. Általában abból fakad, hogy unalmasnak tűnik jónak lenni. Ez egy túlságosan elkoptatott sztereotípia. A fiatalok azt látják, hogy a világ álszent, hiszen mindenki a jóról beszél, de közben nagyon keményen terjed a rossz. Elegük van ebből a képmutató rendszerből. Abban azonban tévednek, hogy a helyes út az, ha a rossz oldalt erősítik, hiszen ezzel csak tovább rontják a helyzetet.

A rossz és a jó harcában mindig tendenciák vannak. Hol a jó, hol a rossz kerekedik felül. Jelenleg a rossz erősödése a tendencia szerte a világon. Ezt mutatja a Természet pusztulása, a vallások gyengülése, az önzés erősödése. Az első lépés mindig annak eldöntése, hogy akarunk-e egyáltalán jók lenni. Hiszen nagyon sok Embernél azt látom, hogy nem is igazán akarja ezt az utat. A Harry Potter című filmben a halálfalók inkább meghalnának, minthogy jók legyenek, még akkor is, ha érzik, hogy számukra komoly lelki teher ez a gonosz lét. Maga a lelki teher az, ami a szenvedélyüket fűti. Nagyon sok Ember ugyanígy van ezzel legbelül. Szóval, kérlek, tedd fel magadnak a kérdést: akarok-e egyáltalán jó lenni? Ugye, nem is olyan egyértelmű a válasz. Bennem vegyes érzések jöttek fel sok éven át erre a kérdésre. Hiszen alapvetően szeretnék jó lenni, de néha jólesik „rosszalkodni" is. Szóval néha szükségem van arra, hogy olyat tegyek, ami a hagyományos értelemben vett vallási vagy társadalmi elképzelés rendszerében rossznak számít. Bennem is vegyes kettősség él. Aki tisztán jónak vagy tisztán rossznak éli meg önmagát, annak nagy valószínűséggel nincs megfelelő önismerete. A tisztán jó Ember az, aki teljesen megvilágosodott, mint pl. Jézus vagy Buddha. A tisztán rossz Ember az, akinek a lelkét a szégyen és az ebből táplálkozó agresszió teljesen és tartósan átitatta, mint például Hitlerét. Az Emberek legnagyobb hányada nem ilyen hihetetlenül erős szélsőségben él.

Én nem akarlak befolyásolni abban a tekintetben, hogy milyen irányba akarsz haladni. De fontos tudnod, hogy a lelkirezgésszint-emelkedés az csak a benned élő jó erősödésével és a rossz gyengülésével lehetséges! Szóval, ha a jót kívánod erősíteni magadban, akkor ez a te könyved, ha a rosszat, akkor bizonyára el sem jutottál volna a könyvnek ezen részéig.

Ezután, hogy ezt rendbe tettük, egyértelműsíteni szeretném, hogy mi a jó és a mi a rossz, mert ebben a nagy társadalmi zűrzavarban már ez sem tiszta az Emberek számára. Véleményem szerint a vallások dogmatizmusa sajnos nagyon sokszor téves értelmezéseket ad, illetve gyakran felesleges bűntudatkeltéssel pont a rossz oldalt képviseli. Gondoljunk például arra, hogy serdülőkorunkban mennyi bűntudatot és szégyent keltett bennünk a szexualitás iránti érdeklődésünk. Pedig ez egy természetes folyamat és a szexualitás (amennyiben megfelelő lelkiséggel párosul) a világ egyik legcsodálatosabb dolga. Szóval a lelki hozzáállásunkon múlik, hogy a szexualitás jó vagy rossz. Ezt nem szabad bűnnek titulálni! Ilyen vallási dogmatizmusból származó bűntudattípusból sajnos többféle is van. Így a vallás tanai is lehetnek jók vagy rosszak, attól függően, hogy milyen lelki attitűddel párosulnak. A keresztes háborúk, a dél-amerikai indiánok kiirtása vagy a boszorkányégetések erősen vallási attitűddel végrehajtott cselekedetek voltak, mégis mérhetetlenül gonoszak és semmiben sem térnek el a nácizmus borzalmaitól. Ez sem volt más, mint a rossz tagadása, amiközben mégis a rossz erősödött és virágzott. A történelmünkben gyakran a jó ügyért tettük a legrosszabbakat. Ugyanakkor nagyon sok szentté avatott Ember mutatta a múltban azt, hogy a vallás lehet nagyon jó dolog is. Itt is a lelki hozzáálláson múlik minden, nem magán a valláson.

Szóval ideje rendbe tenni, hogy mi a jó és mi a rossz. A kérdésre egyértelmű és egyszerű a válasz: minden, ami Életpusztító, az rossz, és minden, ami Élettámogató, az jó. Hogy miért? Azért, mert az Élet részei vagyunk, azaz ez a mi táborunk. Ebbe a táborba születtünk, ezért jöttünk a világra. **A legfőbb Életfeladatunk az, hogy magát az Életet támogassuk.** Tehát igenis jónak kell lennünk! Tudom, hogy legtöbbször ez a nehezebb út, de akkor is ez a helyes (Dittrich, 2021).

Nézzük meg részletesebben, hogy mit is jelent ez a mondat: **"minden, ami Életpusztító, az rossz, és minden, ami Élettámogató, az jó".**

A rossz cselekedetek, gondolatok azok, amelyeket Életpusztító érzelmek vezérelnek, vagy amelyek Életpusztító érzelmeket eredményeznek a lelkünk legmélyén. Ezek a következő alapérzelmek vagy azok bármely válfajai:

- Szégyen
- Bűntudat
- Fásultság
- Bánat
- Félelem
- Vágyakozás
- Harag
- Büszkeség

A jó cselekedetek és gondolatok azok, amelyeket Élettámogató érzelmek vezérelnek, vagy amelyek Élettámogató érzelmeket eredményeznek a lelkünk legmélyén. Ezek a következő alapérzelmek, vagy azok bármely válfajai:

- Bátorság
- Pártatlanság
- Hajlandóság
- Elfogadás
- Észszerűség
- Szeretet
- Öröm
- Béke
- Megvilágosultság

Ha tisztába kerültünk azzal, hogy mi a jó és mi a rossz, akkor már tudunk tenni a változásért. Ezért először a fenti definíciót érdemes befogadni, megtanulni. Ez tiszta, egyszerű, egyértelmű és mindenféle dogmatizmustól mentes.

Ha ezt a definíciót értjük és elfogadjuk, akkor minden tettünk és minden gondolatunk át tud menni ezen a szigorú szűrőn. Minden tettünk és minden gondolatunk értékelhetővé válik. Azonban ha ezt a gondolatmenetet továbbvisszük, akkor ki fog derülni, hogy valójában minden rossz is jó, amennyiben helyes irányból tekintesz rá. Hiszen a rossz nem más, mint figyelmeztetés az irányváltás szükségességére! A rossz dolgok jelzőfények az Életünkben, hogy valami nem a helyes útján halad. A legtöbb Embernél a rossz történések okozta szenvedések hozták meg a nagy változást, amely által boldogabbak, egészségesebbek vagy sikeresebbek lettek. Szóval a rossz is jó valójában, ha nem az ego szemszögéből nézzük. Az ego mindig személyes támadásnak veszi azt, ami nem az elvárásai szerint történik, és ezáltal rossznak titulálja. Azonban a tudatos Ember, ha rossz történik vele, akkor önmagába néz és megkeresi a fejlődni valóját mások, a külvilág okolása nélkül. Ebben a kontextusban már nincs is jó vagy rossz! De ahhoz, hogy Életvitelszerűen tudd élni ezt a csodás látómezőt, először mégiscsak meg kell tanítanod az egodat arra, hogy helyesen lássa, hogy mi a helyes és mi a helytelen. Ezért kérlek az alábbi módszer elsajátítására!

Minden este elalvás előtt gondold végig, hogy aznap mennyi jót és mennyi rosszat tettél. Ez a napi mérleg módszerének a lényege. Csinálj egy napi lelki mérleget minden nap. És ne feledd, kérlek: egy cselekedet nem lehet jó, ha jó célt szolgál, de az eszköz, amit használ, az rossz. Szóval ne csapd be magadat, maradj őszinte magaddal! Fontos, hogy az aznapi rossz cselekedetekért NE ostorozd magadat! Hiszen az megint rossz gondolatok, rossz energiák bekapcsolása. Az aznapi rossz cselekedeteiddel kapcsolatban légy elfogadó. Fogadd el, hogy megtetted és gondold át, miként tudod a jövőben mérsékelni. A jó cselekedeteidért légy hálás! Így a hála-áramlatot és a napi mérleg módszerét képes vagy összekapcsolni.

Rajtunk múlik, hogy a rossz vagy a jó énünket tápláljuk. Minden egyes gondolatunk vagy tettünk valamelyik énünket erősíti. Szóval sokat tehetünk a személyes fejlődésünkért, ha azt a felünket erősítjük, amelyik irányba szeretnénk fejlődni. Ugyanakkor ne feledd, ha ellenállsz a rossznak, az erősíti azt! Hiszen az a szembenállás (harag) lelki rezgésszintje! Így sosem a rossz elleni harc a megoldás! Akármennyire is meglepő, a rossz elfogadása az, ami enyhíti, mérsékeli az erejét. Ez az addikciókból való kilépés kulcsa is. Hiszen a bennünk élő rosszal kapcsolatos ellenállás szégyent, bűntudatot és más negatív érzelmet generál a lelkünkben. A rossz önmagunkban történő elfogadása azonban szeretetet, elfogadást generál ugyanitt. A rossz elfogadása mellett a jó erősítése pedig tovább mérsékeli bennünk a rossz énünk erejét. Ezekkel erősítjük az Élettámogató létünket, amiért az Életünket valójában kaptuk. Ezért nem mindegy, hogy mit eszel, mit iszol, mennyit alszol, min gondolkozol, hogyan szexelsz vagy szeretkezel, milyen filmeket vagy sorozatokat nézel! Ezért nem mindegy, hogy viszonyulsz Embertársaidhoz, mit vásárolsz és hogyan végzed a munkádat! Mindezek tesznek téged azzá, aki vagy, és mindezekkel táplálod nap mint nap a jó vagy a rossz énedet.

Összegezzük, hogy mi a teendőd a boldogságodhoz vezető 5. lépés teljesítéséhez:

Feladat: Minden este elalvás előtt végezd el a napi mérleg módszerét. A napi rossz cselekedeteidet fogadd el és gondold végig, hogyan szeretnéd a jövőben mérsékelni azokat. A napi jó cselekedeteiddel kapcsolatban érezz hálát és ezt kapcsold össze egy hála-áramlattal. Fontos a sorrend! A jó cselekedetekből fakadó hála érzésével aludj el minden nap!

Melyik részedre hat leginkább: Elme

Meddig kell végezned ezt a feladatot: Ez életre szóló feladat. Ez olyasmi, mint a vallásokban egy imádság. Légy kitartó és tedd Életed mindennapi szokásává ezt a módszert a hála-áramlattal kombinálva.

Néhány jó tanács: Fontos a fokozatosság! Általában a tartós változás nem következik be egyik napról a másikra! Fontos, hogy légy magaddal türelmes és elfogadó, akkor is, amikor visszaesel vagy amikor nem fejlődsz. Az önostorozás rombol és még lejjebb húz! Tudom, hogy ez nagyon nehéz, főleg akkor, ha még sosem gyakoroltad. No de a kisgyermek sem önmagát utálja, amikor járni tanul és elesik, hanem újra és újra optimistán nekifeszül a gyakorlásnak. Ha a kisgyerek minden elbotláskor gyűlölné önmagát, akkor sosem tanulna meg járni vagy egész Életében negatív érzések kapcsolódnának ahhoz, hogy jár. Csak annyit kell újratanulnod, amit lelki síkon kisgyermekkorodban ösztönösen tudtál!

Most arra kérlek, hogy ne olvasd tovább ezt a könyvet, amíg a boldogságodhoz vezető út 5. lépését meg nem tetted! Utána visszavárlak, hogy folytassuk a megkezdett közös munkát!

Mikor teheted meg a 6. lépést: Ha már az Életed szerves része lett a napi mérleg módszere. Ezt abból veszed észre, hogy ha véletlenül kimaradt egyik nap, akkor már hiányzik. A másik tünete pedig az, hogy napközben egyre többször fog bekapcsolni egy belső figyelmeztető hang, ha épp valami rossz cselekedetre készülsz vagy valami rossz gondolat, érzés kerít hatalmába.

6. lépés a boldogságodhoz (test): Szimmetria és „tartás-kúra"

Ennek a módszernek a gondolatmenete abból indul ki, hogy mára már mérésekkel igazolták az egyes energiaközpontok létét. Nekem is van egy hullámgenetikai elven működő mérőberendezésem, amellyel mérni szoktam az energiaközpontjaim állapotát. Az egészséges test alapfeltétele az, hogy a testben lévő 7 energiaközpont (a keleti világban ezeket csakráknak hívják) mindegyike megfelelő energiaszinten legyen és azok középpontja a test szimmetriatengelyében helyezkedjen el. A megfelelő energiaszint azt jelenti egy energiaközpontban, hogy se nem túl-, se nem alulenergetizált. A test jobb oldala az apa, a fiúgyermek és a jövő oldala, míg a bal oldala az anya, a leánygyermek és a múlt oldala. Ha például valaki elfojtja az édesapja iránt érzett szeretetét, akkor neki alulenergetizálttá válik a 4-es energiaközpontja és a jobb oldalra tolódik el. Hosszabb távon ez betegségeket vagy torzulásokat okoz a testben, főleg a 4-es energiaközpont környezetében lévő szervekben. **Ezekről a kérdésekről egy nagyon izgalmas és részletes összefoglalót találsz a 3. számú mellékletben.**

Azt is igazolták már, hogy a gerincoszlop mentén egy energiacsatorna létezik (Dispenza, 2020). A test 7 energiaközpontja közötti energiaáramlás ebben az energiacsatornában történik. A test akkor egészséges, ha ez az energiaáramlás szabad. Szóval amikor a szexuális energiáinkat felszabadítjuk, akkor az energiák átmenetileg az 1-es energiaközpontban koncentrálódnak, de ha utána például a tisztánlátásunkra van szükség, akkor az energiák nagyobb része a 6-os energiaközpontba áramlik. Ha az energiaáramlás korlátozott, akkor egyes energiaközpontokban megreked az energia. Például a szexfüggők energiái az 1-es energiaközpontban rekedtek és onnan nem igazán tudnak feljebb emelkedni. (A szerző megjegyzése: ma is vitatott, hogy a szexualitás az egyes vagy a kettes energiaközponthoz tartozik. De ez a folyamat megértése szempontjából nem lényeges.)

A szabad energiaáramláshoz a gerincoszlop természetesen egyenes és szimmetrikus állapota szükséges. Ezért (is) nagyon fontos a helyes testtartás! A legtöbb Ember nem igazán figyel erre. Elbagatellizálja a helyes testtartás szerepét és fontosságát. Pedig akármennyire is szimpla dolognak tűnik, **a testi egészség első szabálya a helyes testtartás!**

A helyes testtartás az alábbi 3 kritériumból áll:

➢ Természetesen egyenes gerincoszlop
➢ Szimmetrikus tartás
➢ Egyik végtagunk sem lehet keresztben

Most, kérlek, vizsgáld meg egy átlagos napodat. Gondold végig, hogy szoktál ülni evés közben az asztalnál, hogy alszol, hogy fekszel a tv előtt, hogyan vezetsz az autódban. Gondold végig, hogy a napi tevékenységeid hány százalékában felel meg a fenti három kritériumnak a testhelyzeted. Az enyém borzalmas volt, mielőtt elkezdtem beépíteni az Életembe ezt a módszert. A hátamon fekve eleve nem is tudtam aludni, mert a tartásom görbe volt. Velem született enyhe gerincferdülésem van, görbén előrehajolva ettem az asztalnál, a kanapén úgy feküdtem, hogy a gerincem össze-vissza hajlott, a lábaim vagy a kezeim rendszeresen keresztben vagy aszimmetrikus helyzetben voltak.

A testtartásod jól mutatja a lelkiállapotodat és az egyes energiaközpontjaid helyzetét. De az is lehet, hogy ezek már csak a múlt rossz berögződései. Akiknek aszimmetrikusak az energiaközpontjai, azok ösztönösen aszimmetrikus testtartásban érzik jól magukat. Az önbizalomhiány, a depresszió vagy más lelki problémák a hát görbültségét okozzák. A szeretethiány, a szégyen, a bűntudat gerincferdülést okoz a gyerekeknél, nem véletlenül pont ott, amelyik energiaközpontot az adott lelki probléma érinti. A keresztbe tett kezek elfojtott (vagy tudott) dühöt és haragot jeleznek, a keresztbe tett lábak a világtól való elzárkózást, félelmet, az ősbizalom nem megfelelő szintjét jelzik. Szóval a tartásodból és a gerinced alakjából elég pontos lelki analízist lehet csinálni kb. 2 perc alatt. Ez az önismereted mélyítésére is alkalmas lehet. Ugyanakkor ez az oka annak, hogy egy egyenes tartású Embert könnyebben elfogadunk, ösztönösen szimpatikusnak érezzük, ha rájuk nézünk. A gonosz boszorkát is ezért ábrázolják görbe hátúnak a mesékben.

A jó hír az, hogy ez ellen lehet tenni! A szimmetria és „tartás-kúra" azt jelenti, hogy tudatosan elkezdesz figyelni a helyes testtartásodra, ami a fenti 3 szabálynak felel meg. Minél többet vagy ilyen testhelyzetben, annál jobban felerősödnek az öngyógyító folyamatok a testedben, mert a tested energiaközpontjai között hatékonyabb lesz az energiaáramlás. Mivel a tested a régi állapothoz szokott, ezért előre szólok, hogy nagyon nehéz lesz változtatnod! A test mindig a régi fizikai-kémiai állapotát igyekszik visszaállítani, amíg az új egyensúly ki nem alakul, hiszen az ego része a test is. Nekem is nagyon nehezen ment. De 3-4 hónap tudatos odafigyelés már odavezetett, hogy ösztönösen magamra szóltam, ha nem helyesen ültem, vagy feküdtem. Nyilvánvalóan mivel nem ehhez szokott a testünk, ezért eleinte ez kényelmetlen lesz, azon túl, hogy sok odafigyelést is igényel. De megéri a tudatosságot és az energiát a változtatásba belefektetni.

Mit hozott nálam a kb. 4 hónapos kúra? Általánosan energikusabbá válltam, kismértékben csökkent az alvásigényem, mérséklődött a migrénem (nagyon erős migrénes voltam akkoriban). Kevesebbet ettem és ezáltal lement néhány centi a hasamról. A kúrát persze azóta is folytatom, mert az életem szerves része lett. Akinek olyan jó a tartása, hogy háton fekve és szimmetrikus testhelyzetben alszik, az maximalizálja a test öngyógyító képeségét. Erre a szamurájok idejében jöttek rá az akkori orvosok. Az össze-vissza kaszabolt sérülteket a hátukon fektetve gyógyították, úgy, hogy teljesen szimmetrikusan fektették őket és a fejüket kismértékben alátámasztották. Ők már a középkorban tudták, hogy így maximális a test öngyógyító képessége. Ezek a sérült szamurájok pedig gyakran hihetetlen gyógyulásokon mentek keresztük, pusztán azért, mert az orvosok mindig visszaerőltették őket ebbe a fekvési pozitúrába. A szamurájoknak egyébként eleve kötelező volt így aludniuk, már kiskorukban erre szoktatták őket. Innen ered a híres japán mondás: „a szamuráj legnagyobb fegyvere a jó alvás".

Összegezzük, hogy mi a teendőd a boldogságodhoz vezető 6. lépés teljesítéséhez:

Feladat: Ügyelj a testtartásodra minden élethelyzetben, még alvás közben is. Kérlek, ne feledd: a helyes testtartás az alábbi 3 kritériumból áll:

> Természetesen egyenes gerincoszlop
> Szimmetrikus tartás
> Egyik végtagunk sem lehet keresztben

Melyik részedre hat leginkább: Test

Meddig kell végezned ezt a feladatot: Ez is Életre szóló feladat. A rossz tartás mindig lelki problémák felerősödése által jön létre, illetve hosszabb távon egészségkárosodáshoz vezet.

Néhány jó tanács: Itt is fontos a fokozatosság! Ritka, hogy valakinél egyik napról a másikra megtörténik a váltás. Szóval légy türelmes, kitartó és legyen hozzá elég önuralmad! Az általam ajánlott út nem könnyű, de az eredmény garantált! A jó hírem az, hogy minden egyes lépéssel már egy picit jobbá válik az Életed...

Most arra kérlek, hogy ne olvasd tovább ezt a könyvet, amíg a boldogságodhoz vezető út 6. lépését meg nem tetted! Utána visszavárlak, hogy folytassuk a megkezdett közös munkát!

Mikor teheted meg a 7. lépést: Ha már ösztönösen figyelsz a helyes testtartásra és magadra szólsz, ha nem úgy teszel. Akkor itt az idő, hogy folytasd a hathatós munkát a boldogabb jövődért!

7. lépés a boldogságodhoz (lélek): Lépj ki a fénybe! (Ventiláció)

Amikor az Ember egy sötét alagútban él, nehezen tudja elképzelni, hogy van ennél sokkal jobb is. Kint a fényben létezni a kedvezőbb Életkörülmények lehetőségét adja, de ezt mégsem olyan egyszerű elhitetni azzal, aki ezt még soha nem tapasztalta meg. A szégyen, a bűntudat, a fásultság, a bánat és a félelem lelki rezgésszintjein létezni egy olyan Életet jelent, ami egy sötét barlanghoz hasonlítható. Innen nem könnyű kijönni, hiszen az itt élő Ember valóságképe szerint a világ egy sötét hely, amely tele van önző, gonosz, romlott Emberekkel. Valójában ezek az Emberek legbelül önmagukat tartják rossznak, értéktelennek, szeretetre méltatlannak. Van, aki ezt tudja is magáról, ugyanakkor más olyan mélyen elfojtotta önmagában, hogy már nincs ennek tudatában. A jelzőfény, amely lebuktatja a pusztító-egot az érzelmeidben és a gondolataidban található meg. Kérlek, figyeld meg magadat néhány napig és válaszold meg az alábbi kérdéseket:

A. Egy átlagos napodon kb. mennyi ideig érzel szégyent vagy mennyi ideig forognak a gondolataid a szégyen bármely aspektusa körül? Írd ide percben vagy órában kifejezve:...

B. Egy átlagos napodon kb. mennyi ideig érzel bűntudatot vagy mennyi ideig forognak a gondolataid a bűntudat bármely aspektusa körül? Írd ide percben vagy órában kifejezve:...

C. Egy átlagos napodon kb. mennyi ideig érzel fásultságot vagy mennyi ideig forognak a gondolataid a fásultság bármely aspektusa körül? Írd ide percben vagy órában kifejezve:...

D. Egy átlagos napodon kb. mennyi ideig érzel bánatot vagy mennyi ideig forognak a gondolataid a bánat bármely aspektusa körül? Írd ide percben vagy órában kifejezve:...

E. Egy átlagos napodon kb. mennyi ideig érzel félelmet vagy mennyi ideig forognak a gondolataid a félelem bármely aspektusa körül? Írd ide percben vagy órában kifejezve:...

A kérdések megválaszolása szempontjából mindegy, hogy ezeket a gondolatokat vagy érzéseket másokkal kapcsolatban vagy saját magaddal kapcsolatban tapasztalod. Az is mindegy, hogy ezek az érzések és gondolatok jogosak-e vagy sem. Csak arra kérlek, percben add meg a választ minden egyes kérdésre: kb. mennyi időt tölt az elméd és a lelked ezekkel az érzelmekkel és gondolatokkal. Hogy jól rá tudj találni ezekre, még adok neked néhány segítő gondolatot. Az érzelmek szintjén ne vizsgáld azt, hogy az adott érzés mennyire mély. Az enyhe bánat is bánat, a kis félelem is félelem. Azonban a szégyenlősség az nem szégyen! Ezt a kettő dolgot ne keverd össze, kérlek! Amikor önmagunkat ostorozzuk, hibáztatjuk, okoljuk, szidjuk, feketítjük be, az is mind bűntudat. Önmagunk felelősségének vagy hibájának elismerése azonban nem az. A kedvtelenség, a tétlenség, az erőtlenség is fásultság. A szomorúság, a búslakodás, a gyászolás is bánat. A megbánás azonban nem bánat! Az aggodalom, a rettegés, az ijedtség, a negatív jövőképek kivetítése is félelem. Azonban a félénkség az nem félelem.

Ha ezen az önvizsgálaton túl vagy, akkor, kérlek, tudatosítsd magadban, hogy ezek az időtartamok, amiket itt töltesz, eddigi Életed legnagyobb boldogtalanság- és balszerencse-okozói. Azt is fontos tudatosítanod magadban, hogy aki gyakran érez ilyen érzelmeket vagy ezekkel az érzelmekkel kapcsolatos gondolatok jellemzők rá, általában több olyan titkot hordoznak magukban, amit nem mernek kinyilatkoztatni mások előtt. Ezek olyan titkok, amelyeket azért tudunk csak mi, magunk, mert annak létét szégyelljük a világ előtt. Félünk attól, hogy ezáltal elítélnek minket. Teljesen mindegy, hogy ezek a titkok micsodák! Lehetnek például perverz gondolatok, irreális vágyak, a múltban megtett helytelen cselekedetek, amelyeket magunkban bűnként élünk meg vagy bármi más, amit önmagunkban elfogadhatatlannak, feketének, rossznak, helytelennek vagy gonosznak tartunk.

Most jön a legnehezebb feladat! Vidd ki a titkaidat a fénybe! A titok pont attól titok, hogy a lelked barlangjának legmélyén tartod. A gyógyulás első lépése az, hogy előhozod ezeket a titkokat innen. Nagyon egyszerű erre a módszer: el kell mondanod valakiknek teljesen őszintén a szégyenteljes titkaidat! Titkokként egyesével haladj! Mindig csak egyet mondj el! Tudatosan készülj rá és légy elég bátor, hogy megtedd! Tudom, hogy hihetetlenül nehéz, de a bátorság nem véletlenül az első Élettámogató lelki rezgésszint. Meg kell tenned! Ha kimondod valaki előtt a leginkább szégyenteljes titkaidat, akkor azzal kihozod a fénybe és megkönnyebbülsz! Hogy miért? Azért, mert ha valaki előítélet nélkül meghallgat, akkor más elfogadása által enyhülni fog a benned élő, önmagad elítélését erősítő erő. Ha bizonytalan vagy abban, hogy szégyennel kapcsolódik-e benned egy bizonyos dolog, akkor tegyél fel egy egyszerű kérdést magadnak: Kitennéd-e a Facebookra magadról? Ha nem a válasz, akkor valamennyi szégyen tapad hozzá! Ezt a frappáns és egyszerű kérdést Spitzer Gyöngyi (Soma Mamagésa) tette fel nekem egyszer, akit mestereim egyikének tartok és nagy szeretettel ajánlom minden könyvét, tanfolyamát és közösségimédia-felületét neked.

Összegezzük, hogy mi a teendőd a boldogságodhoz vezető 7. lépés teljesítéséhez:

Feladat: Mondd el fokozatosan az összes titkodat, a leginkább szégyenteljeseket is!

Melyik részedre hat leginkább: Lélek

Meddig kell végezned ezt a feladatot: Addig, míg nem marad olyan titkod, amit szégyellsz másoknak elmondani, azaz legalább egy olyan Ember meghallgatta, aki nem ítélt el érte!

Néhán jó tanács: Tudom, hogy ez elképesztően nehéz! De amíg ezeket magadban hordozod, úgy fognak viselkedni a lelkedben, mint egy-egy hihetetlenül nehéz súly! Fontos, hogy körültekintően válaszd ki, hogy egy-egy titkodat kivel osztod meg! Hiszen ha elítél téged akinek elmondod, akkor az visszataszít a mélybe. Ezért elengedhetetlen, hogy empatikus, megértő, lelki problémákban jártas Embert válassz. Mielőtt elmondod neki, kérdezd meg tőle, hogy van-e most ideje, ereje, kedve őszintén figyelni rád. Csak akkor mondd el neki, ha igent mond! Szóval nem elég a jó személy kiválasztása, ki kell választanod a megfelelő időpontot is. Tudatosan készülj fel a „bevetésre"! Jó pillanatban és jó Embernek mondd el! Ami még kiemelten fontos, hogy mielőtt feltárod a titkodat, tudatosítsd benne, hogy nem vársz tőle megoldást, csak annyit, hogy hallgasson meg. Kérd meg, hogy a titkodat titokként kezelje. Ebből fakadóan olyan Embert válassz, akiben megbízol. Tudom, hogy nehéz ilyen Embert találnod, de az is a fényre való kilépés egyik jele, ha mersz bízni valakiben. Ez az Ember lehet terapeuta, barát, pap, lelki társ vagy hasonló sorsú Ember. Minden egyes titkodra válaszd ki a legmegfelelőbb Embert. Titkonként haladj tudatosan, szisztematikusan. Miután elmondtad, megkönnyebbülést fogsz tapasztalni. Ez az a pillanat, amikor a fénybe léptél! Gratulálok hozzá! Tudatosítsd magadban azt az érzést, amit akkor éreztél! Ne feledd, kérlek: a legtöbb titok esetében önmagunkkal sokkal szigorúbbak vagyunk, mint amit mások gondolnának rólunk. Sötétebbnek látjuk ezeket, mint amilyenek. A pusztító-ego teszi ezt velünk, mert amíg ezek bennünk élnek, beléjük tud kapaszkodni. Számára ezek vaslánccal rögzített horgonyok, amelyekbe belekapaszkodhat. Itt az idő, hogy ezeket letépd magadról, egyesével, szép fokozatosan! Még valami! Ha esetleg elítél valaki, akkor ne add fel! Ez nem azt jelenti, hogy rosszul cselekedtél, csak hogy alkalmatlan Embert választottál arra, hogy meghallgasson! Akinek a lelke szintén barlangban él, annak hiába mondasz ilyet! Szóval nem szabad feladni!

Egyszer volt egy titkom egy hűtlen félrelépéssel kapcsolatban, amelyet jóval több mint 10 évig hordoztam magamban. Bűnösnek, rossznak éreztem magamat ez miatt, és akárhányszor eszembe jutott, szégyelltem magamat önmagam előtt. Hiszen megcsaltam az akkori páromat. Amikor rávettem magamat arra, hogy elmondjam a mostani páromnak, hihetetlenül nehéz volt gerincesen, a teljes valóságában elmesélnem a történteket. A párom legnagyobb meglepetésemre semmiféle elítélő dolgot nem mondott. Megértően azt válaszolta, hogy olyan körülmények között nem sok férfi bírta volna ki ennyi ideig hűségben, mint akkor én. Meglepett a reakciója, de jólesett. A jóval több mint 10 évig hordozott bűntudat elkezdett begyógyulni azon a napon. Micsoda megkönnyebbülés volt kimondani! Még ma is tisztán emlékszem az érzésre, de arra is, hogy hány hónapig készültem rá, hogy a megfelelő alkalomkor elmeséljem. Azért osztottam meg veled az egyik titkom történetét, hogy lásd: mindannyiunknak vannak botlásai, mindannyiunknak vannak árnyoldalai. Aki hófehér, tökéletesen tiszta és mindig jóságos, az csak megvilágosodott Ember lehet. De napjainkban mindössze 8-an élnek ilyenek a Földön, és nem nekik íródtak ezek a sorok. Szóval hozzád és hozzám hasonlóan több mint 7,9 milliárd Emberben vannak sötét részek. Ezért ne ítéld el önmagadat! Itt az idő kilépni a fényre!

Most arra kérlek, hogy ne olvasd tovább ezt a könyvet, amíg a boldogságodhoz vezető út 7. lépését meg nem tetted! Utána visszavárlak, hogy folytassuk a közös munkát!

Mikor teheted meg a 8. lépést: Amikor legalább egy titkodat megosztottad legalább egy megértő Emberrel és megtapasztaltad az ezzel járó megkönnyebbülés érzését, azaz letépted magadról a pusztító-egod egyik láncát, szeretettel várlak a folytatásnál!

8. lépés a boldogságodhoz (elme):
Rend és rendszer – szélsőségek kerülése

„Az vagy, amit megeszel" – szól az elhíresült buddhista mondás. Ez a mondás teljesen igaz, de az Életünk minden megnyilvánulására is igaz. Az életünk minden motívuma minket jellemez. Amilyen a környezetünk vagy a viselkedésünk, az a belső lelkiállapotunk tárgyi világunkban való tükröződése. Minél szélsőségesebb az életünk, annál komolyabb lelki sebek terhelik a lelkünket. Az életünkben lévő rendetlenséget a fegyelmezetlen elménk okozza, amely pedig eddigi életünk tapasztalatából kialakult bevésődött programok szerint működik. Szóval ha belül rendetlenség van, akkor a körülöttünk lévő világ is rendetlen. Mivel a világ visszahat a lelkünkre, ezért a boldogsághoz vezető út egyik módszere az, hogy a környezetünkben és az életvitelünkben tudatosan rendet rakunk és ha ebben kitartók vagyunk, akkor ez részlegesen vagy teljesen átprogramozza az elménket. Mondani egyébként könnyű, azonban fáradhatatlanul végigcsinálni óriási akaraterőt igényel. Ahhoz, hogy átprogramozódjon az elméd és ezáltal fejlődjék, kitartó és tartós változást kell előidézni a környezetben. Ebben a fejezetben erre szeretnék néhány példát felhozni, amely mélyítheti az önismeretedet és egyben segíthet a helyes út megtalálásában. Fontos elmondanom már most az elején, hogy az egod azonnal kifogásokat fog keresni, hogy ezek közül egyik sem igaz rád. De, kérlek, ne dőlj be neki!

1. **Rend:** Nézd meg a szobádat, a lakásodat, a munkahelyed azon részét, ahol te dolgozol. Figyeld meg az íróasztalodat, a konyhádat, a fürdőszobádat! Nézd meg a kertedet, az autódat, a cipődet, a ruhádat. Vizsgáld meg, hogy ezek mennyire tiszták, rendezettek, mennyire vannak rendben tartva. Amilyenek ezek a közvetlen környezetedet jellemző helyek és tárgyak, olyan a lelked állapota is. (Természetesen ha más tart rendet körülötted, de te rumlis vagy, akkor nem érvényes, amit itt írok.) A tiszta és békés lélek csak tiszta és rendezett környezetben érzi jól magát! Ha a környezeted nem tiszta, akkor a lelked nem békés vagy nem tiszta. De biztos, hogy valami nincs rendben vele. Ugyanakkor ha a környezetedet rendbe teszed és ezt tartósan fenntartod, akkor az segíthet abban, hogy a lelked, az elméd is rendezettebbé váljék. Természetesen a rend- és a tisztaságmániások világára nem igaz, amit itt leírtam. Ők a ló túloldalán vannak. Nekik a lazítás segíthet abban, hogy a lelkük a gyógyulás irányába mozduljon.

2. **Rendszer:** Vizsgáld meg, kérlek, a hétköznapjaidat! Mennyire van rendszer az életedben? Ugyanakkor kelsz mindennap és ugyanakkor fekszel? Ugyanakkor eszel mindennap? Ugyanakkor kezded a munkádat és ugyanakkor fejezed be? A békés és tiszta lélek csak rendszerben érzi jól magát. Nem véletlen, hogy a buddhista szerzetesek is szigorú időrend szerint élnek. Ha össze-vissza változik a napi időrended, akkor a lelkedben is munkál valami, ami békétlen, rendezetlen vagy zavart. Szóval itt az idő elkezdeni rendet tenni. Az életviteled tartós megváltoztatása segíthet abban, hogy a belső békéd és a harmóniád fokozódjék. Ehhez stabil időrend kell az életedbe, ami rendszerességet hoz és ezáltal fegyelmezi az elmédet.

Összegezzük, hogy mi a teendőd a boldogságodhoz vezető 8. lépés teljesítéséhez:

Feladat: Tégy rendet magad körül életed minden területén! Alakíts ki egy időrendet az életedben, amit kövess a lehető legjobban.

Melyik részedre hat leginkább: Elme

Meddig kell végezned ezt a feladatot: Addig kell odafigyelned erre, amikor már a rendetlenség vagy valami váratlan ok miatt ki kell billenned a életviteled megszokott menetrendjéből.

Néhány jó tanács: Minél nagyobb sérülés van a lelkedben, annál nehezebb lesz elvégezni ezt a feladatot. A kezdeti lelkesedés után általában visszaesünk és olyankor nehéz újra és újra elölről kezdeni. De önmagunk megváltoztatása nem könnyű. Nem véletlenül mászkál olyan kevés boldog Ember az utcákon. Ha te is ezen kevesek közé akarsz tartozni, akkor tegyél érte nap mint nap. Törekedj az elméd átprogramozására. Ez a feladat az elmédet fegyelmezi, amely által fokozatosan elkezdenek benned csökkenni a szélsőségek. Ezek csökkenése pedig a békét és a boldogságot fokozza benned. Nagyon nehéz a külső világunk megváltoztatása! Mert a tudatalattinkban működő programok túlságosan erősen hatnak ránk és játszmákkal, illetve egyéb módokon az ego minden esetben vissza akar minket terelni a régi kerékvágásba. A visszaesések idején NE ostorozd magadat! Légy proaktív, gyűjts lelkierőt és folytasd a megkezdett munkát!

Most arra kérlek, hogy ne olvasd tovább ezt a könyvet, amíg a boldogságodhoz vezető út 8. lépését meg nem tetted! Utána visszavárlak, hogy folytassuk a közös munkát!

Mikor teheted meg a 9. lépést: Amikor már automatikussá válik benned, hogy figyelmezteted magadat, ha rendetlenség van körülötted, vagy újra összezavarodott a napirended. Tehát már annyira tudatosult benned ez a feladat, hogy ösztönösen figyelsz rá. Még nem kell, hogy rendet tudj tartani, elég, ha már magadra szólsz érte. Ekkor várlak szeretettel a következő kihívásra!

9. lépés a boldogságodhoz (test): Fokozd a melatonintermelésedet!

A melatonin Életedben betöltött fontosságáról már részletesen olvashattál a 2.2. fejezetben. Ebből levonhatók olyan gyakorlati következtetések, amelyek segíthetnek neked abban, hogy fordíts életed bizonyos negatív tünetein. Nyilvánvalóan ezek mindegyikét nehéz beépíteni az életvitelünkbe, de ha bármelyiküket sikeresen életed részévé teszed, az javulást fog eredményezni az életminőségedben.

Összegezzük, hogy mi a teendőd a boldogságodhoz vezető 9. lépés teljesítéséhez:

Feladat: Fokozd a melatonin-, mérsékeld a kortizoltermelésedet az alábbi 10 szabály életedbe való bevezetésével:

1. Tégy rendszert az alvási ciklusodban: Mindig kb. ugyanakkor feküdj le és mindig ugyanakkor kelj fel.
2. Sötétben aludj! Sosem lámpa mellett vagy tv előtt.
3. Az elalvás előtti minimum egy órában ne nézz semmiféle izgalmat generáló tartalmat és semmi olyat ne tegyél, ami stresszt, feszültséget okoz.
4. Az elalvás előtti időszakban olyan dolgokat tegyél, amik kikapcsolnak, ellazítanak. Például nyugis könyv olvasása, egy kis kézimunka, megnyugtató videók, kellemes zene hallgatása stb.
5. Ügyelj arra, hogy az alvásidőd sose legyen 1 órával rövidebb vagy hoszszabb az ideális alvásigényednél.
6. Fontosak a nyaralások! Lényeges, hogy stresszmentes kikapcsolódást jelentő nyaralást válassz és ne háromnaposat, hanem hosszabbat. A tartós stresszmentes nyaralások alkalmasak a szervezet „újraindítására".

Fontos, hogy a nyaralás ne legyen túl aktív, azaz a melatonintermelés maximálása miatt sok pihenés legyen benne.

7. Tilos hétvégén munkával foglalkoznod vagy bármilyen stresszfaktorral. A hétvégéd legyen garantáltan stresszmentes! Ekkor olyan dolgokat tegyél, amik kikapcsolódást okoznak neked! A hétvége 2 napja éppen elég arra, hogy nagyjából rendbe tegye a testedben az 5 napos pörgés okozta pusztítást. De ez csak akkor igaz, ha a hétvégéd tényleg stresszmentes és bőséges alvással is párosul. Igazán hatékonyak az ebéd utáni szundik.

8. Minimalizáld a kávé- vagy energiaital-fogyasztásodat és lefekvés előtt 8 órával már tilos ezekből fogyasztanod!

Melyik részedre hat leginkább: Test

Meddig kell végezned ezt a feladatot: Ez is életen át tartó feladat, de lesznek a későbbi fejezetekben olyan javaslatok, amelyek a fenti 10 szabályból néhányat továbbfejlesztenek.

Néhány jó tanács: Minden, ami pörget, felfokoz, idegesít, feszültséget okoz, stresszel, az sajnos kortizolt termel. Ugyanakkor minden tevékenység, ami lenyugtat, békét teremt, egyensúlyt hoz és segít abban, hogy az azt követő pihenési fázisod során tartósan termeljen melatonint a szervezeted, amely jól tudjon regenerálódni, gyógyulni. Az életmódod rajtad múlik! Mivel ez a 10 szabály életmód-változtatást jelent, ezért nem lesz könnyű. Ez különösen igaz, ha családban élsz, ahol esetleg már több gyermeked is van. De mivel a páromnak is és nekem is sikerült, ezért tudjuk, hogy nem lehetetlen! Ugyanaz igaz erre a lépésre is, mint a többire: kitartás kell hozzá. Azért van kevés igazán boldog Ember, mert nem sokan ismerik a tuti receptet, és még kevesebben tudják megvalósítani. Te már a tuti recept birtokában vagy, hiszen azt tartalmazza ez a könyv! Innen minden már „csak" a kitartásodon múlik!

Akard a boldogságot és az majd erőt ad hozzá!

Most arra kérlek, hogy ne olvasd tovább ezt a könyvet, amíg a boldogságodhoz vezető út 9. lépését meg nem tetted! Utána visszavárlak, hogy folytassuk a közös munkát!

Mikor teheted meg a 10. lépést: Akkor, amikor jelentősen megemelkedett az átlagos energiaszinted a hétköznapokon. Ennek az eszköznek tudniillik ez lesz a hatása. De nem azonnal! Ha évek óta nem éltél így, akkor felélted a tested tartalékait. Tehát átmenetileg fáradtabbnak fogod érezni magadat, hiszen a tested először azokat a bizonyos tartalékokat akarja feltölteni. Minden esetben, amikor energiahiányos vagy, térj vissza ehhez a 10 szabályhoz!

10. lépés a boldogságodhoz (lélek): Szeretetnyelvek

Egy híres egyetemen tudományosan vizsgálták, hogy mi a boldog Élet titka. Ezt úgy tették, hogy végzős évfolyamokon teljes körű lelki, testi, családi és társadalmi körülményeket is figyelembe vevő állapotfelmérést készítettek, majd 50 év elteltével megnézték, hogy kinek hogyan alakult az élete. A kutatók azt a következtetést vonták le a kapott eredményekből, hogy a boldog Élet legfontosabb alappillére nem más, mint a minőségi emberi kapcsolatok. Ez nem véletlen, hiszen mások velünk kapcsolatos reakcióiból határozzuk meg, hogy kik is vagyunk valójában.

„A helyes nézet mások véleménye és saját elmélkedésünk révén jön létre."
(Buddha Anguttara-nikája 2,11,9.)

Továbbá minden Ember alapvető belső igénye az, hogy szeressék és kapjon elég megbecsülést, valamint figyelmet az embertársaitól.

Ez akkor is így van, ha már annyira elfojtottuk magunkban ezeket az érzéseket, hogy nem akarunk tudomást venni róluk.

Szóval ha boldog Életet akarsz élni, akkor sok energiát kell fektetned másokba és ezzel felépítened a minőségi emberi kapcsolataidat. A pusztító-ego pont az ellentétét sugallja neked nap mint nap. Ő azt mondja, hogy törődj magaddal, az Emberek nem érdemlik meg a figyelmet és a törődést! A semleges-ego azt mondja neked, hogy csak a szabad energiáidat fektesd más Emberekbe, de először magaddal foglalkozz. Csak a teremtő-ego képes arra, hogy végtelenül tisztelje Embertársait és ezáltal önzetlenül adjon meg mindent a környezetének, ami csak módjában áll. Nem véletlen, hogy a teremtő-egohoz kapcsolódó lelki rezgésszinteken élő Emberek mind boldogok. Nekik kizárólag minőségi emberi kapcsolataik vannak. A pusztító-ego szintjén állandóan olyan helyzetekbe keveredünk, ahol szégyen, bűntudat, félelem, bánat, harag, vágyakozás vagy túlzott büszkeség lesz az osztályrészünk. Ezen érzések mindegyike rossz emberi kapcsolatokat eredményeznek és olyan viselkedésekre sarkallnak bennünket, amelyek tovább rombolják a kapcsolatainkat.

Figyeld meg a kapcsolataid minőségét és abból hamar rá fogsz döbbenni, hogy mekkora a baj az Életedben. Az első lépés az, hogy a hozzád érzelmileg közel álló Emberekkel formáld minőségivé a kapcsolataidat. Ebben a fejezetben ahhoz adok eszközt a kezedbe, hogy ebbe az irányba tudj haladni. Ezzel kapcsolatos tudásom és gondolataim alapjait Gary Chapman Az öt szeretnyelv című könyve adta. Ez a könyv az Emberi lélekkel foglalkozó irodalom kiváló alapművei közé való, ezért tiszta szívből ajánlom minden kedves Olvasónak. A könyv bemutatja, hogy 5 fő szeretetnyelv létezik, amelyek a következők:

➢ Dicsérő szavak

➢ Ajándékozás

➢ Testi érintés

➢ Szívességek

➢ Minőségi idő

Minden Ember ezeken a szeretetnyelveken keresztül képes szeretetet kifejezni vagy befogadni. Elmondható az is, hogy minden Embernek bizonyos mértékig mind az ötféle szeretetnyelvre szüksége van. Azonban mindenkinek van 1 vagy 2 fő szeretetnyelve. Ezen a szeretetnyelven keresztül nyilvánul meg számára a leginkább a szeretet érzése. Nekem például a testi érintés és a szívességek a két fő szeretetnyelvem. Önismeretünk fontos alapja, hogy tisztában legyünk azzal, melyik ez az egy vagy kettő fő szeretetnyelv, ami a lelkünknek leginkább tetszik.

Az is jellemző ránk, hogy a fő szeretetnyelvünkön nem csak kapni szeretjük ezt a csodálatos érzést, hanem ösztönösen ezen a módon próbáljuk kimutatni is azt. Azonban ez nem mindig a megfelelő mód! Nagyon sok példát tudnék mesélni arról, hogy az 5 szeretetnyelv ismerete és megfelelő használata milyen sokat javít az emberi kapcsolatokon. Tudniillik ha minden Ember birtokában lenne ennek a tudásnak és olyan mértékben elsajátítaná, hogy a hétköznapjai során is alkalmazza, akkor jelentősen javulna az átlagos boldogságszint a Föld nevű bolygón. Miért van ez így? Azért, mert az Emberek általában magukból indulnak ki és ezért hajlamosak úgy kifejezni a szeretetüket, ahogy ők örülnének neki. Ha azonban a másik Ember szeretetnyelve más, akkor ezt nem biztos, hogy úgy értékeli, ahogy mi azt szeretnénk. Ebből sajnos nagyon sok emberi konfliktus, sértődés és rossz irányba fajuló kapcsolat keletkezik. Hogy ezt jobban megértsük, nézzünk erre egy valóságban megtörtént példát. Egyszer eljött hozzám egy hölgy, aki rettenetesen ki volt borulva. Már megint összevesztek a párjával és hozzám fordult némi lelki támogatásért. 5 éve voltak együtt, nagyon szerették egymást és mégis rengeteget veszekedtek. A hölgy nagyon el volt keseredve. Kiborult állapotában azt találta mondani, hogy a párja nem szereti őt igazán. Ez eléggé megütötte a fülemet, mert éppen előtte vett ki szabadságot a férfi és azzal lepte meg a párját, hogy a hölgy családi házában felújította és korszerűsítette a teljes fűtési rendszert, amíg a hölgy külföldön volt. Az úriember nem volt fűtésszerelő, tehát még arra is vette a fáradtságot, hogy átgondolja, beletanuljon és meg is csinálja. Úgy gondoltam, hogyha egy férfi kérés nélkül, pusztán meglepetésként ilyet tesz egy nőnek, akkor kizárt, hogy nem szereti. E meglepetés után kb. egy hónappal azzal lepte meg a hölgyet, hogy megmetszette a kertjében a gyümölcsfákat. A hölgy pedig a vállamon sírva panaszkodott, hogy ez a férfi nem szereti őt igazán, mert sosem viszi el színházba vagy legalább egy kis kellemes sétára kettesben. Ugye, neked is egyértelmű, hogy mi volt a kapcsolatukban az alapvető gond? A férfi szeretetnyelve a szívességek volt, míg a nőé a minőségi idő. A férfi állandóan valami szívességgel kedveskedett a párjának, amit a nő nem igazán fogadott úgy, ahogy azt a férfi remélte. Kitette a lelkét, a hölgy pedig nem örült annyira, mint amennyi energiát a meglepetéseibe tett a férfi. Ugyanakkor a nő állandóan közös programok szervezésével kedveskedett a párjának, aki nem volt túlzottan elragadtatva ezektől a meglepetésektől. Megkérdeztem a hölgytől, hogy ismeri-e az 5 szeretetnyelvet. Mire ő meglepetésemre azt mondta, hogy igen. Ekkor megkérdeztem tőle, hogy mi az ő szeretetnyelve. Mire azt mondta, hogy a minőségi idő. Eddig jók vagyunk, gondoltam magamban. Aztán megkérdeztem tőle, hogy mi a párja szeretetnyelve. A hölgy elgondolkodott, majd azt mondta, hogy gőze sincs. Hoppá... 5 éve együtt volt egy férfivel, akit őrülten szeretett és még azt sem tudta, mi a szeretetnyelve? Húha... Rövid beszélgetésünk alatt egyértelmű lett a hölgy számára is, hogy a férfi szeretetnyelve a szívességek. Ez nagy változást hozott a kapcsolatukban. Amikor a hölgy szívességeket kapott a férfitől, akkor azt elkezdte úgy érteni, mint a szeretet kifejezésének igazi módját, így jobban örült neki, mint eddig. A hölgy pedig nem minőségi idős ajándékokkal bombázta a férfit, hanem meg kellett tanulnia szívességekkel kifejezni a szeretetét. Aztán a férfivel is megpróbálta megértetni, hogy az ő szeretetnyelve a minőségi idő és hogy ő erre vágyik a legjobban. A történet lényege az, hogy jelentős minőségi javulásnak indult a kapcsolatuk.

Milyen fontos következtetéseket tudunk levonni ebből? Először is légy tisztában azzal, hogy mi a szeretetnyelved! Ezt követően kezdd el ebből a szempontból megfigyelni a számodra fontos Embereket és határozd meg az ő szeretetnyelvüket. Ez mindenhol fontos: család, barátok, párkapcsolat stb. Ezt követően, ha teheted, mindenkit a saját szeretetnyelvének megfelelően ajándékozz meg! Ha társat választasz, akkor az a legszerencsésebb helyzet, ha azonos a szeretetnyelvetek. Azonban ez elég ritka. Ha nem így lenne, akkor az ő szeretetnyelvén mutasd ki a szeretetedet! Fontos azonban az is, hogy vezesd rá őt arra, hogy mi a te szeretetnyelved.

Összegezzük, hogy mi a teendőd a boldogságodhoz vezető 10. lépés teljesítéséhez:

Feladat: Készíts egy listát a számodra legfontosabb Emberekről. Ezt követően figyeld meg őket és találd ki, mi a szeretetnyelvük. Amikor ez megvan, igyekezz a szeretnyelvükön kedveskedni nekik. Ne várj viszonzást, csak tedd! Aki fontos az Életedben, az előbb-utóbb viszonozni fogja a kedvességeidet.

Melyik részedre hat leginkább: Lélek

Meddig kell végezned ezt a feladatot: Ez is életen át tartó feladat, de legalább 3 emberrel végezd el ahhoz, hogy ösztönössé váljék ez a szemlélet és az életed szerves része legyen!

Néhány jó tanács: Ha adsz valakinek, akkor ne várd el, hogy viszonozza. Az önzetlenségedet az Univerzum vissza fogja adni, de nem mindig attól a személytől, aki felé áramoltattad! De a lényeg, hogy ha a szeretetnyelvén közelítesz egy Emberhez, akkor jó eséllyel javulni fog a kapcsolatotok minősége. Ez a legtöbb esetben igaz. Ha valakinél mégsem jönne be, akkor nincs dolgod azzal az Emberrel. Fogadd el ezt és olyan Emberekre fordítsd az energiáidat, akik örömmel fogadják! Az emberi kapcsolataid minősége attól is javulhat, ha bizonyos személyek kikerülnek az életedből és a helyükre értékesebbek érkeznek. Nem kell minden kapcsolatot minden áron „feljavítani", csak azokat, amelyek esetében a másik oldalról van fogadókészség.

Most arra kérlek, hogy ne olvasd tovább ezt a könyvet, amíg a boldogságodhoz vezető út 10. lépését meg nem tetted! Utána visszavárlak, hogy folytassuk a közös munkát!

Mikor teheted meg a 11. lépést: Ha már legalább 3 Emberrel elvégezted ezt a lépést, akkor jöhet a következő kihívás, hogy még hatékonyabban tehess a boldogságodért!

11. lépés a boldogságodhoz (elme): Mérsékeld a stresszt I. – énhatárok

A stressz ellen a legjobb módszer az erős énhatárok kialakítása. Mit is jelent ez? Az életünkben folyamatosan elvárások sora bombáz minket. Elvárások jönnek a főnöktől, a társunktól, a gyerekektől, a szülőktől, a kollégáktól és még sorolhatnánk. Azok az Emberek, akiknek nincsenek erős énhatáraik, hajlamosak magukra húzni az összes elvárást. Ezt másképpen áldozati szerepkörnek hívjuk. Én is ilyen voltam évtizedeken keresztül. Ha valakinek nem tettem meg valamit, amit elvárt tőlem, lelkiismeret-furdalásom volt vagy értéktelenebbnek éreztem magamat, esetleg bűntudatot éreztem, de a legtöbbször pusztán egy alap kellemetlen belső érzés fogott el. Ez miatt mindig mindent megtettem mindenkinek, akár erőmön felül is.

Amikor a környezetemben hozzám közel álló Emberek túlterheltté válnak, mert például a munkahelyükön túl sok stressz rakódik rájuk, akkor nekik ezt a mondást szoktam említeni: „minden ökör annyit húz, amennyit enged". Ebben a mondásban minden benne van. Hajlamosak vagyunk azt hinni, hogy ha én nem csinálok meg valamit, akkor senki más nem fogja. Vagy azt is hajlamosak vagyunk hinni, hogy mivel csak én tudom igazán jól megcsinálni, ezért nem hagyom másra. Ezek tipikusan a pusztító-egoba berögződött hibás gondolatok és könnyen az áldozati szerepkörbe sodorhatnak bennünket.

A másik gyakori hibás stratégia, hogy a könnyebbnek tűnő utat választjuk. Azaz a saját érdekünkben való kiállás helyett inkább elfogadjuk a másik akaratát, igényét és akkor is alkalmazkodunk, ha ettől belül feszültek, stresszesek leszünk. Az énhatárok kialakításához feltétlenül szükséges, hogy tisztába kerüljünk az énhatárainkkal és akármennyire is kellemetlen a másik félnek, abból NE engedjünk! Tudom, hogy elsőre furcsának hangzik, de kérlek, hidd el, az Emberek alkalmazkodnak az énhatáraidhoz, ha azokat egyértelműsíted feléjük!

Az énhatárok kialakítása nem azt jelenti, hogy nem lehetünk önzetlenek. Az énhatárok megerősítése azt sem jelenti, hogy a mai naptól önzőnek kell lenned. Ez sajnos egy téves értelmezés. Az énhatárok megerősítése azt jelenti, hogy erődön felül nem vállalsz semmit. A híres jógik is hihetetlen sok Emberen segítenek, de amikor nem bírnak segíteni, akkor mereven és határozottan elhatárolódnak. Egyes jógik egy-egy a nyugati világban való hosszabb munkájuk után évekre visszavonultan élnek, hogy visszanyerjék az eredeti tisztaságukat és békéjüket. Szóval a mi lélekpusztító világunkban még ők sem képesek tökéletesen megtartani az énhatáraikat.

Az énhatáraid megerősítése tehát azt jelenti, hogy megtanulsz nemet mondani. Mindenre nemet mondasz, ami erődön felüli. Ez még akkor is így van, ha megpróbálnak manipulálni annak érdekében, hogy megtedd azt, amit kérnek. Az Emberek számos manipulációs technikát fejlesztettek ki annak érdekében, hogy másokat befolyásoljanak. Ilyenek például az érzelmi manipulációk vagy a fenyegetések.

Pl. „Ki leszel rúgva, ha nem lesz kész holnapra" vagy „nem lesz bevétele a cégnek, ha nem leszel kész határidőre" vagy „anya akkor szeret téged, ha megcsinálod a házi feladatodat". Az ilyen fajta manipulációk száma és típusa szinte végtelen. Az énhatárok kialakítása azért nehéz, mert ezek igen hatékonyan tudnak minket befolyásolni. Azért, hogy ne legyenek képesek annyira a hatalmukba keríteni ezek a manipulációk, szeretnék megosztani néhány hasznos gondolatot veled.

Az egyik legfontosabb dolog, hogy bízz az Élet erejében! Az ego elhiteti veled, hogy csak magadra számíthatsz. Pedig ez nem igaz! Az Élet mindig segít, amikor nem, akkor pedig azzal akar jelezni neked valamit, tehát valójában akkor is segít, csak nem úgy, ahogy szeretnéd. Az ego szemszögéből nem tűnik segítségnek, pedig valójában az. Ha bízol abban, hogy az Élet megoldást fog adni mindenre, amire szeretnéd, akkor nem fogsz rágörcsölni a dolgokra.

Nézzünk erre egy gyakorlatias példát: Tervezőmérnökként évtizedekig stresszeltem a határidők miatt. Sajnos a tervezés egy nagyon összetett munka és igen ritka, hogy egy ilyen faladat határidőre készen legyen. Úgy van bekötve az összes megrendelő, hogy a lehető legrövidebb határidőre kéri a terveket. Így a tervezők állandóan határidő-késedelemben élnek. Én is állandóan stresszeltem a késedelem miatt. A stressz rengeteg energiámat elvitte, ez ráadásul drasztikusan mérsékelte a kreativitásomat is. Csökkent energiaszinten és lerombolt kreativitással próbálj határidőt tartani egy sok kreativitást igénylő munkánál! Mivel a stressz az életem állandó része volt, természetesen nem vettem észre, hogy a legnagyobb hátráltató tényező az Életemben maga a stressz. Sőt, még arról is meg voltam győződve, hogy a stressz jó, hiszen erőt ad ahhoz, hogy valahogy végigküzdjem magamat a mindennapok nehézségein (a félelem lelki rezgésszintje). A sikertréningeken gyakran tanítják, a változáshoz az első lépés, hogy új nézőpontból tudd megvizsgálni a saját vesztes sémádat. Nálam ez úgy történt, hogy egyszer csak rádöbbentem: évtizedek óta görcsölök azon, hogy ne késsek a munkákkal. Évtizedek óta fenyegetnek a megrendelők, hogy ha nem lesz kész határidőre, akkor bukják az EU-s támogatást, meg bukják az egész projektet, meg stb. (Ez a másik Ember manipulációja.) Ennek ellenére évtizedek óta késünk a munkákkal az irreális határidők miatt és valahogy mégis sikeresen záródik az összes projekt. Furcsa mód mégsem bukják az EU-s támogatást, furcsa mód mégsem bukik a projekt stb. Az Élet valahogy mindig talált megoldást, még ha az adott pillanatban nem is láttam, hogy mi az. Ez a felismerés hozta az új szemléletet: teljesen feleslegesen görcsölök a határidőkön, mert valójában ezen semmi sem múlik. Mindig mindenre van megoldás! Elkezdtem az Életbe vetett bizalmamat kivetíteni a munkámra és ezt életmódszerűvé tenni (az Élet szó helyére Istent vagy bármely más hitrendszered szerinti szót tehetsz). Mi lett az eredmény?

Először is minimalizálódott a lelkemben a határidők miatti stressz. Ez miatt több energiám lett dolgozni. Így hatékonyabban dolgoztam.

A hatékonyságomat fokozta, hogy a stressz miatt régebben beszűkült látóköröm kitágult és újra előjöttek a kreatív energiáim. A kreativitásom tovább fokozta a hatékonyságomat. Végül az eredmény az lett, hogy sokkal kevesebbet késtem a munkákkal, mint azelőtt, pedig jóval kevesebb energiát fordítottam rájuk. Amit az ego elhitetett velem annak idején, miszerint mindent nekem kell megoldanom és keményen kell dolgoznom az eredményekért, egy téves és beteg sémát eredményezett. A valóság az, hogy az Élet milliószor bölcsebb, mint én, és ha nyitott vagyok felé, akkor mindig a kellő időben ad segítséget!

Ez természetesen nem jelenti azt, hogy a mai naptól hátra lehet dőlni és lustálkodni, mert az Élet majd úgyis mindent megold. Nyilvánvaló, hogy a céljainkért dolgoznunk kell. De azzal, hogy szorgalmasan dolgozom nap mint nap, ugyanakkor nem görcsölök, nem stresszelek a határidők és egyéb, hirtelen akadálynak tűnő dolgok miatt, rengeteg Életpusztító energiától mentesülök, és még több kreatív Élettámogató energiát szabadítok fel magamban. Az eredmény egy hatékonyabb, kiegyensúlyozottabb és boldogabb Élet.

Összegezzük, hogy mi a teendőd a boldogságodhoz vezető 11. lépés teljesítéséhez:

Feladat: Minden esetben, amikor erődön felül akar terhelni valaki, akkor ne tedd meg! Vagy várd meg, míg újra lesz erőd rá, vagy bízd másra a feladatot! A mai naptól tudatosítsd az énhatáraidat és azokat senkinek se engedd meg átlépni!

Melyik részedre hat leginkább: Elme

Meddig kell végezned ezt a feladatot: Ezt a feladatot addig kell végezni, amíg ösztönszerűvé válik és automatikusan bekapcsolnak az önvédelmi reflexek, amikor valaki az énhatáriadat feszegeti.

Néhány jó tanács: Az énhatárok megtalálása és érvényesítése nem kell hogy merev ellenállást jelentsen! A merev ellenállás bűntudatot vagy más belső feszültséget okozhat nekünk. A helyes stratégia az alábbi lépésekből áll: I. Egyértelműen kinyilvánítod az énhatárodat, amelyből nem tudsz engedni. II. Felajánlod, hogy keressetek kölcsönösen előnyös kompromisszumot. Például ha valaki irreálisan rövid határidővel akar terhelni, akkor egyértelműsíted, hogy ez esélytelen, és nem is tudod elvállalni. Majd felajánlod, hogy egyeztessetek arról, melyik részfeladatok kellenek előbb és melyek érnek rá később. Ezután addig agyaltok az ütemezésen, amíg kialakulnak a mindenki számára megfelelő kompromisszumok.

A másik fontos tanácsom a számodra, hogy amikor a meglévő kapcsolataidban elkezded kiépíteni az énhatárokat, akkor kemény ellenállásokat fogsz tapasztalni. Hiszen azok az Emberek nem az új, önmagáért kiálló énedhez vannak szokva. Ez ne tántorítson el! Ők folyamatosan vissza akarnak majd húzni a régi játszmarendszerükbe. A lényeg, hogy maradj céltudatos és ne hagyd magadat! Ha ez bizonyos Emberi kapcsolataid megszakadásával jár, akkor járjon azzal! Ne félj senkit elengedni, aki a boldogtalanságod rossz sémáiban a partnered volt és nem hajlandó elfogadni, hogy jó irányba változol!

Most arra kérlek, hogy ne olvasd tovább ezt a könyvet, amíg a boldogságodhoz vezető út 11. lépését meg nem tetted! Utána visszavárlak, hogy folytassuk a közös munkát!

Mikor teheted meg a 12. lépést: Amikor már automatikusan bekapcsol egy belső figyelmeztetés, hogy megint hagytad, hogy valaki túllépjen az énhatárodon. Akkor léphetsz tovább!

12. lépés a boldogságodhoz (test):
Mérsékeld a stresszt II. – két alapvető légzőgyakorlat

A hirtelen rád törő stresszhullámok helybeni, azonnali mérséklésére nagyon hatékony a levegővisszatartás módszere. Ez úgy működik, hogy amikor nagy feszültség nehezedik rád, mély levegőt veszel és 30 másodpercig benntartod. A 30 másodperc alatt a számolásra koncentrálj és ne gondolj semmire. Aztán lassan fújd ki a levegőt. Ezt ismételd meg többször, amíg le nem csökken benned a feszültség. A módszer tényleg működik. A fiziológiai magyarázata az, hogy stressz hatására a koponyacsont összehúzódik és ez extra nyomást gyakorol az agyra. Ez a nyomásérzés indítja el azt a belső feszültségérzetet, ami fokozott stresszállapot mellett túlélő üzemmódra kapcsolja a szervezetet. Ha éppen nem tigris kerget, akkor lássuk be, hogy ez az üzemmód felesleges. A lényeg az, hogy a levegő 30 másodperces visszatartásának következtében a koponyacsontok újra a természetes állapotra tágulnak vissza. Így az agyat érő feszülés megszűnik és enyhül vagy teljesen eltávozik belőled a stresszérzet. A módszerben az a jó, hogy mindössze 2-3 percet vesz igénybe és szinte bárhol és bármikor önállóan végezhető.

A másik hasznos légzőgyakorlattípus a hasba lélegzés. Stresszes állapotban a hasunkban szoktuk elfojtani a feszültségeket. Ennek következtében a hasfalunk megfeszül, illetve gyakran feszítő vagy fájdalmas érzést érzünk a gyomorszájunk körül. Ez azért van, mert a napfonat csakra a gyomorszáj környékén van és ez a csakra az ego főhadiszállása (*a csakrákról egy ábrát és egy részletes leírást a 3. mellékletben találsz*). De erről bővebben a következő kötetben fogok írni. A lényeg az, hogy minden stresszes nap végén ülj le egy nyugodt helyre kényelmes pozícióba. Ne legyenek keresztben a kezeid és a lábaid, a gerinced pedig legyen egyenes. A tartásod legyen szimmetrikus. Szívd be lassan, mélyen a levegőt a hasadba úgy, hogy közben lassan 7-ig számolsz. Ezt követően tartsd bent a levegőt úgy, hogy megint lassan 7-ig számolsz. Majd lassan fújd ki a levegőt, ahogy jólesik. Ezt a légzési módszert végezd el kb. 10–12-szer, vagy addig, amíg a hasad tájékán érezhető feszültség el nem múlik. Ez a gyakorlat egyébként a tüdőnek és a vérkeringésednek is jót tesz, ha mindennap legalább egyszer megcsinálod, az általános közérzeted is javul.

Összegezzük, hogy mi a teendőd a boldogságodhoz vezető 12. lépés teljesítéséhez:

Feladat: Minden munkanapod végén végezd el a hasi légzőgyakorlatot, továbbá napközben minden stressztől feszült állapotban végezd el a 30 másodperces légzőgyakorlatot.

Melyik részedre hat leginkább: Test

Meddig kell végezned ezt a feladatot: Ezt a feladatot addig kell végezni, amíg ösztönszerűen eszedbe nem jut a stressz káros hatásainak mérséklése céljából. Az esti légzőgyakorlat alkalmas az elme kitisztítására, amely után jobban rá tudsz hangolódni a napi mérleg módszerére és a hála-áramlatra. Célszerű az eddig tanult módszereket összekombinálnod és beletenned az énidődbe. Így fokozatosan egyre többi időt szánsz magadra, ami ráadásul hatékony belső munka, hiszen ezeknél a gyakorlatoknál csak önmagadra és nem valami külső információforrásra figyelsz.

Néhány jó tanács: A légzőgyakorlatokkal nagyon sokat lehet javítani az életminőségünkön! Akármennyire is hajlamos az egonk arra, hogy elbagatellizálja a dolgot, sokszor hatalmas erő lakozik a legelemibbnek tűnő dolgokban. Szóval, kérlek, tedd meg, amit kérek, és a hatás nem fog elmaradni!

Most arra kérlek, hogy ne olvasd tovább ezt a könyvet, amíg a boldogságodhoz vezető út 12. lépését meg nem tetted! Utána visszavárlak, hogy folytassuk a közös munkát!

Mikor teheted meg a 13. lépést: Amikor már automatikusan bekapcsol egy belső figyelmeztetés, hogy most van szükséged egy alapos légzőgyakorlatra, és ezáltal ez a szokásod napi rendszerességűvé vált az Életedben.

13. lépés a boldogságodhoz (lélek):
Negatív érzelmek elengedése? A lufi- és a felhőmódszer

Nagyon sokszor vagyunk úgy, hogy akarva vagy akaratlanul megbántunk másokat, esetleg lelkesedésből olyat mondunk, amit utána megbánunk. Természetesen még ezerféle oka lehet annak, hogy a lelkünkben negatív érzések keletkezzenek, amelyek gyötörnek minket, és amelyek miatt bánkódunk, bűntudatunk, félelmünk vagy szégyenérzetünk támad. Fejben gyakran újraéljük az „élményt" és sokszor megbánjuk a tettünket, amit azonban már nem lehet megváltoztatni (hiszen megtörtént). Számtalanszor felerősödnek bennünk a negatív érzések és még többször előfordul, hogy önmagunkkal túl szigorúan bánva felfokozódnak ezek. Sokszor hajlamosak vagyunk túlgondolni, hogy miként ítélik meg a tettünket mások és ennek hatására mit fognak gondolni rólunk. Ezek az érzések és gondolatok szinte folyamatosan ott zakatolnak bennünk és megmételyezik a napunkat, esetleg az olyan élményeket is, amelyeket ezek nélkül nagy örömmel, boldogsággal, hálával élhetnénk meg. Nem is beszélve arról, hogy mindegyik csökkenti az átlagos lelki rezgésszintünket, azaz eltávolítanak a boldogabb életünktől.

Az a bizonyos dolog már megtörtént, ezért azon már nem tudsz változtatni! A múltad része. Azonban a helyzethez való hozzáállásodon tudsz változtatni. Ha gyötrődsz rajta, attól nem fognak megoldódni annak a bizonyos dolognak a következményei, sőt mivel a gyötrődés rengeteg energiát vesz el tőled és pusztítja a kreativitásodat, ezért még csökkenti is annak az esélyét, hogy megoldódjék. De hát pont ez a pusztító-ego célja. Viszont te mögé láthatsz! Nem kötelező a pusztító-egod robotjaként leélned az életedet...

Szóval az első lépés az, hogy igyekszünk lelkileg feldolgozni ezt a helyzetet, vagy legalább mérsékelni azt a negatív lelki hatást, amit okozott. Erre ajánlok neked két nagyon egyszerű módszert, amelyek rendszeres használatára kérlek a jövőben. Ülj le kényelmesen, pár mély lélegzettel igyekezz ellazulni, amennyire tudsz (kezdheted például a már megismert légzőgyakorlatokkal). Tedd az egyik tenyeredet a homlokodra, a másikat a tarkódra (a másik lehetőség, hogy nyitott tenyereiddel felfelé, a kezeidet comjaidra helyezve ülsz). Ezt követően gondolj arra a negatív érzésre, amit az a bizonyos történés okozott benned. Éld bele magadat az érzésbe! Ne menekülj előle! Hagyd, hogy szétterjedjen benned! Ne állj neki ellen! Már tudod, hogy az ellenállás erősíti az érzést, az elfogadás gyengíti. Ezután figyeld meg, hol van az érzés középpontja. Ez valamelyik energiaközponttal azonos lesz. Az energiaközpontokról izgalmas részleteket találsz a 3. számú mellékletben. Amikor már nem tud tovább tágulni benned az érzés, érzékeld a kiterjedését is! Lehet, hogy akkora, mint a gyomrod, de az is lehet, hogy az egész testednél is nagyobb. Utána képzeld el, hogy a fejed felett lebeg egy félig üres lufi. Tudatosítsd a tényt magadban, hogy a negatív érzés, amit most érzel, egy energia, amely képes áramlani. Képzeld el, hogy képes vagy irányítani ezt a folyamatot! A gerinced mentén áramoltasd ezt a negatív energiát a fejed búbján keresztül a lufiba. Így ezzel az érzéssel megtöltődik-felfújódik a lufi. Ha az segíti a vizualizációt, erős kifújásokat is végezhetsz közben, miközben elképzeled, hogy a lufi tágul, te pedig a negatív energiákat fújod bele. Vizualizáld, ahogy megtörténik. Majd képzeletben engedd el ezt a lufit és hagyd, hogy elszálljon. A lufi, ahogy szép lassan távolodik, egy tűzhányó fölé ér. Ott a kilépő forró levegő elégeti és a negatív energiák megszűnnek létezni. (Ha nehéz elképzelned a lufit, akkor képzeld el azt, hogy ez az érzés koszként rakódott a testedre és a zuhany alatt állva lemosod magadról.)

Ezután képzeld el, hogy a fejed felett egy borús összefüggő fekete felhő van, amely most szétválik. A kialakult résen a fejedre süt a napfény és élvezed a melegét. A fény a pozitív érzések világa. Érezz hálát, amiért a felhő szép lassan eloszlik és egyre több fény ér téged! Ezt követően élj meg egy olyan pozitív érzést is, amit annak a dolognak, amelyet az előbb elengedtél, a meg nem történte vagy a jóvá tétele okozna benned. Engedd, hogy ez a pozitív érzés átitassa az egész testedet. Ha nem tudsz semmilyen pozitív érzést megélni, akkor érezz hálát. Ez a legerősebb lelkirezgésszint-emelő érzés. Majd vegyél 2-3 mély lélegzetet és nyisd ki a szemedet.

Ez a gyakorlat mindössze 1–3 percet vesz igénybe, és felgyorsítja a negatív érzés feldolgozását. A lényeg az, hogy amikor rád tör, akkor igyekezz mielőbb megcsinálni ezt a gyakorlatot. Hidd el, segíteni fog!

Összegezzük, hogy mi a teendőd a boldogságodhoz vezető 13. lépés teljesítéséhez:

Feladat: A hétköznapi életed során amikor negatív érzések kerítenek hatalmukba, használd a lufi- és a felhőmódszert. Fontos, hogy a módszer elvégzése során fókuszálj az érzelmeidre, az érzéseidre, és a folyamat végére a negatív érzés cserélődjék pozitívra!

Melyik részedre hat leginkább: Lélek

Meddig kell végezned ezt a feladatot: Ezt a feladatot legalább addig végezd, míg a az átlagos napjaidon nem lesznek túlsúlyban a pozitív érzések. Valakinél ehhez elég néhány hét, de van, akinél hónapokra van szükség. Ha az életed visszaesne és újra negatív érzelmi túlsúlyba kerülnél, újra és újra vedd elő ezt a módszert.

Néhány jó tanács: A benned élő pusztító-ego mindent meg fog tenni, hogy ezt a módszert kiiktassa az életedből. Ez azért van, mert veszélyt jelent rá. Unalmasnak, eredménytelennek, hülyeségnek fogja titulálni. De az is lehet, hogy azt fogja sugallni, hogy ez rád nem hat, vagy a te esetedben ez nem működik. Ne hagyd magad becsapni a pusztító-egod által! Láss mögé! Minél erősebb a vágy, hogy letedd, annál jobban hat! Kérlek, tarts ki, amíg az egod át nem alakul és a pozitív érzések világa be nem integrálódik az életedbe. Az is jusson eszedbe, amit a sejtjeid hormonfüggéséről olvastál. A tested jelenleg a negatív érzések túlsúlyából fakadó hormonokra van ráfüggve. Ezért az átszoktatása időigényes. Ha visszaesel, akkor ne ostorozd magadat! Rugaszkodj neki újra! A visszaesések egyre rövidebbek és egyre kevésbé mélyek lesznek! Tudom, hogy menni fog!

A másik nagyon fontos jó tanácsom neked: Soha ne fojtsd el az érzéseket! Minden elfojtott negatív érzés minimum 100-szor üt vissza a jövődben! Az érzések elengedésére most tanultál egy egyszerű módszert. Nagyon fontos, hogy az elfojtás helyett az érzések feldolgozása irányába fordítsd a szokásaidat, hogy ezzel kitisztuljanak a jövődből azok a negatív érzelmek, amelyekkel ma formálod a jövődet!

Most arra kérlek, hogy ne olvasd tovább ezt a könyvet, amíg a boldogságodhoz vezető út 13. lépését meg nem tetted! Utána visszavárlak, hogy folytassuk a megkezdett közös munkát!

Mikor teheted meg a 14. lépést: Amikor már ezt a módszert automatikusan bekapcsolod, amint felerősödnek benned a negatív érzések és következményként a hétköznapjaid szintjén is elkezd emelkedni a pozitív érzések aránya.

14. lépés a boldogságodhoz (elme): A félelmeid semlegesítése

A félelem lelki rezgésszintje egy elég kellemetlen „hely", ahol a félelem minden tettünk és gondolatunk indítéka és táplálója. Van, aki az egész napját itt tölti, de a legtöbben inkább gyakran rövid időkre keveredünk ide. A félelem mint negatív érzelem elengedésére az előző módszert használhatod. Ebben a fejezetben a félelem alapú gondolkodás megváltoztatását tűzzük ki közös célul.

A félelem alapú gondolkodásnak számos hátránya van a saját és a családunk életére nézve. Az egyik az, hogy rengeteg energiát emészt fel a félelmekkel való belső lelki küzdelem. Így ezek az energiák nem tudnak Élettámogatóbb dolgokra fordítódni. Akár saját magunk, akár a szeretteink így kevesebbet kapnak a valódi önmagunkból. A félelem legtöbbször anélkül szívja el az életerőnket, hogy ezt észrevennénk. Az is nagyon gyakori, hogy a félelem már annyira a gondolkodásunk részét képezi, hogy ennek nem is vagyunk tudatában. Szóval fontos, hogy szánj rá pár napot az életedből és figyeld meg önmagadat! Objektíven figyelj a saját gondolataidra és nézd meg, hogy mennyiszer jár az agyad olyan dolgokon, amiktől félsz vagy amelyek félelemből gyökereznek. Az aggódás a félelem egy formája, így, kérlek, azt is tekintsd ennek. Természetesen az még jobb, ha ebből a szempontból nemcsak a gondolataidat, hanem az érzéseidet is megfigyeled. Sőt, izgalmas önismereti játék, hogy amikor rajtakapod magadat a félelem alapú gondolkodáson, megfigyeled a tested érzeteid. Hol van benne fájdalom, feszültség? Ha már tisztán látod, hogy egy nap mennyi időt tölt a lelked és az elméd ezen a rezgésszinten, akkor fogod megérteni igazán, hogy mennyire fontos változtatnod ezen. Ez a lelki rezgésszint komoly gátja a valódi boldogságodnak és az elmédet erős Béta-állapotba emeli.

Az ego azzal telepszik be egész fiatal korban a lelkünkbe és az elménkbe, hogy elhiteti velünk: minden rossztól megvéd. Persze ez nem igaz, de mégis a legtöbben bedőlünk neki. A félelem az egyik nagyon erős eszköze arra, hogy elhitesse veled a saját fontosságát. Tudniillik az egot nem az érdekli, hogy neked mi a jó, hanem az érdekli, hogyan tud fennmaradni és erősödni a lelkedben. Az ego csak a saját fennmaradásával foglalkozik! Figyeld meg a gondolataidat és rá fogsz jönni, hogy így működik benned... Az ego állandóan pásztázza a jövőt és közben azt „lesi", hogy milyen rossz dolgok leselkednek rád a képzelt jövőben. Folyamatosan rengeteg rossz dologra figyelmeztet, ami a jövőben történhet veled, és ezzel elhiteti, hogy tulajdonképpen ő mentett meg ezen rossz dolgoktól. Pedig ez egy nagy kamu. Ha picit a dolgok mögé nézel, akkor rá fogsz döbbenni, hogy a jövővel kapcsolatos félelmeid 99,9%-a sosem történik meg! Miért nem? Nem azért, mert az egod megvédett tőle! Hanem azért, mert a jövőddel kapcsolatos félelmeid 99,9%-a fikció! A jövőváltozatok állandó pásztázása közben rengeteg olyan jövőalternatívát vizsgálsz, amelyek sosem fognak megtörténni. Ezeket az egod generálta és még azt is elhitette veled, hogy racionális és logikus következtetések eredményei. Ahhoz, hogy le tudd tenni a félelem alapú gondolkodást vagy annak egy részét, először az alábbi mondatot kell tudatosítanod magadban:

A jövővel kapcsolatos félelmeim legalább 99,9%-a sosem fog megvalósulni. Amennyiben a maradék kb. 0,1% megvalósul, akkor az pedig okkal történik. Azt azért fogom megélni, mert az Élet figyelmeztetni szeretne, hogy nem a helyes irányba tartok!

Szóval 1000 félelemokból minimum 999 felesleges! Ha nehezen megy ennek a tudatosítása, akkor a megerősítésére használd a papírmódszert, amelyre mindjárt visszatérek. Képzeld el, hogy a félelem alapú gondolkodás mennyi feleleges lelki- és gondolati energia elpazarlása és kérlek, képzeld el, hogy ha ez felszabadulna, mennyi csodálatos dologra tudnád fordítani. A maradék 0,1%- nyi félelemok pedig fontos, hogy megtörténjen, mert ezeket azért küldi neked az Élet, hogy jelzéseket adjon számodra! Ezekből fogsz okulni, ha objektíven és nyitott szemmel jársz, ezek által leszel boldogabb. Szóval ezek a félelemokok az Életed jelzőfényei, nem pedig az ellenségeid, ahogy azt az egod beállítja.

Fontos kiemelni, hogy ne használd mantrának (ismétléses önszuggeszciónak, megerősítésnek) a felső kivastagított mondatot! Az a mély megértést szolgálja. Ahogy a megerősítéseknél már megtanultad, abban több olyan elem van, amit nem szabad használni ezeknél a mondatoknál. Hiszen például mantraként nem alkalmazhatunk tagadó mondatokat! Ha mantrával szeretnéd erősíteni magadat, akkor javaslom az alábbi mondat ismételgetését:

„Mindig jó vagy helyes dolgok történnek velem a jövőben!"

A megerősítések erőteljesen hatnak az elmédre, így segítenek kitisztítani az Életedből a félelem alapú gondolkodást. Ahhoz, hogy ez hatékonyabb és gyorsabb legyen, átadom neked a papírmódszert is. Javasolt kombinálni a két módszert.

A papírmódszer: Sok olyan Ember vesz körül bennünket, akik a normálisnál többet aggódnak. Aggódunk, hogy lesz-e parkolónk, vagy hogy odaérünk-e időben, esetleg hogy kész lesz-e határidőre a feladat, netán kapunk-e még kenyeret a kisboltban, és ami még rosszabb, sokat aggódunk azon, hogy mit gondolnak mások rólunk stb. De vajon normális ez? Jogosan teszed fel a kérdést: mennyi a normális mértékű aggódás? A választ egyszerűen megadják a keleti filozófiák. **Amire 3 év múlva nem fogsz emlékezni, az miatt biztosan felesleges aggódnod!** Szerinted emlékezni fogsz arra 3 év múlva, hogy kedden reggel nehezen találtál parkolót? Ugyanakkor ez a módszer az aggódáson túl bármelyik félelemérzés mérséklésére is alkalmas, így ha önismeretedben ilyet találsz, akkor bátran használd. Fontos tudnod, hogy félelmeink nagyon erős horgonyok, amelyek akadályozzák a boldogságunkat. Minél kevesebb időt tölt a lelked ilyen érzésekkel és az elméd ilyen gondolatokkal, annál magasabbra emelkedik a lelki rezgésszinted és annál kevesebbszer jár az elméd a magas Béta-tartományban!

Az aggodalmaskodás anélkül, hogy észrevennénk, beépül az egonkba és az Életünk része lesz. Annyira hozzászokunk, hogy már lassan elhisszük, hogy ez a normális. Azonban az aggodalmak, a félelmek nagyon sok stresszhormont termelnek a szervezetben, feszültek leszünk tőlük. Így ingerültek, fáradékonyak és figyelmetlenek leszünk. Észre sem vesszük, hogy a nap folyamán az a sok apró kis félelemcsomag milyen sok energiát, lelkierőt von el tőlünk. Nem értjük, hogy miért vagyunk estére olyanok, mint egy félhulla. És ha ezt tartósan csináljuk, akkor a legyengült immunrendszerünk révén gyakrabban leszünk betegek (vagy egyszer, de akkor nagyon). Szóval érdemes leszokni az aggodalmaskodásról, illetve az egyéb félelmeinkről, mert ezáltal energikusabb, életvidámabb, koncentráltabb leszel és még az immunrendszered is erősödik. Megéri, ugye?

Sokan azért nem akarnak leszokni a félelemről, mert úgy érzik, hogy ez extra erőt ad nekik ahhoz, hogy nap mint nap teljesítsenek! Rossz hírem van ezzel kapcsolatban. Ezek Életpusztító-önpusztító energiák! Ezekért súlyosan meg fogunk fizetni önmagunknak. A jó hírem azonban az, hogy magasabb lelki rezgésszinten sokkal hatékonyabb erők dominálnak, így nem kell félned attól, hogy ott nem lesz erőd a céljaid megvalósításához! Megnyugtatásképpen szeretném egyértelműsíteni, hogy sokkal több erőd lesz, ha nem fogsz félni és helyette más motivációd lesz. A félelemnél magasabb lelki rezgésszintű motiválóerő a vágyakozás, a harag, a büszkeség és a bátorság. Ha a félelem lelki rezgésszintjéből szintet fogsz ugrani, akkor ezek valamelyike átveszi a motivációs erőt adó lelki attitűdöt. Mivel ezek kevésbé Életpusztító energiaszintek, ezért a boldogsághoz vezető úton majd több erőd marad önmagad fejlesztésére. Az, hogy melyik szintre fogsz ugrani, nagyon sok mindentől függ. Nem is ez most a lényeg. Ennek részleteit a következő kötet fogja tartalmazni. A fontos az, hogy szabadulj meg a lehető legtöbb félelmedtől, és akkor jelentősen javulni fog az életed. Ha belegondolsz, az is egy félelem, hogy mi ad majd erőt neked, ha nem motivál a félelem. Szóval a félelem elvesztésének következményeitől is félsz.

Az aggodalmaskodás lelki oka a belső bizonytalanság. Nem bízunk magunkban, nem bízunk az életünkben, nem bízunk a jövőnkben, nem bízunk az Élet jó szándékéban. Hogy ennek mi az oka, azt neked kell belül megkeresned! Ez a módszer leginkább azoknál lesz hatékony, akiknél ez csak egy rossz szokás. Tehát a lelkükben nincs olyan komolyabb lelki sérülés, ami ezt okozza, csak például így lesték el az anyukájuktól kiskorukban és ezért ők is így csinálják. Ebben az esetben néhány hét alatt szinte teljes „leszokás" lesz a módszer eredménye. Azoknál, akiknél mélyebb lelki oka van, csak az aggodalmaskodás mérséklődése várható. De mivel nehéz az Életük – hiszen nap mint nap lelki sárkányaikkal küzdenek –, még ez a kismértékű javulás is komoly segítséget adhat ahhoz, hogy továbblépjenek. Szóval megéri csinálni!

A módszer bemutatása előtt még ki szeretnék térni arra, hogy az aggódás egy egészséges érzés. Tehát ha komoly problémák miatt aggódunk, az egy természetes reakció és az ellen semmit sem kell tenni. Jelen módszer előnye az, hogy magad végezheted, és nem kell hozzá segítség. Pár hét gyakorlással leszoktathatod magadat az aggódásról, a félelem alapú gondolkodásról vagy annak egy részéről.

A módszer lényege a következő. Legyen minden nap minden percében nálad egy papír és egy íróeszköz (ma már erre alkalmas a mobilod is). Amikor aggódni kezdesz valamin, akkor semmi mást nem teszel, minthogy felírod: miért aggódtál és mikor. Nem kell értékelned, csak felírnod. Utána folytatódik a nap, és ha megint aggódsz valamiért (akár ugyanazért a dologért, akár másért), akkor megint felírod az időpontot és az aggodalom okát. Ezt így csinálod egész nap. Este lefekvés előtt vedd elő a papírt és gondold végig, hogy azok a dolgok, amelyekért aggódtál, megoldódtak-e vagy sem. Ha igen, akkor volt-e értelme aggódni értük? Ha nem oldódtak meg, akkor mennyire nagy gond ez most az életed szempontjából? Három év múlva vajon emlékezni fogsz-e ezekre a problémákra? Nagy valószínűséggel az esti listád végiggondolása azt a következtetést fogja maga után vonni, hogy a problémák minimum 99%-áért felesleges volt aggódnod. Miután letetted a papírt, lazulj el, vegyél pár mély lélegzetet, és mondd el magadban az alábbi megerősítést 5–10-szer, a lehető legnagyobb lelki átéléssel: *„Bízom önmagamban, bízom az Életemben és bízom a jövőmben! Tudom, hogy az Élet szeret engem és segít nekem! Elfogadom az Élet felém áramló jeleit és energiáit!"* (Az Élet szó helyett Isten, Buddha, Univerzum, Felsőbb Én, Angyalok stb. bármi használható, ami a vallásodnak vagy a nézeteidnek megfelel.)

A sikeres Ember abban különbözik a sikertelentől, hogy amikor valami kedvezőtlen dolog éri, akkor abból tanul. Objektíven értelmezi, hogy mit kell csinálnia másképpen a jövőben és ezt beépíti az életébe. A sikertelen Ember ilyenkor inkább másokat hibáztat vagy egyéb kibúvókat keres önmaga előtt, és utána ugyanúgy beleesik ezekbe a csapdákba. Ráadásul a félelmei ezáltal tovább fokozódnak. Sajnos a változtatás alappillére az, hogy tudd: minden rosszért, ami veled történik, te vagy a felelős és senki más! Amíg másokat okolsz, addig nem lesz pozitív változás az életedben. Addig nem fogod tudni elengedni a félelmeidet, amíg azt nem akarod igazán! Azaz szembe kell nézned önmagaddal és először **fel kell vállalnod, hogy te vagy minden félelmed okozója.** Hiszen rajtad múlik, hogy milyen érzés képződik le benned a külvilág hatásaira. Ezt követően fogod tudni fokozatosan letenni ezt az érzést, ha már nem másokat okolsz érte. Ez az első lépés a változáshoz!

Folyamatosan rajta kell kapnunk magunkat azon, hogy a régi gondolatformák irányába terelődtünk. Fontos, hogy ne ostorozd magadat, ha visszaesel! Az csak mélyíti a félelmeket benned, esetleg még szégyent és bűntudatot is generál, ami a félelemnél is pusztítóbb lelki attitűd. Ilyen esetekben is légy magaddal elfogadó és a jövőbeni változásra fordítsd az energiáidat!

Amikor már tudatosítottad magadban, hogy a félelmeid 99,9%-a felesleges és te vagy minden félelmed okozója, akkor ugorhatsz egy szintet. Ez a szint pedig az Életbe vetett bizalmon alapul. Tudom, hogy elsőre furcsa neked ilyet olvasni. Az egod azonnal bekapcsol és azt sugallja, hogy is bízhatnál az Életben, hiszen pont ő hozta a sok rosszat, ami veled történt. Az egod azt mondja neked, hogy ha ő nem lenne, akkor most még rosszabb lenne a helyzet... Ez persze nem igaz, mint ahogy már fentebb leírtam. Nem az Élet hozta neked a rosszat, hanem a helytelen gondolkodási mintázataid, amik az egodban gyökereznek. A félelem alapú gondolkodás félelmet generál. Hiszen ha félelem alapú döntéseket küldök a környezetem felé, akkor ez a környezetemben olyan válaszokat fog létrehozni, amelyek ezeket a félelmeket csatolják vissza felém. És így működővé válik az „önbeteljesítő jóslat". Szóval a gondolatmintázatból való kilépés okozza a megoldást. Az Életben tehát bízhatsz, még ha furcsa is elsőre, mert az Élet alapszabálya a következő:

Az Élet mindig segít, ha pedig nem, akkor azt azért teszi, hogy figyelmeztessen arra, hogy rossz irányba haladsz, vagy rossz módon teszed azt, amit teszel. (Az Élet szó helyére Isten vagy bármely más, hitrendszerednek megfelelő szó tehető.) Szóval valójában akkor is segít, hiszen jelzőfényként működik az Életed jobbá tétele érdekében.

Ez a módszer következő szintje. Elhinni azt, hogy az Élet jót akar neked. Tudatosítani magadban, hogy ha nem másokat okolsz, hanem minden rosszból, ami veled történik, céltudatosan a saját sikeredet, a jövődet építő következtetéseket vonsz le, akkor nincs mitől félned. Hiszen a félelmeid és a mentegetőzéseid pont ezektől a jelzőfényektől igyekeznek „megóvni" és ezáltal esélytelenné válik, hogy fejlődj. Ha már ezt is tudatosítottad magadban (lehet, hogy hónapokba telik, de megéri!), akkor jön a harmadik szint. Amikor eszedbe jut egy félelem alapú gondolat, akkor a következőt mondod magadnak:

Ha majd esetleg tényleg megvalósul, akkor mindent megteszek annak érdekében, hogy megoldjam! Addig azonban ennél fontosabb dolgom is van!

Itt már ezért tudod ezt megtenni úgy, hogy a lelked el is hiszi, mert tudatosítottad magadban, hogy a félelmeid legnagyobb hányada sosem fog megtörténni. Ha pedig mégis megtörténik, akkor az hosszú távon jó, hiszen lehetőséget ad a fejlődésedre. Itt már azt is tudatosítottad magadban, hogy megbízhatsz az Életben, ő a segítőd és nem az egod.

Összegezzük, hogy mi a teendőd a boldogságodhoz vezető 14. lépés teljesítéséhez:

Feladat: Használd a papírmódszert és a fenti írásban kivastagított mondatokat arra, hogy fokozatosan mérsékeld az Életedben a félelmeid, aggodalmaid arányát. A papírmódszert jól össze tudod kapcsolni a napi mérleg módszerével, és az aggodalmaid meg nem történte miatt, kérlek, érezz hálát is.

Melyik részedre hat leginkább: Elme

Meddig kell végezned ezt a feladatot: Ezt a feladatot addig kell végezned, amíg már csak akkor kapcsol be benned a félelem-, aggodalom alapú gondolkodás, amikor nagyon nyomós okod van rá. Ne feledd, nyomós ok az, amire 3 év múlva is emlékezni fogsz!

Néhány jó tanács: Nagyon nehéz ezen az úton elindulni. Először furcsa lesz ez az egész. Az egod folyamatosan mondani fogja neked azokat az indokokat, hogy miért nem működik. Sőt, úgy fogod érezni, hogy nincs erőd ilyesmire és hogy rád nem hat ez a módszer. Ilyenkor gondolj bele abba, hogy milyen nehéz volt megtanulni járni. Hányszor esik el a kisgyerek és hányszor kel fel újra, mire végre elkezd megtenni néhány lépést. Utána mennyit gyakorol, mire stabilan jár. Mire nagy gyerek lesz, már ösztönszerű a járás és a futás is. Ugyanígy működik ez is. A rossz gondolatminta felülírása sok visszaeséssel jár. A változás csíráinak táplálása sok energiabefektetést igényel. Eleinte nem megy, utána alig megy. Míg később már picit megy, de csak néha. Aztán fokozatosan egyre jobb lesz, végül berögzül és életünk szerves részévé válik! Minden változás, ami pozitív irányú, így történik az életünkben! Csak a rossz irányú változások mennek könnyen. Sajnos építkezni nehéz, de rombolni könnyű...

Ha önállóan nem tudsz változtatni a félelmeiden, akkor kérd szakember segítségét! Ebben az esetben valószínűleg nagyon mély lelki sebek munkálnak benned, amelyek begyógyításához segítségre van szükséged! Mivel a gondolkodásod félelemalapú, ezért előfordulhat, hogy segítséget kérni is félsz! Szóval légy bátor és tedd meg ezt a fontos lépést, ha úgy adódik... Engem is ilyen bátor lépések tettek boldogabbá! Nem véletlenül a bátorság az első élettámogató lelki rezgésszint!

Most arra kérlek, hogy ne olvasd tovább ezt a könyvet, amíg a boldogságodhoz vezető út 14. lépését meg nem tetted! Utána visszavárlak, hogy folytassuk a közös munkát!

Mikor teheted meg a 15. lépést: Amikor a fenti kivastagított mondatok már automatikusan bekapcsolnak, ahogy félelemmel kapcsolatos gondolatok vagy érzések indulnak el benned, akkor itt az idő, hogy Életed jobbá tételéért nekiláss a következő kihívásnak!

15. lépés a boldogságodhoz (test):Sport

Tudom, hogy a csapból is ez a téma folyik. Ezért ez a fejezet rövid lesz, hiszen erről eleget hallasz. De ez nem véletlen. A napi szintű intenzív mozgás hihetetlenül fontos a boldogságunk szempontjából, csak ebbe a legtöbb Ember nem igazán gondol bele. Az orvosok általában a testi egészség megőrzése érdekében javasolják a rendszeres sportolást, amit nagyon jól tesznek. De fontos tudatosítanod magadban, hogy beteg vagy ellustult testben kis eséllyel képzelhető el igazán boldog Élet. A régi római mondás: „ép testben ép lélek" ezt jelenti. Ezt akkor érezzük át igazán, amikor megbetegszünk és rádöbbenünk, hogy az egészségünknél nincs fontosabb dolog a világon. Ugyanakkor több szintje van az egészségnek. Attól, hogy a tested nem mutat olyan tüneteket, amelyekkel orvoshoz kellene fordulnod, nem biztos, hogy egészséges vagy. A napi intenzív mozgás hiánya következtében rosszabbodik a vérkeringés, a tüdő, az érrendszer állapota, és ezek akár évtizedekig nem járnak komolyabb tünetekkel. Csak annyit érzünk, hogy kevesebb a lelkierőnk, fáradékonyabbak vagyunk, vagy nincs elég életkedvünk. Egyszóval romlik a vitalitásunk. De mivel ez fokozatosan történik, nem vesszük észre, hogy csúszunk le egy lassú, monoton lejtőn. A lejtő alját általában a 40-es éveink után érjük el, amikor az évtizedek óta tartó helytelen életmód következtében már nem vagy nehezen gyógyítható tünetek jelentkeznek. Szóval nincs mese: rendszeresen kell sportolni! Fontos az is, hogy dinamikus sportot válassz, olyat, amely intenzív légzésre, izzadásra késztet. Például a lassú, monoton súlyzózás is egy sport, de a testi és közvetetten a lelki egészség szempontjából az intenzív, dinamikus sportok a jók. Erre az egyik legkiválóbb és legegyszerűbb a futás, de természetesen válassz kedvedre valót. Külön kiemelendő a reggeli torna vagy a reggeli futás jelentősége. Ha be tudod építeni az életviteledbe, teljesen másképpen fognak kezdődni a napjaid. Általuk napközben energikusabb és sikeresebb leszel. Ha valamiért esélytelenek a reggeli alkalmak, akkor iktasd be más napszakra a mozgást, mert kiemelten fontos a rendszeresség.

Összegezzük, hogy mi a teendőd a boldogságodhoz vezető 15. lépés teljesítéséhez:

Feladat: Hetente minimum 3 alkalommal végezz dinamikus sportot (pl. futás) minimum 25 percig.

Melyik részedre hat leginkább: Test

Meddig kell végezned ezt a feladatot: Ezt a feladatot addig kell végezned, amíg életviteleddé nem válik a sportolás. Ezt abból veszed észre, hogy amikor nem csinálod, már hiányzik.

Néhány jó tanács: A test alapjellemzője a lustaság. Legalábbis az ego uralta testé. Szóval eleinte nagyon nehéz lesz rávenned magadat a rendszeres sportra. Figyeld majd meg, hogy az egod mennyi ellenérvet, kifogást fog felsorakoztatni, hogy miért ne csináld aznap. De fontos, hogy alakíts ki egy olyan hetirendet az életedben, amelyben 3-szor van fix énidőd, amit intenzív sporttal töltesz! Ne feledd, hogy ez minőségi énidő! Kialakításánál a rend és rendszer módszernél tanultakat is jól tudod alkalmazni.

Most arra kérlek, hogy ne olvasd tovább ezt a könyvet, amíg a boldogságodhoz vezető út 15. lépését meg nem tetted! Utána visszavárlak, hogy folytassuk a közös munkát!

Mikor teheted meg a 16. lépést: Amikor kialakítottad a hetirendedet a heti minimum 3 alkalmas intenzív sporttal és ezt ténylegesen csinálod is, akkor folytassuk a közös munkát!

16. lépés a boldogsághoz (lélek):
Ne színezd ki vagy szürkítsd be a valóságot!

Amikor másoknak mondasz el valami veled történt dolgot vagy csak magadról mesélsz, akkor mennyire objektíven, pontosan adod vissza a valóságot? Ebből a szempontból háromféle Embertípus van:
- ➢ Akik kiszínezik, megszépítik, „felturbózzák" a dolgokat, azaz többnek tüntetik fel magukat vagy az adott eseményt, mint amennyi az

valójában.

> Akik reálisan mondják el, reálisan mutatják be az adott helyzetet.

> Akik kevesebbnek tüntetik fel magukat annál, mint az objektív valóság, azaz szürkítik az elmesélt eseményt.

Ma a legtöbb Ember az első csoportba tartozik. Hiszen egy olyan világban élünk, ahol elhitették velünk, hogy önzőnek kell lennünk és ezért állandó önérvényesítésre „kényszerülünk". Az önérvényesítéshez alapvető, hogy mindig igyekszünk a lehető legjobb színben feltüntetni önmagunkat. Ennek az egyik módja az, hogy a múltban történt eseményeket úgy meséljük el, hogy a mi szempontunkból a legkedvezőbbnek tűnjön. Erre az egyik rosszul berögzült módszerünk az, hogy a múltbeli valóságból csak azokat a részeket mondjuk el, amik ránk nézve kedvezők. Ilyenkor nem hazudunk, hanem a történetből bizonyos dolgokat kihagyva úgy alakítjuk az elmondott valóságot, hogy az előnyösebbnek tűnjön. A másik módszer az, hogy a történetet, amit elmesélünk, kicsit kiszínezzük azzal az ösztönös céllal, hogy ezáltal jobb színben tűnjünk fel a hallgatóságunk előtt. A harmadik szintje pedig az, amikor már hazudunk is azért, hogy különbnek tüntessük fel magunkat vagy elkerüljünk bizonyos hátrányokat. A 3 szint 3 önbecsüléshiány-szint is egyben. A hazug embernek van a legkisebb önbecsülése, önelfogadása.

Ismertem egyszer egy hölgyet, aki mindig hazudott. Amikor kitalált egy hazugságot, az agyában azonnal elraktározott mellé még kettőt, ha esetleg lebukna, azonnal másik logikusnak tűnő hazugsággal tudja bevédeni az igazát. Meg volt róla győződve, hogy csak a buta és együgyű Emberek őszinték. Hihetetlenül okosnak és rafináltnak képzelte magát. Gondolom, hogy az eddigi gondolatmenetből számodra is teljesen logikus, hogy ő egy végletekig önérvényesítő, csörtető és beképzelt hölgy volt. Ugyanakkor ezek az életében csak kompenzálások önmaga és a világ előtt. Valójában nagy valószínűséggel egy nagyon mély önbecsüléshiány a gyökérprobléma.

Az ilyen történetkiszínezések mesterei a ma oly divatos stand up comedy-sek, de ők ezt szórakoztatási céllal csinálják, így az ő esetükben ez megengedhető, hiszen a fő cél nem önmaguk jobb színben való feltüntetése. A való Életben azonban az ilyen „kiszínező" Emberek általában extrovertáltak, önérvényesítők, önzők, nagy dumások. Ez a büszkeség lelki rezgésszintje, de ez a habitus a mélyebb lelki rezgésszintek mindegyikére jellemző. Itt élnek az ön- és a külvilágámítás legnagyobb mesterei. Ők azok, akik habzsolják a világtól a külső megerősítéseket. Valójában kompenzálnak a világ felé, mert legbelül súlyos önelfogadási problémáik vannak. Nagyon másként fogsz nézni ezekre az Emberekre, ha ezt megérted. Gondold el, hogy valaki minél beképzeltebb, minél arrogánsabb, önzőbb, hazudozóbb, annál jobban sérült a lelke és annál nagyobb segítségre van szüksége. A fő probléma azonban ezekkel az Emberekkel az, hogy nemcsak a világ előtt kompenzálnak, hanem önmaguk előtt is. Ennek az a következménye, hogy sosem látják be, hogy ilyen problémáik vannak és segítségre lenne szükségük, mert a „rendszerük" az elkülönülésről szól. Mint ahogy már te is tudod, ez a pusztító-ego egyik erőssége. Ennek pedig előbb-utóbb komoly szenvedés lesz az ára. Aki önmagától nem ébred fel, az csak szenvedés által fog.

Akik kevesebbnek tüntetik fel magukat, nem hiszik el, hogy igazán érdekelhetnek másokat is, vagy félnek attól, hogy mit gondolnak róluk mások. Ezért szürkébbnek, egyszerűbbnek mutatják magukat a világ felé, mint amilyenek valójában. Ennek a viselkedésnek a gyökere is erős önbizalomhiány. De náluk általában tudott ez az önbizalomhiány. Ők tisztában vannak ezzel. Leggyakrabban a szégyen, a bűntudat, a fásultság, a bánat és a félelem lelki rezgésszintjei jellemzők rájuk. Közülük nagyon sokan mindig igyekeznek szinte észrevétlenek maradni a háttérben, de mégis szenvednek attól, hogy az emberek átnéznek rajtuk és nem veszik őket komolyan.

Tehát mindkét csoport önbizalomhiányból táplálkozik. Akiknek reális az énképük és egészséges (nem túlzó!) az önbecsülésük, azok nem szépítik a valóságot. Egyenesen és objektíven értékelik és adják tovább a történteket akkor is, ha az rájuk nézve negatív vagy hencegésnek tűnhet. Ők az önbecsülés szempontjából egészséges Emberek és egyben ők a legritkábbak is. Ebből következik az a tétel, hogy a más Emberektől hallott történetek a legritkább esetben teljesen valósak! Többek között ezért szokott a szájról szájra való terjedés következtében olyan gyorsan eltorzulni a pletyka. Tudom, hogy rossz hír, de valójában szinte semmit sem szabad elhinnünk, amíg meg nem bizonyosodunk a mögöttes tényekről. Ez erre a könyvre is igaz! Először próbáld ki, hogyan hat az Életedre! Ha sikerrel jártál, utána ráérsz elhinni...

Én is régen az első csoportba tartoztam. Bár a szépítés érdekében nem szoktam hazudni, de a valóságot mindig úgy szépítettem, csűrtem-csavartam, hogy jobbnak, szebbnek, okosabbnak tűnjek az elmondott történetek által. Ma már inkább a reális csoportba tartozom, de sajnos néha még mindig bekapcsol a régi berögződés szerinti „üzemmód". Néha még ma is hajlamos vagyok kiszínezni dolgokat, ha spontán élő beszélgetések alakulnak ki. Ilyenkor bekapcsol a vészcsengő a lelkemben: „Miért kellett ezt tenned? Ha a teljesen objektív valóságot mondtad volna el, akkor is ugyanolyan szerethető lennél!"

Viszont most jön a lényeg! Amikor a valósághoz képest kiszínezel vagy beszürkítesz valamit és így mondod el másoknak, azzal saját magad előtt is kompenzálsz. A lelked nem tud különbséget tenni a hazugságból eredő dolgok és a valós dolgok között. Ezzel a hazudozással, színezéssel az a baj, hogy ez a változásod gátja! Ezzel konzerválod az önbecsüléshiányodat. A színező típusú Ember azért színezi ki a történetet, hogy ezzel több elismerést kapjon. De valójában nem fogadja el önmagát olyannak, amilyen, és ezzel konzerválja az önbecsülés hiányát! A szürkítő típusú Ember azért adja elő egyszerűbben a történetét, mert fél és el akarja kerülni a félelmeit. Azonban ezzel is konzerválja az önbizalomhiányát. A lélekben így kiépül egy páncél, amely a pusztító-ego erős bástyája és elhiteti velünk, hogy minden rendben van. Közben nap mint nap a valódi önbecsülésünk felépülését akadályozzuk, ami persze a bennünk élő pusztító-egonak szuper hír, de neked nem az.

Szóval ez a rossz berögződés, rossz szokás a változásod gátja. Ha meg akarod találni az önbecsülésedet, akkor kezdj el magadról mindent a maga realitásában továbbadni az Embereknek! Ez a fényre való kilépés módja! Hiszen azokat a dolgokat szépítjük, amiben szégyen lakozik. Hidd el, akkor is szerethető leszel, ha ezeket kimondod, felvállalod, sőt még szerethetőbb, mint amilyen most vagy! Azok, akik felvállalják önmagukat a gyengeségeikkel együtt, mindig sokkal szerethetőbb

Emberek, mint akik nem. Gondolj bele, kérlek! A környezetedben az önző, nagyképű színezőket, a szürke háttérben maradókat vagy az önmagukat nyíltan felvállalókat szoktad inkább kedvelni? Ugye, hogy a legutóbbi Emberekkel szeretünk azonosulni, még a felvállalt rossz tulajdonságaik ellenére is? Ez azt mutatja, hogy nem is olyan félelmetes felvállalni önmagunkat a világ előtt, sőt... Ez az egyetlen út, hogy egészséges szintre kerüljön az önbecsülésed és ezáltal még közelebb kerülj a boldogsághoz!

Összegezzük, hogy mi a teendőd a boldogságodhoz vezető 16. lépés teljesítéséhez:

Feladat: A mai naptól fogadd meg, hogy nem hazudsz sem önmagadnak, sem másoknak! Fogadd meg azt is, hogy mindent, amit másoknak mondasz, azt teljes objektivitással teszed szürkítés vagy színezés nélkül!

Melyik részedre hat leginkább: Lélek

Meddig kell végezned ezt a feladatot: Az igazmondás egy az alapvető erények közül! Így alapvető szokásoddá kell válnia és egész Életedben eszerint kell élned, ha boldog akarsz lenni.

Néhány jó tanács: Kezdd kisebb dolgokkal, nem kell mindjárt a legmélyebb szégyeneidet kikürtölni a világ elé. Szép fokozatosan lépegess előre... Légy bátor és változtass. Ha bármikor kicsúszik egy szépítés vagy egy hazugság a szádon, ne ostorozd magadat! Ilyenkor tudatosítsd magadban a lelki okot, hogy miért tetted, és önmagadban fogadd meg, hogy legközelebb ügyelsz erre. Az még hatékonyabb megoldás, hogy akinek hazudtál vagy aki felé árnyaltad a valóságot, az elé odaállsz és elmondod neki az igazat.

Most arra kérlek, hogy ne olvasd tovább ezt a könyvet, amíg boldogságodhoz vezető út 16. lépését meg nem tetted! Utána visszavárlak, hogy folytassuk a közös munkát!

Mikor teheted meg a 17. lépést: Amikor minden egyes árnyalás vagy hazugság kimondásakor bekapcsol egy vészvillogó a fejedben, akkor léphetsz egyet előre. Nem baj, hogy még megtörténnek ezek veled, hiszen a szokások lassan tisztulnak ki belőlünk. A lényeg, hogy már vedd észre, hogy megtetted és tudatosítsd magadban, hogy ez helyett mi lett volna a helyesebb.

17. lépés a boldogságodhoz (elme): Mérsékeld a stresszt III. – A magunk mögött hagyott ajtó módszere az egyensúly módszerével kombinálva

A mai nyugati Ember boldogságának legnagyobb gátja a stressz. Ez annyira igaz, hogy amikor elkezdtem kineziológushoz járni és abban a hitben éltem, hogy már baromira jól kezelem a stresszt az Életemben, akkor a szakember kimérte, hogy az akkori boldogtalanságomért 67%-ban a stressz volt a felelős. Első hallásra meg voltam róla győződve, hogy ez hülyeség, sőt lehetetlen. Úgy éreztem, hogy az utóbbi években rengeteget fejlődtem a stresszkezelés terén és a korábbi stressz töredéke gyakorol rám hatást. Az egomat sértette, hogy ennyi fejlődés után, még mindig 67%-os érték jön ki. Aztán otthon leülepedett bennem az élmény. Figyeltem arra, hogy az ego minél inkább kiakad valamin, annál inkább igaz az a tény, ami miatt kiakadt. Fontos, hogy te is figyelj erre! Ez egy nagyon komoly jelzőfény! Ekkor jöttem rá, hogy a 67% valójában igaz, hiszen minden csak nézőpont kérdése. Régen a stressz nyilván 90% feletti mértékben rombolta a boldogságom esélyeit, és a sok évnyi belső munka hatására ez akkor már „csak" 67% volt. Az egomat ugyan sértette, hogy a nagynak hitt eredmények nem is olyan nagyok, de a valóság az, hogy ezen a téren (is) még rengeteg fejlődni valóm volt. A rá következő pár napban megfigyeltem magamat, és rájöttem, hogy mennyire erősen jelen volt az Életemben a stressz. Igaz, hogy jól tudtam kezelni, azaz nem nem húzott vissza annyira, mint régebben, de ettől még nap mint nap jelen volt az Életemben és nap mint nap negatívan hatott a lelkemre, a gondolkodásomra és a testemre.

A stresszmentesség állapota is a megvilágosultak „kiváltsága", de a stressz minél nagyobb arányú csökkentése a boldogságunk fokozódásával jár. Szóval ha 10%-ban csökkented a stressz hatásait az Életedben, akkor kijelenthető, hogy legalább 10%-kal boldogabb leszel. Így megéri belefektetni az energiáidat a stressz csökkentésbe! A becsukott ajtó módszert én fejlesztettem ki még középkorú mérnök koromban és azóta tanítom az összes kollégának, akit felveszek a cégeimbe. Nálunk eléggé pörgős az Élet. Mindig szorosak a határidők és sok a munka. Régen ez miatt nagy volt a fluktuáció a cégeimben. A fiatalok hamar kiégtek. Ma már nincs fluktuáció. Szerencsére szinte nullára redukálódott ez a „jelenség". Nyilván ennek számos oka van, de az egyik ez a módszer.

A módszer lényege az, hogy elmagyarázom a fiatal kollégáknak, hogy tilos fejben hazavinni a munkát! Elsőre ez mindenkinek úgy tűnik, hogy lehetetlen. Pedig 2-3 hét gyakorlással életed szerves részévé lehet tenni. Nézzük, hogy működik a módszer, aztán rátérek a pozitív hatásaira. Amikor kilépsz a munkahelyed ajtaján, akkor általában tele vagy olyan gondolatokkal, amelyek arról szólnak, hogy mennyire sok mindent kellett volna még megcsinálnod vagy megoldanod, de nem maradt rájuk időd. Ez nagy feszültséget (stresszt) generál benned és így indulsz el haza. Ezekkel a gondolatokkal az agyadban zárod a napod munkahelyi szakaszát. Természetesen ezt hazaviszed, így otthon rosszkedvű és ingerlékeny leszel. A stressz hatására otthon nem tudod megélni a pozitív érzelmeket. Tehát nem tudod átélni kellőképpen a gyermekeid vagy a párod felől érkező szeretetet. Amikor stresszes vagy, hálás sem tudsz lenni, pedig mint már te is tisztában vagy vele, ez az érzés minden boldogság alapja. De ilyenkor nehezebben vagyunk képesek átélni az örömöt, a vidámságot, az ihletettséget, a csodálatot, a hitet és még sorolhatnám a sok léleképítő pozitív érzést. Nyilván így viszonozni sem tudod ezeket. Ha ki akarsz kapcsolódni, az sem megy igazán, mert a stressz itt is hatással van rád. Amikor ez tartósan nyomja a lelkedet, akkor valami „keményebb" kikapcsolódáshoz fordulsz. Sokan ilyenkor pornót, horrort vagy valami pörgős akciófilmet néznek. Ilyenkor hajlamosak vagyunk alkoholhoz is nyúlni, esetleg egy az agyat teljesen kikapcsoló számítógépes játékra cuppanunk rá. Mindegy, csak tömény lelazító hatása legyen. Mert csak ez feledteti az elfojtott érzelmeket és a testi-lelki feszültségeket. Szóval az addikcióinkra való hajlamaink ilyenkor felerősödnek bennünk. Persze ezzel tovább romboljuk a lelki állapotunkat. A következmény az, hogy rosszakat álmodsz, nyugtalanul és esetleg szakaszosan is alszol. Fáradtan ébredsz és már nyűgként indul a reggel. Újabb küzdelmes napnak nézel elébe, amely már most stresszesen kezdődik. Hiszen fáradtan hogyan fogod elvégezni azt a sok feladatot, amit tegnap a munkahelyen hagytál és amire még rájönnek a mai feladatok is?!

Most nézzük meg, hogy a módszer segítségével miként változik meg mindez. Kilépsz az ajtón és veszel pár mély levegőt (a légzéstechnikát már elsajátítottad). Tudatosan elmondod magadnak a következőt:

Ma mindent megtettem a munkahelyemen, amire csak képes voltam. Szorgalmasan dolgoztam annak érdekében, hogy jól teljesítsek. Ami ma nem oldódott meg, azért ma már semmit nem tudok tenni. Így leteszem holnap reggelig. A holnapi munkakezdésig nem alázom meg azzal magamat, hogy a munkahelyi gondokon gyötrődjek. Tisztelem a testemet, az elmémet és a lelkemet annyira, hogy a családnak, a pihenésnek, a kikapcsolódásnak szentelem a napom hátralévő részét, mert megérdemlem.

Miután ezt a monológot (vagy valami ehhez hasonló jelentésűt) elmondasz magadnak, fogadd meg, hogy nem gondolsz semmiféle munkahelyi problémára a holnapi munkakezdésig. Amennyiben mégis előjönnének az ilyen gondolatok, vedd rá magadat arra, hogy visszatérj a munkahelymentes gondolatokra. 2-3 hét gyakorlás után már csak a nagyon kemény munkahelyi problémák esetén nem fogod tudni félretenni a problémákat.

Fontos tudnod, hogy a példa ellenére ezt a módszert nem csak munkahelyi stresszre tudod használni. Amikor hátrahagysz egy élethelyzetet, akkor a becsukott ajtó módszerével el tudod érni, hogy az elmédben ne vidd tovább a problémát és ne rágódj rajta feleslegesen.

Most nézzük meg, hogy ettől mi változik meg az életedben. Leteszed a munkahelyi problémákat és úgy érsz haza. Mivel a stressz nem nyomja az agyadat és a lelkedet, ezért nyitottabb leszel a pozitív érzelmek megélésére. A párod, a gyermekeid által kifejezett szeretetre befogadóbban reagálsz és őszintébben is tudod viszonozni azokat. Így lesz hozzá lelkierőd... Hihetetlenül fontos a pozitív érzelmek megélése, mert ezek semlegesítik a stressz negatív hatásait. Ezzel még egy módszert elárultam neked, de erre később visszatérek. A pozitív érzelmeid és a megnövekvő belső nyugalmad miatt nem fordulsz „tömény" kikapcsolódási formákhoz. Lesz erőd-kedved egy érzelmes filmhez vagy egy jó könyvhöz, netán egy kellemes hála-áramlathoz. Ezek mindegyike tovább emeli a lelked rezgésszintjét és gyógyítja a stressz napközbeni pusztító hatásait. Ezt követően már jóval békésebb lélekkel fekszel le. Az álmod nyugodtabb és kiegyensúlyozottabb lesz. Pihentebben ébredsz és energikusabban kezded a napodat. Akkor leszel igazán sikeres ebben a fejlődésben, amikor már képes leszel reggel hálásan nézni a rád váró napra, nem úgy, mint egy következő túlélési program kezdetére.

Végül az előbbi sorokban ígért egyensúlymódszer: A stressz nem más, mint egy halom negatív érzelemcsomag. Valójában a stressz már csak a következmény. A stressz gyökere mindig valamiféle erős negatív érzelem. Leggyakrabban a félelem. Félünk attól, hogy nem lesz kész határidőre a munka, vagy attól, hogy megint beszól a főnököm. A negatív érzelmek pusztítják a testedet–elmédet–lelkedet. A tartós és káros stressz attól lesz ártalmas, hogy a stresszes időszakaid nincsenek egyensúlyban a stresszmentessel. Ha leteszed a munkahelyi stresszt, amikor kilépsz a munkahelyedről és otthon egy békés, harmonikus légkört tudsz teremteni, akkor 8–10 órát vagy stresszes állapotban és 14–16 órát stresszmentesben. Így a stresszt egészségkárosodás vagy pszichés torzulás nélkül tartósan el tudod viselni. Az egyensúly módszere azt jelenti, hogy legalább annyi stresszmentes órát élj át, mint amennyi stresszest. Ez a minimuma annak, hogy hosszan tartóan stabil maradjon a testi és lelki egészségünk. Természetesen pozitív érzésekből sosem elég, így érdemes fokozni ezt az arányt, amennyire csak lehet. Az egyensúly módszerét más élethelyzetekhez is tudod használni. Például egy ismerősömnek elég rossz a családi élete, ezért rendszeresen eljár horgászni. Ez nem más, mint az egyensúly módszerének egy ösztönös megvalósítása.

Összegezzük, hogy mi a teendőd a boldogságodhoz vezető 17. lépés teljesítéséhez:

Feladat: A mai naptól a becsukott ajtó módszerével zárd el a stresszes helyzeteket! A mai naptól legalább annyi stresszmentes órát alakíts ki az életedben, mint amennyi stresszest! A stresszmentes óra csak pozitív érzelmekkel és gondolatokkal vagy kikapcsolódással telhet.

Melyik részedre hat leginkább: Elme

Meddig kell végezned ezt a feladatot: Egy idő után már automatikusan rád fog szólni az elméd, hogy túltoltad a stresszes órákat, illetve azért is, hogy már megint egy-egy stresszes helyzeten kattogsz, pedig nem kellene. Szóval addig kell folytatni ezt a feladatot, amíg az automatikus életviteled részévé nem válik.

Néhány jó tanács: Ehhez is, mint a legtöbb boldogságkereső módszerhez tudatosság kell és kitartó gyakorlás, egészen addig, amíg az életmódod ösztönös részévé nem válik. Lesznek visszaesések, de akkor sem szabad elkeseredni. Újra fel kell állni és csinálni kell. Amilyen hatékonyan sajátítod el ezt a két bemutatott módszert, olyan mértékben emelkedik meg a boldogságszint az Életedben. Sok erőt, kitartást és növekvő boldogságsikereket kívánok hozzá!

Most arra kérlek, hogy ne olvasd tovább ezt a könyvet, amíg a boldogságodhoz vezető út 17. lépését meg nem tetted! Utána visszavárlak, hogy folytassuk a közös munkát!

Mikor teheted meg a 18. lépést: Amikor bekapcsol a vészcsengő, ha túl magas a stresszes időszakok aránya, vagy ha egy olyan dolgon agyalsz, amit hátra kellett volna hagynod. Ha idáig eljutottál, akkor itt az idő, hogy folytassuk a közös munkát a boldogabb jövőd felé vezető úton!

18. lépés a boldogságodhoz (test): Több mosoly

Általában akkor mosolygunk, ha boldogok vagyunk vagy valami örömteli, esetleg humoros dolog történik velünk. A mosoly a boldogságunk testi következménye. Azonban számos kutatás igazolta, hogy ez a folyamat nem egyirányú, hanem fordítva is működik! Azaz ha mosolygunk, akkor a testünkben beindul a boldogsághoz kapcsolódó hormonok termelése. Szóval, ha megfognád a szád szélét és „felkötöznéd" a füleidre, és ezért kényszeredett mosolyt formálna a tested egész nap, akkor sokkal nyugodtabb, boldogabb, békésebb napod lenne, mint enélkül. Ez ma már tény! Ezért kezdj el mosolyogni! Akkor is, ha nincs rá okod! Tudom, hogy furcsán hangzik, de minél többet csinálod, annál jobban fogod érezni magadat a bőrödben!

Összegezzük, hogy mi a teendőd a boldogságodhoz vezető 18. lépés teljesítéséhez:

Feladat: A mai naptól kezdve mosolyogj egyre többet! Tudatosan figyelj a szád állására és mosolyogj akkor is, ha nincs okod rá!

Melyik részedre hat leginkább: Test

Meddig kell végezned ezt a feladatot: Addig, amíg ösztönösen mosolyra nem áll a szád a normál hétköznapi cselekvéseid során!

Néhány jó tanács: Tudom, hogy eleinte totál hülyének fogod érezni magadat, amikor ezt csinálod. Én is így voltam vele. Azt is tudom, hogy elég furán néz ki a kényszeredett mosoly. De eleinte csináld olyan helyeken, ahol nem figyelnek rád, vagy csak kevesen. Így legalább nem kell azzal foglalkoznod, hogy ostobának tekintenek. Majd amikor már jól megy egyedül, akkor vidd be ezt a gyakorlatot társaságba is. Egyébként ha mosolyogsz, akkor az Emberek is nagyobb nyitottsággal és örömmel kapcsolódnak veled. Így ettől a szokástól az emberi kapcsolataid is javulni fognak. Azt már te is tudod, hogy az emberi kapcsolataink minősége a legfontosabb paraméter a boldogságunk szempontjából. Tehát duplán megéri alkalmazni ezt a módszert!

Most arra kérlek, hogy ne olvasd tovább ezt a könyvet, amíg a boldogságodhoz vezető út 18. lépését meg nem tetted! Utána visszavárlak, hogy folytassuk a közös munkát!

Mikor teheted meg a 18. lépést: Amikor bekapcsol egy belső hang, hogy már megint nem mosolyogsz, pedig semmi okod rá, hogy szomorú képet vágj, akkor várlak vissza a téged építő folytatáshoz!

19. lépés a boldogságodhoz (lélek):
A legjobb forgatókönyv módszere

Most egy olyan módszerről írok, amely az eredeti szerző szerint a félelmeid gyógyítására szolgál. Ennek a módszernek az alapját Micheal B. Beckwith egyik online tanfolyamán hallgattam, akinek minden könyvét és előadását tiszta szívből ajánlom minden keresőnek. Módszerét a saját életemre formáltam, és ha előtör valami bennem, akkor ma is használom. A módszer hatékonysága bátorított fel arra, hogy ezzel is megpróbáljak segíteni, hogy a te életed is jobbá válhasson. Ezt a módszert valójában az összes Életpusztító lelki rezgésszintből való kilépéshez alkalmazhatod.

Tulajdonképpen ha elég mélyen belegondolunk, akkor az összes Életpusztító lelki rezgésszint (szégyen, bűntudat, fásultság, bánat, félelem, vágyakozás, harag, büszkeség) valamilyen módon a félelemből táplálkozik vagy ahhoz kötődik. Így a félelmeinktől való sikeres megszabadulás jelentős szabadság-, béke- és harmóniafokozódást hoz. Ezért kiemelt fontosságú szembenézni a félelmeinkkel és feldolgozni azokat. A félelem érzése által termelt hormonok hosszú távon testi betegségeket is okoznak, ezért egészségünk megóvása vagy helyreállítása szempontjából is nagyon fontos, hogy mérsékeljük a félelemfüggésünket. Nem véletlenül használtam ezt a szót! Mert minden negatív lelki rezgésszinthez kötődő rendszeresen visszatérő gondolkodási, érzelmi vagy cselekvési minta tulajdonképpen addikció! Szóval, ha szakítani tudsz a félelmeiddel vagy más Életpusztító érzelemvilágoddal, akkor az addiktív szokások is automatikusan eltűnnek az Életedből.

A félelem nem más, mint a pusztító-egonk egy reakciója a jövőnkre vagy a szeretteink jövőjére vonatkozóan. Az egonk az agyunk állandó készenlétben tartásával folyamatosan a lehetséges jövőalternatívákat pásztázza. Ennek eszközeként az egonk által gondolatként kialakított legpesszimistább jövőalternatívákba kapaszkodik a félelmünk. Ez azonnal magyarázatot is ad arra, hogy félelmeink a legtöbb esetben alaptalanok vagy túlzók.

 Szóval az egod kreál egy lehető legpesszimistább jövőalternatívát, amellyel kapcsolatosan az agyadba tóduló gondolatok azonnal a félelem érzését generálják benned. Ez miatt van, hogy akik alapvetően pesszimisták, azok általában többet is félnek. Hiszen hajlamosabbak mély, rémisztő jövőalternatívákat kreálni maguknak. Pont ez az a hajlam, ami valójában egy függőség. A test a félelem által generált hormonok iránt vált függővé, ezért annak ellenére, hogy agyból tudjuk, ez nem jó nekünk, mégis rendszeresen beleesünk a tudatalattinkból érkező félelmek csapdáiba.

A félelemmel még az a baj, hogy nagyon nehéz elhessegetni! Ha elfojtjuk, akkor gyakran még erőteljesebben tör elő. Szóval nincs mese, előbb-utóbb szembe kell nézned vele, különben rombolja az életminőségedet és egy idő után az egészségedet is. A megoldás önmagunk átszoktatásában rejlik! A félelem által generált testi hormonok helyett a testünk sejtjeit át kell szoktatni valami pozitív érzéshez kapcsolódó hormonrendszerre, amelynek már megismerhetted a részleteit. Jelen fejezetben a „hogyan"-ra szeretnék választ adni.

Amikor egy képzelt borzalmas jövőalternatíva félelmet generál benned, akkor tudatosan azt a lehető legpozitívabbra kell cserélned. Például a társad több órája nem veszi fel a telefont és nem is hív vissza. Sok Ember ilyenkor már valami durva balesetet lát maga előtt, vagy elképzeli, hogy a párja édes kettesben valami motelben szerelmeskedik valakivel és megcsalja őt. Legalábbis mielőtt jelentős lelki átalakuláskon mentem át, emlékszem, hogy én is ezek valamelyikén kattogtam volna egy ilyen helyzetben. Ezek a gondolatok természetesen félelmet, aggódást keltenek bennünk. Gyakori, hogy más negatív érzelmek is kapcsolódnak a képhez. Idegesek, feszültek leszünk és beindul egy rossz érzelmi–idegi–hormonális spirál, ami mély önpusztító folyamatok együttese és mindennek nevezhető, csak boldogsággenerátornak nem. Ekkor itt az idő, hogy kapcsoljunk! Ha eleget gyakoroljuk, le tudjuk szoktatni magunkat a gondolkodásmintáinkról! Szóval ilyenkor tudatosan el kell képzelni például azt, hogy a párod összefutott az utcán egy régi jó ismerősével, beültek egy étterembe és ott önfeledten beszélgetve tartalmas és békés időtöltésben van része. Valószínűleg a telefonját a kocsijában felejtette, így nemsokára észbe kap és jelentkezni fog. Fontos, hogy ehhez a gondolatcsomaghoz érzelmet is társíts! Akkor tudod a legpesszimistább jövőalternatívát a legoptimistábbra cserélni, ha elképzeled azt, és érzelmileg is beleéled magadat. Hiszen a félelemnél is ezt csinálod, érzelmet társítasz a képhez! Ha negatív módon megy, akkor miért ne menne ugyanez pozitív irányban?! Szóval a példára visszatérve képzeld el, hogy a párod nagyon jól érzi magát és te őszinte örömmel és szeretettel élvezed a gondolatot, hogy neki most nagyon jó. Ez az önzetlen és tiszta, odaadó érzés elfújja a félelem érzését a lelkedből. Akárhányszor megpróbál visszatérni a régi gondolkodásmintából fakadó, félelemhez kötődő gondolatsor, azonnal cseréld le az előbb leírt módon. Nagyon fontos az érzések lehető legmélyebb átélése, mert ha csak agyból csinálod, akkor azt elfojtásnak hívják és az később visszaüt! Az olyan, mintha egy kukta fedőjén lezárnád a szelepet. Előbb-utóbb durvábban tör ki, mint valaha. Ha pozitív érzelmekre cseréled, az elindítja az életedben a pozitív változást, mint amikor a kukta alatt lejjebb veszed a tűzhely hőmérsékletét. Ha hálát is kapcsolsz ehhez a folyamathoz, az sokat gyorsít a gyógyuláson, de ugye ezt már te is jól tudod...

Összegezzük, hogy mi a teendőd a boldogságodhoz vezető 19. lépés teljesítéséhez:

Feladat: Amikor az elméd egy negatív forgatókönyvet hordozó jövőképet generál, cseréld azt pozitív fogatókönyvre, úgy, hogy pozitív érzésekkel átéled az elképzelt forgatókönyvet.

Melyik részedre hat leginkább: Lélek

Meddig kell végezned ezt a feladatot: Addig szükséges ezt a feladatot végezni, amíg az életedben nem lesznek dominánsak a pozitív érzelmek.

Néhány jó tanács: Eleinte furcsának fog tűnni pozitív érzelmet hozzátenni egy kitalált pozitív jövőképhez. De ez sem furcsább, mint az, hogy a fiktív negatív jövőképekhez félelmet rendelsz. Annyi csak a különbség, hogy az egyik szokatlan, ezért az elején még nehezen fog menni, a másik meg rutinszerű. Azonban a sikerhez kemény kitartás szükséges, mert a régi gondolatminták nehezen oldódnak fel. Képzeld el, az eddigi életeben már hány ezerszer jelentek meg ezek! Neked több héten vagy hónapon át kell lecserélned a legjobb jövőalternatívához kapcsolódó érzelmekre ahhoz, hogy a változás stabil és tartós legyen. A tested „félelemhormon"-függését kell valamely pozitív érzelemhez kapcsolódó hormonfüggésre cserélni. Sok erőt és kitartást kívánok az utadhoz! Ha nem megy egyedül, akkor kérj segítséget!

Most arra kérlek, hogy ne olvasd tovább ezt a könyvet, amíg a boldogságodhoz vezető út 19. lépését meg nem tetted! Utána visszavárlak, hogy folytassuk a közös munkát!

Mikor teheted meg a 20. lépést: Amikor már zavar az, hogy az agyad megint feleslegesen kreált negatív forgatókönyvet és ösztönösen bekapcsol ez a módszer arra, hogy korrigáld, akkor gyere, és kérlek, lépj tovább!

20. lépés a boldogságodhoz (elme): Megerősítések upgrade – Kaleidoszkóp-videók

A kaleidoszkóp-videók kitalálója dr. Joe Dispenza, akinek az összes könyvét és YouTube-videóját különösen ajánlom minden boldogságkeresőnek. Dr. Joe Dispenza mély meditációs állapotban gyakran tapasztalta meg az energiahullámok összetett képi megjelenését, amelyek leginkább a jobb minőségű kaleidoszkópokban láthatókhoz hasonlítanak. Dispenza erre alapozva kipróbálta, hogy a kaleidoszkópok által keltett képek milyen hatással vannak az Emberek agyára, ezt mérésekkel is kontrollálta. Ezek a vizsgálatok igazolták, hogy e képek hatására az éber Béta-agyhullámok szintjéről az Alfa-agyhullámok szintjére süllyed a figyelmünk. Alfaagyhullám-állapotban az agy szimplán befogadja az információkat és nem értékeli, nem véleményezi azokat. Ezt érik el ügyes trükkökkel a reklámok készítői is. A jól megszerkesztett reklámokkal a legnagyobb maszlagot is bevesszük és a tudatalattinkba építjük, mert az agy Alfaagyhullám-állapotban nem kritikus, nem elemez az elme. Joe Dispenza álláspontja az, hogy ami negatív dolgokra használható, azt miért ne lehetne pozitívakra is használni. Ezért készített kaleidoszkóp-videókat, amelyek a megerősítések és a vonzás törvényének eszközeit használják. Csakhogy ez a módszer olyan, mintha egy talicskára turbómotort szerelnél. A hagyományos megerősítésekkel az a baj, hogy ha Bétaagyhullám-állapotban használod őket, akkor legalább ezerszer el kell mondanod magadnak egy megerősítést ahhoz, hogy elkezdjen beépülni a tudatalattidba. Ugyanakkor ha ugyanezt a kaleidoszkópmozival végzed, akkor mindössze 21 napig kell megnézned napi kétszer, és elkezd működni a várt hatás. Sokan kipróbálták már, tényleg így van. Nálam is működött. A módszer előnye, hogy kényelmes, semmiféle szakmai ismeretet nem igényel és mindenkinél beválik. Szóval nálad is fog! Nem kell mást tenned, csak nézni őket. (Néhány praktikus kaleidoszkópvideót a YouTube-on „Joe Dispenza, kaleidoszkóp videók" keresőszavakkal találsz.) De ha ezek egyike sem tetszik, egyedi, személyre szabott videót is csinálhatsz magadnak, amibe a saját specifikus álmaidat, vágyaidat tudod beletenni. Ehhez a neten találsz egy Mindmovie nevű szolgáltatást, ami bár fizetős, de nem drága.

Összegezzük, hogy mi a teendőd a boldogságodhoz vezető 20. lépés teljesítéséhez:

Feladat: Válaszd ki az Életed egy olyan területét, ahol komoly változást akarsz elérni. Ezután keress egy ehhez kapcsolódó videót (a YouTube-on „Joe Dispenza, kaleidoszkóp videók" keresőszavakkal találod meg ezeket). Ezután nézd minimum naponta kétszer 21 napon át, vagy naponta egyszer 50 napon át.

Melyik részedre hat leginkább: Elme

Meddig kell végezned ezt a feladatot: Célszerű addig nézned a videót, amíg a vágyott cél el nem kezd megvalósulni az Életedben.

Néhány jó tanács: Fontos, hogy útravalóként kiegészítő tanácsot adjak ehhez a módszerhez. Ez pedig a késleltetés törvénye, amelyről már olvashattál (lásd a 6.6. fejezetet). Ha ezzel is felvértezted magadat, akkor már nincs más dolgod, mint a számodra legfontosabb célokat tartalmazó videót kiválasztani és megnézni legalább naponta kétszer. A videó megtekintése akkor hatékony, ha ellazult állapotban nézed, úgy, mintha egy unalmas reklámra bambulnál rá. Ha a videó megtekintése alatt a zene és a képek hatására emelkedett érzelmeket is tudsz érezni (hála, szeretet, béke, harmónia stb.), akkor még hatékonyabb a módszer. Fontos, hogy fókuszálj a videóra és közben igyekezz gondolatmentes lenni. Ha elkalandoznak a gondolataid, akkor újra és újra vidd vissza a fókuszt a filmre. Minél gondolatmentesebb vagy, minél fókuszáltabb, minél ellazultabb és minél mélyebb pozitív érzelmeket érzel közben, annál hatékonyabban és gyorsabban fogod bevonzani az áhított célt.

Én annak idején először a neten ingyenesen található „attraction law" (vonzás törvény) videót próbáltam annak érdekében, hogy teszteljem a módszert. Kb. a 15. napnál jártam, amikor már több alkalommal éreztem a pozitív hatását. Olyan váratlan, logikusan nem várható dolgok történtek az életemben, amelyeket képtelen lettem volna magam előidézni. Ezeket hívják a spirituális irodalomban szinkronicitásoknak. A legjobb, amit tehetsz önmagaddal az, hogy mielőbb elkezded nézni ezeket a videókat.

Most arra kérlek, hogy ne olvasd tovább ezt a könyvet, amíg a boldogságodhoz vezető út 20. lépését meg nem tetted! Utána visszavárlak, hogy folytassuk a közös munkát!

Mikor teheted meg a 21. lépést: Amikor már legalább 3 hete nézed a videókat és az új feladatra való fókuszálás nem fogja megszakítani a videók nézésének folytatását.

21. lépés a boldogságodhoz (test): Víz

A kertemben van egy tiszta vizű pici dísztó. Mi kell ahhoz, hogy mindig tiszta maradjon ennek a tónak vize? A válasz egyszerű: nagy mennyiségű vízcsere tiszta vízforrásból. A tóba belehulló rovarok, falevelek, a szél által befújt por, az eső által behordott anyagok és a tóban lévő élőlények által generált folyamatok fokozatosan elszennyezik a tó vizét. Ha nem cserélődne megfelelő mennyiségben a vízkészlet, akkor hamarosan egy algás zöld pocsolyává alakulna. Ezért egy mesterséges kis vízesésen keresztül tiszta csapadékvízzel táplálom egy csapadékvíz-tározóból. Minél tisztább vízzel oldjuk meg a tó vízpótlását és minél nagyobb arányú a vízcsere, annál tisztább lesz a tó vize.

A tested kb. 2/3-a víz. Képzeld el a tested vizét is egy ilyen tóként. Tudom, hogy az Emberi testben összetettebbek a folyamatok, de a folyamatok eredőjét tekintve a tó és a tested vize között felállítható a párhuzam. Szóval a tested vizét folyamatosan cserélni kell a lehető legnagyobb tisztaságú vízzel. Így tartható fenn a legtisztább állapot a testedben. Minél több minél inkább szennyezett folyadékot viszel be a szervezetedbe, annál kevésbé képes megtisztulni a tested „tava". Így a legjobb, amit tehetsz a testeddel, hogy amikor csak teheted, tiszta vízzel pótolod a folyadékhiányodat.

De milyen is az igazán tiszta víz? Ezzel a kérdéssel több mint 20 éve foglalkozom, hiszen mérnöki énem számos nagy települési ivóvíztisztító-telep tervezője és a téma szakértője. Megpróbálom röviden összefoglalni erre az összetett kérdésre a választ. Szerencsére a világ nyugati részén legalább csapvízhez hozzá tudunk jutni, így a nagyjából egészséges és a nagyon egészséges vizek között válogathatunk. De ne felejtsük el, hogy jelenleg legalább 1 milliárd Ember él a Földön, akik nem jutnak megfelelő tisztaságú ivóvízhez nap mint nap. Ezért nagyon fontos, hogy légy hálás minden korty tiszta vízért, amit megiszol. Már önmagában ezzel sokat teszel a lelki fejlődésedért, hiszen ismerjük a hála lélekre ható erejét, nem beszélve arról, hogy addig is félresöpröd a pusztító-ego azon álságos sugallatát, hogy neked ez megjár.

Tehát abból a feltételezésből indulok ki, hogy legalább hálózati vízhez hozzájuthat az Olvasó. Ebben az esetben a víz tisztaságának fokozatai a legkevésbé tiszta víztől a legtisztábbig:

➢ Csapvíz
➢ Házi vízkezelővel kezelt csapvíz

➢ Ásványvíz műanyag palackban

➢ Ásványvíz üvegben

➢ Forrásvíz (ellenőrzött forrásból)

A csapvíz sajnos csak részben egészséges. Ennek számos oka van, amelyek közül megpróbálok pár fontosabbat bemutatni. A víz kémiai, mikrobiológiai és bakteriológiai tisztaságára vonatkozóan hazánkban is vannak jogszabályi előírások, amelyek megfelelnek az átlagos nemzetközi standardoknak. Azonban gyakran előfordul, hogy a vízkezelő mű átmenetileg vagy tartósan nem felel meg ezeknek az elvárásoknak. Általában azonban ilyenkor nem áll le a vízszolgáltatás. Ha megfelel az elvárásoknak, az sem jelent teljes körű egészségügyi biztonságot a fogyasztóra nézve. Hiszen a vizet annak érdekében klórozzák, hogy a vízműből kilépő fertőzésmentes víz a több kilométer hosszú csővezetéken keresztül ne fertőződhessen be, amíg eljut a fogyasztóig. A valóságban az történik, hogy a klór minden élő szervezetet elpusztít, amivel a víz szállítása során találkozik és eközben folyamatosan fogy a vízben lévő mennyisége. Így ha a vízműhöz közel van a házunk, akkor nagy valószínűséggel olyan víz folyik a csapunkból, amiben kis eséllyel vannak mikroorganizmusok, ugyanakkor van benne szabad klór. A szabadklór-tartalom miatt a víz nem egészséges, még akkor sem, ha az egészségügyi határérték alatt van a klór szintje. Ha azonban a vízműtől elég messze van a házunk, akkor már elfogy a szabad klór a vízből, így megjelennek a mikroorganizmusok és egyéb élőlények a vízben, amelyet megiszunk. Ezek persze jótékony baktériumok is lehetnek, de sajnos fertőző vírusok, baktériumok, gombák, peték, férgek és egyéb élőlények is, amelyeket nem látunk szabad szemmel vagy alig észrevehetők. Ugyanakkor azt is fontos megemlíteni, hogy a klór, amikor megöl egy-egy mikroorganizmust a vízben, akkor a kémiai reakció melléktermékei között rákkeltő anyag is lesz. Így a klórozás következtében ugyan megszabadulunk bizonyos mértékben a fertőzési kockázatoktól (nem teljesen), de cserébe kis mennyiségű rákkeltő anyagot is kapunk a csapon keresztül. A legtöbb esetben ez is az egészségügyi határérték alatt van, de azért mégsem célszerű elfogyasztani. De miért? Itt lép be a multitoxicitás fogalma, amely téma körül ma is nagy erőkkel folynak kutatások és még rengeteg a tudományosan nyitott kérdés. Tudniillik ha az egészségügyi határérték alatt vannak a rákkeltő vegyületek a csapvízben, amit megiszol, majd utána eszel 10 dkg parizert, amiben a szintén rákkeltő nitrites só szintén az egészségügyi határérték alatt van, majd azt követően elfogyasztasz egy kis permetszermaradvánnyal „megáldott" gyümölcsöt, akkor izgalmas a kérdés, hogy ezek együttese hogyan fog hatni a szervezetedre. A rákos megbetegedések száma elég nagy és egyre növekszik. Eléggé logikus kikövetkeztetni, hogy hová vezetnek a multitoxicitás hatásai. Hiszen ezen rákkeltő anyagok jó része soha nem tud kiürülni a szervezetből. Azaz a testünk mint egy kamra egész életünkben gyűjti őket és egy idő után olyan mértékűvé gyülemlik fel bennünk, hogy már súlyos betegségeket okoz. Addig azonban csak lappang és a testünk tünetmentesen gyűjtögeti az apró nanogramm-dózisokból, hosszú évtizedek alatt.

Szóval ha a csapvízből származó károsanyag-terhelést kizárhatod az életedből, akkor csökkentetted a tested multitoxicitás szempontú terhelését. Fontos kiemelni, hogy hazánkban nem rossz minőségű a csapvíz, persze ezzel nem azt állítom, hogy aki csapvizet iszik, az nagy bajt csinál. Inkább azt állítom, hogy a csapvíz fogyasztása kismértékben rombolhatja az egészségünket. Szóval ivásra és főzésre a csapvízről célszerű átállni más víztípusra.

Első lehetőségünk, hogy tovább tisztítjuk a csapvizet. Ez nem egy rossz módszer, de itt is nagyon sokféle lehetőség közül választhat a fogyasztó. A legolcsóbb megoldás az aktívszenes kancsó, amit nem igazán tudok tiszta szívvel ajánlani. Tudniillik a kancsóban lévő aktívszenes szűrő megszűri a klórozási melléktermékek egy részét (azaz mérsékli a víz rákkeltőanyag-koncentrációját), ugyanakkor a szűrőben nagyon könnyen elszaporodnak a baktériumok és mivel utána nincs fertőtlenítve a víz, ezért sajnos nő a fertőzési kockázat. Sokszor kismértékű a fertőzés, így enyhe fejfájás vagy akár tünetmentesség mellett csak következmény az immunrendszer gyengülése. Miközben nem is tudjuk, hogy a napi szinten használt kancsónk okozza. Nyilván a rendszeres szűrőbetétcsere mérsékli a kockázatokat.

A szakmai mélységek elkerülése mellett a következő a jó megoldás a csapvíz továbbtisztítására: mikroszűrő – aktívszénszűrő – RO-berendezés – sózó patron – UV-patron. Ha ezt a kombinációt választod ebben a sorrendben, akkor nagy tisztaságú vizet fogsz fogyasztani.

A másik lehetőséged, hogy ásványvizet veszel. Ezzel orvosolod a hálózati klórozás és a hálózati befertőződés problémáját. Így mindenképpen egészségesebb vizet fogsz inni, mint a hálózati víz. Persze itt is ügyelni kell, hogy „természetes ásványvíz" felirat legyen a palackon. Igen ám, de sajnos a legtöbb ásványvizet PE-palackokban forgalmazzák. A PE-palackokból pedig 30–35 °C felett kis mennyiségben rákkeltő melléktermékek oldódnak ki. Több olyan vizsgálatot végeztek, ahol az ásványvíz-palackozó üzemtől a boltok polcáig mérték a víz hőmérsékletét. Sajnos a nyári nagy melegben a kamionokon és a meleg raktárakban tartósan is 35 °C fölé emelkedhet a víz hőmérséklete. Tehát hiába veszed le a polcról hűvös vízként a klimatizált szupermarketben, ha előtte hetekig egy forró raktárban tárolták. Így sajnos lutri, hogy az ásványvíz, amit veszel, az tökéletesen egészséges-e vagy kismértékben tartalmaz káros anyagokat.

E probléma kizárására a legjobb módszer, ha üvegben palackozott ásványvizet veszel. Ebből azonban elég kevés van a piacon és elég drága is. De ez a megoldás szuper, hiszen az üvegből semmi sem tud a vízbe oldódni!

Én egyébként forrásvizet iszom, olyan forrásból, amelynek vízgyűjtőjén nincsen közvetlen emberi hatás. Ez a víz a legjobb, mert ez nemcsak kémiailag és mikrobiológiailag tiszta, hanem energetikailag is. De a víz energetikai tisztaságáról majd a következő kötetben fogok írni neked.

Összegezzük, hogy mi a teendőd a boldogságodhoz vezető 21. lépés teljesítéséhez:

Feladat: Igyál mindennap elegendő tiszta vizet. A lehetőségeidhez mérten a lehető legtisztább vizet fogyaszd. A bevitt napi folyadékmennyiséged minimum 60%-a tiszta víz legyen!

Melyik részedre hat leginkább: Test

Meddig kell végezned ezt a feladatot: Ez Életre szóló feladat.

Néhány jó tanács: Mit jelent az elegendő folyadékmennyiség? A választ nagyon egyszerűen definiálta egy természetgyógyász ismerősöm: testsúly-kilogrammonként 0,3–0,4 dl/nap folyadékot kell bevinned a szervezetedbe! Ha például 70 kg a súlyod, akkor ez 2,1–2,8 liter folyadékot jelent. Ebbe beleszámolható a leves és minden folyadék, amit megiszol. Sokan elhanyagolják a megfelelő mennyiségű folyadékbevitelt, amellyel napi szinten rombolják a testüket és ezáltal közvetve a lelküket is. Van egy hullámgenetikai gépünk a családban, amivel napi szinten meg tudjuk vizsgálnia testünk állapotát. Ha egy napig nem iszom eleget, a gép máris kimutatja, hogy az agyi erek drasztikus állapotba kerültek. Persze ebből csak annyit érzek, hogy picit fáj a fejem vagy fáradékonyabb vagyok, de tartósan számos komoly egészségi probléma lehet belőle. És ez csak egy példa a sok közül. A folyadékbevitelt nagyon komolyan kell venni! Sok Embertől hallottam, hogy nem szeret túl gyakran pisilni járni, ezért nem iszik eleget, vagy olyat is mondanak nekem, hogy nincs idejük rá. Ezek mind az ego ügyes trükkjei! Nagyon szépen kérlek, de dőlj be neki!

Most térjünk rá a víz kérdésére. A fentebb leírt napi folyadékmennyiségnek minimum a 60%-a a lehető legtisztább víz legyen! Enélkül nem tud emelkedni a tested rezgésszintje, ami pedig károsan hat a lelked fejlődésére! Ennek tudományos magyarázatára a következő kötetben fogok kitérni a víz energetikai tisztaságának tárgyalásakor. De addig is fogadd el, hogy a testednek és ezáltal a lelkednek is sok-sok tiszta vízre van szüksége! Erre is gyakran hallok kifogásokat. A leggyakoribb válasz, hogy a víz íztelen, unalmas, ezért inkább más ízesített dolgot iszom. Ez csak a kezdeti időszakban van így. Én is nagyon nehezen szoktam át a vízre.

De ma már ha megkóstolom a régen annyira kedvelt cukros üdítőket, rosszul vagyok tőlük. Ahogy a fogyasztási szokásaink átalakulnak, megváltozik az ízérzékelésünk. Szóval egy idő után a víz nem lesz íztelen és unalmas, sőt. Csak az átállás nehéz, de, kérlek, tarts ki, mert megéri! Amikor életem első megvilágosodás áttörésén túlestem, utána fél napig csak tiszta forrásvizet volt képes bevenni a testem. Nem ettem semmit és nem bírtam volna mást meginni. Az élmény egyik egyértelmű üzenete az volt, hogy a legjobb, amit tehetsz önmagaddal, hogy tiszta forrásvizet iszol, amikor csak teheted!

Tiszta szívből gratulálok neked!

Teljesítetted jelen könyv utolsó kihívását is! Ha a vízivás is Életed szerves belső igényévé vált és szeretnéd folytatni a megkezdett boldogságkereső utadat, akkor örömmel fogadlak olvasóim között jelen könyv következő kötetével vagy a tanfolyamaimon. Ugyanakkor az öngyógyítás és a boldogságkeresés módszereiből egy nagyon klassz gyűjteményt olvashatsz a blogomon, amelynek címét a könyv elején találod. Ebben a témában nagy szeretettel ajánlom neked Spitzer Gyöngyi (Soma Mamagésa) Öngyógyító könyv című igen inspiráló és hasznos művét, amelyben komoly gyógyítómódszerek gyűjteményét találod!

Zárszó

A hirtelen változásokat általában nagy visszaesések követik. A helyes változás lassú és fokozatos. Általában észre sem vesszük a változást, mert olyan apró lépésekben történik, hogy az válik megszokottá, amiben vagyunk. Ezért úgy tudjuk nyomon követni az előrelépésünket, ha időnként visszanézünk és belegondolunk, hogy egy adott helyzetben hogyan viselkedtünk volna egy éve vagy öt éve. Ilyenkor láthatunk rá, hogy mekkorát fejlődtünk. Én is gyakran megdöbbenek, hogy milyen távol vagyok már attól a Dittrich Ernőtől, aki 26 éves korában rálépett a lelki fejlődés útjára. A mai Dittrich Ernő már egy sokkal kiegyensúlyozottabb, boldogabb és sikeresebb Ember, mint aki akkor volt. Ezt a változást te is átélheted jelen könyv segítségével, ráadásul jóval gyorsabban, mint én, hiszen mindent átadok hozzá neked, ami ehhez szükséges. De kitartás és szorgalom kell hozzá! Kérlek, tarts ki! Megéri...

Amikor a jelen könyvben megfogalmazott feladatoknak legalább a 60%-a már az Életed szerves része, akkor válaszolj az alábbi kérdésekre újra úgy, hogy 1 ... 10 között kiválasztod a legmegfelelőbb számot és bekarikázod. A 10 jelenti azt, hogy teljes mértékben egyetértek, az 1 pedig azt, hogy abszolúte nem értek egyet.

> Reggel ébredés után kíváncsian és vágyakozással várom, hogy milyen csodákat hoz számomra ez a nap:
> 1 - 2 - 3 - 4 - 5 - 6 - 7 - 8 - 9 - 10

> A kapcsolataim harmonikusak, békések és lelki intimitás, őszinteség, önzetlenség jellemzi őket. Nem vagyok kritikus sem önmagammal, sem másokkal:
> 1 - 2 - 3 - 4 - 5 - 6 - 7 - 8 - 9 - 10

➢ Annyi teendőm van, amennyit tempós, de nyugodt tevékenységgel harmonikusan el tudok végezni. Rend és harmónia uralja az Életemet:

1 - 2 - 3 - 4 - 5 - 6 - 7 - 8 - 9 - 10

➢ Sokat mosolygok, amelyet nem önvédelmi páncélnak használok, hanem a boldogságom ösztönös megjelenése:

1 - 2 - 3 - 4 - 5 - 6 - 7 - 8 - 9 - 10

➢ Ritkán vagyok szomorú, békétlen vagy türelmetlen, de akkor is nagyon rövid időkre:

1 - 2 - 3 - 4 - 5 - 6 - 7 - 8 - 9 - 10

➢ Szeretem az Életemet és szeretem önmagamat:

1 - 2 - 3 - 4 - 5 - 6 - 7 - 8 - 9 - 10

➢ Tiszta odafigyeléssel, nyílt szívvel, gondolatok nélkül vagyok képes megélni az értékes pillanatokat:

1 - 2 - 3 - 4 - 5 - 6 - 7 - 8 - 9 - 10

➢ Bízom a jövőmben és hiszem, hogy az Élet jó irányba egyengeti a sorsomat (az Élet helyére bármely, hitrendszered szerinti szót tehetsz, pl. Isten, Mindenható stb.):

1 - 2 - 3 - 4 - 5 - 6 - 7 - 8 - 9 - 10

➢ Mélyen és jól alszom nap mint nap:

1 - 2 - 3 - 4 - 5 - 6 - 7 - 8 - 9 - 10

➢ Testi egészségem tökéletes állapotban van:

1 - 2 - 3 - 4 - 5 - 6 - 7 - 8 - 9 - 10

Add össze a számokat és oszd el 10-zel, majd a kapott értéket egy dátummal együtt írd ide: ......

Ha ez az érték magasabb, mint amit a 6.7. fejezetben írtál, akkor működött a módszer. Ha így van, akkor az örömödet, a sikeredet oszd meg velem, kérlek, a könyv elején található e-mail-címen, hogy veled örülhessek. Ha nincs változás, akkor is szólj, mert ebben az esetben igyekszem segíteni abban, hol van az elakadás, amely megnehezíti a fejlődésedet!

Ha jelen könyv módszerei által fejlődést értél el, akkor örömmel látlak a következő kötet olvasói között, az már középhaladó szintű feladatokat fogalmaz meg számodra. Cserébe általuk hatékonyabban és még komolyabb sikert érhetsz el a boldogságkereső utadon. Minden kezdet nehéz. Olyan, mint egy nehezen indulni akaró lendkerék. Ez a könyv azt a célt szolgálta, hogy mélyebben értsd meg az Életedet, kezdj el a pusztító-egod mögé látni és az álló vagy visszafelé forgó lendkerekedet kezdd el jó irányba forgatni. Ha lesz kedved és erőd tovább folytatni a közös munkánkat, akkor a következő kötet már a lendkereked felgyorsításáról fog szólni. Addig is, amíg újra találkozunk, kívánok neked sok erőt, kitartást és örömet ezen a csodálatos úton, amelynek mindkét oldalát hálalámpások világítsák meg számodra...

Köszönetnyilvánítás

Régen sokat szenvedtem az miatt, hogy a múltamban mennyi rossz dolog történt velem. De ma már hálás vagyok nehéz életem minden percéért! Ma már látom, hogy minden okkal történt. Ha nem éltem volna át ezeket a lelki mélységeket és nem tapasztaltam volna meg a saját bőrömön, hogyan lehet áttranszformálni, begyógyítani őket, akkor ma nem tudnék másoknak segíteni. Az önzetlenség és az alázat a boldogság mély és hatékony mozgatórugói. Hálás vagyok az életem minden percéért és azért, hogy most a kezedben tartod ezt a könyvet, amelyet végigolvastál. A köszönetem sora végtelen hosszú, hiszen minden Ember és minden élőlény, sőt minden élettelen dolog is, akivel vagy amivel hosszabb vagy rövidebb ideig kapcsolódtam, ide juttatott el, ahol most vagyok.

Név szerinti köszönetet mondok azoknak az Embereknek, akik kiemelt hatást gyakoroltak rám lelki fejlődésem útján, függetlenül attól, hogy személyes-e az ismeretségünk vagy csak a videóik, könyveik hatottak rám rendkívüli módon. Őket mestereimnek tartom és komoly hálámat fejezem ki feléjük: Tönkő Ildikó, Pap Judit, Murányi József, Varga Tamás Miron, Mátyás János, Spitzer Gyöngyi (Soma Mamagésa), dr. Joe Dispenza, dr. Máté Gábor, Eckhart Tolle, dr. Dawid R. Hawkins.

Külön köszönöm azoknak, akik jelen könyv elkészítésében közreműködtek. Név szerint itt azokat emelem ki, akik a könyv előlapján nem szerepelnek: Lukáts Judit, Göndöcs Gábor, Öhlmüller Eszter és csapata, Kreitner Krisztina, Puskás Tamás, Szentgyörgyi Zoltán, dr. Egerszegi Zoltán, Birkás Ágnes, Berényi Katalin, Somfai Dávid, Szekeres Anett.

Végül köszönetet mondok a családomnak, amelynek tagjai mindenben mögöttem álltak és csodálatos, szeretetteljes hátteret biztosítottak ahhoz, hogy az lehessek, aki mindig is szerettem volna lenni. Egy másokért önzetlen szeretettel dolgozó ember...

Felhasznált (és ajánlott) irodalom

- Barry Michels és Phil Stutz: Énerő. Gabo Kiadó, Budapest, 2012.
- Beau Lotto: Láss csodát! Libri Kiadó, Budapest, 2017.
- Carl Gustav Jung: Az archetípusok és a kollektív tudattalan – C. G. Jung összegyűjtött munkái 9/1. Scolar Kiadó, Budapest, 2022.
- Dr. David R. Hawkins: Erő kontra erő. Agykontroll Kft., Budapest, 2004.
- Dr. Dittrich Ernő: A jövő neve Élet – Megoldás a klímaváltozásra, avagy a változás 6 programja. Magyar Klímavédelmi Kft., Pécs, 2021.
- Dr. Joe Dispenza: Válj természetfelettivé. Bioenergetic Kiadó, Budapest, 2020.
- Dr. Máté Gábor: A sóvárgás démona. Libri Kiadó, Budapest, 2010.
- Eckhart Tolle: Új föld. Édesvíz Kiadó, Budapest, 2022.
- Eric Berne: Emberi Játszmák. Háttér Kiadó, Budapest, 2009.
- Gary Chapman: Az 5 szeretetnyelv: egymásra hangolva – Az életre szóló szeretet titka. Harmat Kiadó, Budapest, 2015.
- Gerner–Nagy–Szécsi: Albert Einstein válogatott írásai. Typotex Kiadó, Budapest, 2009.
- James Redfield: Mennyei Prófécia. Alexandra Kiadó, Pécs, 2005.
- John Bradshaw: A mérgező szégyen gyógyítása. Casparus Kiadó, Budapest, 2015.
- Judyth Reichenberg-Ullman–Robert Ullman: Szentek, bölcsek, mesterek és misztikusok – Megvilágosodásbeszámolók a régmúlttól napjainkig. Filosz Kiadó, Budapest, 2016.
- Louise L. Hay: Éld jól az életed most! – Tanuld meg használni a megerősítéseket. Édesvíz Kiadó, 2014.
- Madách Imre: Az Ember tragédiája. Pantheon Kiadó, Budapest, 1993.
- Muriel James–Dorothy Jongeward: Nyerni születtünk – Gyakorlati

útmutató az önismeret fejlesztéséhez. Reneszánsz Kiadó, Budapest, 2010.
- Paul Ekman: Leleplezett érzelmek. Kelly Kiadó, Budapest, 2011.
- Soma Mamagésa: Öngyógyító könyv – Módszerek, technikák, gyakorlatok, szemléletek. Jaffa Kiadó, Budapest, 2014.
- Rhonda Byrne: A varázslat. Édesvíz Kiadó, Budapest, 2017.
- Rozsnaki László: Szoftverfirssítés 1.0.1., avagy a teremtés könyve. (ingyenesen terjesztett pdf dokumentum)
- Uwe Albrecht: Igen vagy nem? Egyértelmű döntések minden élethelyzetben. Bioenergetic Kiadó, Budapest, 2012.
- Vianna Stibal: ThetaHealing – Egy kivételes energiagyógyászati módszer bemutatása. Bioenergetic Kiadó, Budapest, 2017.

MELLÉKLETEK

1. melléklet: Lelkirezgésszint-becslés és önismeret (táblázattal)

Kedves Olvasó! Az 1.2.-es fejezetben megkértelek egy érdekes önismereti játékra. Remélem, velem tartasz ebben az izgalmas közös belső munkában. Először egy mintapéldán keresztül mutatom be neked, hogyan tudod megbecsülni a lelki rezgésszintedet. Természetesen itt is fontos elmondanom, hogy legyél maximálisan őszinte magadhoz! Ha hamis képet kapsz magadról, az tévútra viheti a fejlődésedet! Ezért kiemelten fontos, hogy merj a tükörbe nézni. Magyarázó példának egy saját átlagos napomra jellemző érzelmekkel becsültem meg – ezen keresztül bemutatom neked –, hogyan tudod elvégezni magadra a becslést. A táblázat alatt találod a magyarázatot, kérlek, ne ijedj meg, nem lesz bonyolult!

Sor	Rezgésszint	Érték	Óra/nap	Szorzat
1	Szégyen	20	0	0
2	Bűntudat	30	0	0
3	Fásultság	50	0	0
4	Bánat	75	0	0
5	Félelem	100	0	0
6	Vágyakozás	125	0	0
7	Harag	150	0	0
8	Büszkeség	175	0,1	17,5
9	Bátorság	200	0,1	20
10	Pártatlanság	250	0,1	25
11	Hajlandóság	315	0,1	31,5
12	Elfogadás	350	0,2	70
13	Észszerűség	400	2	800
14	Szeretet	500	9,3	4650
15	Öröm	540	4	2160
16	Béke	600	1	600
17	Megvilágosultság	700	0,1	70
18	Összesen		17	8444
19	Alvásidőm		7	
20	Napi órák összesen (ellenőrzés)		24	
21	**Lelki rezgésszintem becsült értéke**			**497**

A fenti számpélda alapján most töltsd ki az alábbi üres táblázatot a következőkben megfogalmazott 7 lépésben:

I. lépés: írd be a 19. sor 4. oszlopába, hogy mennyit aludtál aznap. A példatáblázatban ebben a cellában 7 óra van.

II. lépés: Haladj végig a szégyentől a megvilágosultság érzéséig és gondold végig, hogy egy átlagos napodon melyik érzés mennyi ideig volt jelen az életedben. Ezt tizedes pontossággal írd be a 4. oszlopba az 1. sortól a 17. sorig. A kitöltött számpélda is jól mutatja, hogy amely érzés nem jellemző rád, oda 0-t kell írni. A többi helyre pedig azt az időtartamot, amely egy átlagos napodon jellemző rád.

III. lépés: Add össze a 4. oszlop 1–17. sorokba beírt időtartam értékeit és írd be a 18. sor 4. oszlopába. A kitöltött példatáblázatban ott 17 órát találsz.

IV. lépés: Add össze a 4. oszlop 18. és 19. oszlopának számait és írd be a 20. sorba. Ez egy ellenőrző sor, mert itt 24 órát kell hogy kapj. Ha nem jött ki a 24 óra, akkor addig alakítsd a 4 oszlop 1–17. sorának időtartam-értékeit, míg az alvásidőddel együtt 24 órát nem ad ki asz összegük.

V. lépés: Ezt követően az 1–17. sorokban szorozd össze a 3. oszlop pontértékét a 4. oszlop időtartam-értékével, az így kapott számokat írd be az 5. oszlop aktuális sorába. A fenti kitöltött táblázatban például a 13. sor 3. oszlopában lévő 400-as rezgésérték a 13. sor. 4. oszlopában lévő 2 óra időtartammal szorozva 800-as szorzatot ad, amelyet a 13. sor 5. oszlopába írtam be.

VI. lépés: Ezt követően add össze az 5. oszlopba írt számokat és írd be a táblázat 5. oszlopának 18. sorába. A példatáblázatban itt 8444-es összeg szerepel.

VII. lépés: Az. 5. oszlop 18. sorában lévő értéket oszd el a 18. sor 4. oszlopának időtartam-értékével. Tehát a példa esetében a 8444-et 17 órával. Az így kapott értéket írd be az 5. oszlop 21. sorába. Gratulálok! Megbecsülted a lelki rezgésszinted értékét!

Sor	Rezgésszint	Érték	Óra/nap	Szorzat
1	Szégyen	20		
2	Bűntudat	30		
3	Fásultság	50		
4	Bánat	75		
5	Félelem	100		
6	Vágyakozás	125		
7	Harag	150		
8	Büszkeség	175		
9	Bátorság	200		
10	Pártatlanság	250		
11	Hajlandóság	315		
12	Elfogadás	350		
13	Észszerűség	400		
14	Szeretet	500		
15	Öröm	540		
16	Béke	600		
17	Megvilágosultság	700		
18	Összesen			
19	Alvásidőm			
20	Napi órák összesen (ellenőrzés)			
21	**Lelki rezgésszintem becsült értéke**			

Fontos tudnod, hogy ez egy becslés. A hiba mértéke annyi, amennyire hiányos az önismereted. Az önismereted annál hiányosabb, minél erősebb ego él benned. Ha a kapott érték alacsony, az ne keserítsen el! Én kb. 9 éve tartósan 30-as értéken éltem és őszinte öngyilkossági gondolataim voltak. Szóval nincs lehetetlen! Aki mélyen van, annak van két óriási előnye! Az egyik, hogy onnan lehet igazán nagyot fejlődni, és ezért van az, hogy akik mélyről emelkednek feljebb egy boldogabb életbe, azok nagyon boldogok, mert hálásak és igazán tudják értékelni a jót. A másik nagy előnye, hogy ha ki tudsz jönni a nagy mélységekből, akkor utána már másokon is tudsz segíteni. Azok, akik soha nem tapasztalták meg a mélységeket és úgy próbálnak másokon segíteni, nem lesznek elég jók abban, amit csinálnak. Hiszen olyanról beszélnek, amit sosem éltek igazán át.

2. melléklet: Lelki rezgésszintekhez tartozó érzelmek

Az alábbi táblázatban összefoglaltam az egyes lelki rezgésszintekhez tartozó érzelmeket. Ez segíti az eligazodásodat abban, hogy amit éppen érzel, az valójában milyen lelki rezgésszinthez tartozik:

Rezgésszint	Érték	Érzelmek
Szégyen	20	megaláztatás, gyalázat, gonoszság, öngyilkossági vágy, megvetettség, nyomorúság, fanatizmus
Bűntudat	30	lelkiismeret-furdalás, lelkifurdalás, bűnösség érzése, önutálat, paranioia, fóbia, rémület, iszony, kétségbeesés
Fásultság	50	erőtlenség, tétlenség, elveszettség, tehetetlenség, üresség, érzéketlenség, értéktelenség, reménytelenség, nemtörődömség, lemondás, elítélés, elítéltség, eltaszítottság, elutasítottság, merevség, barátságtalanság, zordság, érzéketlenség, kimértség, sivárság, lélektelenség, ridegség, kiégettség, életuntság, enerváltság, unottság, morcosság, távolságtartás, közönyösség, besavanyodottság
Bánat	75	gyász, csüggedtség, önsajnálat, lenézés, lenézettség, tragikusság érzése, bánkódás, búslakodás, szomorúság, keserűség, magány
Félelem	100	kétségbeesés, szorongás, bizonytalanság, visszahúzódás, pesszimizmus, fenyegetettség érzése, ijedtség, pánik, szorongás, riadalom, nyugtalanság, aggodalom, rettegés, riadtság, feszengés, aggály
Vágyakozás	125	addikció, sóvárgás, függőség, vágy, csalódottság, tagadás, szerencsétlenség, kudarc, vágyódás, szenvedély, áhítozás, epekedés
Harag	150	ellenségesség, önvédelem, kritizálás, címkézés, bírálat, szembenállás, gyűlölet, vita, veszekedés, agresszió, erőszakosság, bosszú, düh, pusztítás, felháborodás, felindultság, indulat, méreg, idegesség, türelmetlenség, hatalomvágy, versengés, hibáztatás, demagógia, küzdelem, féltékenység, nacionalizmus

Rezgésszint	Érték	Érzelmek
Büszkeség	175	beképzeltség, sznobság, prűdség, különbözőség, ítélkezés, bírálat, lekicsinyítés, viszonyítás, gőg, felfuvalkodottság, önzés, egoizmus, önérdek-érvényesítés, birtoklás, kihasználás, kontroll, célorientáltság, beszűkültség, szabályok felett állás, követelőzés, ateizmus, önámítás, fölényesség, díszelgés, hiúság, önimádat, dölyfösség, önérzet, méltóság, önelégültség, idegesség
Bátorság	200	szembenézés, megoldáscentrikusság, belátás, felelősségvállalás, megerősítés, bátorítás, aktivitás, egyenrangúság, megbocsátás, karakánság, lélekjelenlét, merészség, őszinteség
Pártatlanság	250	megélés, reális énkép, átélés, felszabadulás, bizalom, semlegesség
Hajlandóság	315	lelkesedés, tudatosság, reményteliség, inspiráltság, motiváltság, tiszta szándék, kedv, akarat, törekvés, tetterő
Elfogadás	350	optimizmus, szabadság, egyensúly, önelfogadás, harmónia, elnéző látásmód, támogatás, segítség, megbocsájtás, jóvátétel, transzcendensség, könyörületesség
Észszerűség	400	objektivitás, racionalitás, idealizmus humanizmus, megértés, jelentőség, példamutatás, bölcsesség, igazságosság, tisztaság, erényesség, egyszerűség, következetesség, logikusság, tisztelet
Szeretet	500	önzetlenség, életszeretet, csodálat, egység, ártatlanság, türelem, alázat, áhitat, könyörületesség, szerénység, emelkedettség, hála, jóindulat, szolgálat
Öröm	550	derű, teljesség, életimádat, túlcsordultság, belső öröm, kedélyesség, derültség, jókedv, vidámság, életöröm, jókedv, boldogság, gondtalanság, felhőtlenség, gyönyör, mámor
Béke	600	áldottság, csend, rend, teljesség, tökéletes jelenlét, megnyugvás, nyugalom
Megvilágosultság	700	tökéletesség, csoda, fényesség, egomentesség, tökéletes egység, időtlenség

3. melléklet: Energiaközpontok (csakrák), avagy a test mint energiarendszer

Jelen mellékletben a sok új információ mellett találni fogsz olyan tényeket is, amelyeket a főszövegben olvashattál már. Erre azért volt szükség, hogy egy új nézőpontot tudjak átadni neked. Szóval ha olyan részre érsz, ami már, úgy érzed, nem mond újat, kérlek, olvasd tovább, mert erre az ismétlésre csak a teljes kép tisztánlátása érdekében van szükség. Ígérem, jelen melléklet nagyon izgalmas következtetéseket fog hozni az életedre vonatkozóan! Jelen melléklet tudományos eredményei dr. Joe Dispenza irodalomjegyzékben hivatkozott könyvéből származnak, amely könyvet tiszta szívből ajánlom minden boldogságkeresőnek. Eddigi életem top5-ös listáján belül van ez a könyv és ki merem jelenteni, hogy az életemet változtatta meg az a látásmód, amit átadott nekem. Bízom benne, hogy rád is ilyen csodálatos hatást fog gyakorolni, amikor majd elolvasod.

Az utóbb két évtized idegtudományi és agyi kutatásai hihetetlen izgalmas felfedezéseket tesznek nap mint nap. Amit évezredekig érzett az emberiség, majd a túl racionalizálódó világunkban részben feledésbe merült, napjainkban tudományos bizonyításokat nyernek. Így a spiritualitás egyes általános érvényű kijelentései tudományosan megalapozott racionális tényekké változnak.

A legújabb kutatási eredmények mérésekkel igazolták, hogy a testünk működése szerves összefüggésben áll a gondolatainkkal. Az idegtudományi szinten alátámasztott folyamat így működik: Gondolataink hatására agyunkban vagy régi idegi kapcsolatok erősödnek tovább, vagy új idegi kapcsolatok jönnek létre. Ez attól függ, hogy új gondolatról vagy valamiféle régi, megszokott gondolatról van szó. A 2000-es évek elején Nobel-díjat adtak annak a kutatónak, aki igazolta, hogy egy teljesen új gondolat 1 300 db új kapcsolatot hoz létre az agyban. A gondolatoknak tehát szinte azonnal testi következménye van. (Itt lényeges kiemelni, hogy ha 3 napon belül nem ismétlődik meg az a gondolat, akkor ezek az új idegi kapcsolatok végleg eltűnnek. Ezért fontos, hogy amikor egy új értékes gondolat kerül a látómezőnkbe, akkor azt legalább 3 napon át ismételgessük, amíg végleg be nem épül a tudásunkba.) A folyamat tovább folytatódik azzal, hogy ezek hatására a testben érzelmek keletkeznek. Az érzelmek hatására pedig hormonok és egyéb kémiai anyagok termelése generálódik. Tudományosan bizonyított tény, hogy az emelkedett érzelmek, mint például a szeretet, az együttérzés, a hála, az öröm, az ihletettség, a béke stb. több mint 1 400 különböző kémiai anyag termelését generálják a szervezetben, amelyek a test regenerációjáért, növekedéséért felelősek. Ezek az anyagok idézik elő ezeket a biokémiai változásokat a testben. Ugyanakkor az is igazolt tény, hogy a negatív érzelmek, mint például a félelem, a harag, a frusztráció, a versengés, az irigység stb. 1 200-féle olyan hormon és egyéb kémiai anyag termelődését generálja a szervezetben, amelyek a szervezet rövidtávú önvédelméért cserébe energiát vesznek el a szervezettől. Amennyiben ezek a negatív érzések és az azokból fakadó stressz nem rövidtávúak, hanem tartósak, akkor ezen anyagok jelenléte az egészség romlását generálják. Ez alapján egyből értelmet nyer számodra, miért nem mindegy, hogy lelki rezgésszintet emelő vagy azt romboló tevékenységeket végzünk, amelyek ezzel kapcsolatosan arányos gondolatokat képeznek bennünk.

De most jön még csak az igazán nagy horderejű tudományos felfedezés! A gondolataink tehát érzelmeket generálnak, az érzelmek pedig egy teljesen egyedi kémiát okoznak a szervezetedben. A te szervezetedben lévő hormonoknak és egyéb idegi szinten ható kémiai anyagoknak most is egy teljesen egyedi „koktélja" van a testedben. Pont ilyen senkinek nincs! Azonban ez egy felismerést eredményez. Az eddig átélt múltbeli érzelmeid kémiai lenyomata a szervezetedben van! Ami még rosszabb, az az, hogy a szervezetedben lévő kémiai anyagok újbóli előállítását akarja kérni a szervezeted. Ez az ego működésének fizikai magyarázata. Ez olyasmi, mint a kábítószerfüggőség, csak a szervezeted által termelt anyagokból. Amihez a szervezeted jelenleg hozzászokott, azt akarja újra és újra kitermelni. Ezért ingereket küld az agyba, amelyek olyan ösztönösen előtörő gondolatokat hoznak létre, melyek újra ugyanezen érzelmeket generálják, majd azok ugyanezen hormonokat és egyéb kémiai anyagokat termelik. Ugye, milyen érdekes belegondolni ebbe? Szerintem ez egy hihetetlen izgalmas tudományos felfedezésegyüttes. De még mindig van egy izgalmas csavar ebben az egészben! Számomra ez volt a legmegdöbbentőbb eredmény. Ezeknek a folyamatoknak a hatására a sejtjeinkben bizonyos gének aktiválódhatnak, és bizonyos gének kikapcsolódhatnak vagy megváltozhat az aktivitásuk. Például a tartós stressz hatására a szervezet sejtjeiben inaktiválódnak a test regenerálódásáért felelős gének. Innen egyenesági magyarázat, hogy miért van annyi rákos megbetegedés, igaz?

A fenti tudományosan is igazolt eredmények tökéletes harmóniában vannak a spirituális vezetők, jógik megérzéseivel. Annyi az eltérés, hogy ezeket mérésekkel igazolták, így a sokak számára nehezen érthető „spirituális köntös" helyett egyszerűen és közérthetően is elmagyarázhatóvá váltak az imént bemutatott a folyamatok. Ezekből az eredményekből számos felismerést tudományos tényként vagy abból kimondható logikus következtetésként rögzíthetünk. Ebből néhányat szeretnék összegezni neked:

1. Ezek alapján érthetővé válik, hogy miért pszichoszomatikus szinte minden betegség. Hiszen minden betegség negatív érzelmeket generáló gondolatokkal kezdődik. Azok tartós fennállása eredményezi először a genetikai, majd a kémiai és végül a szervi elváltozásokat. Természetesen ezt külső hatás is létrehozhatja, nem csak gondolat.

2. Ezek alapján érthetővé válik, hogy miért fontos jónak lennünk. Hiszen ha jó cselekedeteket végzünk, akkor az jó gondolatokat ébreszt bennünk, azok hatására jó érzéseket élünk meg, melyek jó kémiát és a test regenerálódását eredményezik. Szóval önérdek is jónak lenni, nemcsak közérdek. Itt lép be a spiritualitás egyik alapszabálya, miszerint ha jót teszel a világnak, akkor az a saját életedben visszatükröződve manifesztálódik.

3. Tisztán érhetővé válik az is, hogy miért olyan hatékonyak a pozitív érzelmeket generáló lélekgyógyító módszerek, amelyekből számosat jelen könyv 7. fejezete ad át neked.

4. Az is egyértelműen letisztul bennünk, hogy miért olyan nehéz megváltozni. És miért olyan nehéz egy elmélyült betegségből kilábalni? Hiszen ahhoz, hogy ez megtörténjen, a gondolkodásunkat és az érzelmeinket kell megváltoztatni! De ezeket nagyon nehéz, főleg ha évtizedek óta így konzerváltuk kémiailag a testünket! De ne keseredj el, kérlek, mert ebben is segít neked ez a könyv gyakorlati része (7. fejezet).
5. Az is egyértelművé válik számunkra, hogy miért nem mindegy, hogy mire gondolunk és miért annyira fontos, hogy tudatosan ügyeljünk a gondolataink minőségére. Ebből eredeztethető a vonzás törvénye, amelyre nemsokára visszatérek kicsit részletesebben.
6. Továbbá az is tiszta tényként mutatkozik meg, hogy miért érdemes mindent megtenni a lelki rezgésszintünk emeléséért, fejlesztéséért.

Már vannak olyan speciális mérőeszközök, amelyekkel a test és az egyes szervek frekvenciáját, energiaszintjét mérni tudják. Ezek segítségével tudományosan igazolttá vált, hogy a testben egy bizonyos fajta frekvenciájú energiaáramlás és energiagerjesztés történik, amely fontos része a sejtek közötti kapcsolattartásnak. Ebből fakadóan a test egy mágneses mezőt alkot, amelyben a különböző szervek különböző mértékben vesznek részt. Például kimérték, hogy a legerősebb mezőt gerjesztő szervünk a szív, amely 5 000-szer erősebb mezőt generál, mint az agyunk. Pedig ebből a szempontból az agyunk is erős szerv. A szív mágneses impulzusai például magnetométer detektorral a testtől 2–3 m távolságban is mérhetők. Ezzel kapcsolatos kísérletek során bizonyított ténnyé vált, hogy amikor emelkedett érzéseket élsz át, akkor nemcsak az összes sejtednek adsz fontos mágneses jeleket, hanem ilyeneket sugárzol kifelé, a világ felé is. Az is egyben igazolja ezt, ahol a lelki rezgésszintek csoportdinamikájáról írtam neked az 1.3. fejezetben.

Az energiaszinteket érzelmek táplálják, amelyek visszacsatolva újabb érzelmeket generálnak, ahogy azt már olvashattad. Tehát a lelked átlagos rezgésszintje nem más, mint az érzelmeid átlagából adódó energiaszint. A tested pedig nem tesz semmi mást, csak folyamatosan ehhez igazodik. Képzeld el, hogy amikor elkezdesz aggódni egy még meg nem történt esemény miatt és az egyre jobban beleivódik az agyadba és egyre jobban aggódsz miatta, mi történik olyankor. Egyre több negatív érzelmet generálsz, amelyeket egyre erősebbé teszel a gondolataiddal. Eközben a lelked energiaszintje erre az alacsony szintre áll be. Az eredmény az lesz, hogy az valósul meg az életedben, amitől aggódsz. Hiszen a tested nem tesz különbséget a külső behatás következtében létrejövő vagy a képzelt esemény miatti érzés között. Ha a lelked már „beállt" arra a szintre, amely az aggodalmad okát jelentő eseményekkel tartható fenn, akkor az így programozott tested ki is fogja provokálni, hogy ennek beteljesülése felé tereld az életedet. Gondolom, ezt már mindannyian átéltük, vagy valami ehhez hasonlót. Ha valamitől nagyon félünk, tipikusan bevonzzuk azt. Így ez nem más, mint a vonzás törvényének fizikai alátámasztása.

Egyetemista koromban azt gondoltam, hogy szerencsétlen csillagzat alatt születtem, mert állandóan balszerencsés voltam. Úgy éreztem magamat, mint Hókuszpók a Hupikék törpikék című mesében, akinek a feje felett napsütéses időben is mindig egy sötét felhő szállt. Emlékszem, egyszer volt az egyetemen egy nagyon nehéz vizsgám, ahol 64 db tételt kellett megtanulnom. A szóbeli vizsgán 3 db tételt kellett húzni. Nekem a sok tanulás ellenére 6 db tételre már nem volt időm. Rettegve mentem be a vizsgára, hogy nehogy azokból húzzak. Ma már logikus, amit akkor nem értettem: mind a három tételt abból a 6-ból húztam. Ennek 0,04% a valószínűsége. Mégis megtörtént! Ugyanarra a napra bejött velem egy barátom is vizsgázni, aki mindössze 10 db tételt tanult meg a 64-ből. Ő egy nagyon laza és pozitív gondolkodású srác volt. Én amolyan „ultramákos" embernek láttam őt akkoriban. A lényeg az, hogy két tételt kihúzott ebből a 10-ből, egyet pedig olyat, amire nagyjából emlékezett az előadásokról. Így egy négyessel jött ki a vizsgáról, én pedig egy egyessel, miközben ő kb. negyedannyit tanult, mint én. Szóval a tudatalattid és a hozzá programozott tested ennyire erős! Az érzelmeid genetikai szintig lehatolnak a testedbe,

Így a tested tökéletes mágnesévé válik annak, amit az érzelmeid sugallnak neki.

Ha például görcsösen vágysz egy jó kapcsolatra, akkor tuti nem fog összejönni, mert maga a vágyakozás az, amire adaptálod a testedet. Szóval a tudatalattid a testedet a vágyakozás mágnesévé teszi. Így nem a cél elérése felé fogja alakítani a jövődet, hanem a sóvárgás fenntartására. Ez egyébként a vágyakozás lelki rezgésszintjébe való beleragadást okozza. Hasonló a helyzet azokkal a hölgyekkel, akik az elhízott külsejük miatt nap mint nap szégyent éreznek és ezért utálják magukat. Az érzelem az önutálat és a szégyen. Persze, hogy nem fog semmi megváltozni az életükben, hiszen az önutálat érzésének fenntartására lesz „mágnesezve" a testük. Így minden fogyókúrával való próbálkozás eleve kudarcra van ítélve.

Most felteszek neked egy egyszerű kérdést: Ha ezek megtörténhetnek veled, akkor miért ne történhetnének pozitív változások is az életedben? Semmi mást nem kell hozzá tenned, csak ugyanezt fordítva! Nem negatív érzést kell társítani egy képzelt helyzethez, hanem pozitív érzelmeket. Ha ezt ugyanolyan intenzitással és tartóssággal teszed, mint ahogy az aggódást vagy az önutálatot, netán a szégyent, akkor ez is ugyanúgy meg fog történni. Hiszen az érzelmeiddel emeled a lelkienergia-szintedet, majd a tudatalattid úgy mágnesezi a testedet, hogy az olyan események felé fog vinni, amelyek azt a rezgésszintet konzerválják. Így van összekapcsolva a test és a lélek, és ez miatt a lelkirezgésszint-emelési módszerek tárgyalásánál nemcsak a lelkeddel, hanem a testeddel is szükséges foglalkozni. Mivel ezeknek a folyamatoknak a felerősítésében sokat tud segíteni az elméd (a gondolataid képzője), ezért őt sem hagyjuk ki a fejlesztési tréningből.

Ha már megértetted, hogy mennyire fontos a lelked energiaszintje és ez mennyire kihat a lelkedre, a testedre, a jelenedre és a jövődre, akkor itt az ideje megismerkedned a tested energiaközpontjaival, mert ezek szabályozzák a jelenedet és a jövődet, és nem mellesleg az egészségedet is. Ezen keresztül még jobban érthető lesz számodra, hogyan működik a lelked és a tested kapcsolata, és segít a mélyebb önismeret megszerzésében is.

A testednek hét energiaközpontja van, amelyet a 11. ábra szemlélteti. Ezeket a keleti kultúrákban csakráknak is szokták hívni. Ezen energiaközpontok létezését ma már tudományosan is megalapozták. Minden energiaközpontnak saját idegközpontja van, saját hormontermelő-mirigye és ami a legmeglepőbb, saját elméje. A test akkor működik jól, ha az összes energiaközpont optimális energiaszinten van és a test szimmetriatengelyében helyezkedik el. Ha valamely energiaközpontban alulműködés vagy túlműködés lép fel, vagy jobbra, illetve balra eltolódik (aszimmetria), az bizonyos betegségeket generál a testben. Ezeknek a gyökerei mindig negatív érzelmek és negatív gondolatok. A folyamat hatására az energiaközpont torzul, amely kihat a hormonháztartásra és az idegi szintű működésre, és ha ez tartósan fennáll, testi elváltozásokat okoz.

Vegyük végig a hét energiaközpontot (a számozást alulról felfelé haladva tudod párosítani a 11. ábrán bemutatott helyekkel):

> 1. energiaközpont: Nemi mirigyek, alsóbélfodor-idegközpont
> 2. energiaközpont: Emésztő- és hasnyálmirigyek, felsőbélfodor-idegközpont

> 3. energiaközpont: Mellékvese, gyomorszáj-idegközpont
> 4. energiaközpont: Csecsemőmirigy, szívidegközpont
> 5. energiaközpont: Pajzsmirigy, pajzsmirigy-idegközpont
> 6. energiaközpont: Tobozmirigy, tobozmirigyidegközpont
> 7. energiaközpont: Agyalapi mirigy, agyalapi-idegközpont

(Egy 8. energiaközpont is létezik, de annak nincs közvetlen testi „kapcsolata", mert az a fej felett kb. 30 cm-re helyezkedik el. Ennek nincs közvetlen szerepe a testi egészségben, így jelen kötetben ezt még nem tárgyalom részletesen.)

Minden energiaközpont torzulását bizonyos típusú lelki problémák, addikciók okozzák. Ennek következtében előbb fájdalmak, enyhébb gyulladások, allergiás reakciók jelzik a testi elváltozás kezdetét, majd ha nem történik semmi, bekövetkezik a szervezet megbetegedése.

Ugyanakkor fontos kiemelni, hogy az alsó három energiaközpont felel a racionális világban megszerezhető ösztönszerű és egyéb örömökért, testi funkciókért, viselkedésekért: szexualitás, evés, ivás, salakanyagok kiválasztása, ego, versengés, türelmetlenség. A felső négy energiaközpont felelős a magasabb rendű örömökért, funkciókért, viselkedésekért: szeretet, információátadás, kreativitás, tudás, intuíció, hit.

A mai nyugati világ sajnos nagyon erős az alsó három energiaközpont „ingerlésében". Az egész világ arra csábít, hogy szexelj, falj, igyál, élvezz, versengj, birtokolj, légy önző és mindezt azonnal (türelmetlenség). Szóval a nyugati „kultúrákban" élő emberek legnagyobb részénél garantált az alsó három energiaközpont alul- vagy túlműködése. A média, a reklámok, az internet csábításai és a folyamatos stressz mind ezekre az energiaközpontokra van erős hatással. Nem csoda, ha túlracionalizált, érzelemszegény, addikcióktól szenvedő, gyakran élvhajhász emberek milliói futkosnak az utcán.

A boldogságunk alapvető kulcsa az, hogy a három alsó energiaközpontunkat kiegyensúlyozott és optimális energiaszintre hozzuk. Ehhez pont azokat a hatásokat kell fékezni, amikre a jelenlegi nyugati „kultúra" állandóan csábít. Türelmetlen vagy? Akkor fejleszd a türelmességedet! Erős az egód? Fejleszd az önzetlenségedet! Versengő vagy? Engedd, hogy mások nyerjenek! Falánk vagy? Mérsékeld evési vágyaidat! Iszákos vagy? Ne engedd, hogy uraljon téged! Sokat szexelsz? Mérsékeld a szex fontosságát az életedben! Tudom, hogy pont ezek ellen a legnehezebb tenni, hiszen éppen azért csinálod gyakran, mert ezek jelenlegi életed fő örömforrásai! De ez a boldogtalanságod oka is egyben. Az első lépés mindig a felismerés, utána jön az elhatározás a változtatásra. Ha ez megvan, akkor lesz itt az ideje a helyes módszerekkel tenned a változásért. Ezekből 21 alapgyakorlatot jelen könyvben átadok neked a 7. fejezetben.

Fontos még megemlítenem, hogy ezen energiaközpontok alulenergetizáltsága is legalább olyan veszélyes, mint a túlfűtöttsége. Hiszen az egyes energiaközpontok alulenergetizáltsága is komoly problémák gyökere lehet, amelyre íme néhány példa:

- ➤ 1. energiaközpont: szexuális anorexia, frigidség
- ➤ 2. energiaközpont: anorexia
- ➤ 3. energiaközpont: fásultság, depresszió

Az egyes energiaközpontok aszimmetriája is sok izgalmas dolog megértésében segíthet. A jobb oldal általában az apai–férfi princípium–fiúgyermek, valamint a jövő, míg a bal oldal az anyai–női princípium–lánygyermek, valamint a múlt lelki vonatkozásaival függ össze. Én például 6 éves koromban vesztettem el édesapámat. Nem véletlen, hogy a jobb oldali hónalji nyirokcsomóimmal volt rendszeresen gond, amíg ezt meg nem oldottam a lelkemben, hiszen ez a 4. energiaközpont (szív) jobb oldali irányú aszimmetriájára utal.

Szóval ha figyeled a tested tüneteit, jeleit, akkor rájöhetsz arra, hogy melyik energiaközpontoddal van baj. Ebből következtetni tudsz arra, hogy milyen lelki okok miatt lehet ez. Ezeknek az ismereteknek a segítségével visszaszerezheted a testi egészségedet, mélyebb önismeretre tehetsz szert, elindulhatsz egy boldogabb élet felé és begyógyíthatod a lelked sebeit.

Az energiaközpontok és az érzelmeid, gondolataid kapcsolata egyszerűen megérthető, ha elolvasod az alábbi felsorolást:

> 1. energiaközpont: Én vagyok (ősbizalom)
> 2. energiaközpont: Én érzem (átélem)
> 3. energiaközpont: Én megteszem (egoból irányítom)
> 4. energiaközpont: Én szeretem (odaadásom)
> 5. energiaközpont: Én kimondom (kapcsolatteremtésem)
> 6. energiaközpont: Én látom (érzékelésem)
> 7. energiaközpont: Én megértem (gondolkodásom)
> 8. energiaközpont: Én tudatosítom (szellemi szintű tudás, egomentesség)

Az első hét energiaközpont az egohoz kapcsolódik. A tudattal (szellemmel) való kapcsolat a 8. energiaközpont. De ezzel részletesebben a következő könyvemben fogok izgalmas tudást átadni neked. A hét alsó energiaközponttal kapcsolatban azt még fontos megérteni, hogy a gondolatok és az érzelmek hormonális és idegi leképeződései mindig egy adott energiaközponthoz kapcsolódnak. Ebben a tekintetben nem lehet automatikusan egy érzelemtípust egy energiaközponthoz kapcsolni, mert ez nem az érzelem típusán, hanem annak kiváltó okán múlik. Ennek megértésére nézzük például a bűntudat érzését, amelyből nekem évtizedekig rengeteg nyomta a lelkemet, amíg teljesen fel nem dolgoztam őket. Már pocaklakó koromban mély bűntudatot éreztem, mert édesanyám nem akart, sőt még szenvedésnek is élte meg, hogy a pocakjában fejlődöm. Ez miatt már a pocakjában mély bűntudatot éreztem (ezt egy speciális módszerrel sikerült előhozni az érzelmi memóriámból, de ez haladó szintű gyakorlat, így ez a kötet még nem tárgyalja). Ez a bűntudat az ősbizalomhoz kapcsolódik, ezért az 1. energiaközpontomban rakódott le és annak szélsőséges túlműködését, valamint enyhe baloldali eltolódását okozta. Apám 6 éves koromban lett öngyilkos. Ekkor bűntudatot éreztem, mert gyermeki lelkem és elmém azt gondolta, hogy azért hagyott el, mert nem volt elég jó az első féléves iskolai bizonyítványom. Ezzel kapcsolatos mély bűntudatom a 2.

és a 4. energiaközpontomra hatott. A 4. energiaközpont alulműködése és jobb oldali aszimmetriája lett az eredmény, míg a 2. energiaközpontom erős túlműködése. A fiam születése kapcsán kialakult bűntudatom 33 évvel később pont ugyanezekben a csakrákban rakódtak le. Nem véletlenül történt így, hiszen amit nem dolgozunk fel tökéletesen, az a jövőnkben újratermeli önmagát. Ez a személyes példa remélem segít tisztábban látni és érteni testünk–lelkünk–elménk kapcsolati rendszerét. Ha megfigyeled a tested tüneteit, ezáltal közelebb kerülhetsz önmagad megismeréséhez. Sok sikert kívánok neked ezen a hihetetlenül izgalmas és inspiráló úton! Végül az alábbi táblázatban összefoglalom az eddig leírtakat, hogy önismereti munkád során bármikor elő tudd venni és gyorsan áttekinteni:

Száma	Neve a keleti filozófiában	Mirigy (hormonok)	Idegi központ (elme)	Alapmotiváció
1	Gyökércsakra	nemi mirigyek	bélfodor-idegközpont	Én vagyok (ősbizalom)
2	Szakrális csakra	emésztő- és hasnyálmirigyek	felsőbél-fodor-idegközpont	Én érzem (átélem)
3	Napfonatcsakra	mellékvese	gyomorszáj-idegközpont	Én megteszem (egoból irányítom)
4	Szívcsakra	csecsemőmirigy	szívidegközpont	Én szeretem (odaadás)
5	Torokcsakra	pajzsmirigy	pajzsmirigy-idegközpont	Én kimondom (kapcsolatteremtés)
6	Harmadik szem csakra	tobozmirigy	tobozmirigy-idegközpont	Én látom (érzékelés)
7	Koronacsakra	agyalapi mirigy	agyalapi-idegközpont	Én megértem (gondolkodás)
8	A keleti filozófiák általában a 7-8. csakrákat egyben tárgyalják	nincs közvetlen testi kapcsolata	nincs közvetlen testi kapcsolata	Én tudatosítom (szellemi szintű tudás, egomentesség)

4. melléklet: Érdekességek a rezgésekről

A modern fizika vívmányai – különös tekintettel a kvantumfizikára és a húrelméletre – bizonyították, hogy valójában minden energia, még az anyag is. Az anyag nem más, mint az energia egy besűrűsödött változata. Amióta ezt tudjuk, kijelenthető, hogy mindennek rezgése van. Ha ez igaz, akkor egyértelmű, hogy a léleknek, az elmének és a testnek, sőt még a tudatnak is vannak rezgései, csak azok eltérő rezgéstartományban vannak. Az elme és a test rezgéstartományát már konkrét fizikai mérésekkel is mérni tudjuk, azonban a lélek rezgéseit csak közvetett úton, a kineziológia úgynevezett testválasz-módszerével vagyunk képesek visszaigazolni. A tudat egy ennél még speciálisabb dolog, de ennek kifejtésére a későbbi kötetekben vállalkozom, mert jelen könyv még nem ad át elég ismeretet ahhoz, hogy mélyebben foglalkozzunk a tudattal. Jelen melléklet célja annak megértése, hogy attól, hogy valamit nem tudunk fizikai mérőeszközzel mérni, még létezik. Szóval ha mindennek van rezgése (ez már tény), akkor csak idő kérdése, hogy a lélek rezgésszintjét is mérni tudjuk fizikai mérőeszközzel. Hogy ezzel kapcsolatban miért vagyok ilyen optimista? Ennek megértéséhez nézd meg, hogy az elmúlt két évszázadban hová fejlődött a rezgésekkel kapcsolatos tudományos ismeretanyagunk! Az alábbi táblázat azokat a rezgéstartományokat mutatja be, amelyeket már ténylegesen mérni tudunk (Rozsnaki László):

A 316. oldalon lévő táblázatban láthatók a tudomány által napjainkban ismert rezgések hullámhossz- és frekvencia-értékei. Az elmúlt 2 évszázadban vált ilyen naggyá ez a táblázat. Előtte alig tudtunk valamit a rezgésekről és csak pár kisebb tartományt tudtunk ezekből tapasztalni vagy mérni. A tudomány dinamikus fejlődése által szinte minden évtizedben újabb frekvencia-tartományok váltak mérhetővé. Napjainkban itt tartunk, amit ez a táblázat mutat, de ha az emberi technológia fejlődése nem törik meg, akkor ez a táblázat a jövőben tovább fog bővülni. Szóval ha a lélek és a tudat rezgésszintjeit még nem tudjuk mérni fizikai eszközzel, akkor az csupán annyit jelent, hogy azok frekvenciája magasabb a 10 YHz értéknél, ami 10 kvadrillió hertznek felel meg. Ez eléggé logikus is, hiszen alacsonyabb rendű energia nem tud létrehozni magasabbat, viszont magasabb létre tud hozni alacsonyabbat. A teremtés „menete" során a tudat hatására kiadott intuíció (legmagasabb szintű energia) megjelenik az érzelmeinkben (eggyel alacsonyabb szintű energia), amelyekből az elménkben gondolatok aktiválódnak, majd a teremtésünk manifesztálódik az anyagban (legalacsonyabb szintű energia), végül az anyag tovább degradálódik az entrópia törvénye révén. Ezért az intuíció a legerőteljesebb erő, amit ember hasznosítani tud. Amikor intuíciónk irányít, akkor minden simán, szinte magától történik.

Azt azonban fontos tudni, hogy minden frekvencia csak úgy tud kialakulni, ha van forrása. Ha az érzelmeink forrása a tudat, a gondolatainké az érzelmeink és az anyagé a gondolatok, akkor mi a tudat forrása? Erre adnak választ a vallások. A forrás egy mindent átható végtelen intelligencia, amelyet a legtöbb vallás Istennek hív, de ennek a szónak a helyére bármely hitrendszered szerinti szót tehetsz. A megértés legizgalmasabb szintje szerintem az, amikor rádöbbenünk arra, hogy minden frekvencia valójában információ, azaz információkkal definiálható. Szóval az egész Univerzum nem más, mint egy hatalmas információhalmaz. Így megértjük a Mátrix című film üzenetét, amely ugyanezt próbálja a tudtunkra adni sci-fi látványvilágba bújtatott módon. Ha azonban minden információ, akkor az Univerzumot csakis egy hihetetlen intelligens információforrás alakíthatta ki. No de erről részletesebben fogok még írni egy későbbi könyvemben, ahol a mélyebb megértés érdekében már több alapfogalommal meg tudlak ismertetni ebben a témában.

Visszatérve a teremtés gondolatmenetére, amikor az ego igyekszik teremteni, akkor a tudat nincs jelen, így ebben az állapotban az érzelem a legmagasabb szintű teremtő energia. Ezért fontos, hogy amikor megerősítéseket alkalmazunk, akkor érzelmeket társítsunk hozzájuk. Így sokkal hatékonyabbá válik ez a tevékenység. Ugyanakkor ezért van az, hogy az ego teremtőképessége sokkal korlátozottabb, mint a tudaté, amelynek megismerésére a következő könyvemben foglak megtanítani. Az egoban élve ezért válik az Élet küzdelemmé...

Elnevezés	Hullámhossz	Frekvencia
extrém alacsony frekvencia	100.000 km - 10.000 km	3 Hz - 30 Hz
szuper alacsony frekvencia	10.000 km - 1.000 km	30 Hz - 300 Hz
ultra alacsony frekvencia	1.000 km - 100 km	300 Hz - 30 kHz
nagyon alacsony frekvencia	100 km - 10 km	3 kHz - 30 kHz
hosszúhullám	10 km - 1 km	30 kHz - 300 kHz
középhullám	1 km - 100 m	300 kHz - 3 MHz
rövidhullám	100 m - 10 m	3 MHz - 30 MHz
ultrarövidhullám	10 m - 1 m	30 MHz - 300 MHz
deciméteres hullám	1 m - 10 cm	300 MHz - 3 GHz
centiméteres hullám	10 cm - 1 cm	3 GHz - 30 GHz
miliméteres hullám	1 cm - 1 mm	30 GHz - 300 GHz
mikrohullám	30 cm - 300 µm	1 GHz - 1THz
terahertzes sugárzás	3 mm - 30 µm	0.1 THz - 10 THz
távoli infravörös sugárzás	< 1,0 mm	> 300 GHz
közepes infravörös sugárzás	< 50 µm	> 6 THz
közeli infravörös sugárzás	< 2,5 µm	> 120 THz
vörös fény	780 nm - 640 nm	384 THz - 468 THz
narancs fény	640 nm - 600 nm	468 THz - 500 THz
sárga fény	600 nm - 570 nm	500 THz - 526 THz
zöld fény	570 nm - 490 nm	526 THz - 612 THz
kék fény	490 nm - 430 nm	612 THz - 697 THz
ibolyaszínű fény	430 nm - 380 nm	697 THz - 789 THz
lágy ultraibolya sugárzás	< 380 nm	> 789 THz
kemény ultraibolya sugárzás	< 200 nm	> 1.5 PHz
röntgensugárzás	10 nm - 0.1 nm	30 PHz - 30 EHz
gamma-sugárzás	10 pm - 10 fm	30 EHz - 30 ZHz
kozmikus sugárzás	30 fm - 0.3 fm	10 Zhz - 10 YHz

További kínálatunk weboldalunkon:

É.L.E.T. - Módszer I.
Útmutató könyv a lelki rezgésszint emeléséhez

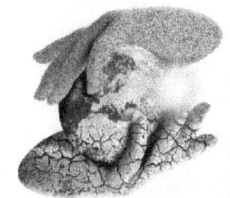

Klímavédelmi kurzusok
Magánszemélyeknek és cégeknek

Klímavédelmi szakvélemények
Tudástranszfer 25 év tapasztalatával

Közösségünk
Facebook csoportunk

www.JustDoBetterWorld.hu

Spitzer Gyöngyi,

KÖZISMERTEBB NEVÉN MAMAGÉSA WEBLAPJAI:

ujegyensuly.hu – Tudatos életmód és életszemléleti, önismereti portál.

ujkor.net – Ezen az oldalon online kurzusok és tudáscsomagok találhatók.

segitekegycsaladot.hu – Ez Magyarország első és egyetlen olyan honlapja, ahol a támogató és rászoruló közvetlenül megtalálhatja egymást.

somamamagesa.hu – itt megtaláljátok az
ESEMÉNYEK – menüpontban az előadásait, koncertjeit
KURZUSOK – menüpontban a táborait, hétvégi elvonulásait és egynapos kurzusait
KÖNYVEK – a 12 könyve leírását, amiket a Jaffa Kiadó boltjában meg tudtok venni (jaffa.hu)
ZENE – ingyenesen letölthető CD-it.

> A legtöbb, amit a világnak adhatunk,
> ha egyre inkább a saját életünket éljük, amit élvezünk.

www.ingramcontent.com/pod-product-compliance
Lightning Source LLC
Chambersburg PA
CBHW050241170426
43202CB00015B/2878